Heiko Hecht
Wolfgang Desnizza

Psychologie als empirische Wissenschaft

Heiko Hecht
Wolfgang Desnizza

Psychologie als empirische Wissenschaft

Essentielle wissenschaftstheoretische und historische Grundlagen

Autoren
Prof. Dr. Heiko Hecht
hecht@uni-mainz.de

Dr. Wolfgang Desnizza
desnizza@uni-mainz.de

Postanschrift der Autoren:
Psychologisches Institut
Johannes Gutenberg-Universität Mainz
55099 Mainz

ISBN 978-3-8274-2946-9   ISBN 978-3-8274-2947-6 (eBook)
DOI 10.1007/978-3-8274-2947-6

Die Deutsche Nationalbibliothek verzeichnet diese Publikation in der Deutschen Nationalbibliografie; detaillierte bibliografische Daten sind im Internet über http://dnb.d-nb.de abrufbar.

Springer Spektrum
© Springer-Verlag Berlin Heidelberg 2012
Das Werk einschließlich aller seiner Teile ist urheberrechtlich geschützt. Jede Verwertung, die nicht ausdrücklich vom Urheberrechtsgesetz zugelassen ist, bedarf der vorherigen Zustimmung des Verlags. Das gilt insbesondere für Vervielfältigungen, Bearbeitungen, Übersetzungen, Mikroverfilmungen und die Einspeicherung und Verarbeitung in elektronischen Systemen.

Die Wiedergabe von Gebrauchsnamen, Handelsnamen, Warenbezeichnungen usw. in diesem Werk berechtigt auch ohne besondere Kennzeichnung nicht zu der Annahme, dass solche Namen im Sinne der Warenzeichen- und Markenschutz-Gesetzgebung als frei zu betrachten wären und daher von jedermann benutzt werden dürften.

Planung und Lektorat: Katharina Neuser-von Oettingen, Anja Groth
Redaktion: Regine Zimmerschied
Fotos/Zeichnungen: siehe Abbildungsnachweis
Grafiken (wenn nicht anders angegeben): Dr. Martin Lay
Einbandabbildung: Kopf und Hintergrund: © Andrea Danti, Fotolia.com;
Nervenzellen: © ktsdesign, Fotolia.com.
Einbandentwurf: SpieszDesign, Neu-Ulm

Gedruckt auf säurefreiem und chlorfrei gebleichtem Papier

Springer Spektrum ist eine Marke von Springer DE. Springer DE ist Teil der Fachverlagsgruppe Springer Science+Business Media.
www.springer-spektrum.de

Vorwort

Wir sind der Meinung, dass gerade heute, in einer Zeit der Spezialisierungen, eine breite Wissensbasis für das Fach Psychologie vonnöten ist, um die Erkenntnisse, die Sie nach und nach gewinnen, von Anfang an in einen geeigneten Kontext stellen, verarbeiten und einordnen zu können. Dazu gehört zuallererst ein etwas tieferes Verständnis dessen, was wir unter Psychologie verstehen. Wenn wir die Psychologie einmal als Wissenschaft vom Seelischen verstehen, müssen wir klären, was für unsere Zwecke Wissenschaft ist, und wir müssen klären, was das Seelische sein soll, das wir wissenschaftlich unter die Lupe nehmen wollen. Für Ersteres ist wiederum zunächst eine Grundkenntnis der Logik und Argumentationsformen notwendig, um dasjenige Handwerkszeug bereitzustellen, mit dem erworbene Kenntnisse wissenschaftlich, also widerspruchsfrei und verallgemeinernd, gewonnen werden können. Für Letzteres, die Gegenstandsbestimmung der Psychologie, wollen wir sowohl das umgangssprachliche Verständnis von Seele als auch die historische Entwicklung dieses Themas nachvollziehen.

Unser Buch ist diesen Überlegungen folgend so aufgebaut, dass wir zu Beginn versuchen, eine durchaus in der Umgangssprache verhaftete Gegenstandsbestimmung vorzunehmen. Dabei werden wir uns fast schon revolutionär den aus der Mode gekommenen Begriff der Seele anschauen. Schnell sehen wir dann, dass wir eine Vorstellung von Erklären und Verstehen haben müssen, um hier etwas über das Alltagsverständnis hinauszukommen. Danach vermittelt das Buch einige logische Grundlagen, die für jede Wissenschaft eine notwendige Voraussetzung darstellen. Ebenso wichtig ist das wissenschaftliche Schließen und Argumentieren. Danach werden wir feststellen, dass es leider nicht die *eine* richtige Form des Erschließens von Wissen gibt, sondern dass es fundamental *unterschiedliche* Auffassungen gibt. Hier treten zwei Grundauffassungen hervor: die Strömungen des Rationalismus und des Empirismus. Diese Positionen gehen oft mit unterschiedlichen Formen wissenschaftlicher Prozesse einher, und auch mit unterschiedlichen Formen des Argumentierens und des Schließens, wie etwa der Induktion, der Deduktion und der Abduktion. Statt einer Auffassung das Wort zu reden, werden vielmehr ihre jeweiligen Stärken und Schwächen aufgezeigt. Wissenschaftsphilosophische und -soziologische Theorien und Ansätze werden im Anschluss behandelt. Sie zeigen geschichtlich die Anwendung dieser unterschiedlichen Argumentationsprozesse im Wissenschaftsbetrieb auf.

Die weiteren Abschnitte des Buches widmen sich dann der Geschichte der Psychologie und versuchen herauszustellen, welche Wirkungen von den einzelnen geschichtlichen Meilensteinen ausgegangen sind. Hier werden die Bedeutung und der Einfluss der Entwicklung der Historie auf die psychologische Forschung von heute deutlich. Die Vorläufer der modernen Psychologie aus der klassischen Antike, dem Mittelalter und der Neuzeit werden kurz und übersichtsweise beschrieben, bevor dann modernere neurowissenschaftliche Ansätze, die zurzeit vorherrschen, etwas ausführlicher beschrieben werden. Im Wesentlichen sind hier die Neurowissenschaften, insbesondere die Neuropsychologie und die neuropsychologische Informationsverarbeitung zu nennen, die sich aufgrund neuer Techniken (z. B. neuronale Netzwerke und Bildgebungsverfahren) besonders in den 1990er Jahren enorm schnell entwickelt haben. Anwendungen geben einen Einblick in die Wirkungsweise neuronaler Netze, die die Verbindung zwischen Psychologie und Neurobiologie aufzeigen. Abschließend versuchen wir, einige mögliche Weiterentwicklungen der Psychologie aufzuzeigen.

Das vorliegende Buch ist aus Einführungsvorlesungen für Bachelorstudenten im Fach Psychologie an der Universität Mainz im Wintersemester 2009/2010 und im Sommersemester 2010 hervorgegangen. Wir bedanken uns besonders bei denjenigen Studierenden, die uns durch ihre Kommentare und Fragen den Weg gewiesen haben. Wir danken stellvertretend Oliver Daum und Bernhard Both für die aufmerksame Durchsicht von Teilen des Manuskripts.

Heiko Hecht und Wolfgang Desnizza
Mainz und Kyoto im Juni 2011

Inhaltsverzeichnis

I Propädeutik

1 Einführung 3
1.1 Was ist Psychologie? 4
1.2 Die Seele 8
1.2.1 Die Seele zwischen Materialismus und Dualismus 13
1.3 Der Unterschied zwischen Erklären und Verstehen 14
1.4 Der Ceteris-Paribus-Fall 16
1.5 Zusammenfassung 18

2 Logik I: Einführung in die Logik 19
2.1 Aussagen 21
2.2 Wahrheitswerte, Paradoxien, Meta- und Objektsprache 23
2.3 Wahrheitstheorien 24
2.3.1 Konsenstheorie 24
2.3.2 Kohärenztheorie 25
2.3.3 Performationstheorie 25
2.3.4 Pragmatische Wahrheitstheorie 25
2.4 Zusammenfassung 28

3 Logik II: Logik als formalisierte Sprache 29
3.1 Gültigkeit eines Arguments 30
3.2 Argumentformen 31
3.2.1 Induktives Argument 31
3.2.2 Argument der besten Erklärung 31
3.2.3 Analytisches Argument oder analytischer Satz 32
3.2.4 Synthetischer Satz oder empirischer Satz 33
3.3 Die logische Wahrheit von Sätzen 33
3.4 Klassische Aussagenlogik 34
3.5 Prädikatenlogik 35
3.5.1 Ein Beispiel aus der Prädikatenlogik 35
3.6 Syllogismen 36
3.7 Andere Formen der Logik 36
3.8 Grenzen der Logik 37
3.9 Zusammenfassung 37

4 Rationalismus und Empirismus 39
4.1 Molyneux' Problem 40
4.2 Rationalismus 41
4.2.1 Die These von Intuition und Deduktion 42
4.2.2 Die These der angeborenen Konzepte und des angeborenen Wissens 43
4.2.3 Die Unabdingbarkeit der Vernunft 44

4.3	**Empirismus**	44
4.3.1	Der Logische Empirismus	48
4.4	**Induktion, Deduktion und Abduktion**	49
4.4.1	Schlussweisen	49
4.4.2	Induktion	50
4.5	**Was ist eine Erklärung?**	57
4.6	**Falsifikationismus und Kritischer Rationalismus**	59
4.6.1	Abgrenzungsproblem statt Induktionsproblem	60
4.6.2	Entdeckungszusammenhang vs. Begründungszusammenhang	61
4.6.3	Probleme des Falsifikationismus	62
4.6.4	Kübel- oder Scheinwerfertheorie	65
4.7	**Zusammenfassung**	68
5	**Paradigmen**	71
5.1	Der Versuch, Wissenschaftsentwicklung historisch zu deuten	72
5.2	**Ludwik Fleck**	73
5.2.1	Wirklichkeit infrage gestellt	73
5.3	**Thomas S. Kuhn**	76
5.3.1	Wissenschaft ist historisch bedingt	76
5.4	**Vermächtnis der Idee des Paradigmenwechsels**	79
5.5	**Zusammenfassung**	80
6	**Wissenschaftsanarchie**	83
6.1	**Befreiung vom Methodenzwang: Paul Feyerabend**	84
6.2	**Konsenssuche und ihr Scheitern**	85
6.3	**Zusammenfassung**	89
7	**Non-Statements und Kohärenz**	91
7.1	**Rekonstruktion von Wissenschaft**	92
7.2	**Wolfgang Stegmüller**	92
7.2.1	Fortschritt der Forschung im Strukturalismus	95
7.3	**Laurence BonJour**	95
7.3.1	Kohärenztheorie empirischen Wissens	95
7.3.2	BonJours Kohärenztheorie	96
7.4	**Pluralität oder Abwendung von Metatheorien?**	98
7.5	**Zusammenfassung**	99
II	**Geschichte der Psychologie und ihre Wirkung**	
8	**Von Aristoteles bis zum 19. Jahrhundert**	103
8.1	**Antike**	104
8.1.1	Flugbahnen	106
8.1.2	Persönlichkeits- bzw. Seelentheorien	107
8.2	**Mittelalter**	109
8.3	**Neuzeit**	110
8.4	**Das 19. Jahrhundert**	111
8.5	**Zusammenfassung**	113

9	**Phänomenologie und Gestaltpsychologie**	115
9.1	Johann Wolfgang von Goethe	116
9.2	Franz Brentano	117
9.2.1	Die Grundstruktur des menschlichen Daseins als Intentionalität	118
9.2.2	Jeder intentionale Akt bezieht sich auf etwas Reales	119
9.2.3	Jede Erkenntnis bezieht sich auf ein existierendes Ding	119
9.2.4	Jede Erkenntnis erfasst das Existierende als ein Allgemeines	119
9.3	Edmund Husserl	120
9.4	Gestaltpsychologie	121
9.5	Maurice Merleau-Ponty und James Jerome Gibson	122
9.6	Zusammenfassung	123
10	**Behaviorismus**	125
10.1	Klassischer Behaviorismus	126
10.2	Neobehaviorismus	129
10.3	Zusammenfassung	132
11	**Informationsverarbeitung und Kognitive Wende**	135
11.1	Kritik am Behaviorismus	136
11.1.1	Das Bobo-Doll-Experiment von Bandura	137
11.2	Kognitive Psychologie	138
11.3	Informationstheorie	139
11.4	Denkpsychologie	142
11.5	Zusammenfassung	144
12	**Neuropsychologie**	145
12.1	Die Gehirnhypothese	147
12.1.1	Die Anfänge: Gehirn oder Herz?	147
12.1.2	Geist und Körper des René Descartes	149
12.1.3	Die Lokalisation von Funktionen	151
12.2	Die Neuronenhypothese	155
12.2.1	Ionentheorie	158
12.2.2	Chemische Theorie der synaptischen Übertragung	162
12.3	Bildgebende Verfahren	163
12.3.1	Röntgenkontrastuntersuchung	163
12.3.2	Computertomografie (CT)	163
12.3.3	Magnetresonanztomografie (MRT)	164
12.3.4	Positronenemissionstomografie (PET)	164
12.3.5	Funktionelle Magnetresonanztomografie (fMRT)	164
12.3.6	Magnetoenzephalografie (MEG) oder Elektroenzephalografie (EEG)	165
12.4	Lernen	165
12.5	Sprache	172
12.5.1	Worterkennung	175
12.6	Bewusstsein	177
12.7	Das Leib-Seele-Problem	180
12.8	Zusammenfassung	183

13	**Konnektionismus**	185
13.1	**Neuronale Informationsverarbeitung**	186
13.1.1	Symbolorientierter Ansatz	188
13.1.2	Konnektionistischer Ansatz	189
13.2	**Neuronale Netze**	190
13.2.1	Nervenschichten und Informationsmodule	190
13.3	**Hopfield-Netze**	197
13.4	**Selbstorganisierte Kohonennetze**	198
13.4.1	Assoziationspsychologie und semantische Netze	200
13.5	**Selbstorganisierende semantische Netzwerke**	202
13.6	**Beispiel zweier selbstorganisierender Netze**	206
13.7	**Zusammenfassung**	206
14	**Ausblick**	209
14.1	Das wissenschaftstheoretische Rüstzeug	210
14.2	Die historischen Strömungen und Ansätze	211
14.3	Wie lassen sich die beschriebenen Ansätze nutzbar machen?	212
14.4	Wo geht die Reise hin?	213
	Literatur	215
	Abbildungsnachweis	223
	Stichwortverzeichnis	225

Propädeutik

Kapitel 1   Einführung – 3

Kapitel 2   Logik I: Einführung in die Logik – 19

Kapitel 3   Logik II: Logik als formalisierte Sprache – 29

Kapitel 4   Rationalismus und Empirismus – 39

Kapitel 5   Paradigmen – 71

Kapitel 6   Wissenschaftsanarchie – 83

Kapitel 7   Non-Statements und Kohärenz – 91

Einführung

1.1 Was ist Psychologie? – 4

1.2 Die Seele – 8
1.2.1 Die Seele zwischen Materialismus und Dualismus – 13

1.3 Der Unterschied zwischen Erklären und Verstehen – 14

1.4 Der Ceteris-Paribus-Fall – 16

1.5 Zusammenfassung – 18

1.1 Was ist Psychologie?

Tu deinem Leib etwas Gutes, damit deine Seele Lust hat, darin zu wohnen. (Teresa von Ávila, 1515–1582, zugeschrieben)

Psychologie ist die Wissenschaft von der Seele. Die Seele fühlt, denkt, will und handelt. Sei es in der germanischen Mythologie, wonach die Seelen Verstorbener sich auf dem Grund von Seen aufhalten (Seele abgeleitet aus dem urgermanischen *saiwaz* für »See«), sei es der mittelalterliche und auf Platon zurückgehende Dualismus von Seele und Körper, oder sei es in der christlichen Auferstehungslehre – die Seele ist das, worauf es ankommt. Sie macht das »Ich« aus. Diese ehrwürdige, aber ja noch recht grobe Definition ist erstaunlicherweise in der zeitgenössischen Psychologie äußerst unpopulär. Wenn wir uns Grundlagentexte aus der Psychologie anschauen, so wird häufig von *Verhalten* gesprochen, etwas weniger von *Erleben* und eigentlich nicht von *Wollen*. Für Letzteres wird der scheinbar wissenschaftlichere Ausdruck »Motivation« verwendet, der eine Außenperspektive nahelegt. Das Motiv soll erklären, warum jemand ein bestimmtes Verhalten zeigt. Seele ist nicht mehr modern. Sie ist auch nicht lediglich durch den entsprechenden griechischen (*psychē*) oder lateinischen Begriff (*anima*) abgelöst worden. Auch von der Psyche wird selten gesprochen, obwohl sie ja dem Fach den Namen gegeben hat. Die Psyche kommt eigentlich nur noch indirekt vor, wenn man von psychischen Erkrankungen spricht. Die gesunde Psyche ist »out«. Wie wir sehen werden, ist der Behaviorismus, der versucht hat, Seelisches durch beobachtbares Verhalten zu ersetzen, daran ganz wesentlich beteiligt. Er wirkt stark bis in unsere heutige Theoriebildung hinein. Andererseits ist inzwischen auch klar geworden, dass sich Seelisches eben nicht auf beobachtbares Verhalten reduzieren lässt. So erklärt sich, warum es viele Autoren ganz und gar vermeiden, eine Definition von Psychologie zu geben. Damit müssten sie eine Position beziehen und würden angreifbar. Wenn sie es dennoch versuchen, vermeiden sie geflissentlich den Begriff »Seele«. Wir stehen zu unserer Definition der Psychologie als Wissenschaft von der Seele, auch wenn wir uns damit alle Probleme einhandeln, die man als Wissenschaftler nur haben kann. Eines unserer Anliegen ist es, diese Probleme aufzuzeigen. Wir versuchen den Begriff der Seele einerseits mit Rücksichtnahme auf dessen philosophische Tradition und andererseits aus der Sicht der gegenwärtigen psychologischen Forschung, verstanden als empirische Wissenschaft, zu klären.

Zum Thema »Was ist Psychologie?« wollen wir uns jetzt diejenigen Versuche anschauen, wo nicht weise geschwiegen wurde, sondern Definitionen von Psychologie gewagt wurden. Schöpfen Sie dabei bitte immer dann Misstrauen, wenn die Definitionsversuche zu sehr von dem abweichen, was der gesunde Menschenverstand mit Seele meint. Im Folgenden finden Sie einige Definitionen aus Wörterbüchern, philosophischen und psychologischen Standardwerken sowie aus der Internet-Enzyklopädie *Wikipedia*.

Zunächst zitieren wir die Definition aus einem der Standardwerke der Psychologie, dem Buch *Psychologie* von Gerrig und Zimbardo (2008). Dieses Standardtextbuch, inzwischen in der 18. Auflage erschienen, wird vielen Einführungsveranstaltungen zur Psychologie, besonders an amerikanischen Universitäten, zugrunde gelegt und erscheint seit 1970. Zu der grundlegenden Frage nach dem Wesen des Menschen, die fast noch problematischer ist als die nach der Seele des Menschen, schreiben sie:

1.1 · Was ist Psychologie?

» Was ist das Wesen des Menschen? Die Psychologie beantwortet diese Frage, indem sie sowohl die Prozesse innerhalb eines Individuums als auch die Kräfte in seiner physischen und sozialen Umwelt betrachtet. So gesehen definieren wir *Psychologie* formal als die wissenschaftliche Untersuchung des Verhaltens von Individuen und ihrer mentalen Prozesse. «

Wir sehen hier die weitverbreitete Auffassung, die, kurz gesagt, Psychologie als Wissenschaft von Verhalten und Erleben versteht, wobei das Verhalten ganz klar im Vordergrund steht. Weiter heißt es:

» Um Psychologie wissenschaftlich zu betreiben, müssen die psychologischen Schlussfolgerungen auf Belege gründen, die entsprechend den Prinzipien der wissenschaftlichen Methode gesammelt wurden. Die *wissenschaftliche Methode* besteht aus einer Menge geordneter Schritte zur Analyse und Lösung von Problemen. Diese Methode benutzt objektiv erhobene Informationen als Faktenbasis des Schlussfolgerns. … Verhalten ist das Mittel, durch welches sich der Organismus an die Umwelt anpasst. Verhalten bedeutet Aktivität. Der Gegenstand der Psychologie ist zum großen Teil das beobachtbare Verhalten von Menschen und den verschiedensten Tierarten. Lachen, Weinen, Rennen, Schlagen, Sprechen und Berühren sind einige offensichtliche Beispiele von beobachtbarem Verhalten. Psychologen untersuchen, was das Individuum tut und wie es dieses Tun in einer vorgegebenen Verhaltensumgebung und größeren sozialen und kulturellen Kontext umsetzt. (Gerrig & Zimbardo, 2008: 1 ff.) «

Hier geht es auch um Verhalten, wenn auch ganz am Ende mit dem »Tun« sich so etwas Mentales wie Wollen einschleicht. Was die »wissenschaftliche Methode« angeht, so kann man der Einfachheit halber so tun, als gäbe es so etwas. Wir denken jedoch, dass es zumutbar ist, von vornherein festzustellen, dass es solch eine einheitliche Methode, wie es von Gerrig und Zimbardo suggeriert wird, nicht gibt.

Das benutzerbasierte und daher vielleicht demokratischere Internetlexikon *Wikipedia* (Zugriff Dezember 2010) beschreibt die Psychologie ganz ähnlich:

» *Psychologie* ist eine empirische Wissenschaft. Sie beschreibt und erklärt das Erleben und Verhalten des Menschen, seine Entwicklung im Laufe des Lebens und alle dafür maßgeblichen inneren und äußeren Ursachen und Bedingungen. Der Begriff stammt aus dem Altgriechischen (ψυχή *psychē* »Hauch«, »Seele«, »Gemüt« sowie λόγος *logos* »Lehre«) und bedeutet ursprünglich *Atemkunde* oder *Lebenslehre*, wird heute üblicherweise jedoch mit »Seelenkunde« wiedergegeben (im Englischen dagegen »study of the mind«). «

Psychologie ist als Wissenschaft besonders schwer zu fassen, weil sie wie keine andere bereichsübergreifend ist. Sie reicht von philosophischen Themen bis hin zu physiologischen, sie sitzt gewissermaßen zwischen den Stühlen, dem geistes- und dem naturwissenschaftlichen. Das Fach Psychologie lässt sich also nicht eindeutig den Naturwissenschaften, Sozialwissenschaften oder den Geisteswissenschaften zuordnen. Ihre Grundlage wird vielmehr von einer Anthropologie im breitesten Sinn gebildet. Eine aus dem angelsächsischen Raum stammende Einteilung untergliedert die Psychologie in Teilgebiete, die ihrerseits die naturwissenschaftlichen und geisteswissenschaftlichen Anteile sichtbar machen. Während die Psychologie als Neurowissenschaft eher naturwissenschaftlich betrachtet wird, ist die Psychologie als Kognitionswissenschaft eher der Philosophie zuzuordnen. Die Verhaltenswissenschaft (*behavioural science*) ist zwar eine klare behavioristische Eingrenzung des Gegenstandsbereichs der Psychologie, kann aber ebenfalls nicht klar zugeordnet werden. Entsprechend heterogen ist auch die akademische Psychologie an den Universitäten verortet. Mal ist sie in der naturwissenschaftlichen Fakultät zu finden und mal in den Sozialwissenschaften angesiedelt.

Weiter mit *Wikipedia*:

» Neben der akademischen Psychologie existiert eine *Alltagspsychologie*. Sie ist nur vereinzelt Gegenstand der akademischen Disziplin, von der hier die Rede ist. Sie bedient sich ursprünglich akademisch-psychologischer Konzepte und Begriffe, die in die Alltagssprache eingeflossen sind, und beruft sich gerne auf den sog. »gesunden Menschenverstand«. «

Hier ist ein weiterer Grund angedeutet, warum die Psychologie so schwer zu verorten ist. Sie steht in einem ganz besonderen Verhältnis zur Umgangssprache. Keine andere Wissenschaft hat eine größere Nähe zur Umgangssprache. Wenn jemand die Eigenschaften eines Moleküls untersucht, braucht er dabei nicht, oder nur in einem sehr fundamentalen Sinne, auf umgangssprachliche Begriffe zurückzugreifen. Wir Psychologen hingegen untersuchen Dinge wie Intelligenz, von denen wir bereits einen Arbeitsbegriff haben und somit ein vorgefertigtes Konzept. Das besondere Verhältnis zur Umgangssprache besteht aber andererseits darin, dass aus der Psychologie kommende Konzepte unglaublich schnell von der Umgangssprache aufgenommen werden, da es ja eben um Dinge geht, die uns angehen und uns ganz anders betreffen als irgendeine Molekülstruktur (ohne hier einem Chemiker oder Physiker zu nahe treten zu wollen). Begriffe wie »Verdrängung«, »Verstärkung« oder »gelernte Hilflosigkeit« schwappen aus den psychologischen Theorien, wo sie Spezialbegriffe darstellen, in die Sprache und entwickeln ein Eigenleben, wie es in anderen Wissenschaften nicht auftritt. Wir müssen als Psychologen also immer auch die Anbindung an die Sprache im Auge haben.

In dem *Wikipedia*-Eintrag heißt es weiter:

» Entgegen ihrem Bild und dem Verständnis in der Öffentlichkeit, ist die in den akademischen Institutionen betriebene und gelehrte Psychologie eine streng empirische Wissenschaft. Als empirische Wissenschaft vom Erleben und Verhalten obliegt es der Psychologie, Theorien und daraus abgeleitete Modelle, Hypothesen, Annahmen für die Beantwortung einer konkreten Fragestellung usw. mit geeigneten wissenschaftlichen Methoden empirisch zu prüfen. Die Methodik ist überwiegend naturwissenschaftlich, mithin quantitativ, in Verbindung mit experimentellem oder quasi-experimentellem Vorgehen. Daher stellt die Mathematik, insbesondere die Deskriptive Statistik, die Stochastik – hier besonders die Induktive Statistik und die statistischen Testverfahren – sowie zunehmend Ansätze der Systemtheorie – insbesondere die mathematische Systemanalyse – eines der wichtigsten Werkzeuge der Psychologen dar. Als empirische Humanwissenschaft unterscheidet sich Psychologie von verwandten Forschungsgebieten anderer Fächer ... durch naturwissenschaftlich-experimentelle Ausrichtung. (http://de.wikipedia.org/wiki/Psychologie) «

Hier wird schon etwas tiefgründiger auf ein wesentliches Merkmal der Psychologie abgehoben, nämlich auf die starke empirische Ausrichtung, die mit quantitativen Methoden, also statistischen Auswertungstechniken, untermauert wird. Hier unterscheidet sich das Psychologiestudium auch entscheidend von anderen Sozialwissenschaften, aber genauso von anderen Naturwissenschaften und der Medizin. Der Stellenwert von statistischen Techniken, die zur Bewertung von Verhaltensdaten notwendig sind, ist als besonders hoch anzusehen. Dies hat zwei Gründe: Zum einen ist menschliches Verhalten so komplex, dass es nie ausreichen würde, nur einmal zu messen oder nur einen Einzelfall zu betrachten. Zum anderen besteht der Anspruch, nicht nur qualitative Aussagen, sondern eben trotz Variabilität und Komplexität quantitative Aussagen zu machen.

Wir stellen also fest, dass die Psychologie von ihren Vertretern an den psychologischen Instituten der Universitäten heute vornehmlich als Wissenschaft vom Erleben und Verhalten aufgefasst wird, wobei es einen Schwerpunkt auf Methoden und gleichzeitig deren Vielfalt gibt. Um die Seele an sich wird ein mehr oder weniger großer Bogen gemacht.

Dieser Auffassung vom Begriff »Psychologie« stellen wir den Eintrag des im Jahr 1976 erschienenen *Philosophischen Wörterbuches* von Walter Brugger gegenüber:

» Psychologie ist nach dem Wortsinn Kunde von der Seele oder vom Seelischen (Psychischen). Der wirkliche Gebrauchssinn des Wortes hat verschiedene Wandlungen durchgemacht. Aristoteles (384–322), der als erster eine systematische Seelenlehre schrieb, behandelte darin alle Stufen irdischen (vegetativen, sinnlich-animalischen und geistigen) Lebens und sah in der Seele das substantielle Formprinzip der Lebensvorgänge; ebenso die mittelalterliche (und teilweise auch die neuere) Scholastik. Nachdem zu Beginn der Neuzeit Descartes' (1596–1650) einseitige Einengung des Lebensbegriffes auf das geistig-bewußte Leben die Aufmerksamkeit spezieller auf das Bewußt-Seelische gelenkt, später extremer Empirismus, Positivismus und Kritizismus die Erkennbarkeit einer substantiellen geistigen Seele geleugnet hatten, entstand unter der Vorherrschaft des Positivismus im 19. Jahrhundert die Definition der Psychologie als »Wissenschaft von den Bewußtseinstatsachen« (obgleich auch diese rein empiristische Form von Psychologie niemals mit »bewußten« Erlebnissen allein auskam). Die Lehre von der Seele als substantieller Trägerin der Bewußtseinserlebnisse wurde dabei als »Metaphysik« verpönt. Heutige erfahrungswissenschaftliche Psychologie überläßt zwar die spezialistische Behandlung des rein Vegetativen den biologischen und physiologischen Forschungszweigen, achtet aber wieder intensiver sowohl auf unbewußt-psychische Grundlagen des bewußten Erlebens wie auch, (als psychologische Anthropologie) auf die Einflechtung des seelischen Lebens in das Ganze menschlichen Lebens. Der Name Psychologie stammt aus dem 17. Jahrhundert und wurde erst seit Christian Wolff (1679–1754) und dann im Verlauf des 19. Jahrhunderts allgemeiner gebräuchlich.

Je nachdem, ob sich die Psychologie nur den empirisch erfaßbaren oder erschließbaren psychischen Geschehnissen als solchen oder aber der Seele als der »Trägerin« seelischen Lebens zuwendet, unterscheiden sich *empirische* und (seit C. Wolff) so genannte *rationale*, besser *philosophisch-metaphysische* Psychologie. Beide unterscheiden sich voneinander nach Formalobjekt, Sonderaufgabe und Sondermethode. (Brugger, 1976: 306) **«**

Wir sehen, dass in der Philosophie ein ganz anderer Wind weht. Nun könnte man sagen, dass Philosophen nicht darüber befinden sollten, was Psychologie ist. Diese wäre jedoch recht anmaßend, nachdem die Psychologie ja alle ihre Wurzeln in der Philosophie hat. Dort steht die Seele anscheinend noch hoch im Kurs. Traditionell ist die philosophische Auffassung auf das Erleben, also das Wahrnehmen von äußeren Erscheinungen und inneren Gefühlen, ausgerichtet. Auch die Ansicht, was empirische Psychologie sein sollte, ist bei Brugger anders gelagert als in der psychologischen Zunft. Bei ihm heißt es weiter:

» Die empirische Psychologie befaßt sich mit den bewußten Erlebensweisen (wie Erkennen, Streben, Fühlen) und sucht diese in ihrer Eigenart, ihrem Zusammenhang untereinander (und mit dem Unbewußten und dem Gesamtmenschlichen) genau zu beschreiben, ihre statistischen, kausalen und finalen Gesetzmäßigkeiten aufzudecken (*beschreibende* und *erklärende* Psychologie), Einzelgesetze aus allgemein-psychologischen Gesetzlichkeiten abzuleiten (*theoretische Psychologie*, vgl. Lindworsky) und das seelische Geschehen in seiner Sinnrichtung zu begreifen (*verstehende, geisteswissenschaftliche Psychologie*). Sie befaßt sich sowohl mit den allgemeinen Erlebnisformen und -gesetzen als auch mit den Sonderformen der verschiedenen Individuen ... Die Kernmethode empirischer Psychologie bleibt das schlichte Hinschauen auf seelisches Erleben (Selbstbeobachtung) in Verbindung jedoch mit der (fremdseelisches Erleben deutenden) Fremdbeobachtung und der sinnverstehenden Erfassung des Seelenlebens in seiner Hinordnung auf objektive Wertbereiche. Keinesfalls aber genügt eine beim bloßen Äußern verbleibende Verhaltensweisen-Psychologie (*Behaviorismus*). (Brugger, 1976: 306 ff.) **«**

Die moderne empirisch ausgerichtete Psychologie beurteilt diese durch Fremd- und Selbstbeobachtung geprägte Auffassung von Psychologie als altmodisch. Dabei könnte es sich aber tatsächlich um eine Mode handeln, die sowohl die zeitgenössische Philosophie als auch die umgangssprachliche Auffassung von Psychologie teilt. Die zeitgenössische akademische Psychologie tut die Ausrichtung auf Selbstbeobachtung hingegen als altmodisch ab. Halten wir aber fest, dass nach der gängigen akademischen Auffassung Psychologie die Wissenschaft von Erleben und besonders von Verhalten ist und sie sich der empirischen Methoden der Beobachtung und des Experiments bedient.

1.2 Die Seele

Wenn wir das Wort Seele hören, unterscheiden wir willkürlich und intuitiv zwischen *körperlichen* und *nichtkörperlichen* Zuständen. Jeder Mensch stellt sich unter diesem Wort etwas anderes vor. Es gibt aber im Kern ein allgemeines Verständnis davon, was mit »Seele« gemeint ist. Das ist bei vielen Abstrakta der Fall. Wir trennen gewöhnlich die physischen oder körperlichen Phänomene von mentalen, geistigen, psychischen oder seelischen Phänomenen.

Was ist also – wenn wir uns jetzt im Sinne unseres Faches und nicht im Sinne von Nachbardisziplinen fragen – aus psychologischer Sicht die Seele? Die Psychologie hat hier einen Trick angewandt, der elegant viele philosophische Klippen umschifft, indem sie, statt das Ganze von der Innenperspektive aus zu betrachten, eine Außenperspektive eingenommen hat. Statt die Grenzen der Selbsterkenntnis zu erörtern, wurde der Mensch als Organismus betrachtet, den man sezieren kann, der Beobachter und Seelenchirurg hat sich aber außerhalb des Organismus gestellt. Ich kann, ohne in theoretische Fallstricke zu geraten, so tun, als könne ich einen anderen so analysieren, wie ich es etwa mit einem automatischen Staubsauger tue. Der Staubsaugerroboter nimmt wahr. Durch optische und mechanische Sensoren stellt er fest, wo die Wände des Zimmers sind, die er saugen soll, und wo Objekte stehen, um die herum es zu saugen gilt. Er kann planen, denn er saugt ordentlich jeden Quadratzentimeter des Zimmers ab, fährt nach getaner Arbeit an seine Ladestation und schaltet sich ab. Man könnte sagen, er verhält sich intelligent, denn er wird nicht, wie die Motte von der Kerze, von einem Hindernis angezogen.

Wir könnten die sensorischen und motorischen Organe des Staubsaugers genau beschreiben. Die Seele besteht, wenn nicht aus ihnen, so doch aus dem Computerchip, der die Information aus den Sensoren aufnimmt und anhand eines Programms den Staubsauger steuert. Das heißt, die Seele ist nach solch einer Außenbetrachtung ein Informationsprozessor, und

1.2 · Die Seele

man kann sich nun darüber streiten, ob nur das Programm oder auch der Computerchip oder vielleicht sogar die Kamera dazugehören.

Wir wollen Sie, immer noch von der Außensicht ausgehend, davon überzeugen, dass die Seele das laufende Programm ist. Nehmen wir an, dass ein Wissenschaftler, der noch keinen solchen Staubsauger gesehen hat, dessen Seele untersuchen möchte, nennen wir ihn den S-Psychologen. Er weiß, wie Sensoren funktionieren, er kennt auch die Effektoren, also den Motor, die Antriebstechnik sowie die Saugvorrichtung. Er hat aber keine Kenntnis von Informatik. Dann liegt es nahe anzunehmen, dass das kleine schwarze Kästchen, das über Leitungen zu den Sensoren und den Effektoren verfügt, dafür verantwortlich ist, dass der Sauger seine Arbeit verrichtet. Der S-Psychologe beobachtet nun sorgsam das Verhalten der Maschine und stellt fest, dass er mit zugeklebter Kamera oder mit blockiertem Rad nicht mehr richtig saugt. Er stellt aber auch fest, dass er »den Geist aufgibt«, sobald man das Kästchen (wir wissen, es ist die CPU) entfernt. Daraufhin liegt es nahe, das Kästchen für die Seele zu halten.

Das geht so lange gut, bis der Forscher eines Tages entdeckt, dass es auch Sauger gibt, bei denen alles intakt ist, auch die Leitungen, der Sauger aber dennoch nicht funktioniert (wir vermeiden es zu sagen »der nicht saugen will«). Es liegt ein Fehler in der Software vor, was der Forscher aber (noch) nicht wissen kann. Es muss also noch etwas anderes geben, das für das Funktionieren des Saugers notwendig ist. Das schwarze Kästchen als solches kann also seine Seele nicht ausmachen, es muss etwas hinzukommen. Wenn man jetzt noch andere trivialere Ursachen ausschließt, die zu einem Ausfall des Geräts geführt haben könnten, wie etwa eine defekte Ladestation, dann bleibt eben das Programm übrig. Es ist fehlerhaft oder gar ganz gelöscht. Der Staubsauger hat im wahrsten Sinne des Wortes seinen Geist aufgegeben. Ungefähr so können wir uns vorstellen, wie man den psychologischen Seelenbegriff in Form einer Analogie fassen kann. Wir wollen hier keine Missverständnisse aufkommen lassen und fügen daher sofort hinzu, dass, wie alle Analogien, auch diese ein wenig hinkt.

Die eben beschriebene Außensicht der Seele hat viele Vorteile. Sie legt eine Methode nahe, nämlich die der Input- und Outputbeschreibung oder, psychologischer formuliert, die Beobachtung von Wahrnehmung und Verhalten. Die Außensicht ist auch sehr effizient, da man erstaunliche Erfolge in der Vorhersage von Verhalten vorweisen kann, wenn man lediglich Input und Output betrachtet. Sobald wir uns jedoch auf eine Innenperspektive verlegen, wird das Ganze kompliziert. Unsere Umgangssprache legt nahe, dass wir eine Absicht entwickelt haben, bevor wir staubsaugen. Wir tun es vielleicht begeistert oder widerwillig, und wir haben wechselnde Kriterien und Wünsche hinsichtlich der Sauberkeit unseres Zimmers. Was die Innensicht anbetrifft, also unser gesamtes Erleben, Fühlen und Denken bei dieser Beschäftigung, kommen wir mit der Methode der Beobachtung unseres Verhaltens nicht mehr weiter. Wir können uns nicht so betrachten, wie wir ein Objekt außerhalb unseres Selbst betrachten können. Wir brauchen die Innenansicht.

Die eben dargestellte Außensicht des Seelenbegriffs entspricht eher der zeitgenössischen Auffassung von Psychologie, während die traditionelle Psychologie ganz wesentlich von der Innensicht geprägt wurde. Die empirische Methode der Wahl war die Introspektion, die geleitete Selbstbeobachtung. Mit der Innensicht wären wir auch wieder näher an der Umgangssprache gelandet.

Der Ausdruck »Seele« bezeichnet im heutigen Sprachgebrauch oft die Gesamtheit aller Gedanken und Gefühlsregungen und natürlich durch das abendländische Auferstehungskonzept geprägte Vorstellungen von einer nichtkörperlichen, aber zeitweise an den Körper gebundenen Entität. Man denke etwa auch an die Vorstellung von Seelenwanderung in östlichen Religionen. Als eine interessante Illustration der Nichtkörperlichkeit von Seele kann eine volkstüm-

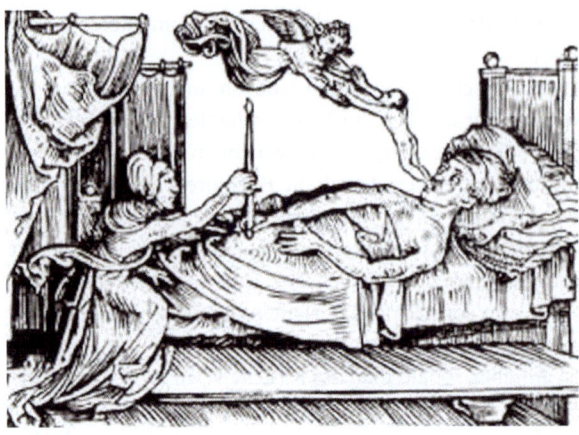

Abb. 1.1 Seele, die aus dem Munde eines Sterbenden entweicht.

liche Darstellung aus der Antike dienen, die auch in alten philosophischen und naturwissenschaftlichen Texten zu finden ist. Sie entstammt aus einem Frühdruck der Lutherbibel aus dem Jahre 1520, die den Holzschnitt von Jörg Nadler zeigt. Bei einem sterbenden Menschen entweicht die Seele mit dem Atem (◘ Abb. 1.1).

Währenddessen wird unter dem Begriff »Psyche« unseres Erachtens eher ein nicht gänzlich zu uns gehöriger dunkler Teil unseres Bewusstseins verstanden, vermutlich geprägt von Sigmund Freuds (1856–1939) Vorstellung von *Es* und *Über-Ich*, die sich, ohne dass wir viel dazu können, in die Wolle bekommen. In dem Zusammenhang ist bemerkenswert, dass wir das Adjektiv »psychisch« in aller Regel in einem negativ besetzten Sinn verwenden. Wir sprechen von psychischen Erkrankungen und von Psychopathen, aber nicht von psychischem Glück. Normalzustände scheinen nicht zur Psyche zu gehören.

Die Seele scheint sympathischer zu sein. Ihre umgangssprachliche Essenz, wenn wir etwa an die Seelenwanderung denken, hat natürlich gewaltige philosophische Dimensionen, die wir hier nur ganz kurz anreißen möchten, um diesen historisch sehr wichtigen Aspekt des Seelenbegriffs nicht zu unterschlagen. Wir werden sehen, dass die mit ihm verbundenen philosophischen Positionen die moderne Psychologie ganz wesentlich beeinflusst haben und dies immer noch tun.

Nun noch ein paar Bemerkungen zur Seele, die den Begriff historisch etwas besser einbetten sollen und aus dem *Wörterbuch der philosophischen Begriffe* von J. Hoffmeister stammen:

> » Seele (gr. *psychē*, lat. *anima*, Grundbedeutung beider »Hauch«), ahd. *sêla*, got. *saiwala*, in erschlossener germ. Form *saiwolo*, welche unbekannter Herkunft ist und vermutungsweise mit gr. *aiólos* »leicht beweglich« zusammengebracht wird, weil eine lautliche Übereinstimmung besteht. S. Heißt also vielleicht »die Bewegliche«, was auch Volksglaube und Märchen bestätigen, indem sie die S. als ein bewegliches Wesen (Vogel, Maus, Schmetterling, Schlange) darstellen. Bei Homer hat die *psychē* noch wenig mit dem gemein, was wir S. nennen; sie ist niemals Trägerin von Willensregungen, geschweige denn Organ des Wertempfindens und eigentliches Selbst, sondern einfach der Lebensgeist, der im Körper wohnen muß, solange dieser sich regt, aber im Augenblick des Todes selbständig, gewissermaßen erst real wird und als Geist, als Schatten entweicht. (Bogner, 1939: 13) (Hoffmeister, 1955: 547) «

1.2 · Die Seele

Bei Platon (428–348 v. Chr.) ist die Seele des Einzelnen ein Prinzip der *Bewegung* und des *Erkennens*. Sie stellt also eine Kraft dar und ist angebunden an die sogenannte *Weltseele*. Platon vertritt die *Präexistenz* und *Postexistenz* in Gestalt der *Seelenwanderung*, die eigentlich ein Erbe Zarathustras (2. oder 1. Jahrtausend v. Chr.) ist. Die Seele ist danach in drei Teile gegliedert, die jeweils mit unterschiedlichem ethischen Wert besetzt sind: *Verstand*, *Mut* und *Begierde*.

Aristoteles (384–322 v. Chr.) hat ein verwandtes noch klarer von der Kraft ausgehendes Konzept. Er sieht letztere in jedem organischen Einzelwesen, sie ist die sogenannte *Entelechie*, also die *Zielstrebigkeit*, mit der ein Einzelwesen ausgestattet ist. Er gesteht den Tieren und Pflanzen ebenfalls eine Seele zu. Der Mensch hat aber im Unterschied zu ihnen zusätzlich den Verstand. Die Naturphilosophie des ausgehenden Mittelalters und der beginnenden Neuzeit bediente sich des aristotelischen Gedankens und der Abstufung des seelischen Lebens, indem sie dem Weltall, der Erde und den organischen Elementen mehr oder weniger eine Seele zuschrieb. Giordano Bruno(1548–1600), Kepler (1571–1630) und Paracelsus (ca. 1493–1541) sind in diesem Zusammenhang zu nennen.

Ab dem 16. und 17. Jahrhundert mit dem Einsetzen der Neuzeit mit Descartes (1596–1650) änderte sich die Auffassung über das Wesen der Seele grundsätzlich. Der Verstand wurde zum notwendigen, ja definierenden Bestandteil der Seele. Insbesondere das sogenannte *Leib-Seele-Problem,* auf das wir noch eingehen werden, ist ohne diese Seite der Seele nicht denkbar.

Versuchen wir jetzt einmal vom Ursprung des Lebens her zu denken. Im Verlauf von etwa dreieinhalb Milliarden Jahren haben es Einzeller geschafft, das Leben auf der Erde zu meistern. Sie existierten so lange als einzelne Zellen, bis die Umwelt sie zwang, sich in einer Gemeinschaft zu solidarisieren, um höheres Leben entwickeln zu können. Was kam also auf die Lebewesen zu? Es war, und wir sehen hier wieder das Prinzip des Aristoteles, eine Kraft zu Besserem, die *Entelechie* und der *Wille* zum *Überleben*. Mit der Zeit wurde bis heute aus diesem Prozess der Solidarisierung ein *Selbstorganisationsprozess*, indem die *Notwendigkeit* verschiedener Aufgaben die jetzt entwickelten Gruppen in Form von Zellen zwangen, unterschiedliche Funktionen in höheren Lebewesen wahrzunehmen. *Ein* Ergebnis ist der menschliche Körper. Wir werden in ▶ Kap. 12 sehen, dass es unterschiedliche Zellen im menschlichen Körper gibt, beispielsweise *Leberzellen* oder *Gehirnzellen*, die natürlicherweise vollkommen *verschiedene* Funktionen ausführen. All diese Zellen leben in einer harmonischen Gemeinschaft zueinander, sofern der Körper gesund ist. Wird diese Harmonie von außen gestört, erkrankt der Körper. Die Störungen können entweder *psychischer* oder *physischer* Art sein.

Sie werden jetzt fragen, was das mit der Seele zu tun hat. Wir bereiten hier die neuropsychologische Sicht von Seele vor. Den Einstieg dafür liefert das *Leib-Seele-Problem*, nämlich die von Descartes angestoßene Wechselwirkung der »göttlichen«, also der geistigen (*res cogitans*, »Verstand«) mit der materiellen (körperlichen) Substanz (*res extensa*). Eigentlich sah Descartes diese zwei Substanzen als getrennt an. Er musste aber einer Verbindung beider zustimmen, da ja die »Lebensgeister« in das Blut hinein gelangen sollten, um die Bewegung aller Körperteile gewährleisten zu können. Das genau bewerkstelligte nach seinen Vorstellungen die Zirbeldrüse, heute *Epiphyse* genannt.

Diese Descartes'sche Vorstellung von der Funktion der Epiphyse hat sich bis in die Mitte des 20. Jahrhunderts gehalten. Im Laufe der nachfolgenden Jahrzehnte entwickelte sich mit dem Aufkommen des *Elektronenmikroskops* und der Entdeckung der Wirkungsweise von *Gehirnnervenzellen* in den einzelnen Regionen des Gehirns eine etwas andere Vorstellung davon, wie seelische Funktionen auf das Gehirn abgebildet würden. So konnte man im ausgehenden 20. Jahrhundert zeigen, dass bestimmte Zellverbände bestimmte Darstellungen verursachten. Das konnte man zum Beispiel für Silben und Wörter einer Sprache nachweisen. Man entdeckte mittels der bildgebenden Verfahren in den Neurowissenschaften anhand von Stoffwechselveränderungen unterschiedliche Regionen des Gehirns, in denen sich diese Darstellungen als Repräsentationen von Zellen und Zellgruppen zeigten. Es stellte sich heraus, dass durch die Sprache die betroffenen Regionen, in denen die physischen Stoffwechselveränderungen graduell durch den Computer eingefärbt wurden, aktive Zellverbände der Gehirnnerven betrafen.

Wir können also davon ausgehen, dass Signale der Umwelt und unserer Innenwelt in irgendeiner Weise durch solche Zellgruppen repräsentiert werden, deren Gehalt später wieder abgerufen werden kann. Dies geschieht nicht nur mit der Sprache, sondern auch mit den Signalen jeglicher Art, die auf diese Zellverbände einwirken, beispielsweise die der Form von Gegenständen, Gefühle, der Farbe und der Aktivierung anderer Zellgruppen in unserem Inneren. Wir werden das später in ▶ Kap. 12 weiter vertiefen.

Möglich ist all dies, weil Zellen in diesen Zellgruppen lernen und dadurch *Informationsverarbeitung* betreiben – mit dem *Willen*, biologisch gesehen, zu überleben. Dadurch, dass wir in jedem Augenblick lernen, das heißt Signale der Außenwelt aufnehmen und als Wissen intern verarbeiten, entsteht eine Beeinflussung und Wechselwirkung der Zellgruppen miteinander.

Nun geschieht Folgendes: Es findet eine *Selbstorganisation* innerhalb der Zellgruppen statt, die eine *Kategorisierung* nach bestimmten Kriterien bewirkt und somit auch eine bestimmte *Konfiguration* von *Teilzellgruppen* generiert. Das führt zur sogenannten *Kartenbildung*. Die Karten, das sind Zellgruppen funktional geordnet, beeinflussen und ergänzen sich untereinander. In unserem Beispiel der Sprache heißt funktional geordnet, *Wortfelder*, die eine bestimmte Zugehörigkeit der Wörter untereinander ausdrücken. Ein Beispiel hierfür wäre die *Arbeitswelt* als Wortfeld, und die zugehörigen Wörter wären beispielsweise *Arbeiter*, *Chef* und *Sekretärin*. Wörter wie *Baum* oder *Gras* würden nicht in dieses Wortfeld passen, sondern ein anderes, beispielsweise *Natur*, beanspruchen.

Sie sehen hoffentlich schon jetzt, wohin die Reise geht. Die *Seele* wird nun *geschichtlich*, das heißt, sie spiegelt den gesamten *Lebensverlauf* mit all seinen Erfahrungen, Gefühlen und Entscheidungen wider. Im Laufe der Jahre des Lebens werden all diese Eindrücke gespeichert, es wird ein Zusammenhang zu einzelnen funktionalen Zellgruppen hergestellt, es werden Schlüsse gezogen und damit interne *Vorstellungen* erzeugt, die sich aufgrund verschiedener Querverbindungen zu anderen Erfahrungen verdichten und festigen. Schon Freud berichtete am 6. Dezember 1896 in seinem Brief 112 an Wilhelm Fließ von *Gedächtnisspuren*, »… dass die aufeinander folgenden Niederschriften [des Gedächtnisses] die psychische Leistung von sukzessiven Lebensepochen darstellen«. Freud spricht von »Wahrnehmungszeichen«, die sich in das Nervennetz als eine Spur eingraviert haben. Hier hatte Freud erstmalig das Schema des psychischen Apparats skizziert (Freud, 1986: 217).

Gehen wir einmal davon aus, dass bei einem neugeborenen Kind diese oben beschriebene Erfahrungsspeicherung nur sehr minimal stattgefunden hat, so findet wenigstens eines statt: *Lust* und *Unlust*, das heißt, wir finden hier die *Entelechie*, also die *Zielstrebigkeit* des Aristoteles, etwas haben zu *wollen* oder nicht, und den *Willen*, also den *Motor* dazu.

Es könnte sein, dass die *räumliche Konfiguration* und die *Kombination* der *Zellgruppen*, das heißt die ständigen *Umformungen* der Zellenverbindungen, die *Seele* als *zeitabhängigen Zustand* darstellen. Wir lernen in *jedem* Augenblick; das ist der Zeitaspekt. Jede *Form*, die wir wahrnehmen, ist aus kleinsten *Bestandteilen* zusammengesetzt. Denn die *Gestalt* und ihre *Bedeutung* erkennen wir erst nach der *Zusammensetzung* aller Bestandteile im Kontext der schon früher gespeicherten Entitäten. Einzeln sehen wir noch nichts. Deshalb liegt es nahe, eine solche Vorstellung von der Seele zu haben. Wir sind also nicht zu sehr von Aristoteles entfernt, nur etwas moderner.

Das Leben der Seele kann man dann mit den oben geschilderten Erfahrungen, die im Nervensystem gespeichert sind, geschichtlich als einen Prozess der »Bewegung« und »Veränderung« beschreiben.

1.2.1 Die Seele zwischen Materialismus und Dualismus

In der neueren philosophischen Diskussion sind zwei gegensätzliche Positionen zu der Existenz der Seele von zentraler Bedeutung: zum einen der Materialismus, der ganz grob besagt, dass alles Empfinden, Denken, Erleben usw. letztendlich auf Materielles und damit physiologisch Beschreibbares zurückgeführt werden kann, zum anderen der Dualismus, der auch wieder ganz grob vereinfachend von einem qualitativen Unterschied, einer ontologischen Differenz, von Geistigem (Denken, Empfinden etc.) und Materiellem ausgeht. Der Materialismus besitzt den großen Vorteil, dass alles mit gleichen Prinzipien und Bausteinen erklärt werden kann; er ist aber in großen Nöten, wenn es um die Erklärung rein subjektiver Empfindungen geht, denen nicht ohne Weiteres eine materielle Entsprechung zugeordnet werden kann (das *Qualia-Problem*). Der Dualismus löst Letzteres elegant, ist aber wiederum in Schwierigkeiten, wenn er erklären soll, wie Geistiges und Materielles interagieren können (das Leib-Seele-Problem). Die materialistischen Positionen neigen dazu, den Seelenbegriff gänzlich abzulehnen, so etwa Patricia Churchland (1943) und Paul Churchland (1942) oder Richard Rorty (1931–2007).

Moderne dualistische Positionen hingegen brauchen natürlich den Seelenbegriff. Hier ist etwa die Drei-Welten-Theorie von Karl Popper (1902–1994) und John Eccles (1903–1997) zu nennen. Sie erweitert Descartes' Vorstellungen von einer Welt des Materiellen, getrennt von einer mentalen Welt, um ein Reich der Ideen, verzichtet dafür aber auf Gott. Auf Einzelheiten kann hier nicht eingegangen werden, die Frage wird aber noch mehrmals auftauchen. Eine Beschäftigung mit dem Leib-Seele-Problem ist sehr ans Herz zu legen, da es in der modernen Kognitionswissenschaft immer wieder durchscheint.

Neben diesen Grundpositionen zur Seele gibt es natürlich noch etliche Zwischenpositionen und Varianten, die sich im Spannungsfeld von Materialismus und Dualismus etabliert haben. Eine davon ist der sogenannte Immaterialismus, also die Auffassung, dass überhaupt nur Geistiges existiert. Wahrnehmungen von materiellen Objekten sind handfeste Täuschungen, existieren darüber hinaus aber nicht. Das ist die eigentliche Gegenthese zum Materialismus, findet allerdings erstaunlicherweise nur ganz wenige Vertreter. Dies ist im Zeitalter der Cyberpsychologie, wo Filmregisseure kein Problem darin sehen, ihre Helden in rein digitale Scheinwelten eintauchen zu lassen, umso frappierender.

Die heutige Position des Immaterialismus ist wesentlich von Alfred N. Whitehead (1861–1947) geprägt worden. Kurz gesagt hält er die drei geläufigen Dimensionen der Welt (Materie, Raum und Zeit) für nicht grundlegend. An ihre Stelle treten Ereignisse als fundamentale Begriffe. Ereignisse wiederum sind in dem Sinne immateriell, dass sie aus Wahrnehmung, Kreativität und Spontaneität bestehen. Und diese sind eben allesamt immateriell (Whitehead, 1929).

Der Immaterialismus ist aus dem Panpsychismus hervorgegangen, der bereits in der Antike seine Wurzeln hat. So entwickelte etwa Thales (624–545 v. Chr.), einer der ersten vorsokratischen Philosophen, die Vorstellung, dass alle Objekte Geist besitzen müssen und daher rein geistig sind. Ein Objekt, das sich von selbst bewegen kann, wie wir, ist ein geistiges. Und da selbst Steine wie etwa Magneten sich von selbst bewegen können, muss dies für alle Objekte gelten. In moderner Form war der große Gustav Theodor Fechner (1801–1887) Panpsychist und glaubte, dass man einer einzelnen Zelle die Seele nicht absprechen darf, wenn man sie einer

Ansammlung von Zellen (etwa einem Lebewesen) zuspricht. Irgendwie kommt er dann von der Folgerung, dass alles eine Seele haben muss, zu dem Schluss, dass alles Seele ist.

Der vielleicht berühmteste Panpsychist unter den Psychologen ist wohl William James (1842–1910), der zeitgleich mit Fechner einen mindestens ebenso eigenwilligen Panpsychismus entwickelte, zu dem er sich durch seinen pragmatischen Ansatz, in dem das Erleben der Person an allererster Stelle steht, genötigt sah. Realität war für James eine Sache der Ansicht und konnte daher von einem Standpunkt in erster Linie mental und von einem anderen als in erster Linie materiell erscheinen. Da beide Standpunkte dem Erleben zugehören, sind sie aber beide psychisch und insofern immateriell. Mit bemerkenswerter Selbstironie hat James diese Auffassung übersetzt »Seelenstaub-Theorie« genannt, hielt aber an ihr fest (James, 1950).

Es gibt auch Philosophen, die schlichtweg die Existenz eines Konflikts zwischen Dualismus und Materialismus bestreiten. Gilbert Ryle (1900–1976) ist beispielsweise der Auffassung, dass es ein Fehler ist, über Mentales und Materielles in den gleichen Begriffen zu sprechen. Wenn man dies tut, begeht man einen sogenannten Kategorienfehler, wendet also Begriffe falsch an. Neben dem materiellen Körper noch (in einer materiellen Sprache) einen Geist zu suchen, ist ebenso sinnlos, wie neben den einzelnen Spielern einer Fußball-Elf noch die Mannschaft zu suchen.

1.3 Der Unterschied zwischen Erklären und Verstehen

Im 19. Jahrhundert explodierte das wissenschaftliche Forschungsaufkommen, was einer Revolution gleichkam. Die Wissenschaft widmete sich der systematischen Erforschung des Menschen, seiner Geschichte, seiner Sprachen, Sitten und sozialen Institutionen. Die dazu verwendeten Methoden begannen sich auszudifferenzieren, führten zu einer der zentralen Streitfragen der Methodologie und Wissenschaftstheorie. Sie betraf die Trennung der Natur- und Geisteswissenschaften in die beiden Hauptzweige empirischer Forschung, die wir heute kennen. Die Zweige gehen nach zwei unterschiedlichen Grundprinzipien vor. Eines ist das *Erklären*, das andere das *Verstehen*. Genauer gesagt entstand mit dieser Trennung eine sogenannte antipositivistische, also vereinigende Wissenschaftstheorie, die gegen Ende des 19. Jahrhunderts populär wurde.

Wie entstand diese Aufspaltung? Dazu schauen wir kurz auf den Zustand vor der Spaltung, den *Positivismus*, und stützen uns dabei im Wesentlichen auf die Position der Philosophie von Auguste Comte (1798–1857) und Stewart Mill (1806–1873) und die von ihnen repräsentierte Wissenschaftstheorie. Sie wurde gewöhnlich Positivismus genannt. Dieser Ausdruck stammt von Auguste Comte. Comte war Mathematiker, Philosoph und Mitbegründer der Soziologie. Mill war Philosoph und Ökonom. Der Positivismus passt nicht nur auf die Position von Comte und Mill, sondern auf die gesamte Geistestradition, die von Comte und Mill nicht nur bis in die heutige Zeit, sondern ebenso zurück bis David Hume (1711–1776) und die Philosophie der Aufklärung reicht (von Wright, 1984: 18). Letztere hat sich im 17. und 18. Jahrhundert ausgebildet und die Vernunft als Instanz zur Wahrheitsfindung etabliert, wie das Zitat von Immanuel Kant (1724–1804), »Aufklärung ist der Ausgang des Menschen aus seiner selbstverschuldeten Unmündigkeit«, aussagt. Vernunft als universelle Urteilsinstanz bedeutete eine Hinwendung zu den Naturwissenschaften. Der auf ihr basierende Positivismus hatte natürlich verschiedene Schattierungen. Comte vertrat beispielsweise weniger die Sichtweise einer sogenannten phänomenalistischen oder sensualistischen Erkenntnistheorie wie Mill, sondern mehr eine wissenschaftliche und technologische Auffassung von Erkenntnis und deren Verwendungen.

Sein letztliches Ziel bestand darin, ein Verfechter des »positiven«, wissenschaftlichen Geistes in der Untersuchung gesellschaftlicher Phänomene zu sein (Comte, 1830). Damit gekoppelt war ein starker Glaube an die Nützlichkeit wissenschaftlicher Erkenntnisse für soziale Reformen. Seine Wissensauffassung ist von derjenigen von Francis Bacon (1561–1626), dem Wegbereiter des Empirismus und Begründer der modernen Wissenschaft, vergleichbar.

> Eine der Grundannahmen des Positivismus ist der methodologische Monismus bzw. die Idee von der Einheit der wissenschaftlichen Methode inmitten der Verschiedenartigkeit des Gegenstands wissenschaftlicher Untersuchungen. Eine zweite Grundannahme besteht in der Ansicht, daß die exakten Naturwissenschaften, insbesondere die mathematische Physik, ein methodologisches Ideal bzw. einen methodologischen Standard setzen, an dem der Entwicklungs- und Perfektionsstand aller anderen Wissenschaften, einschließlich der Humanwissenschaften, zu messen sei. Eine dritte Grundannahme ist schließlich eine charakteristische Auffassung von wissenschaftlicher Erklärung. Solche Erklärung ist, in einem weiten Sinne, »kausal«. Sie besteht, konkreter gesagt, in der Subsumption individueller Sachverhalte unter hypothetisch angenommene, allgemeine Naturgesetze. Dazu gehören auch Gesetze der »menschlichen Natur«. Finalistische Erklärungen, d. h. Versuche, Tatsachen mit Hilfe von Intentionen, Zielen und Zwecken zu erklären, werden entweder als unwissenschaftlich abgelehnt, oder es wird zu zeigen versucht, daß sie bei entsprechender Eliminierung »animistischer« oder »vitalistischer« Relikte in Kausalerklärungen transformiert werden können. (von Wright, 1984: 18) <<

Die Gegenreaktion kam prompt. Es entstand die *Hermeneutik*. Mit dem anderen Denktyp, den so bedeutende deutsche Philosophen, Historiker und Sozialwissenschaftler wie Johann Gustav Droysen (1808–1884), Wilhelm Dilthey (1833–1911), Georg Simmel (1858–1918) und Max Weber (1864–1920) verkörperten, entstand eine Gegenrichtung, die den methodologischen Monismus des Positivismus ablehnte. Viele von diesen Philosophen verwiesen mit Nachdruck auf einen Gegensatz zwischen den Naturwissenschaften und den Geisteswissenschaften bezüglich der Merkmale ihrer Gegenstände. So schreibt von Wright:

> Die Antipositivisten griffen ebenfalls die positivistische Auffassung von Erklärung an. Der deutsche Historiker und Philosoph Droysen hat wohl als erster eine methodologische Dichotomie eingeführt, die großen Einfluß gehabt hat. Er prägte dafür den Namen *Erklären* und *Verstehen*. Das Ziel der Naturwissenschaften, so sagte er, liegt im Erklären; das Ziel der »Historik« ist es, die in ihrem Bereich fallenden Phänomene zu verstehen. Diese methodologischen Ideen wurden dann von Wilhelm Dilthey systematisch ausgearbeitet. Er verwandte für den gesamten Bereich der Methode des Verstehens die Bezeichnung *Geisteswissenschaften*. Es sollte vielleicht erwähnt werden, daß dieser Begriff ursprünglich für eine Übersetzung des englischen »moral science« geprägt wurde. Der normale Sprachgebrauch macht keinen scharfen Unterschied zwischen den Wörtern »erklären« und »verstehen«. Man kann praktisch von jeder Erklärung, sei sie kausal, teleologisch oder von irgendeiner anderen Art, sagen, daß sie unser Verstehen fördert. Allerdings hat »Verstehen« auch einen psychologischen Beiklang, den »Erklären« nicht hat. Dieses psychologische Merkmal wurde von mehreren antipositivistischen Methodologen des 19. Jahrhunderts besonders hervorgehoben, am eindringlichsten vielleicht von Georg Simmel (Simmel, 1892: 1918), der der Ansicht war, daß Verstehen als eine für die Geisteswissenschaften charakteristische Methode eine Form von *Einfühlung* oder innerem Nachvollzug der geistigen Atmosphäre ist, d. h. der Gedanken, Gefühle und Motivationen, kurz der Gegenstände, die der Geisteswissenschaftler untersucht. Es ist jedoch nicht nur dieser psychologische Anstrich, wodurch sich das Verstehen vom Erklären unterscheiden läßt. Verstehen hängt auch mit *Intentio-*

nalität zusammen, und zwar in einer Weise, in der dies für Erklären nicht gilt. Man versteht die Ziele und Absichten eines Handelnden, die Bedeutung eines Zeichens oder Symbols und den tieferen Sinn einer sozialen Institution oder eines religiösen Ritus. Diese intentionalistische oder, wie man sie vielleicht ebenfalls nennen könnte, semantische Dimension des Verstehens trat in der jüngeren methodologischen Diskussion immer mehr in den Vordergrund. (von Wright, 1984: 19 f.) **«**

Es tauchte die Frage auf, wo denn die Sozial-und Verhaltenswissenschaften stehen. Sie standen einfach zwischen den beiden entgegengesetzten Strömungen der Philosophie, der *positivistischen* und *antipositivistischen* Tendenzen im letzten Jahrhundert. Ein Beispiel dafür findet man in den mathematischen Anwendungen auf die Ökonomie.

Diese Unterscheidung von *Erklären*, das mit der Außenperspektive auskommt, und *Verstehen*, das immer auch die *Innenperspektive* benötigt, scheint uns ganz fundamental zu sein. Wiederum grob vereinfachend gesagt, liegt das wissenschaftliche Erkenntnisinteresse eines Naturwissenschaftlers im Erklären von Erscheinungen, während das Erkenntnisinteresse des Geisteswissenschaftlers darin besteht, die Dinge zu verstehen. Jetzt stellt sich die Gretchenfrage, wo denn nun die Psychologie steht. Richtig, sie steht zwischen den beiden entgegengesetzten Strömungen. Der Versuch zu erklären steht oft im Vordergrund, aber ohne Verstehen kommen wir nicht aus. Denken wir etwa an den Therapeuten, der Beweggründe eines Patienten verstehen will. Die Unterscheidung von Erklären und Verstehen, die uns von Wright in seinem lesenswerten Büchlein *Erklären und Verstehen* so schön vor Augen geführt wird, kann Ihnen bei vielen psychologischen Fragestellungen weiterhelfen.

1.4 Der Ceteris-Paribus-Fall

Eine weitere Kernidee von großer Tragweite ist die Einsicht, dass es einfache Kausalbeziehungen, sei es bei Dingen, die wir erklären oder die wir verstehen wollen, in aller Regel nicht gibt. Stellen wir uns den Fall vor, dass ein Autofahrer eine rote Ampel überfährt. Man könnte sagen, dass dies geschehen ist, weil er am Handy telefoniert hat, weil die Ampel schlecht sichtbar war, weil er gestern Nacht zu lange gezecht hat usw. Vermutlich musste all dies und noch anderes zusammenkommen, damit es zu dem Ereignis »überfahrene Ampel« kam. Da wir gerade eine Studie zum Einfluss des Telefonierens am Steuer durchführen, interessiert uns aber nicht, wie gut die Ampel sichtbar war oder was der Verkehrsteilnehmer am Abend vorher gemacht hat. Wir konzentrieren uns auf das Handy. Ganz analog und allgemein gilt dasselbe für die Durchführung von jeglicher empirischen Forschung. Erkenntnisprozesse beginnen mit Hypothesen, die das zu bearbeitende Problem präzisieren und dadurch gezielte Erfahrung erst möglich machen. Die Hypothese richtet sich wie ein Scheinwerfer auf einen Aspekt und lässt alles andere zunächst einmal im Dunkel.

Dabei versteht man unter einer »Hypothese« eine in spezieller Aussageform gekleidete Fragestellung. Sie enthält im Allgemeinen einen vorläufigen Lösungsentwurf für das infrage stehende Problem. In der Wissenschaft werden diese Formulierungen der Hypothesen überprüft. So wird beispielsweise ein Falsifikationsverfahren (Popper, 1994), das wir noch später besprechen werden, angewandt. Man versucht, Bedingungen herbeizuführen, die die Hypothese anfechten. Wenn dies nicht gelingt, dann ist die Hypothese vermutlich ganz gut. Dabei zählt man in aller Regel der Einfachheit halber nicht alle Randbedingungen auf (die Machart der Ampel, die Nachtgewohnheiten des Autofahrers etc.). Man geht davon aus, dass die Randbedingungen unwesentlich sind. Genauer gesagt, wenn man untersuchen will, ob das Telefonieren am Handy gefährlich ist, nimmt man an, dass die Randbedingungen sich nicht verändern beziehungsweise verändert haben und daher außer Acht gelassen werden können. Dies ist in einer Studie, in der nicht eine, sondern sagen wir 50 Versuchspersonen getestet werden, in aller Regel auch vertretbar. Wenn man die Fahrleistung von 25 Personen untersucht, die dabei am Handy telefonieren, und von 25 weiteren, die ohne Handybenutzung fahren, dann sind Unterschiede vermutlich auf das Handy zurückzuführen.

Aber, und das ist ganz wichtig, genau kann man dies nicht wissen. Der Zufall kann es so wollen, dass die beiden Gruppen Unterschiede aufweisen, die nichts mit der experimentellen Manipulation, dem Telefonieren und dem Autofahren, zu tun haben. Das Gleiche gilt analog für Untersuchungen von Versuchspersonen, die beide Bedingungen erfahren. In der Stunde, in der etwa das Fahren mit Handy gemessen wird, könnte gerade die Nachmittagsmüdigkeit einsetzen oder Ähnliches. Es gibt prinzipiell immer Randbedingungen, die entscheidend sein könnten. Man kommt aber nicht weiter, ohne davon auszugehen, dass letztere nicht relevant geworden sind. Diese Annahme oder dieses Vertrauen darauf, dass Veränderungen, die wir messen, nicht auf die Randbedingungen, sondern auf die gezielt variierte Bedingung zurückgehen, nennen wir die Ceteris-Paribus-Bedingung. Anders gesagt, wenn wir eine Variable manipulieren, gehen wir davon aus, dass alle Randbedingungen gleich bleiben oder nur kleinen unsystematischen Schwankungen unterworfen sind.

Ceteris paribus (lat. sinngemäß »wobei alles andere gleich bleibt«) ist also eine in Zusammenhang mit Experimenten gebrauchte Formulierung (auch Ceteris-Paribus-Klausel oder Ceteris-Paribus-Bedingung genannt), die bedeutet, dass die Hypothese unter der Annahme gemacht wird, dass alle außer den genannten Randbedingungen gleich bleiben. Es ist offensichtlich, dass dies eine gewagte Annahme sein kann. Da wir aber immer nur vereinfachende Hypothesen über einen kleinen Ausschnitt der Wirklichkeit machen können, geht es ohne die Ceteris-Paribus-Klausel nicht. Vorläufige Hypothesen müssen sich außerdem mit anderen Theorien und Modellen sowie mit konkreten Forschungsergebnissen auseinandersetzen, sodass sie eventuell korrigiert werden können. Die Hypothesen werden idealerweise durch Experimente überprüft. Wenn dies nicht möglich sein sollte, müssen andere Methoden herhalten. Denken wir etwa an die Hypothese, dass Menschen, die mit 50 Jahren eine neue Fremdsprache lernen, länger leben. Das naheliegende Experiment, zwei Gruppen zu bilden, von denen eine die Sprache lernt und die andere daran gehindert wird, würde schlichtweg zu lange dauern. Wir behelfen uns mit der Beobachtung von bereits existierenden Gruppen und fragen etwa die Angehörigen von besonders Langlebigen danach, was für eine Fremdsprachengeschichte letztere besaßen.

Das Grundprinzip eines Experiments besteht in der Erfassung gesetzmäßiger Abhängigkeitsbeziehungen im Sinne von Wenn-dann-Beziehungen. Alle Experimente sollten sich möglichst auf eine eindeutige Wenn-dann-Beziehung zwischen den unabhängigen und abhängigen Variablen stützen, sodass offensichtlich wird, welche Faktoren als konstant angenommen werden können (Ceteris-Paribus-Bedingung), und die Wirkung von Störvariablen möglichst gering gehalten wird.

In der Hypothese wird etwas über die experimentelle Handlung, die Manipulation, der unabhängigen Variablen (in unserem Fall also, wie wir die Aufgabe mit bzw. ohne Handygebrauch Auto zu fahren umsetzten) sowie über die konkrete Messung der abhängigen Variablen (das sind die Messgrößen, etwa wie genau Spur gehalten wird, wie viele rote Ampeln überfahren werden usw.) ausgesagt. Bei der Wahl der unabhängigen Variablen spricht man auch von der Art und Weise der Operationalisierung der theoretischen Konzepte, wie man also die Hypothese umsetzt, operationalisiert. Von der Operationalisierung hängt letztlich der Gültigkeitsbereich des erhobenen experimentellen Befunds ab: Je gelungener die Operationalisierung für das theoretische Konstrukt, umso valider ist der Befund, das heißt umso höher ist die sogenannte Konstruktvalidität, also die Qualität der Operationalisierung. Aufmerksamkeit wäre ein Konstrukt, das durch die Fahrqualität (etwa Spurhalten) operationalisiert werden kann.

Die Schlussfolgerungen aus den Ergebnissen eines Experiments müssen auf ihre Gültigkeit (»Validität«) hin sorgfältig geprüft werden. Eines dieser Gütekriterien ist die *interne Validität*. So ist ein Experiment *intern valide*, wenn die zur abhängigen Variablen erhobenen Messwerte eindeutig auf die als unabhängige Variable manipulierten Versuchsbedingungen zurückzuführen sind. Eine notwendige Voraussetzung einer kausalen Interpretation von Effekten darauf hin, dass sie auch entsprechend der experimentellen Bedingungen auf die abhängige Variable zurückgeführt werden können, besteht darin, dass keine wissenschaftlich plausiblen alternativen Bedingungen für das Zustandekommen dieses Effekts angeführt werden können (Campbell & Stanley, 1966). Je besser potenzielle Störvariablen in einem Experiment kontrolliert werden, umso höher ist dessen interne Validität und umgekehrt (Sarris & Reiß, 2005). Die Validität ist ein Maß dafür, ob die bei der Messung erzeugten Daten, wie beabsichtigt, die zu messende Größe repräsentieren.

Wir sehen also, dass die Ceteris-Paribus-Bedingung eine ganz gewaltige Einschränkung darstellt, ohne die allerdings empirisches und experimentelles Forschen in der Psychologie nicht denkbar ist. Da die psychologischen Theorien und Hypothesen, mit denen Sie in Berührung kommen werden, dies in aller Regel nicht reflektieren, ist es ganz besonders wichtig, bei der Einschätzung einer Theorie, die Frage aufzuwerfen, ob die Randbedingungen wirklich über die Variation der unabhängigen Variablen hinweg gleich geblieben sind oder ob sie entscheidende Randbedingungen gegebenenfalls verändert haben könnten. Selbst sauberstes Experimentieren bietet davor keinen Schutz.

1.5 Zusammenfassung

Wir haben versucht, anschaulich zu machen, dass es durchaus angemessen ist, Psychologie als Wissenschaft von der Seele aufzufassen. Auch wenn diese Auffassung aus akademischer Sicht vielleicht unpopulär ist, so hat sie doch den großen Vorzug, den historischen und philosophischen Ursprüngen der Psychologie besser Rechnung zu tragen, als engere verhaltensorientierte Definitionen dies könnten. Der Begriff der Seele ermöglicht es auch, Psychologie in Anbindung an die Umgangssprache unter die Lupe nehmen zu können. Wir haben weiter gesehen, dass die Aufgabe der Psychologie sowohl im Erklären als auch im Verstehen von Seelischem liegt. Die komplexe Auffassung von Psychologie als Wissenschaft von der Seele stößt uns mit der Nase auf tiefe grundlegende Probleme, wie etwa das Leib-Seele-Problem oder die Tatsache, dass eine wissenschaftliche Beschreibung immer nur einen Aspekt in das Zentrum der Aufmerksamkeit rücken kann und wir als Wissenschaftler Aussagen stets mit einer Ceteris-Paribus-Klausel versehen müssten, sie also eingrenzen auf den Fall, dass sich nicht gleichzeitig die Bedingungen der Betrachtung verändern.

Logik I: Einführung in die Logik

2.1 Aussagen – 21

2.2 Wahrheitswerte, Paradoxien, Meta- und Objektsprache – 23

2.3 Wahrheitstheorien – 24
2.3.1 Konsenstheorie – 24
2.3.2 Kohärenztheorie – 25
2.3.3 Performationstheorie – 25
2.3.4 Pragmatische Wahrheitstheorie – 25

2.4 Zusammenfassung – 28

Gebraucht der Zeit, sie geht so schnell von hinnen,
Doch Ordnung lehrt Euch Zeit gewinnen.
Mein teurer Freund, ich rat Euch drum
Zuerst Collegium Logicum.
Da wird der Geist Euch wohl dressiert,
In spanische Stiefeln eingeschnürt,
Daß er bedächtiger so fortan
Hinschleiche die Gedankenbahn,
Und nicht etwa, die Kreuz und Quer,
Irrlichteliere hin und her ... (Mephistopheles in Faust I, Goethe-Werke, 1998, Bd. 3: 68)

Wir haben in ▶ Abschn. 1.1 und ▶ Abschn. 1.2 festgestellt, dass die Psychologie Aussagen über Seelisches macht. Wir haben auch versucht, den Seelenbegriff zu klären. Jetzt gilt es zu klären, was Aussagen sind. Ganz einerlei, ob wir Psychologie in erster Linie als Wissenschaft vom Verhalten verstehen oder geneigt sind, die Rührungen der Seele etwas philosophischer aufzufassen, um die Frage nach der Aussage kommen wir nicht herum. Sie ist fundamental, ja so fundamental, dass Sie sich vielleicht fragen, ob diese Gründlichkeit notwendig sei. Sie ist es, wenn wir in irgendeiner Form das bewerten wollen, was unsere Forschung herausgebracht hat. Und genau das ist ja die Aufgabe des Wissenschaftlers. Was genau ist also eine Aussage und welchen allgemeinen Regeln unterliegt sie? Um mit Kant zu sprechen, was sind die Bedingungen der Möglichkeit von psychologischen Aussagen? Dies wollen wir hier erörtern, indem wir uns einiges aus den Grundlagen der Logik anschauen.

Dazu gehen wir zunächst von einem ganz alltäglichen und scheinbar einfachen Beispiel aus. Nehmen wir an, wir befinden uns in einer Gruppe von Menschen, von denen einer behauptet: »Es riecht hier nach Apfelaroma.« Was können wir jetzt unternehmen, um festzustellen, ob diese Aussage richtig oder falsch ist? Handelt es sich bei der Aussage, es rieche hier nach Apfel, um ein unumstößliches Faktum, ein *factum brutum*, das wir einfach, direkt und ohne es anzweifeln zu können auffinden, oder handelt es sich lediglich um eine Aussage, eine Proposition, deren Richtigkeit keineswegs feststeht? Der erstere Fall stellt sicherlich die Ausnahme dar, denn nur, wenn die Aussage von einer unbezweifelbaren Autorität stammt (z. B. von Gott) oder wenn sie aus anderen Gründen über jeden Zweifel erhaben ist, handelt es sich um mehr als eine Aussage.

Wenn wir davon ausgehen, dass es sich »lediglich« um eine Aussage handelt, dann fangen unsere Probleme an. Eine Aussage ist dem Bereich der Sprache zugeordnet, und damit müssen wir zunächst einiges über Sprache verstehen, damit wir entscheiden können, ob eine Aussage falsch oder wahr ist. Wir müssen auch den Bezug der Aussage auf eine von ihr unabhängige Realität berücksichtigen. Sind Moleküle von Apfelaroma in der Luft und, wenn ja, ist unsere Nase dazu in der Lage, diese Moleküle zu erkennen und richtig zu klassifizieren? Nehmen wir jetzt weiter an, dass eine Minderheit der Anwesenden behauptet, einen Apfelgeruch feststellen zu können, während die Mehrheit dies verneint. Heißt das, dass es nach Apfel riecht, dass die Eingangsaussage also richtig ist?

Wir bewegen uns auf dem zum Teil dünnen Eis der Sprache, wenn wir Aussagen machen. Wir bewegen uns auch bei dieser empirischen Aussage, die Vorhandenes betrifft, auf dem Eis der Korrespondenz von Sprache und Realität. Wenn wir also feststellen, dass die Aussage »Es riecht nach Apfel« falsch ist, zumindest mehrheitlich demokratisch geurteilt, dann charakterisieren wir die Aussage, wir ordnen ihr einen sogenannten Wahrheitswert zu. Wichtig ist hier im Moment nicht, wer recht hat, sondern dass es selbst bei einer scheinbar ganz banalen

Feststellung um einen Prozess geht, in dem einem sprachlichen Gebilde, einer Aussage, ein Wahrheitswert zugeordnet wird.

2.1 Aussagen

Schauen wir uns jetzt die Aussagen etwas genauer an. Es sei einmal angenommen, dass Aussage, Satz und Proposition gleichbedeutend sind, was für unsere Zwecke ausreicht. Und nehmen wir eine ganz alltägliche, scheinbar harmlose Aussage:
»Es riecht hier nach Apfelaroma.«
Diese Aussage oder dieser Satz kann ganz unterschiedlich gemeint sein, beispielsweise
- deskriptiv (wir stellen fest, es riecht hier nach Apfel),
- expressiv (wir hassen diesen Geruch),
- evokativ (es hat sich ein Apfeldiebstahl ereignet, und mit der Aussage implizieren wir, dass der Dieb im Raum sein muss).

Wenn die Aussage deskriptiv gemeint war, können wir noch am ehesten entscheiden, ob sie stimmt, ob sie wahr ist. Wir werden allerdings bald sehen, dass dies auch nicht ganz ohne Falltüren möglich ist. Die Dimension der Wahrheit lässt sich vergleichsweise gut auf deskriptive Sätze anwenden, aber weniger oder gar nicht auf expressive oder evokative Sätze. Wir glauben, Sie werden nicht damit einverstanden sein, wenn wir darüber befinden wollten, ob Ihnen der Apfelgeruch gefällt oder ob Sie ihn nicht ausstehen können. Im deskriptiven Fall sprechen wir bei der Feststellung, dass es nach Apfel riecht, von einer Prädikation:

》 Eine Prädikation ist also eine sprachliche Handlung … mit deren Hilfe wir einzelne Gegenstände klassifizieren. Sie wird durch einen Satz ausgedrückt, in dem die deskriptive Verwendung überwiegt. (Detel, 2007: 23) 《

Wir finden eine etwas abgewandelte Definition von Prädikation noch besser:

》 Eine Prädikation ist also eine sprachliche Handlung … mit deren Hilfe wir einzelne Gegenstände *kennzeichnen*. Sie wird durch einen Satz ausgedrückt, in dem die deskriptive Verwendung überwiegt. (Detel, 2007: 23; modifiziert durch die Verfasser) 《

Für diese Kennzeichnung werden sogenannte Prädikatoren verwendet, von denen wir gleich einige aufzeigen. Verpackt werden die Kennzeichnungen in Aussagen.
Folgende Arten von Prädikatoren können wir unterscheiden:
- *Nominatoren* sind singuläre Begriffe, die sich auf einen bestimmten Gegenstand beziehen (der da, Maria, Goethe).
- *Einstellige Prädikatoren* beschreiben Eigenschaften einzelner Gegenstände (Maria ist blond, Goethe war schlau etc.).
- *Mehrstellige Prädikatoren* beschreiben Beziehungen zwischen zwei oder mehreren Gegenständen, etwa:
    - Relationen sind zweistellige Prädikatoren (Klaus mag Emma),
    - dreistellige Relation (Klaus mag Emma mehr als Julia).

- Eine *Elementaraussage* ist dann der sprachliche Ausdruck einer Prädikation. Es gibt zusprechende Elementaraussagen (Goethe ist groß) und absprechende Elementaraussagen (Goethe ist nicht groß).

Das klingt eigentlich alles ganz vernünftig und unproblematisch. Wenn wir aber etwas genauer hinsehen, fällt auf, dass selbst Elementaraussagen nicht ohne Vorbedingungen möglich sind:
- Es muss Gegenstände geben, auf die eine Elementaraussage angewandt werden kann, die unter eine bestimmte Eigenschaft fallen.
- Es muss auch Gegenstände geben, die nicht unter diese Eigenschaft fallen. Dies klingt trivial, ist es aber nicht. Wenn alle denkbaren Gegenstände die Eigenschaft x haben, dann ist die Elementaraussage, dass einige Gegenstände nicht die Eigenschaft x haben, verboten. Notabene, Gegenstand ist hier nicht in einem materialen Sinn gemeint, sondern sprachlich, das heißt, ein Gegenstand ist das, was wir mit einem Wort unserer Sprache bezeichnen können, kurz, wovon man spricht, auch über Sachverhalte.
- Es darf keine Gegenstände geben, die unter eine Eigenschaft fallen und zugleich nicht darunterfallen.

Die letzte Voraussetzung klingt furchtbar banal, sie ist aber von ganz entscheidender und grundlegender Bedeutung. Sie ist eine Form des Satzes vom Widerspruch, der besagt, dass eine Aussage nicht ihr Gegenteil enthalten darf. Der Satz vom Widerspruch entzieht sich jeder weiteren Begründung, man muss ihn einfach voraussetzen. Um ihn zu verstehen, versuchen wir uns eine Welt vorzustellen, in der er nicht gilt. Nehmen Sie sich ruhig ein paar Minuten Zeit, um sich vorzustellen, was geschähe, wenn der Satz vom Widerspruch falsch wäre. – Ist es Ihnen gelungen? Wir behaupten jetzt einmal, ohne Ihre Antwort zu kennen, dass es Ihnen nicht gelungen ist, denn es ist schlichtweg nicht vorstellbar. Da es nicht gelingt, sich eine (sprachliche) Welt ohne den Satz vom Widerspruch vorzustellen, muss der Satz gültig sein. Diese Rechtfertigung des Satzes nennt man auch *reductio ad absurdum*.

Nun wollen wir an einem Beispiel illustrieren, dass man den Satz vom Widerspruch nicht aushebeln kann und unsere Behauptung richtig ist. Denken wir an einen Pinguin. Von ihm könnte gelten, dass er ein Vogel und gleichzeitig kein Vogel ist. Er hat die Eigenschaft »Vogel«, und gleichzeitig ist er kein so richtiger Vogel, da er nicht fliegen kann. Um festzustellen, ob der Pinguin tatsächlich gleichzeitig ein Vogel und kein Vogel ist, müssen wir prüfen, ob tatsächlich beides der Fall ist oder ob wir vielmehr lediglich zwei verschiedene Definitionen von Pinguin besitzen, die letztendlich widersprüchlich sind. Wir können Vogel definieren als Wirbeltier, das aus eigener Kraft fliegen kann. Dann wäre der Pinguin kein Vogel. Wir können allerdings auch sagen, dass ein Vogel ein Wirbeltier ist, das gefiedert ist und Eier legt. Damit wäre der Pinguin ein Vogel. Jetzt müssen wir uns die Elementarsätze näher anschauen. Über die Elementarsätze »kann fliegen aus eigener Kraft«, »legt Eier«, »hat Federn« und »ist ein Wirbeltier« besteht Einigkeit. Wir können uns darauf einigen, was genau das jeweils bedeutet. Hier auf der Ebene dieser Elementaraussagen ist Widerspruch ausgeschlossen. Entweder er kann fliegen, oder er kann nicht fliegen. Entweder er legt Eier oder nicht usw. Beide Elementaraussagen jedes respektiven Paares können nicht gleichzeitig richtig sein. Der Pinguin kann nicht fliegen, er legt Eier, hat Federn und ist ein Wirbeltier, basta. Woher kommt dann das Problem mit der Frage, ob er nun ein Vogel ist oder nicht? Bei der problematischen Zuschreibung zu »Vogel« handelt es sich um eine Unschärfe bei der Kategorisierung beziehungsweise Klassifizierung. Viele Merkmale, die auf die meisten Vögel zutreffen, gelten auch für den Pinguin, eines (»kann fliegen«) aber nun gerade nicht. Wir haben es also nicht mit einer Verletzung der dritten Regel vom Widerspruch zu tun. »Vogel« ist streng genommen keine Eigenschaft, sondern eine Klassifizierung. Wir haben es lediglich mit einer Zuordnungsunschärfe zu tun. Wir können den Pinguin den Vögeln zuordnen, wie es die Biologen machen, oder wir können es sein lassen, aber niemals beides gleichzeitig. Letztendlich ist auch hier der Satz vom Widerspruch nicht infrage gestellt.

2.2 Wahrheitswerte, Paradoxien, Meta- und Objektsprache

Das Pinguin-Beispiel mag Sie noch nicht vollständig überzeugt haben. Sie könnten einwenden, dass es doch viele Paradoxien gibt, von denen es in der Logik nur so wimmelt und die klar zeigen, dass wir Widersprüche nicht nur hinnehmen müssen, sondern diese alltäglich sind. Dagegen ist schwer zu argumentieren. Das beste Gegenargument liegt darin, dass man für so ziemlich jedes vermeintliche Paradoxon eine Auflösung gefunden hat, also eine Erklärung, die das Paradoxon verständlich macht und somit den Satz vom Widerspruch aufrechterhalten lässt. Auch hier betrachten wir ein Beispiel, nämlich das berühmte Lügnerparadoxon, allerdings in einer Variante, die noch etwas eindringlicher ist als der Klassiker. Ein Kreter sagt, dass »alle Kreter lügen«. Hat er nun recht, oder lügt er? Beides erscheint notwendig, daher das Paradoxon.
 Variante des Paradoxons:
 Satz 1 (S1): Der nächste Satz ist wahr.
 Satz 2 (S2): Der vorige Satz ist falsch.
 Wir prüfen jetzt die logischen Möglichkeiten:
 Wenn der erste Satz (S1) wahr ist, so wäre der zweite Satz (S2) wahr und damit der erste (S1) falsch. => Widerspruch
 Wenn der erste Satz (S1) falsch ist, wäre der zweite Satz (S2) falsch und damit der erste Satz (S1) wahr. => Widerspruch
 Diese Variante des Lügnerparadoxons scheint also nicht mit dem Satz vom Widerspruch vereinbar zu sein. Wir können das Paradoxon allerdings auflösen, indem wir sagen, dass eine Aussage (oder ein System von zwei Aussagen) nicht auf sich selbst angewandt werden darf, weil dadurch ein Zirkel entsteht. Dies ist bei normalen Aussagen nicht der Fall, und dann funktioniert der Satz vom Widerspruch auch wieder wunderbar.
 Die Auflösung des Paradoxons besteht – anders ausgedrückt – darin, dass wir einsehen, dass die Metasprache von der Objektsprache getrennt werden muss. Die obige Aussage »Es riecht hier nach Apfel« ist ein Beispiel für eine objektsprachliche Aussage. Sie bezieht sich auf ein Objekt, in diesem Fall das Geruchsaroma. Eine metasprachliche Aussage hingegen bezieht sich auf einen formalen Aspekt einer anderen Aussage oder gar von sich selbst. Die Aussage »Obige Aussage ist falsch«! ist der Metasprache zuzuordnen. Im genannten Paradoxon beziehen sich die Sätze (Objektsprache) auf ihre eigene beziehungsweise gegenseitige Wahrheit (Metasprache).
 Dies heißt jedoch nicht, dass man sich auf die Zuordnung von »wahr« und »falsch« auf Aussagen der Objektsprache beschränken sollte, im Gegenteil, Logik beschäftigt sich gerade mit den metasprachlichen Zuordnungen von Wahrheitswerten, nur vermengen darf man die beiden nicht. Es ist so, dass wir mit der Metasprache über die Objektsprache sprechen.
 Vielen Aussagen können Wahrheitswerte zugeordnet werden, in der Regel allen deskriptiven Aussagen, aber auch einigen evokativen oder expressiven Aussagen. Die Relevanz der Zuordnung von Wahrheitswerten sei etwa folgendermaßen verdeutlicht. Wenn ein Patient

über Phantomschmerzen klagt, will der Therapeut ihn in aller Regel davon überzeugen, dass seine Aussage »Mein amputiertes Bein tut weh« falsch ist. Dem Therapeuten reicht der Anblick des fehlenden Beines zusammen mit der Überzeugung, dass nicht sichtbar vorhandene Gliedmaßen keinen Schmerz erzeugen können, aus, um sicher zu sein, dass die Schmerzen nicht existieren können. Der Patient jedoch erfährt den Schmerz im amputierten Bein als ganz real. Er leidet furchtbar darunter und fühlt sich unverstanden. Aber wer hat denn nun recht? Ist der Phantomschmerz real oder nicht? Nun, dies hängt eben von zusätzlichen Annahmen ab – sei es die des Therapeuten, der die Existenz von Schmerz an das Vorhandensein des Objekts des Schmerzes knüpft, oder sei es die Annahme des Patienten, dass eine so fundamentale Empfindung wie Schmerz als Kriterium für dessen Existenz, die Wahrheit, ausreicht. Das heißt, Therapeut und Patient kommen zu einer gänzlich anderen Einschätzung der Wahrheit, wenn man einmal von der Tatsache absieht, dass der Patient den Therapeuten aufgesucht hat, statt einfach nur Schmerztabletten zu schlucken. Diese haben vermutlich nicht geholfen. Die Zuordnung von Wahrheitswerten

- wahr,
- falsch,
- nicht bestimmbar oder nicht anwendbar

scheint eben nur auf den ersten Blick intuitiv evident, ist aber tatsächlich stets an eine meist implizite Wahrheitstheorie geknüpft. Da es nicht nur in unserem Beispiel, sondern prinzipiell essenziell ist, diese Theorien im Hinterkopf zu behalten, seien sie im Folgenden kurz vorgestellt.

2.3 Wahrheitstheorien

Wenn eine Korrespondenz von Aussage und Welt besteht, ist hiernach die Aussage auch wahr. Anders formuliert ist eine Aussage dann wahr, wenn ihr Inhalt mit einem entsprechenden Faktum in der Welt übereinstimmt (Beispiel: »Der Rhein mündet in die Nordsee.«). Die Übereinstimmung wird festgestellt, wenn für alle nachvollziehbare Evidenz darüber besteht. Wer wollte anzweifeln, dass der Rhein in die Nordsee mündet! Mit Evidenz ist das unmittelbar Einleuchtende, nicht weiter zu Hinterfragende gemeint, ohne die philosophische Tiefe des Begriffs erörtern zu wollen. Hier sehen wir bereits, dass Theorien der Wahrnehmung notwendig sind, um die Evidenz näher zu bestimmen. Sind nur Dinge in unserem Erleben evident, oder sind vielmehr nur die physikalischen Dinge evident?

2.3.1 Konsenstheorie

Ein Satz S ist wahr, wenn die Experten darin übereinstimmen, ihn für wahr zu halten. Beispielsweise war es lange Zeit Konsens, dass die Erde das Zentrum des Universums sei. Nach der Korrespondenztheorie reicht das Expertenurteil aus. Heute besteht in dieser Frage Dissens, und viele Experten halten den Satz nicht mehr für richtig, womit er unwahr wird.

Der Unterschied zwischen Korrespondenz und Konsens ist für uns Psychologen besonders wichtig: Nehmen wir an, ein Persönlichkeitstest stellt fest, dass Anna besonders eifersüchtig ist, nehmen wir weiterhin an, dass Anna bisher in ihrem Leben noch nie in eine Situation geraten ist, in der ihre Eifersucht manifest geworden ist. Ein Korrespondenztheoretiker würde sagen, dass S »Anna ist eifersüchtig« falsch ist, da es kein korrespondierendes Faktum gibt. Ein Konsenstheoretiker würde S jedoch für wahr halten, da sich die Experten einig sind, dass Anna diesen Charakterzug besitzt. Das Testergebnis ist ja nicht daran geknüpft, dass Anna auch Gelegenheit hat, die Eifersucht zu zeigen.

2.3.2 Kohärenztheorie

S ist wahr, wenn seine Richtigkeit aus bereits akzeptierten Sätzen abgeleitet werden kann oder zumindest mit ihnen vereinbar ist. Wenn also ein paar fundamentale Sätze nicht hinterfragt werden, etwa der Satz »Gott ist gut und täuscht uns nicht«, kann die Wahrheit vieler Sätze daraus abgeleitet werden, beispielsweise der Satz »Alle Engel sind gütig«. Die Kohärenztheorie erklärt sehr schön, warum ganze Wahrheitsgebäude entstehen, stabil bleiben, solange das Fundament steht, aber auch plötzlich zusammenfallen können, wie es etwa mit der Abwendung vom geozentrischen Weltbild geschah. In diesem Fall sind beide Systeme, das kopernikanische und das ptolemäische, in sich konsistent, das heißt, die Deduktionen pro System sind nicht widersprüchlich. Beide haben nur ein unterschiedliches Fundament. Was ist also wahr?

2.3.3 Performationstheorie

Ein Satz ist wahr, wenn ich ihm zustimme. In meinem Akt der Zustimmung liegt eine wahrheitsstiftende Kraft. Dies ist nicht von der Hand zu weisen. Wenn wir zustimmen, dass Zeus den Blitz geschleudert hat, der hier gerade eingeschlagen ist, dann begründet diese Zustimmung die Wahrheit von Sätzen, die die Existenz von Zeus behaupten.

2.3.4 Pragmatische Wahrheitstheorie

Diese Wahrheitstheorie geht noch einen Schritt weiter, indem sie den Akt der Zustimmung noch weiter relativiert. Ein Satz ist wahr, wenn seine Anerkennung für meine Ziele nützlich ist oder, vielleicht besser gesagt, zu meinem Handeln passt. Diese Theorie ist nicht so dumm, wie sie auf den ersten Blick erscheinen mag. Beispiel: Ich habe es mir angewöhnt, immer Bio-Wein zu kaufen, daher ist für mich auch wahr, dass Bio-Wein gesünder ist als herkömmlich angebauter Wein. Schließlich hatte ich ja meine Gründe, diese Angewohnheit anzunehmen, auch wenn ich sie nicht mehr im Einzelnen nachvollziehen kann. William James, der Mitbegründer des Pragmatismus und Begründer der modernen amerikanischen Psychologie, beschreibt sehr schön, wie die Gewohnheitsbildung nicht nur unsere Präferenzen und Gefühle, sondern auch »unsere« Wahrheit formt (James, 1950).

Mit diesem Hintergrund können wir jetzt definieren, was eine deskriptive Aussage (p) im Sinne der empirischen Wissenschaft ist, nämlich eine Aussage, der der Wahrheitswert »wahr« oder »falsch« zugeordnet werden kann:

Wenn p wahr ist, dann gilt »p«, wenn p falsch ist, dann gilt »¬p« (zu lesen als »nicht p«).

Jetzt wissen wir was Aussagen sind, was deskriptive Aussagen im empirischen Sinne sind und dass wir ihnen Wahrheitswerte zuordnen können. Damit haben wir die wesentlichen Bestandteile eines Arguments zusammen:

Argument = Schluss = Begründung einer Aussage durch eine andere.
Die Anfangsaussage, die begründend wirkt, nennt man Prämisse.
Die begründete Aussage nennt man Konklusion.

Hierzu ein Beispiel:
Prämisse = Optimisten leben länger. (Weiter setzen wir voraus, dass langes Leben wünschenswert ist.)
Konklusion = Sei ein Optimist.
Eine zentrale Form des Arguments ist der *Implikationsschluss*, also eine Wenn-dann-Aussage. Er hat die Form »Wenn p, dann folgt q«. Dabei wird das Folgen mit dem Doppelpfeil markiert:
p => q: Wenn es regnet (p), wird die Straße nass (q).
Dies ist die Implikation, hier ist noch nichts über Wahrheit gesagt!
p ist wahr: Es regnet.
Konklusion: Die Straße muss nass sein (q).
In dem Moment, wo wir die Konklusion gemacht haben, muss sie wahr sein, wenn die Implikation richtig und p tatsächlich der Fall ist. Das Ganze, also die Implikationsregel, die Feststellung von p, und die Konklusion, werden Argument genannt.
Jetzt können wir allen möglichen Fällen der Implikation Wahrheitswerte zuordnen:

p	q	p => q
w	w	w
w	f	f
f	w	w
f	f	w

Man beachte, dass die Konklusion nur dann falsch ist, wenn p wahr und q falsch ist. Nur wenn es geregnet hat und die Straße trocken bleibt, ist die Implikation falsch. Das heißt also, wenn es nicht geregnet hat und die Straße trotzdem nass ist, dann ist p => q dennoch wahr. Die Straße kann nämlich auch auf andere Art und Weise nass werden als durch den Regen. Und wenn es nicht geregnet hat und die Straße trocken bleibt, passt dies natürlich auch zur Implikationsregel.
Wenn man korrekt aus p schließt, dass q, dann nennt man dies *Modus ponens*, oder, was für Ihre Umgangssprache in der Wissenschaft von entscheidender Bedeutung ist, p ist *hinreichend* für q. Der Regen reicht aus, um die Straße nass zu machen, er ist aber nicht *notwendig*. Notwendig wäre er nur, wenn das Gesetz hieße:
- Dann und nur dann, wenn es regnet, wird die Erde nass.
- p ⇔ q.

Hier kann man vom Ausbleiben von q darauf schließen, dass ¬p.
Diese Aussage wird auch Äquivalenz genannt. Also, wenn p hinreichend und notwendig für q ist, dann sind p und q äquivalent. Zum Beispiel: »Wenn ich der Flüssigkeit Energie zuführe, dann wird sie wärmer.« Hier hat die sprachliche Wenn-dann-Formulierung die Bedeutung einer Äquivalenz, weil die Flüssigkeit nur durch das Zuführen von Energie wärmer werden kann und gleichzeitig auch bei jeder Zuführung von Energie immer wärmer wird. Oft formuliert man auch »dann und nur dann wenn p, gilt auch q«.
Wenn man korrekt von ¬q auf ¬p schließt, also von der trockenen Straße auf die Abwesenheit des Regens, handelt es sich um den *Modus tollens*. Es ist dieser Modus tollens, der uns die größten Schwierigkeiten bereitet, weil die Verneinung einer Beobachtung (¬q) uns an-

Abb. 2.1 Spielkarten zur Wason-Aufgabe.

scheinend besondere Anstrengung kostet. Allgemein ist uns bei einer Implikation der Modus ponens besonders eingängig, während der genauso richtige Modus tollens oft große Probleme bereitet. Den Einwand, die Straße könne doch überdacht sein und somit gelte auch die Implikation nicht, lassen wir übrigens nicht gelten, weil dann schon die Prämisse nicht immer gelten würde. Sie sehen, dass wir ohne das *ceteris paribus* nicht auskommen und von einer »normalen« Straße ausgehen müssen.

Abschließend soll, um dies zu unterstreichen, noch ein Beispiel aus der Denkpsychologie vorgestellt werden, das zeigt, wie groß unsere Schwierigkeiten sind, mit der Implikation richtig umzugehen. Die typischen Fehler, die unsere Versuchspersonen in der sogenannten Wason'schen Wahlaufgabe machen, können wir als Forscher nur vermeiden, wenn wir ein Grundverständnis von Logik haben. Wason (1966) hat seinen Probanden vier Spielkarten vorgelegt (◘ Abb. 2.1): einen Buben, ein Ass mit dem Bild nach oben sowie eine rote und eine blaue mit dem Bild nach unten. Dann wurde ihnen folgende Aufgabe gestellt: Versuchen Sie, sie zu lösen, bevor Sie weiterlesen.

» Bitte überprüfen Sie folgende Regel: »Wenn vorn ein Bube auf der Spielkarte ist, dann ist sie hinten blau.« Drehen Sie dazu nur die Karten um, die notwendig sind, um die Richtigkeit der Regel zu prüfen. Welche Karten würden Sie umdrehen? «

Lösung: Alle Versuchspersonen haben richtigerweise den Buben umgedreht. Viele Versuchspersonen haben die blaue Karte umgedreht, um zu sehen, ob auch ein Bube drauf ist. Dies ist nicht erforderlich, denn über den Fall, welche Farbe die Karte haben soll, wenn kein Bube vorn drauf ist, besagt die Implikationsregel gar nichts. Fast niemand aber hat die rote Karte umgedreht, aber gerade die gilt es noch umzudrehen, denn wenn sich dahinter ein Bube verbirgt, dann ist die Regel falsch. Man muss also weder das Ass noch die blaue Karte umdrehen. Die meisten Versuchspersonen hatten versucht, die Regel zu bestätigen, anstatt sie zu widerlegen. Interessanterweise verschwinden die Fehler schlagartig, wenn ein anderer Kontext gewählt wird.

Stellen Sie sich folgende Situation in einer Bar vor. Vier Personen sitzen jeweils vor einem Getränk. Zwei Personen ist ihr Alter eindeutig anzusehen, den anderen nicht. Auch sind zwei Getränke eindeutig identifizierbar, die anderen nicht. Ein Kontrolleur muss die Aussage »Wenn ein Barbesucher nicht volljährig ist, dann trinkt er auch keinen Alkohol« überprüfen. Welche Personen muss er kontrollieren? Versuchen Sie auch hier, die Antwort zu finden.

1	2	3	4
16 Jahre alt	trinkt Saft	80 Jahre alt	trinkt Wein

Natürlich sind es 1 (der 16-Jährige, bei dem nicht klar ist, was in seinem Glas ist) und 4 (die Weintrinkerin, deren Alter nicht ersichtlich ist). Der Kontrolleur wird sich nicht die Mühe machen, den Safttrinker oder die 80-Jährige nach dem Ausweis zu fragen. Plötzlich wenden wir die Implikationsregel mühelos richtig an. Dafür ist nicht in erster Linie die Anschaulichkeit verantwortlich – das Spielkartenbeispiel war recht anschaulich –, sondern die Tatsache, dass wir besonders gut darin sind, Schummler zu entdecken. Die Situation, den 16-jährigen Alkoholtrinker zu entlarven, ist für uns evolutionär von sehr viel größerer Bedeutung gewesen, als beliebige Regeln zu überprüfen.

2.4 Zusammenfassung

In der Psychologie machen wir Aussagen über seelische Sachverhalte.

Die Aussagen unterliegen den Regeln der Sprache. Sie können ihrer Form nach untersucht und auf logische Richtigkeit überprüft werden. Dabei ist die Trennung von Objektsprache und Metasprache wesentlich. Die inhaltliche Richtigkeit von Aussagen kann nur vor dem meist nicht explizierten Hintergrund einer Wahrheitstheorie gemacht werden. Wir haben die Konsenstheorie der Wahrheit, die Kohärenztheorie, die Performationstheorie und die pragmatische Wahrheitstheorie kennengelernt. Die formale Richtigkeit basiert auf dem Satz vom Widerspruch sowie auf den klassischen Regeln des Schließens, von denen wir die Implikation kennengelernt haben.

Logik II: Logik als formalisierte Sprache

3.1	Gültigkeit eines Arguments – 30
3.2	Argumentformen – 31
3.2.1	Induktives Argument – 31
3.2.2	Argument der besten Erklärung – 31
3.2.3	Analytisches Argument oder analytischer Satz – 32
3.2.4	Synthetischer Satz oder empirischer Satz – 33
3.3	Die logische Wahrheit von Sätzen – 33
3.4	Klassische Aussagenlogik – 34
3.5	Prädikatenlogik – 35
3.5.1	Ein Beispiel aus der Prädikatenlogik – 35
3.6	Syllogismen – 36
3.7	Andere Formen der Logik – 36
3.8	Grenzen der Logik – 37
3.9	Zusammenfassung – 37

Logik ist die Anatomie des Denkens. (John Locke)

3.1 Gültigkeit eines Arguments

In ▶ Kap. 2 haben wir erfahren, was ein Argument ist. Man kann ein Argument als Begründungssystem verstehen, das aus mehreren Sätzen besteht, nämlich aus einer begründenden Prämisse und einer begründeten Konklusion. Jetzt wollen wir die Frage weiterverfolgen, wann ein Argument wahr ist.

Dazu nehmen wir am besten wieder ein Beispiel aus den Argumenten, die wir Implikationen nennen. Die begründende Prämisse sei folgende Implikationsregel:

»Wenn es regnet, wird die Straße nass.«

Diese Prämisse ist einleuchtend. Zum Argument gehört aber auch noch die begründete Aussage. Nehmen wir an, es regnet. Wenn wir jetzt feststellen, dass die Straße nass ist, könnten wir sagen, das ganze Argument ist wahr. Und damit ist Wissen geschaffen. Wir wissen etwas, wenn die Prämissen wahr sind und die Konklusion richtig durchgeführt worden ist. Es regnet tatsächlich, und die Straße ist nass, also ist die Straße vom Regen nass geworden.

Das klingt alles sehr plausibel, aber es verbirgt sich hier ein gravierendes Problem. Es kann nämlich parallele Ursachen geben; jemand könnte einen Wassereimer ausgeleert haben, der für das Nasswerden der Straße verantwortlich war, sodass der Regen vielleicht gar keine Wirkung hatte. Das Argument kann also unwahr sein und trotzdem zur vielleicht nur scheinbar begründeten Aussage passen.

Ein krasseres Beispiel verdeutlicht, dass wir mehr von einer Erklärung verlangen als in der Implikation abgebildet war. Nehmen wir folgende Implikation:

»Wenn es regnet, dann esse ich einen Hamburger.«

Es ist bereits vorgekommen, dass es geregnet hat und ich tatsächlich einen Hamburger im Regen gegessen habe. Nach der obigen Definition der Wahrheit eines Arguments ist hier alles richtig. Damit ist der Regen hinreichende Bedingung für meinen Verzehr eines Hamburgers. Damit ist »erklärt« (man beachte die Anführungszeichen), warum ich einen Hamburger aß.

Was ist hier los?

Wir müssen zwischen *formaler* und *inhaltlicher* Richtigkeit unterscheiden. Formal stimmt alles: Die Implikationsregel (wenn p, dann q) hat die richtige Form, die Wahrheit von p ist gegeben (es hat geregnet), und die in der Implikationsregel behauptete Konsequenz von p (nämlich q, der gegessene Hamburger) ist auch eingetreten. Formal ist damit das ganze Argument richtig, der *Modus ponens* ist erfüllt. Inhaltlich ist das Ganze natürlich Unsinn, denn wir wissen bereits, dass p und q in diesem Fall nicht kausal zusammenhängen. Ohne dieses Erfahrungswissen, dessen Zustandekommen wir ja gerade verstehen wollen, können wir aber zunächst nur die Richtigkeit der Implikationsregel annehmen. Es wird natürlich sicherlich sehr bald ein Fall zu beobachten sein, in dem es regnet und ich keinen Hamburger esse. Erst dann gibt es Anlass, das Argument von oben zu verwerfen.

Das Ganze sei jetzt nochmals verdeutlicht am Falle der Widerlegung, den wir jetzt abstrakt beschreiben:

Widerlegung:

p => q

¬q => ¬p

Sprachlich gefasst: Wenn gilt, dass p q impliziert und gleichzeitig »nicht q« beobachtet wird, dann muss »nicht p« der Fall sein. Dies scheint zunächst absolut plausibel: Wenn die Straße nicht nass ist, dann kann es nicht geregnet haben.

Doch wie sieht es mit dem folgenden indirekten Gottesbeweis aus? Im Mittelalter wurde er von vielen als wasserdicht akzeptiert: »Gott existiert. Denn *wenn Gott nicht existierte, dann enthielte das Universum nur Chaos.* Da es aber nicht nur Chaos enthält, muss Gott existieren.« Formal könnte man es so skizzieren:

¬(Gott existiert) => Chaos: plausibel angesichts der modernen Physik (Entropie)
¬Chaos: auch plausibel, es gibt Ordnung
=> ¬¬(Gott existiert) = Gott existiert

Hier zeigt sich wieder, dass ein Argument formal richtig, aber inhaltlich falsch oder zumindest zweifelhaft sein kann; es hat nicht alle Agnostiker und Atheisten überzeugt.

Die wesentliche Frage ist also, wie wir zur inhaltlichen Richtigkeit von Argumenten gelangen. Wir wollen ja schließlich wissen, ob Gott existiert oder, etwas bescheidener, ob Gewaltvideos gewalttätig machen. Um diese Frage zu klären, bedarf es noch einiger Vorarbeiten. Zunächst einmal müssen wir uns weitere formale Argumenttypen anschauen, vielleicht gibt es ja einen, in den die inhaltliche Richtigkeit besser integriert werden kann.

3.2 Argumentformen

3.2.1 Induktives Argument

Wir haben gesehen, dass ein einmal beobachteter Sachverhalt, etwa das Verspeisen des Hamburgers, nicht ohne Weiteres verallgemeinert werden darf. Manchmal machen wir Aussagen, die sich nur auf ein bestimmtes Objekt oder einen bestimmten Fall beziehen, und manchmal dehnen wir Aussagen auf ganze Klassen von Objekten aus. Hierbei gehen wir in der Regel induktivistisch vor, zum Beispiel, wenn wir von der Beobachtung eines Exemplars auf eine ganze Klasse schließen wollen:

Schwan a_1 ist weiß.
Schwan a_2 ist weiß.
Also gilt: Alle Schwäne (a_n) sind weiß.
Oder, formal, das Prädikat P gilt für a_1, a_2, a_n.
$P(a_1)$ und $P(a_2)$ und $P(a_3)$ ... also $P(a_n)$.
Wir könnten auch sagen, »Schwan sein« impliziert, weiß zu sein:
$a_1 => P$
Die prädikative Schreibweise ist prägnanter:
$P(a_1)$

3.2.2 Argument der besten Erklärung

Anders sieht das Argument aus, das erklärt, warum Anton heute zu spät zur Vorlesung gekommen ist (dies sei der Sachverhalt q). Es handelt sich nicht um ein überdauerndes Prädikat, sondern um ein singuläres Ereignis, so hoffen wir jedenfalls. Eine ganze Reihe von Faktoren können q implizieren, aber es gibt wahrscheinlich einen Faktor, der q in diesem Fall am besten erklärt. Hierzu ein Beispiel:

q = Er ist zu spät in die Vorlesung gekommen.
z = Er hat den Zug verpasst. z => q
t = Er hat getrödelt. t => q
a = Er liebt Aufmerksamkeit. a => q
z, t und a können alle wahr sein, trotzdem ist a die beste Erklärung, da a eben auch t und z erklären kann.

3.2.3 Analytisches Argument oder analytischer Satz

Die Wahrheit eines analytischen Satzes kann ohne empirisches Wissen bestimmt werden. Im folgenden Beispiel reicht eine rein formale Analyse, um zu zeigen, dass der Satz immer wahr ist:
»Wenn der Hahn kräht auf dem Mist, ändert sich das Wetter, oder es bleibt wie es ist.«
h => (ä ∨ ¬ä)
Am einfachsten kann man an der in ▶ Abschn. 2.3.4 vorgestellten Wahrheitstafel erkennen, dass dieser Satz nie falsch sein kann:

p	q	p => q
w	w	w
w	f	f
f	w	w
f	f	w

Die Implikation kann nur falsch werden, wenn p wahr ist und q falsch, also wenn der Hahn kräht und gleichzeitig q = (ä ∨ ¬ä) falsch ist. Was ist ¬(ä ∨ ¬ä)? Es ist das Gleiche wie ¬ä ∨ ¬¬ä, also ¬ä ∨ ä, und das ist natürlich dasselbe wie (ä ∨ ¬ä). Das heißt, es gibt keinen Fall, bei dem q falsch werden kann. Und wenn der Hahn nicht kräht, kann das Wetter ohnehin werden, wie es will.

Wir können allgemein definieren, was ein analytischer Satz ist: »Ein Satz ist analytisch, wenn sein Wahrheitswert allein anhand der in ihm enthaltenen Ausdrücke bestimmt werden kann.« Dabei ist ein Verständnis der Bedeutung der Ausdrücke natürlich vorausgesetzt. Weitere Beispiele für analytische Sätze:
»3,5 ist eine rationale Zahl.«
»Drosseln sind Vögel.«
»43 ist eine Primzahl.«
Ein analytischer Satz kann selbstverständlich auch unwahr sein:
»Drosseln sind keine Vögel.«
»2 + 2 = 3.«
Eine rein formale Analyse zeigt uns, dass Drosseln per Definition zu den Vögeln gehören, der Satz somit aus formalen Gründen falsch sein muss.

3.2.4 Synthetischer Satz oder empirischer Satz

Im Gegensatz zu analytischen Sätzen kann der Wahrheitswert eines synthetischen Satzes nur durch Beobachtung der entsprechenden empirischen Fakten gewonnen werden:
»Deutschland ist ein Königreich.«
»Linda ist Bankangestellte.«
»Rauchen erzeugt Krebs.«

Der Status eines Satzes, ob analytisch oder synthetisch, kann sich auch ändern, wenn sich das ganze Umfeld ändert. Nehmen wir den Satz »Kräfte sind proportional zu Beschleunigungen«. Dieser Satz war vor Newton synthetisch, ist aber seit der Entdeckung von $F = m * a$ analytisch. Vor Newton hat man Kraft und Bewegung unabhängig voneinander definiert und konnte daher empirisch feststellen, ob Kräfte tatsächlich proportional zu Beschleunigungen sind. Die unabhängigen Definitionen hatten eine Verneinung theoretisch denkbar gemacht. In Newtons Formel ist die Kraft mithilfe der Beschleunigung (a) definiert, und daher ist es analytisch wahr, dass die beiden proportional sind.

3.3 Die logische Wahrheit von Sätzen

Jetzt, wo wir zwischen analytischen und synthetischen Sätzen unterschieden haben, können wir uns weiter der formalen Richtigkeit von synthetischen, empirischen Sätzen widmen, denn um die geht es ja in den Erfahrungswissenschaften wie der Psychologie. Wenden wir uns allgemein der logischen Wahrheit von solchen nicht rein analytischen Sätzen zu:
»Wenn es schneit, dann existiert Gott. Es schneit. Also existiert Gott.«

Dieser Schluss ist logisch wahr, das heißt logisch richtig, was gleichbedeutend mit formal richtig ist. Wir wissen jetzt, wie wir dies feststellen. Die Implikation ist aber vermutlich empirisch nicht richtig, wenn wir einen kausalen Zusammenhang von Schnee und Gott postulieren. Der Schnee ist sicherlich nicht für die Existenz Gottes verantwortlich. Vielleicht gilt schon eher umgekehrt, dass Gott für den Schnee verantwortlich ist, wenn er das Ganze nicht an Frau Holle delegiert hat. Um die empirische Richtigkeit der Implikation oder vielleicht besser gesagt ihre Plausibilität hinsichtlich des gemeinten Kausalzusammenhangs zu prüfen, müssen wir andere Geschütze auffahren. Wir wollen den Zusammenhang beweisen oder zumindest bestätigen, oder wir wollen ihn widerlegen.

Hier eine Definition von Beweis, Bestätigung und Widerlegung, die Wolfgang Detel vorgelegt hat und die unseres Erachtens nicht ganz unproblematisch sind. Welche Probleme sehen Sie? Er legt nahe, dass, wenn der Schluss
»Aus Prämissen $p_1 \wedge p_2, \ldots$ folgt, dass q«, das heißt $(p_1 \wedge p_2, \ldots) \Rightarrow q$,
logisch (formal) gültig ist, dass dann auch gilt:
- *Beweis:* Sind die Wahrheitswerte der Prämissen bekannt, der von q hingegen unbekannt, so beweisen $p_1, p_2, \ldots$ – vorausgesetzt sie sind wahr – auch die Wahrheit von q.
- *Bestätigung:* Ist die Konklusion q als wahr bekannt, $p_1, p_2, \ldots$ jedoch nicht, dann bestätigt q die Richtigkeit der Implikation, das heißt wenn auch $p_1, p_2, \ldots$ als vorhanden beziehungsweise wahr beobachtet werden können, dann spricht dies für $p_1 \wedge p_2, \ldots \Rightarrow q$.
- *Widerlegung:* Ist die Konklusion q als falsch bekannt, dann muss $(p_1 \wedge p_2, \ldots)$ falsch sein (Modus tollens). Das heißt, mindestens eine der Prämissen muss falsch sein, da $p_1 \wedge p_2$ falsch ist, wenn p_1 oder p_2 falsch ist. Es können natürlich auch alle (beide) Prämissen falsch sein.

Haben Sie das Problem gerochen? Richtig, es liegt im Beweis. Ganz analog zum oben Gesagten, man kann Nonsens »beweisen«, wenn über die inhaltliche Richtigkeit der Implikation nicht weiter nachgedacht wird. Daher ist ein Beweis auch nur in der Mathematik oder, genauer gesagt, nur dort möglich, wo es um rein formale Wahrheitsbestimmung geht. In der empirischen Wissenschaft, wo wir auf den inhaltlichen Aspekt neben der Schlussform nicht verzichten dürfen, kann es nur Bestätigung und Widerlegung geben. Dies antizipiert bereits Poppers Falsifikationismus, auf den wir noch näher eingehen werden. Zunächst wollen wir uns jedoch noch etwas mit der klassischen Logik beschäftigen, die uns das Rüstzeug gibt, Bestätigung und Widerlegung von empirischen Argumenten formal richtig durchzuführen. Sie bezieht sich einerseits auf Aussagen, wie wir sie in Form der Implikation bereits kennen, als auch auf Prädikatzuschreibungen. Ersteres beschäftigt die Aussagenlogik, Letzteres die Prädikatenlogik, die wir gleich näher betrachten wollen.

3.4 Klassische Aussagenlogik

Wir haben mit dem Satz vom Widerspruch bereits eine zentrale Grundlage der klassischen Aussagenlogik kennengelernt; ihm müssen noch einige weitere Bausteine hinzugefügt werden:
- Es gibt genau zwei Wahrheitswerte: wahr und falsch.
- Jede Aussage kann höchstens einen Wahrheitswert zugeordnet bekommen, das heißt, eine Aussage kann nicht zugleich wahr und falsch sein
 = *Satz vom Widerspruch.*
- Jede Aussage hat mindestens einen Wahrheitswert, das heißt, sie kann nicht halb richtig, ein bisschen wahr oder gar gänzlich unbestimmt sein. Man muss ihr einen Wahrheitswert zuordnen können
 = *Satz vom ausgeschlossenen Dritten,* sehr wichtig.
- *Junktoren* und Klammersetzungen verbinden Aussagen; wir kennen die meisten bereits:
    - $\wedge$: und,
    - $\vee$: einschließendes Oder,
    - $\supset$: impliziert, oft auch $\Rightarrow$,
    - $\neg$: nicht, oft auch $\sim$,
    - $\equiv$: äquivalent beziehungsweise identisch, oft auch $\Leftrightarrow$ weil a $\equiv$ b gilt, wenn a $\supset$ b und gleichzeitig b $\supset$ a,
    - $>\!\!-\!\!<$: ausschließendes Oder (entweder oder),
    - Beispiel: (p $\equiv$ q) $\Rightarrow$ $\neg$(p $>\!\!-\!\!<$ q), dies ist nicht das Gleiche wie $\neg$p $>\!\!-\!\!<$ q.

Wir können jetzt Wahrheitstafeln für einfache Junktionen bilden.
 Wir können Junktoren beliebig verknüpfen und so komplexe aussagenlogische Gebilde formen, zum Beispiel:
 (p => q) und (q => r) => (p => r) Transitivität
 Das ist bereits die ganze Aussagenlogik. Wir sehen, dass aber nur bestimmte Sätze mit der Nomenklatur der Aussagenlogik kodiert werden können. Andere Sätze erfordern Prädikatoren. So kann etwa der Satz von oben »Alle Schwäne sind weiß« nicht aussagenlogisch kodiert werden.

3.5 Prädikatenlogik

In der Prädikatenlogik geht es darum festzustellen, welche bestimmten Eigenschaften auf welche Gegenstände zutreffen. Dabei ist es wichtig zu unterscheiden, ob diese Prädikatenzuschreibung für alle Gegenstände einer Klasse, für einige Gegenstände oder für gar keine zutreffen. Entsprechend kodiert man Aussagen und Argumente mit Variablen für den Gegenstand, den Prädikator und die Zuschreibung:
- Prädikatorvariablen
  - P und Q werden üblicherweise verwendet, um Prädikate zu kennzeichnen, zum Beispiel, der Schwan, den ich sehe, hat das Prädikat »weiß« (P) und das Prädikat »Schnabel« (Q).
- Gegenstandsvariablen werden mit Kleinbuchstaben gekennzeichnet.
  - (x) bedeutet hier »der Schwan.«
- Existenzquantor $\exists$
  - $\exists x\, P(x)$: Es gibt (mindestens) ein x, für das x ist P gilt (einige x sind P).
  - »Einige Schwäne sind weiß.«
- Allquantor $\forall$
  - $\forall x\, P(x)$: Für jedes x gilt, x ist P (alle x sind P).
  - $\forall x\, Q(x)$: »Alle Schwäne haben einen Schnabel.«

In der Prädikatenlogik können Junktoren verwendet werden, zum Beispiel:
- $\neg \forall x\, P(x)$: »Nicht alle Schwäne sind weiß.«
- $\neg \exists x\, P(x)$: »Kein Schwan ist weiß.«
- $\forall x\, P(x) \Rightarrow \forall x\, Q(x)$, wobei P das Prädikat »Mensch« sein könnte und Q das Prädikat »sterblich«; dann hieße die Implikation »Für jeden Gegenstand, der Mensch ist, gilt auch, dass er sterblich ist« oder »Alle Menschen sind sterblich«.

Hier zeigt sich, dass die Formalisierungen von Aussagen der Umgangssprache nicht immer eineindeutig sind.

Hier einige prädikatenlogische Umformungen:
$\exists x\, \neg P(x) \equiv \neg \forall x\, P(x)$.
$\forall x\, \forall y\, R(x, y)$: Für jedes x und jedes y gilt: x steht in einer Relation zu y.
$\exists x\, \exists y\, R(x, y)$: Es gibt ein x und ein y für die gilt: x steht in einer Relation zu y.

3.5.1 Ein Beispiel aus der Prädikatenlogik

In *Laches*, einem seiner frühen Dialoge, widerlegt Platon folgende Definition von Tapferkeit: »Tapferkeit ist seelische Beharrlichkeit.«
- Prämisse P1: Wenn eine Person tapfer ist, dann ist sie vorbildhaft.
- Prämisse P2: Seelische Beharrlichkeit mit Unverstand ist nicht vorbildhaft, aber seelische Beharrlichkeit mit Verstand ist vorbildhaft.

Dann behauptet Laches, dass aus P1 und P2 folgt, dass die Definition D falsch ist. Hat er recht?
- Schritt 1: Formalisierung von Definition und Prämissen:
  D: $\forall x\, [T(x) \equiv B(x)]$,
  P1: $\forall x\, [T(x) \Rightarrow V(x)]$,

P2: $\exists x\ [B(x) \wedge \neg V(x)]$.
- Schritt 2: Umformung:
  Aus D und P1 folgt, dass $\forall x\ [B(x) => V(x)]$.
- Schritt 3: Feststellung, dass die Umformung P2 widerspricht.

Laches hat also recht, Tapferkeit kann nicht als seelische Beharrlichkeit definiert werden.

3.6 Syllogismen

Als historische Anmerkung sei erwähnt, dass Aristoteles bereits sogenannte Syllogismen ausgearbeitet hat, die im Wesentlichen die Grundlage der modernen Prädikatenlogik darstellen. Einen dieser Syllogismen nennt er den A-Syllogismus. Hier ein Beispiel:
»Alle Rechtecke sind Vierecke.«
»Alle Quadrate sind Rechtecke.«
Es folgt: »Alle Quadrate sind Vierecke.«
Wir würden das prädikatenlogisch so darstellen:
$\forall x\ [R(x) => V(x)]$
$\forall x\ [Q(x) => R(x)]$
$=> \forall x\ [Q(x) => V(x)]$

3.7 Andere Formen der Logik

Jetzt haben wir einen Eindruck und ein wenig Rüstzeug, um formale Überprüfungen von wissenschaftlichen Aussagen durchzuführen. Der Vollständigkeit halber sei hier kurz erwähnt, dass es neben der klassischen Aussagen- und Prädikatenlogik eine ganze Reihe von Versuchen gibt, Logiken – man muss den Plural gebrauchen – zu erstellen, die eine oder mehrere Grundfesten der klassischen Logik infrage stellen. So versucht etwa die Modallogik die erste Prämisse der Aussagenlogik, dass eine Aussage entweder wahr oder falsch sein muss, herauszufordern, indem sie einen dritten Wahrheitswert einführt. Dieser Wert »möglich« trägt der oft anzutreffenden Unbestimmbarkeit des Wahrheitswertes Rechnung. Die Modallogik mit den Werten wahr, falsch, möglich – daher auch dreiwertige Logik genannt – verkompliziert aber auch alle Implikationsregeln und Wahrheitstafeln und hat sich praktisch nicht durchsetzen können.

Eine weitere Logik ist als Fuzzylogik« bekannt geworden. Hier werden die Wahrheitswerte falsch (0) und wahr (1) als Extreme einer Verteilung gesehen, die von 0 bis 1 reicht, das heißt, Wahrscheinlichkeitsfunktionen (zwischen 0 und 1) ersetzten Wahrheitswerte. Die Fuzzylogik hat sich praktisch bei komplexen Steuerungsaufgaben durchgesetzt und wird beispielsweise bei der Programmierung moderner Waschmaschinen angewandt, die selbstständig entscheiden, wie viel Wasser für einen bestimmten Waschgang in Abhängigkeit der Füllmenge benutzt wird. Die Aussage, dass die Trommel voll ist, kann von »falsch« über »teilweise« bis »richtig« alle Zwischenwerte annehmen. Mit dem Zwischenwert wird dann weitergerechnet.

Jan Lukasiewicz (1878–1956) zeigte, dass es Sätze gibt, die weder einem Wahrheitswert »wahr« noch »falsch« zugeordnet werden können. Er schließt daher auf einen dritten Wahrheitswert, den er zwischen diesen beiden ansiedelt und »möglich« nennt. So formalisierte er die *dreiwertige Logik* und schuf damit die Grundlage zur *mehrwertigen Logik*. Platon hatte übrigens die gleiche Vermutung, die natürlich sein Schüler Aristoteles mit seinem »Satz vom ausgeschlossenen Dritten« verwarf.

3.8 Grenzen der Logik

Unsere Sprache stellt wohl die signifikanteste Grenze der Logik dar. Die Bedeutungen der Kontingenz (wenn – dann) etwa sind oft längst nicht so eindeutig, wie dies in unseren ausgewählten Beispielen der Fall war. Ja, das sprachliche »wenn – dann« kann ganz verschiedene Formen von Kontingenz darstellen, deren kleinster Teil sich für eine formale logische Analyse eignet. Auf folgende Weisen kann Kontingenz verstanden werden:
- *Universal kontingent:* Wenn das Tier ein Fisch ist, dann ist es ein Kaltblüter.
- *Kausal:* Wenn der Krug fällt, dann bricht er.
- *Ratschlag:* Wenn du hart arbeitest, dann wirst du Erfolg haben.
- *Versprechen:* Wenn du dein Zimmer aufräumst, dann bekommst du ein Eis.
- *Drohung:* Wenn du es nicht aufräumst, dann …
- *Warnung:* Wenn du auf das dünne Eis gehst, dann brichst du ein.
- *Counter-Factual:* Wenn ich nicht so viel Pech gehabt hätte, dann hätte ich gewonnen.
- *Jenseits aller Wahrheitswerte:* Wenn Du etwas erleben willst, dann komm an den Taubertsberg.

3.9 Zusammenfassung

Sie sollten nun beispielsweise beurteilen können, was man davon zu halten hat, wenn im Fernsehen berichtet wird, dass ein Wissenschaftler bewiesen hat, Tröpfcheninfektion sei die Ursache der Schweinegrippe.

Eine empirische Aussage kann keinen Beweis darstellen. Beweisen können wir nur analytische Sätze. Die Wahrheit von synthetischen Sätzen sollte formal gegeben sein, das heißt aber noch lange nicht, dass sie inhaltlich richtig sind. Die Aussage kann widerlegt werden, etwa wenn ein Schweingrippekranker gefunden wird, der nicht mit Tröpfchen in Kontakt gekommen sein kann, oder die Aussage kann Bestätigung erhalten haben, dadurch dass alle bisher Erkrankten berichten, angeniest worden zu sein. Um einen Beweis handelt es sich nicht, wohl aber um ein Argument.

Wir haben verschiedene Formen des Arguments kennengelernt:
- induktives Argument,
- beste Erklärung,
- analytischer Satz,
- synthetischer Satz.

Wir haben weiter gesehen, dass sich die Aussagenlogik mit Junktoren beschäftigt, die Vorläufer der Mengenlehre geworden sind, zum Beispiel:
- und,
- oder,
- impliziert,
- nicht.

Dabei ist die Implikation, die Wenn-dann Aussage, die wichtigste Aussageform.

Die Prädikatenlogik beschäftigt sich hingegen mit der Zuordnung von Prädikaten zu allen oder einigen Objekten einer Klasse. Besonders wichtig ist bei diesen Überlegungen zur formalen Seite von Sätzen, zur Logik, dass diese nur einen kleinen Teil der Umgangssprache abbildet. Nicht alles kann formalisiert werden. Wissenschaftliche Aussagen sollten allerdings formalen Kriterien genügen.

Rationalismus und Empirismus

4.1 Molyneux' Problem – 40

4.2 Rationalismus – 41
4.2.1 Die These von Intuition und Deduktion – 42
4.2.2 Die These der angeborenen Konzepte und des angeborenen Wissens – 43
4.2.3 Die Unabdingbarkeit der Vernunft – 44

4.3 Empirismus – 44
4.3.1 Der Logische Empirismus – 48

4.4 Induktion, Deduktion und Abduktion – 49
4.4.1 Schlussweisen – 49
4.4.2 Induktion – 50

4.5 Was ist eine Erklärung? – 57

4.6 Falsifikationismus und Kritischer Rationalismus – 59
4.6.1 Abgrenzungsproblem statt Induktionsproblem – 60
4.6.2 Entdeckungszusammenhang vs. Begründungszusammenhang – 61
4.6.3 Probleme des Falsifikationismus – 62
4.6.4 Kübel- oder Scheinwerfertheorie – 65

4.7 Zusammenfassung – 68

Weder die bloße Hand noch der sich selbst überlassene Verstand bringen viel zustande; es sind Instrumente und Hilfsmittel, durch die etwas zustande gebracht wird; der Verstand bedarf ihrer nicht minder als die Hand. Und wie die Instrumente der Hand die Bewegung entweder lenken oder leiten, so unterstützen oder schützen die Instrumente des Geistes den Verstand. (Francis Bacon, 1990)

4.1 Molyneux' Problem

Wir haben uns in ▶ Kap. 2 und ▶ Kap. 3 mit den allgemeinen Voraussetzungen befasst, die notwendig sind, um wissenschaftliche Sätze – insbesondere solche mit empirischem Gehalt – formulieren zu können. Wir haben gesehen, dass das Verständnis von formalen Schlussregeln der Logik dabei hilft, die formale Richtigkeit von der inhaltlichen Richtigkeit zu unterscheiden. Jetzt verlassen wir das Terrain der Logik, und mit den gewonnenen Einsichten arbeitend wollen wir jetzt die beiden maßgeblichen Denkansätze betrachten, die dem nächsten Schritt, das heißt dem Schritt über die Logik hinaus hin zu inhaltlicher Erkenntnis, zugrunde liegen. Die Denkansätze, die man auch durchaus als wissenschaftsphilosophische Grundpositionen bezeichnen kann, sind seit dem 17. Jahrhundert zentrale Größen unseres wissenschaftlichen Denkens geworden und wirken bis heute ganz maßgeblich nach und weiter. Es handelt sich um die Positionen des Rationalismus und des Empirismus, die jetzt an dem wohl berühmtesten Beispiel aus der Philosophie der Wahrnehmung, dem Molyneux'schen Problem, dargestellt werden sollen.

Molyneux' Problem geht auf eine Frage zurück, die der irische Naturphilosoph und Schriftsteller William Molyneux (1656–1698) dem bereits berühmten englischen Philosophen John Locke (1632–1704) in einem Brief am 7. Juli 1688 stellte:

» Dublin, 7. Juli. 88
Ein Problem gestellt an den Autor des *Essai Philosophique concernant L'Entendement humain*: Einem blind geborenen Menschen, dem man eine Kugel und einen Würfel, ungefähr gleicher Größe, in die Hände gegeben hatte, hat man gesagt, welches die Kugel und welches der Würfel ist, sodass er sie leicht durch Berühren und Befühlen unterscheiden konnte. Dann wurden beide von ihm weggenommen und auf den Tisch gelegt. Lasst uns annehmen, er hätte sein Sehvermögen wiedererlangt. Ob er wohl aufgrund seines Sehsinns und ohne die Gegenstände vorher zu berühren, in der Lage ist zu entscheiden, welches die Kugel und welches der Würfel ist, auch wenn sie 20 oder 1000 Fuß entfernt sind?

Wenn der gelehrte und geniale Autor der oben genannten Abhandlung denkt, dieses Problem sei der Beachtung und Antwort würdig, möge er die Antwort zu jeder Zeit weiterleiten an jemanden, der ihn sehr wertschätzt und Sein untertänigster Diener ist.
William Molyneux
High Ormonds Gate in Dublin, Irland. (Molyneux, 1978, Übersetzung durch die Verfasser) «

Kann also ein blind geborener Mensch, der allein durch den Tastsinn zwischen einer Kugel und einem Würfel zu unterscheiden gelernt hat, diese beiden rein visuell unterscheiden, nachdem ein Wunder ihn sehend gemacht hat? Denken Sie bitte, bevor Sie weiterlesen, fünf Minuten über diese Frage nach, sie ist es wert.

4.2 · Rationalismus

Wie bei allen interessanten Fragen hat man auch hier jemanden »ausgegraben«, der sie schon früher formuliert hat, ohne dass es große Wellen geschlagen hätte. Im 12. Jahrhundert hat Ibn Tufail (Abubacer) in seinem philosophischen Roman *Hayy ibn Yaqdhan (Philosophus Autodidactus)* die gleiche Frage gestellt, allerdings nicht mit zwei verschiedenen Formen, sondern mit zwei Farben.

Zunächst schauen wir uns an, was John Locke geantwortet hat:

> » Ich stimme der Antwort zu, die jener Denker, den ich mit Stolz meinen Freund nenne, auf diese Frage gibt. Auch ich bin der Meinung, daß der Blinde auf den ersten Blick nicht mit Sicherheit würde sagen können, welches die Kugel, welches der Würfel sei, solange er sie nur sähe, obwohl er sie nach erfolgter Berührung untrüglich namhaft machen und infolge der Verschiedenheit der erfühlten Gestalt mit Sicherheit unterscheiden könnte. (Locke, Bd. I, 1981: 162 ff.) «

Locke sagt also, dass es dem Blinden, dem plötzlich das Augenlicht geschenkt wird, nicht möglich ist, die beiden Formen allein durch das Sehen zu unterscheiden. Um diese Unterscheidung richtig zu treffen, braucht er den Tastsinn. Und man muss jetzt ergänzen, dass er ja bis zu diesem Zeitpunkt alle Erfahrung hinsichtlich der Form von Objekten allein durch den Tastsinn gemacht hat, wenn man einmal vom Geruch dieser Objekte absieht. Ob John Locke recht hatte, wird erst später verraten. Der große Empirist hat diese Frage in seinem *Essay Concerning Human Understanding* (*Versuch über den menschlichen Verstand*) aufgegriffen und ihr dadurch zu Berühmtheit verholfen. Er hat die Frage auch benutzt, um die vorherrschende Position der damaligen Wissenschaftstheorie, ja der Philosophie auf das Entschiedenste anzugreifen. Genauer gesagt, John Locke geht es um die Kritik des Rationalismus, dem wir uns später noch ausführlich widmen werden.

Um die Brisanz der Frage zu verstehen, gehen wir jetzt in historischer Reihenfolge vor und betrachten erst die damals herrschende Meinung, den Rationalismus, und danach den sie massiv infrage stellenden Empirismus. Während der Vorherrschaft des Rationalismus wäre es nämlich niemandem in den Sinn gekommen, die Molyneux-Frage zu stellen, da sie allgemeinhin bejaht wurde. Ein Rationalist vor Locke hätte etwa folgendermaßen argumentiert: Natürlich kann man – sehend geworden – die Kugel vom Würfel unterscheiden. Die Idee von beiden Körpern (heute würden wir eher sagen der Begriff oder das Konzept der beiden Körper) ist dem Verstand zugänglich. Ja, es ist diesem nicht nur zugänglich, sondern es entsteht – vielleicht durch göttliche Eingebung – zuallererst im Verstand. Daher müssen die Empfindungen (*sensations*), die durch die Sinne dem Verstand zugetragen werden, lediglich mit den Ideen abgeglichen werden. Die Fähigkeit eines solchen Abgleichs besitzt der Verstand, und der Prozess des Abgleichens funktioniert für Empfindungen aus allen Sinnesmodalitäten nach dem gleichen Prinzip. Das Erlangen des Augenlichtes führt dazu, dass Empfindungen möglich werden, die vorher schlicht nicht stattfanden. Es gab bis zu dem Zeitpunkt keine visuellen Empfindungen mit der Idee »Kugel« oder der Idee »Würfel« abzugleichen. Jetzt gibt es eine solche Empfindung, und der Abgleich funktioniert selbstverständlich.

4.2 Rationalismus

Was kennzeichnet also die Position des Rationalismus, die von den britischen Empiristen so stark kritisiert wird? Im Internetwörterbuch der Psychologie ist folgende Definition des Rationalismus zu finden:

» Geisteshaltung und Grundrichtung des philosophischen Denkens, wonach die Erkenntnis im Wesentlichen auf Vernunft und nicht auf Erfahrung beruht. Die Existenz von systematischen und normativen Erkenntnissen über unsere Welt ist dem menschlichen Geist eigen und kann nicht durch Erfahrung vermittelt werden. Und: Die Welt ist dem Verstand und der Vernunft gemäß, d. h. von logischer, gesetzmäßig berechenbarer Beschaffenheit. (Zugriff am 22.10.2009, http://www.psychology48.com/) «

Diese oder ähnliche Definitionen sind nicht schlecht, aber sie lassen die historische Dimension des Rationalismus nicht einmal erahnen. Versetzen wir uns also wieder in das 17. Jahrhundert, diesmal in das Frankreich von René Descartes. Ganz im Einklang mit dem christlichen Weltbild seiner Zeit vertrat Descartes einen strikten Dualismus von Geist und Materie. Die Unsterblichkeit der Seele verlangt, dass sie von der Materie trennbar ist. Da nur letztere sterblich ist, hat der Geist beziehungsweise die Vernunft Vorrang nicht nur vor der Materie, sondern auch vor der Erfahrung. Die Existenz des Geistes in Form des denkenden Ich hat Vorrang. Dies ist in Descartes' berühmtem Grundsatz »Cogito ergo sum« auf den Punkt gebracht. Hier sei wieder an die Logik erinnert: Erfahrung ist nicht notwendig für das Ich, umgekehrt ist aber ein Ich notwendig, um Erfahrungen – hier sind natürlich Sinneserfahrungen gemeint – machen zu können. Es ist letztendlich nur auf das Ich Verlass. Weiterhin können Erfahrungen nicht ohne bereits bestehende Ideen gemacht werden. Da Erfahrung immer auch eine Form des Erkennens ist, kann ich unmöglich »rot« erleben, wenn ich zuvor keinen Begriff von »rot« habe. Ich muss bereits wissen, was »rot« ist, damit ich es überhaupt erfahren kann. Daraus folgt, dass solche Begriffe, in Descartes' Sprache ausgedrückt, solche Ideen, angeboren sein müssen, sie können nicht gewonnen werden. Oder anders formuliert, solche, die Ideen oder ihre Gesamtheit – die Vernunft – strukturieren alle Erfahrung. Diese Position des Rationalismus hat Descartes 1637 im *Discours de la méthode pour bien conduire sa raison et chercher la vérité dans les sciences* (»Abhandlung über die Methode des richtigen Vernunftgebrauchs und der wissenschaftlichen Wahrheitsforschung«) und insbesondere 1641 in den berühmten *Meditationes de prima philosophia* (»Meditationen über die Grundlagen der Philosophie«) ausgearbeitet.

Ohne uns in der Tiefe dieser Position widmen zu können, die sie eigentlich verdient, seien drei Hauptbestandteile des Rationalismus identifiziert. Diese drei Säulen des Rationalismus sind 1) die These von Intuition und Deduktion, 2) die These des angeborenen Wissens und 3) die Unabdingbarkeit der Vernunft. Wir werden uns diese jetzt der Reihe nach genauer anschauen.

4.2.1 Die These von Intuition und Deduktion

Wir haben in den Ausführungen zur Logik bereits den Begriff der Evidenz kennengelernt. Bestimmte Dinge sind evident, sie sind intuitiv richtig und einleuchtend, ohne dass wir sie letztendlich begründen können. Der Satz vom Widerspruch etwa ist so eine intuitive Einsicht. Einige Sätze oder Propositionen sind qua Intuition evident. Andere hingegen müssen per Deduktion aus intuitiv Gewusstem hergeleitet werden und können damit auch Wahrheit beanspruchen. Auch hier liefert die Logik Regeln an die Hand, wie richtig hergeleitet wird, etwa indem die Implikationsregel richtig angewandt wird. Wir werden uns dem Thema der Deduktion, im Zusammenhang mit Induktion, noch ausführlich widmen. An dieser Stelle genügt es festzuhalten, dass Intuition eine Form der rationalen Erkenntnis ist, ohne die wir nicht auskommen, ja nicht denken können. Das berühmte »Cogito ergo sum« ist eine durch

Intuition erlangte Einsicht. Es ist einfach evident, dass ich existiere, man muss mich nicht erst davon überzeugen oder mir diese Einsicht mühsam herleiten. Als Randnotiz sei angemerkt, dass die Existenz anderer Menschen, etwa Ihre als Leser/in dieses Textes, nicht gleichermaßen evident ist. Es könnte sich ja um Trugbilder oder falsche Deduktionen handeln, wenn Sie vor mir erscheinen, oder um eine Lüge, wenn ich von Ihrer Lektüre erfahre. In meinem Ich kann ich mich jedoch nicht täuschen, ich mich nicht für jemanden oder etwas anderes halten als mich selbst. Auch wenn ich der Auffassung bin, Napoleon oder gar Descartes zu sein, so kann ich dabei mein Ich nicht infrage stellen.

Hierbei ist für Descartes noch sehr wichtig, dass intuitive Einsichten wie diese immer klar und deutlich sind. Alles Wissen, das ich aus Intuitionen ableiten kann, ist ebenfalls klar und deutlich, da es ausschließlich aus klaren und deutlichen Einsichten gewonnen werden kann, also neben der Intuition aus logischem Denken hervorgeht. Sinneseindrücke und Erfahrungen hingegen können mehr oder weniger klar sein. Es sei noch angemerkt, dass wir mit Intuition in Verbindung mit Deduktion zu sogenanntem apriorischem Wissen gelangen; es ist wahr, ohne dass wir es empirisch überprüfen müssten, und hat deshalb einen besonderen Status.

4.2.2 Die These der angeborenen Konzepte und des angeborenen Wissens

Neben dem intuitiven Wissen gibt es angeborenes Wissen. Auch hier geht der Rationalismus davon aus, dass es sich um apriorisches Wissen handelt, das aber weder durch Intuition noch durch Deduktion erzeugt werden muss. Es ist bereits durch unsere rationale Natur gegeben. Das angeborene Wissen mag uns durch eine Erfahrung bewusst werden. Bereits Platon vertrat die These des angeborenen Wissens, zum Beispiel dass 4 geteilt durch $2=2$ oder dass eine Linie von einer Ecke des Quadrats zur Gegenüberliegenden gezogen es in zwei exakt gleiche Teile teilt. Wie kann die Tatsache, dass $2 \times 2 = 4$, angeboren sein, wir lernen es doch erst in der Schule? Platon meint hier nicht den speziellen Fall, sondern die Fähigkeit des Zählens, besser wäre also das Beispiel $1+1=2$. Wir lernen zwar die phonologische Bezeichnung der Begriffe »eins« und »zwei«, aber die Tatsache, dass eins und nochmals eins zwei ergeben, muss jenseits aller Kultur und aller sprachlicher Zuordnungen angeboren sein. Andernfalls könnten wir nicht rechnen lernen. Wie können wir uns also solch angeborenes Wissen besser vorstellen?

Nach Platon partizipiert die Seele an den Ideen, zu denen auch die der Zahl und des Zählens gehört, und in dem Moment, in dem die Seele dem Körper eingehaucht wird, bei der Geburt, verfügen wir über das Wissen; es muss dann nur wieder erinnert werden. Descartes übernimmt diese Auffassung. Sie passt perfekt in den Dualismus von Geist und Materie. Die jedem Wissen von Zahlen zugrunde liegenden Konzepte der Addition und des Multiplizierens sowie deren Komplemente, die Subtraktion und Division, müssen angeboren sein; sie ermöglichen die Erfahrung, dass beispielsweise bestimmte Additionen bestimmte Werte ergeben. Die Konzepte selbst können jedoch nicht gelernt worden sein, da die Erfahrung ohne sie nicht möglich ist. Die Abgrenzung angeborenen Wissens zur Intuition ist vielleicht nicht immer ganz klar, dies ist aber unerheblich.

Man beachte, dass Descartes mit der Existenz angeborener Ideen natürlich nicht behauptet, dass es nur angeborene Ideen oder Konzepte gibt. Es gibt auch Konzepte, die aus der Erfahrung oder aus der Fantasie stammen. Das stellt sich Descartes etwa folgendermaßen vor: Ein Konzept wie »ich« oder »Additivität« ist angeboren oder intuitiv, es stammt direkt von Gott. Ein Konzept wie »Pferd« ist mithilfe einiger Intuitionen und der Erfahrung gewonnen. Man könnte nun einwenden, dass es uns möglich ist, reine Fantasiedinge zu erfinden, die weder auf Intuition noch auf Erfahrung beruhen. Hier wendet Descartes ein, dass dies nicht möglich sei. Alle Konzepte, die aus der Fantasie geboren sind, unterliegen den gleichen Bedingungen, sie sind lediglich eine neue Kombination von Elementen aus der Erfahrung. Man denke an das Beispiel des Einhorns. Es setzt sich aus dem Konzept »Pferd« und dem Konzept »Horn« zusammen. Es gibt neben Erfahrung und Angeborenem nichts genuin Drittes, auch Fantasiegestalten setzen sich immer aus beiden zusammen, zumindest nach Descartes.

4.2.3 Die Unabdingbarkeit der Vernunft

Die dritte Säule des Rationalismus ist vielleicht die wichtigste, und ihr verdankt er seinen Namen. Es ist die Unabdingbarkeit oder Unverzichtbarkeit der Vernunft. Letztere ist der Erfahrung überlegen und letztendlich auch ohne Erfahrung denkbar. Unsere Erfahrung hingegen ist ohne Vernunft nicht denkbar. Sinneserfahrung reicht nicht aus, um unsere Intelligenz zu begründen.

Der Descartes'sche Rationalismus ist ein in sich schlüssiges Gedankengebäude, das funktioniert und das unsere Konzepte von Geist und Materie, von Gott und Welt unter ein Dach bringt. Den großen Erfolg des Rationalismus kann man vielleicht aus seiner eleganten Selbstrechtfertigung heraus verstehen. Ein fast schon evolutionär anmutendes Argument war hier seitens des Rationalismus verbreitet und anerkannt: Da unser Verstand ein Teil der Welt ist, können Welt und Verstand nicht gänzlich anders sein. Sonst könnten wir die Welt nicht erkennen. Und da die Struktur von Welt und Verstand ähnlich sind, verhilft auch ein Besinnen auf den Verstand zu Welterkenntnis. So rechtfertigt sich beispielsweise auch Descartes' Methode der Selbstbesinnung.

Ohne auf die weitere Entwicklung des Rationalismus näher eingehen zu können, sei erwähnt, dass er von Leibniz weiterentwickelt wurde und bis heute Anhänger findet.

4.3 Empirismus

John Locke sowie vor, mit und nach ihm andere Empiristen, etwa Francis Bacon, George Berkeley und David Hume übten massive Kritik am Rationalismus und begründeten aus dieser Ablehnung heraus die Gegenposition des Empirismus. Wenn man den Rationalismus als nativistisch und als dem Primat des Denkens verschrieben kennzeichnet, so ist der Empirismus auf sinnliche Erfahrung fokussiert. Diesen Fokus nennt man auch sensualistisch, das heißt, alle Erkenntnis beginnt mit der sinnlichen Erfahrung. Alle Erkenntnis ist auf Sinnesempfindungen und deren Gedächtnisspuren, also auf Erfahrung, gegründet. Diese Position des Empirismus hat, ohne damit eine Aussage über seinen philosophischen Wahrheitsgehalt zu machen, eine große Bedeutung als Grundlage wissenschaftlicher Arbeit bis in die Gegenwart. Der Sensualismus ist mit der Formel *Nihil est in intellectu, quod non antea fuerit in sensu* in seiner Radikalität erfasst (»Nichts ist im Geist/Intellekt, was nicht vorher in den Sinnen war«). Hier geht es also nicht nur um Tatsachenbeobachtungen, sondern um die strenge Forderung, dass letztendlich nur Sinnestatsachen zählen.

Wir werden später noch sehen, dass Empirismus und Rationalismus so fundamental unterschiedlich sind, dass sie jeweils bestimmte logische Schlussformen präferieren beziehungsweise verwerfen. Der Empirismus stützt sich nämlich auf den Induktionsschluss sowie auf die

4.3 · Empirismus

Abduktion als Fundament wissenschaftlicher Theoriebildung, während der Rationalismus den Deduktionsschluss als einziges Fundament gelten lassen will.

Bevor wir John Locke noch einmal selbst zu Worte kommen lassen und damit den Empirismus als Gegenposition zum Rationalismus illustrieren werden, seien noch ein paar Anmerkungen zu Geschichte und Aktualität des Empirismus gemacht. Der Empirismus hat bis heute namhafte Vertreter. Im Wiener Kreis entwickelte sich etwa ein Logischer Empirismus, der im 20. Jahrhundert von Rudolf Carnap (1891–1970) vertreten wurde. Erkenntnis wird modern empiristisch als logische Konstruktion der Erfahrung interpretiert, und das Prinzip des Empirismus, Erkenntnisse auf der Basis von Sinnesdaten zu ermitteln, hat sich vielfach durchgesetzt, sei es im statistischen Schließen oder in der mathematischen Formulierung des Bayes-Theorems, das in der Denkpsychologie einen prominenten Platz einnimmt.

Philosophiegeschichtlich ist der *materialistische Empirismus* vom *idealistischen* zu unterscheiden. Für ersteren sind die Inhalte der Erfahrungen, der Sinneswahrnehmungen real. Wir sehen den roten Apfel, seine von uns unabhängige Existenz ist damit gegeben. Für den idealistischen Empirismus hingegen sind lediglich die Wahrnehmungen als solche real, während wir durch die Erfahrungen über die ihnen zugrunde liegenden Objekte keine ontologischen Aussagen machen können.

John Locke ist der Hauptvertreter des materialistischen Empirismus. Angeblich gleicht nach Locke der Geist eines Neugeborenen einer unbeschriebenen Tafel (*tabula rasa*), die erst durch Sinneseindrücke nach und nach beschrieben wird. Wie schon für den Sensualismus (siehe oben) gilt: *Nihil est in intellectu, quod non antea fuerit in sensu* (»Nichts ist im Verstand, was nicht vorher in den Sinnen war«). Das ist das Credo Lockes, und von Leibniz wird dieser Satz mit dem Zusatz *excipe: nisi intellectus ipse* (»ausgenommen der Verstand selbst«) ergänzt. Somit muss sich alles, jeder Begriff, jedes Konzept, durch die Erfahrung herausbilden. George Berkeley und David Hume sind die wichtigsten Vertreter des idealistischen Empirismus. Für sie sind nur die Wahrnehmungen, die Erfahrungen real. Eine gegenständliche Welt, die die Wahrnehmungen auslöst, ist durch erstere nicht beweisbar.

Interessanterweise findet sich der Ausdruck *tabula rasa* nicht im Original. Lediglich eine Fußnote des Herausgebers erwähnt Lockes Ablehnung der angeborenen Ideen als *tabula rasa* (Locke, 1824: 60 ff.).

Im Folgenden finden Sie einen Auszug aus dem »Versuch über den menschlichen Verstand«:

> 1. Da sich jedermann dessen bewußt ist, daß er denkt und daß das, womit sich sein Geist beim Denken befaßt, die dort vorhandenen *Ideen* sind, so ist es zweifellos, daß die Menschen in ihrem Geist verschiedene Ideen haben, zum Beispiel diejenigen, die durch die Wörter *Weiße, Härte, Süßigkeit, Denken, Bewegung, Mensch, Elefant, Armee, Trunkenheit* und andere mehr ausgedrückt werden. In erster Linie werden wir also zu untersuchen haben, *wie der Mensch zu diesen Ideen gelangt*. Es ist, wie ich weiß, eine allgemein anerkannte Lehre, daß die Menschen angeborene Ideen und ursprüngliche Schriftzeichen besitzen, die ihrem Geist gleich beim Entstehen eingeprägt wurden. Diese Meinung habe ich schon einer eingehenden Prüfung unterzogen, und ich nehme an, meine Ausführungen im vorigen Buch werden sehr viel eher Anklang finden, wenn ich gezeigt haben werde, woher der Verstand alle die Ideen, die er besitzt, nehmen kann, und auf welchen Wegen und in welchem Maße sie in den Geist gelangen können; ich berufe mich hierbei auf die eigene Beobachtung und Erfahrung eines jeden.

2. Nehmen wir also an, der Geist sei, wie man sagt, ein unbeschriebenes Blatt (*tabula rasa*; Ergänzung der Verfasser), ohne alle Schriftzeichen, frei von allen Ideen; wie werden ihm diese dann zugeführt? Wie gelangt er zu dem gewaltigen Vorrat an Ideen, womit ihn die geschäftige schrankenlose Phantasie des Menschen in nahezu unendlicher Mannigfaltigkeit beschrieben hat? Woher hat er all das *Material* für seine Vernunft und für seine Erkenntnis? Ich antworte darauf mit einem einzigen Worte: aus der *Erfahrung*. Auf sie gründet sich unsere gesamte Erkenntnis, von ihr leitet sie sich schließlich her. Unsere Beobachtung, die entweder auf äußere sinnlich wahrnehmbare Objekte gerichtet ist oder auf innere Operationen des Geistes, die wir wahrnehmen und über die wir nachdenken, liefert unserem Verstand das gesamte *Material* des Denkens. Dies sind die beiden Quellen der Erkenntnis, aus denen alle Ideen entspringen, die wir haben oder naturgemäß haben können. (Locke, 1981, 2. Buch: 107) **»**

David Humes Gegenargument gegen den Rationalismus ist etwas anders gelagert und geht weit über den Antinativismus hinaus. Er sagt, dass alle wahren Aussagen in zwei Kategorien fallen, nämlich:
- Zusammenhänge von Ideen (*relations of ideas*): Geometrie, Algebra, Arithmetik, also Ideen, die intuitiv oder deduktiv sicher sind,
- Tatsachen.

Die Ideenzusammenhänge sind wahr. Auch wenn es in der Natur nie ein perfektes Dreieck gegeben hat, so ist ein solches doch durch reine Gedankenoperationen erfassbar. Die Tatsachen hingegen sind nicht in gleicher Weise sicher. Ihr Gegenteil ist immer möglich (Hume, 1748: 40). Modern formuliert könnte man Hume etwa so paraphrasieren: Es gibt Theorien (Ideenzusammenhänge), und es gibt Aussagen über Beobachtungen (Tatsachen). Die Kernaussage des Empirismus ist nun, dass natürlich die Tatsachen allein durch die Sinne wahrgenommen, erfahren werden können. Aber auch die Theorie ist unmittelbar und ohne jegliches angeborenes Wissen aus den Tatsachen gewonnen. Sie kristallisiert sich im Laufe der Erfahrung heraus. Dies kann etwa durch eine Induktion geschehen. Konzeptionen, die nicht aus den Sinnesbeobachtungen entstehen, sind abzulehnen, da sie keine Erfahrungsbasis und damit überhaupt keine Basis besitzen.

Um die beiden Positionen noch einmal voneinander abzusetzen, machen wir ein Gedankenexperiment und stellen uns folgende Frage: Können wir die Frage nach der Richtigkeit von Rationalismus vs. Empirismus durch ein psychologisches Experiment klären?

Wir haben jetzt die Positionen des Rationalismus und des Empirismus kennengelernt. Können wir vielleicht, statt sie lediglich nebeneinanderzustellen, eine Entscheidung herbeiführen, welche Position besser oder zumindest für unsere Wissenschaft sinnvoller ist? Bisher haben wir die theoretischen Voraussetzungen für die Psychologie in der Philosophie und Logik gesucht, aber statt einer nachvollziehbaren Grundlage gleich zwei sich obendrein widersprechende Grundlagen erhalten. Vielleicht braucht die Erkenntnistheorie ja Hilfe von der Psychologie statt umgekehrt? Jetzt drehen wir den Spieß einfach mal um. Rationalisten behaupten, dass wir – um etwas klar und deutlich erkennen zu können – angeborener Ideen, angeborenen Wissens bedürfen. Empiristen behaupten, dass wir Tatsachenwissen nur über die Erfahrung erwerben. Können wir uns einiger Befunde aus der kognitiven Entwicklungstheorie bedienen, um hier weiterzukommen und zu zeigen, wer recht hat? Dazu also das Gedankenexperiment:

Der Rationalist Descartes hat behauptet, dass wir uns ein 13-Eck nicht vorstellen können, da wir die angeborene Fähigkeit dazu, die Idee, nicht besitzen. Ein Empirist würde sagen, dass wir es lernen können.

4.3 · Empirismus

Versuchen Sie bitte, sich ein 13-Eck klar und deutlich vorzustellen. Gelingt es Ihnen? Probieren Sie ruhig eine Weile. – Vermutlich gelingt es Ihnen nicht so ohne Weiteres, aber probieren Sie es ruhig weiter. Um hier anständig zu experimentieren, würden wir uns als experimentelle Psychologen natürlich nicht auf Introspektionsaussagen verlassen. Wir müssen uns schon ein ausgefeiltes Experiment ausdenken, also etwa Versuchspersonen bitten, sich entweder ein 13- oder ein 12-Eck vorzustellen, und ihnen dann eines von beiden zeigen. Die Versuchsperson soll so schnell wie möglich eine Taste drücken, wenn das 13-Eck auftaucht, und eine andere, wenn das 12-Eck auftaucht. Die Reaktionszeit (13-Eck linke Taste, 12-Eck rechte Taste) sollte immer dann kürzer sein, wenn das Vorstellungsbild mit dem gezeigten Reiz übereinstimmt. Wenn wir solch einen Kompatibilitätseffekt finden, also das vorgestellte Objekt zu kürzeren Antwortzeiten führt, ist dies ein Hinweis darauf, dass die Probanden sich ein 13-Eck klar und deutlich vorstellen können.

Es gibt tatsächlich experimentelle Daten die uns sagen können, wie das 13-Eck-Experiment ausgehen wird. Sie sind im Zusammenhang mit Studien zum sogenannten Subitizing erhoben worden. Es gibt Experimente, die nachweisen, dass wir die Anzahl (z. B. von Punkten) erfassen können, ohne dabei zählen zu müssen. Man hat mit zufällig geordneten Punktwolken experimentiert, die ein bis 13 Punkte enthalten. Sie werden kurz in zufälliger Reihenfolge gezeigt, und dann fragt man nach der Punktezahl. Die Ergebnisse zeigen, dass die Grenze dessen, was man auf einen Schlag, also ohne zu zählen, erfassen kann, bei fünf bis sieben Punkten liegt. Darüber hinaus können wir die genaue Anzahl nicht erfassen, ohne zu zählen. Das heißt, ab einer Menge von fünf bis sieben Punkten steigt die Reaktionszeit bis zur richtigen Antwort mit der Zahl der Punkte in der Wolke an. Unter sieben Punkten macht die Anzahl keinen Unterschied in der Reaktionszeit.

Um uns jetzt etwas an die Frage heranzutasten, ob diese Fähigkeit, Zahlen bis 7 ohne Zähloperation zu erfassen, angeboren ist, können wir uns Studien aus der Entwicklungspsychologie anschauen. Sie haben Folgendes gezeigt:
- Kinder im Alter von drei Jahren können angeben, wie viele Bonbons auf dem Tisch liegen, solange es weniger als vier oder fünf sind.
- Subitizing funktioniert bei Kleinkindern genauso gut oder schlecht wie bei Erwachsenen.

Können wir daraus schließen, dass elementare Zahlwahrnehmung (Idee plus Empfindung) nicht durch Erfahrung erworben ist? Und wenn ja, was folgern wir daraus? Lernen ist anscheinend nicht möglich, es ist aber auch nicht, oder zumindest nicht in großem Umfang notwendig, um die Anzahl von Gegenständen zu erfassen, wenn sie unter sieben liegen. War dies ein empirischer Versuch, zwischen Empirismus und Rationalismus zu entscheiden, ist er zulässig? Zur Auflösung dieser Preisfrage jetzt zunächst zurück zu Molyneux. Hatte John Locke recht mit seiner Antwort auf Molyneux, in der er sagte, dass es dem kurzfristig wieder sehend Gewordenen unmöglich sei, Kugel und Würfel aufgrund der visuellen Empfindungen alleine zu unterscheiden? Zunächst fragen wir, was die Antwort eines Rationalisten ist. Es sollte klar geworden sein, dass es seine Annahme von Intuition und angeborenen Konzepten prinzipiell dem sehend Gewordenen erlauben müssten, das richtige Konzept mit der neuen Sinneserfahrung in Einklang zu bringen.

Was den empirischen Ausgang eines solchen Experiments heute anbeträfe, so ist man sich selbst nach erheblichen Fortschritten der Neuropsychologie immer noch nicht ganz einig. Das Experiment kann oder vielmehr darf so natürlich nicht durchgeführt werden. Wir müssen versuchen, Menschen zu finden, die von Geburt an blind sind, die sich von den Sehendgeborenen unterscheiden. Unsere persönliche Meinung ist, dass nach allem, was wir jetzt wissen, John

Locke mit seiner Vorhersage wahrscheinlich unrecht hat, was die Auffassung angeborener Wahrnehmungsleistungen betrifft. Eine Reifung – und damit ein Lernprozess – ist in der frühkindlichen Entwicklung sicherlich notwendig, aber der Aspekt der Modalitätsspezifizität ist davon unabhängig. Man geht heute davon aus, dass Gedächtnisrepräsentationen von Objekten nicht modalitätsspezifisch und separat im Langzeitgedächtnis existieren, sondern dass sie vernetzt sind und im *semantischen Gedächtnis* abstraktere Begriffe (hier von Objekt und Form) existieren, die mit den Sinnesempfindungen verschiedener Modalitäten verglichen werden können. Es würde vermutlich dem Sehendgewordenen nicht schwerfallen, die Unterscheidung richtig zu treffen.

An dieser Einschätzung ändert auch ein kürzlich gemachter Versuch nichts, die Frage tatsächlich empirisch zu beantworten. Dies haben Richard Held und Kollegen (2011) versucht, indem sie in Indien fünf Kindern direkt nach einer Augenoperation, die ihnen erstmalig zum Sehen verhalf, ein Objekt haptisch darboten. Das Kind sollte dann sagen, ob es mit einem weiteren Objekt identisch war oder nicht. Wenn das zweite Objekt auch haptisch dargeboten wurde, klappte diese Aufgabe. Wenn das zweite Objekt hingegen visuell dargeboten wurde, hatten die Kinder Schwierigkeiten, aber nach nur zwei Tagen klappte auch die intermodale Transferaufgabe problemlos. Da die Objekte aus einem Pool von 20 Objekten stammten und somit weitaus komplexer waren als die von Molyneux erwähnten Objekte Kugel und Würfel und da weiterhin die intermodale Zuordnung extrem schnell erfasst wurde, könnte man die Ergebnisse antiempiristisch deuten, auch wenn die Autoren dies nicht tun.

Wir verfügen bei der Geburt über eine gewisse Wahrnehmungsfähigkeit, ähnlich der Sprachfähigkeit, die mit den nachfolgenden Jahren anhand der praktischen Sinneserfahrungen ausgebaut wird. Dies geschieht generell mit allen Wahrnehmungen, die in den Synapsen, nach heutiger Vorstellung, repräsentiert werden. Wir wissen aus der Forschung, dass zum Beispiel beim Sehen ständige Vektorberechnungen (Speicherung von Repräsentationen, Koordinatentransformationen, beispielsweise wenn das Objekt auf dem Kopf steht, um es trotzdem erkennen zu können) stattfinden. Im Falle unseres Problems ist die haptische Wahrnehmungsfähigkeit entwickelt und damit fähig, abstraktere Repräsentationen, etwa in Form von Aktivierungsvektoren verschiedener Neuronenverbände im Gehirn, zu erzeugen, in denen Distanzen und Distanzunterschiede des Objekts kodiert sind. Die Repräsentation ist – mit Abstrichen – auch der visuellen Modalität zugängig, etwa durch interne selbstorganisierte Prozesse. Sobald es um das Erkennen komplexerer Objekte geht, muss das Gehirn die Repräsentationen durch ein wenigstens minimales Training einer Objektwahrnehmung erweitern. Da das visuelle System evolutionär von großer Bedeutung ist, lernt das Gehirn unter diesem Selektionsdruck sehr schnell. Daher kann schon mit einigen Tagen eine *Approximation* stattfinden. Zusätzlich findet durch die *Selbstorganisation* ein zusätzliches Training statt. Das beschleunigt diesen Lernvorgang; es findet die Wahrnehmungskopplung zwischen Tast- und Sehsinn statt.

4.3.1 Der Logische Empirismus

Die Ablehnung von Lockes Vorhersagen zum Ausgang des Molyneux-Experiments bedeutet jedoch nicht, dass der Empirismus damit von der Bildfläche verschwunden wäre oder auch nur eine Schlappe eingestanden hätte. Er hat natürlich Mutationen erfahren. Eine solche ist etwa der Logische Empirismus. Er wurde zu Beginn des 20. Jahrhunderts vom Wiener Kreis und der Berliner Gesellschaft für empirische Psychologie begründet und bezog die Erkenntnis mit in den Empirismus ein, dass Erfahrung nicht spontan und ohne Lenkung zur Bildung von Begriffen, Konzepten und Theorien führt. Die Natur gibt nicht vor, was man an ihr beobachten soll. Der Forscher muss Kriterien haben, nach denen er beobachtet. Dies hätte auch Hume sagen können. Dennoch steht für Hume wie für den logischen Empiristen fest, dass Erkenntnis nur durch Erfahrung gewonnen werden kann. Man wendet sich also vom reinen Sensualismus ab. Die Betonung des Logischen liegt dabei darin, dass Sätze vermieden werden sollen, die nicht einer formalen logischen Analyse zugeführt werden können, etwa Sätze, die weder analytisch noch empirisch sind, denen man keinen Wahrheitswert zuordnen kann. Dies soll für alle Wissenschaftsbereiche gelten, womit dann die Forderung der logischen Empiristen verbunden ist, dass die Methode des Wissenserwerbs für alle Wissenschaften, Geistes- wie Naturwissenschaften, dieselbe empiriebezogene Methode sein muss.

4.4 Induktion, Deduktion und Abduktion

4.4.1 Schlussweisen

Als Wissenschaftler wollen wir Dinge verstehen und erklären, genauer gesagt, wir wollen einzelne Beobachtungen als Ausprägungen eines allgemeineren Prinzips feststellen. Um das alte Beispiel zu nehmen: Wenn wir beobachten, dass ein Kind eine gewalttätige Handlung ausführt, wollen wir wissen, ob es an seinem Fernsehkonsum gewalttätiger Filme liegt. Wir haben es also mit einem besonderen Fall zu tun (Anton haut seine kleine Schwester; Anton hat vor zwei Stunden den Film *Star Wars* gesehen, den wir für gewaltvoll halten), der aber irgendwie mit dem allgemeinen Prinzip (Fernsehfilme machen gewalttätig) zusammenhängt. Psychologisch gesagt wollen wir Antons Verhalten auf ein allgemeines Prinzip anwenden oder umgekehrt das Prinzip auf sein Verhalten. Dies tun wir, indem wir schließen oder schlussfolgern. Wir können dabei entweder von vielen Verhaltensbeobachtungen auf das Prinzip (wir sagen hier bewusst noch nicht Theorie) oder umgekehrt von einem bekannten Prinzip auf zu erwartendes Verhalten schließen. Dies ist eine sehr grobe Beschreibung von Wissenschaft, die wir jetzt hinsichtlich des Verhältnisses Einzelbeobachtung–Prinzip in zwei Schritten verfeinern wollen. Der erste Schritt ist eine simplifizierte Beschreibung von Induktion und Deduktion, der zweite Schritt fächert diese Begriffe auf und stellt verschiedene Varianten beider Schlüsse vor.

Die simplifizierte Sicht
- *Induktion* = (der Schluss) vom Besonderen, von Einzelbeobachtungen auf das Allgemeine. Beispiel: Der Vermieter will die Reparatur eines Rollladens am Fenster der Altbauwohnung nicht bezahlen mit dem Hinweis, dass der 100 Jahre gehalten habe und jetzt nicht plötzlich kaputtgehen kann, es sei denn, er wurde unsachgemäß behandelt.
- *Deduktion* = (der Schluss) vom Allgemeinen, von der Theorie auf das Besondere, auf die Einzeltatsache. Beispiel: Rollläden haben eine Lebensdauer von 100 Jahren, daher war zu erwarten, dass dieser alte Rollladen kaputtgeht.

Wir können aus Beobachtungen verallgemeinernd Prinzipien gewinnen, irgendwie müssen wir zu solchen ja gelangen, und wir können die Prinzipien benutzen, um Einzelbeobachtungen zu erklären. Wir nennen die Prinzipien jetzt einfach einmal Theorien, obwohl wir später sehen werden, dass zu einer Theorie noch einiges hinzukommen muss.

Je nachdem, ob man induktiv oder deduktiv vorgeht, kann man Wissenschaftlertypen unterscheiden:

- Der Empiriker geht induktiv vor. Er argumentiert, dass man nur genügend Einzelbeobachtungen zusammentragen muss, um das komplexe Beziehungsgefüge zwischen diesen isolierten Informationen erkennen zu können. Der Empiriker lehnt die Vorwegnahme dieser Beziehungen ab.
- Der deduktiv vorgehende Theoretiker geht von einem Bezugssystem, einer Theorie aus und lässt sich in seinen Forschungen von den daraus abgeleiteten Implikationen führen. Er führt für dieses Vorgehen das Argument an, dass es viel ökonomischer ist, mit aus dem Bezugssystem abgeleiteten Sätzen zu arbeiten, statt drauflos zu beobachten und zu sammeln, bis sich ein solches herauskristallisiert.

Beide behandeln Beobachtungsdaten daher sehr unterschiedlich. Der Theoretiker bezieht sie sofort auf die Theorie, die ihn zum Beobachten veranlasst hat, während der Empiriker die vorurteilsfreie Beobachtung kultiviert. Beide machen ihre Vorgehensweise selten explizit, aber die Sprachwahl enthüllt oder impliziert oft eine dieser grundlegenden Positionen. Wenn Sie etwa sagen, Sie haben Evidenz für eine Hypothese (Gewaltfernsehen macht gewalttätig) gefunden, outen Sie sich als Theoretiker. Oder wenn Sie sagen, dass sich die Fakten zu der Gewissheit verdichten, dass Gewaltfernsehen zu Gewalthandlungen führt, dann sind Sie vermutlich Empiriker.

Die etwas anspruchsvollere Sicht

Ziel der psychologischen Forschung ist es, Theorien zu konstruieren, die Erklärungskraft haben und den tatsächlichen Zusammenhängen entsprechen. Induktion und Deduktion sind lediglich Methoden, die uns sagen können, wie wir bei der Theoriebildung diesen beiden Kriterien der Erklärungskraft und der Richtigkeit genügen können. Diese Auffassung der Konstruktion von Theorien ist

- nomologisch, das heißt auf allgemeine Gesetzmäßigkeiten ausgerichtet, nicht auf Einzelfälle;
- realistisch, das heißt, die Theorie muss etwas Reales betreffen, über das man Aussagen aufstellen kann, die entweder wahr oder falsch sein müssen (siehe die Ausführungen zur Logik in ▶ Abschn. 1.2 und ▶ Abschn. 1.3), sie dürfen nicht rein analytische Sätze sein, sondern müssen zumindest einige synthetische Sätze enthalten.

Was ist also nach diesen Kriterien eine Theorie? Sie soll hohen Informationsgehalt haben, sie soll systematisieren und ordnen, und sie soll einfach sein in dem Sinne, dass sie Sachverhalte möglichst sparsam beschreibt. Darüber hinaus soll die Theorie etwas erklären (dazu kommen wir am Ende des Buches), und zwar, indem sie auf tiefer liegende Sachverhalte zurückgreift. Und schließlich soll die Theorie natürlich mit den Tatsachen übereinstimmen, also zutreffen. Wie kommen wir zur Übereinstimmung der Theorie mit den Tatsachen? Nun, durch Induktion oder Deduktion. Beide betrachten wir jetzt nochmals ausführlicher.

4.4.2 Induktion

Induktion (vom lateinischen *inducere* für »herbeiführen«, »veranlassen«, »einführen«) bedeutet seit Aristoteles den abstrahierenden Schluss aus beobachteten Phänomenen auf eine allgemeinere Erkenntnis, etwa einen allgemeinen Begriff oder ein Naturgesetz. Er benutzte natürlich die griechischen Begriffe ἐπαγωγή (*epagoge*) für Induktion und συλλογισμός (*syllogismos*) für Deduktion.

Die wichtigsten Formen des Induktionsschlusses

Wir unterscheiden drei Formen der Induktion:
1. *Induktive Verallgemeinerung:* Es wird von einer Teilklasse auf die Gesamtklasse geschlossen: $\exists x\, P(x) \Rightarrow \forall x\, P(x)$ (das kennen Sie bereits).
Beispiel: Heute Morgen ist die Sonne aufgegangen, gestern Morgen ist die Sonne aufgegangen, vorgestern Morgen ist die Sonne aufgegangen etc. Also geht sie jeden Morgen auf.
2. *Induktiver Teilschluss:* In der Regel hat man schon gesichertes Wissen, man weiß zum Beispiel, dass Vögel keine Säugetiere sind. Angenommen, wir beobachten ein Tier, das nach äußeren Merkmalen einem Vogel ähnlich ist, dann schließen wir, dass es kein Säugetier ist, sondern Eier legt. Der induktive Teilschluss liegt nun darin, dass wir schließen, dass alle Klassenmerkmale für Vögel auch für das beobachtete Tier zutreffen.
3. *Statistischer Induktionsschluss:* Wenn Sie sich schon einmal mit Statistik beschäftigt haben oder auch nur die auf der Packungsbeilage empfohlene Menge eines Medikaments eingenommen haben, dann haben Sie den statistischen Induktionsschluss bereits kennengelernt. Was in der Vergangenheit bei anderen gewirkt hat, wird auch bei Ihnen funktionieren. Täglich akzeptieren wir den Induktionsschluss und wenden ihn an, ohne ihn zu hinterfragen. Wenn das Auftreten einer bestimmten Eigenschaft bei den Elementen einer Teilklasse zu x% beobachtet werden kann, schließt man auf die gleiche Auftretenswahrscheinlichkeit in der gesamten Klasse. Beispiel: Bei der Untersuchung einer Zufallsstichprobe in einer Geburtsklinik stellt man fest, dass 49% der dort entbundenen Neugeborenen weiblich sind. Daraus schließt man, dass 49% aller Neugeborenen überhaupt oder zumindest in Deutschland weiblich sind. Ist dieser Schluss erlaubt? Sie mögen einwenden, dass dies nur bejaht wird, wenn die Stichprobe *hinreichend* groß und repräsentativ ist. Sie kann jedoch noch so groß sein, es handelt sich immer um eine Induktion von endlich vielen Fällen auf alle, also auf undefiniert oder unendlich viele Fälle der ganzen Klasse, oder der Population, wie der Statistiker sagen würde. Die statistische Induktion ist deshalb nicht wasserdicht, es besteht immer noch die Möglichkeit des Irrtums, oder?

John Stuart Mills Methoden zur induktiven Erkenntnisgewinnung

Die Induktion galt im 19. Jahrhundert als die maßgebliche Methode, Wissenschaft zu betreiben, und ist insbesondere von John Stuart Mill (1806–1873) bis zur Perfektion verfeinert worden. Er beschreibt die Induktionsmethode in seinem Werk *System of Logic* (Mill, 1843). Mill hat genauer gesagt gleich drei Methoden beschrieben, anhand derer korrekt und erfolgreich induktiv vorgegangen werden kann. Während Sie die Beschreibung der Methoden lesen, versuchen Sie bitte zu überlegen, ob die jeweilige Methode problematisch werden kann beziehungsweise ob gegen den so gezogenen Schluss Einwände bestehen könnten.
- *Methode der Übereinstimmung (method of agreement):* Wenn alle Beobachtungen des Phänomens einen Umstand gemeinsam haben, so ist dieser Umstand seine Ursache. Beispiel: Ein Patient bekommt Panikattacken in Aufzügen, vollen Kinos, Flugzeugtoiletten usw. Induktive Schlussfolgerung: Es ist die Beengtheit der Räume, die die Panikattacken verursacht, und man diagnostiziert Klaustrophobie.
- *Methode des Unterschieds (method of difference):* Wenn ein Phänomen in Situationen auftritt, die nur durch einen einzigen Unterschied von Situationen abweichen, in denen es

nicht auftritt (*ceteris paribus*), dann ist dieser Unterschied die Wirkung, die Ursache oder ein notwendiger Teil der Ursache des Phänomens. Beispiel: Sie führen ein wissenschaftliches Experiment mit Experimental- und Kontrollgruppe zur Frage der Darstellung von Gewalt im Fernsehen durch. Dazu wählen Sie zufällig aus einer Klasse Kinder aus, die angeben, dass sie gewalttätige Sendungen sehen. Die Kontrollgruppe besteht aus Kindern, die angeben, solche Sendungen nicht anzuschauen. Dann testen und vergleichen Sie beide Gruppen, etwa indem Sie sie einen Nachmittag lang auf einen Spielplatz schicken und ihr Verhalten beobachten. Nach einem vorher festgelegten Schlüssel kodieren Sie alle Handlungen hinsichtlich des Grades der Aggressivität. Wenn die Experimentalgruppe im Schnitt mehr Aggressivität zeigt, gemessen an dem Durchschnitt des Produkts von Anzahl aggressiver Handlungen mit dem jeweiligen Schweregrad der Aggressivität, dann schließen Sie nach der Methode des Unterschieds induktiv, dass der Fernsehkonsum von gewalttätigen Sendungen den Effekt verursacht hat.

Die »Method of Difference« kann beliebig verfeinert werden, indem nicht nur eine Experimental- und eine Kontrollgruppe herangezogen werden, sondern weitere Faktoren variiert und anhand weiterer Experimentalgruppen gemessen werden.

- *Methode der gleichzeitigen Änderungen (method of concomitant variations):* Wenn zwei Phänomene kovariieren, sich ein Phänomen also immer dann verändert, wenn sich ein anderes Phänomen verändert, gibt es zwischen beiden eine Kausalbeziehung. So jedenfalls die Behauptung von Mill. Auch diese Methode wird ständig angewandt. Beispiel: Der Kohlendioxidgehalt der Atmosphäre korrelierte in der Vergangenheit mit der Temperatur, also verursacht CO_2 die Erderwärmung. Oder: In Ostpreußen korrelierte während der Industrialisierung die Zahl der Geburten sehr hoch mit der Zahl der Störche. Neueren Datums sind recht hohe Korrelationen von der Zahl der Störche, die in verschiedenen europäischen Ländern leben, und den jeweiligen Geburtenraten des Landes festgestellt worden. Der Zusammenhang ist hochsignifikant (Matthews, 2001). Also sind Störche die Ursache für die Geburtenzahlen. Der offensichtliche Fehlschluss hat sogar einen Namen: *cum hoc ergo propter hoc* (»mit diesem (korreliert), also deswegen«).

Neben den drei erwähnten Methoden von Stuart Mill gibt es noch weitere, die hier unerwähnt bleiben sollen, und man kann sicherlich je nach Forschungsdisziplin noch weitere hinzuerfinden. Wie Sie vermutlich ahnen, müssen wir jetzt die Frage nach der Relevanz und der Zuverlässigkeit des Induktionsschlusses stellen. Wir wenden ihn sicherlich täglich vielmals an, ohne weiter darüber nachzudenken, ja wir kommen ohne ihn nicht aus. Aber führt der Induktionsschluss nicht unter Umständen zu falschen Schlüssen? Aus den Beispielen wird klar, dass dies der Fall sein kann. Geschieht es selten genug, kann man aber vielleicht darüber hinwegsehen. Mills Zeitgenossen war dieses Problems übrigens durchaus bewusst. Es galt aber als kleiner und nicht weiter erheblicher Makel, und dies, obwohl sich David Hume bereits 100 Jahre zuvor des Problems besonders angenommen hatte. Dennoch blieb die Popularität des Induktionsschlusses bis ins 20. Jahrhundert hinein sehr groß.

Das Induktionsproblem

David Hume unternahm zwei Anläufe, um seine Zeitgenossen davon zu überzeugen, dass der Induktionsschluss unzulässig sei. Zunächst argumentierte er 1740 in *A Treatise of Human Nature: Being an Attempt to introduce the experimental Method of Reasoning into Moral Subjects* ohne Erfolg gegen das Induktionsprinzip. 1748 hatte er mit *An Enquiry concerning Human understanding* mehr Erfolg. Er argumentierte, dass es Induktion im Sinne eines (rational zwingenden) erfahrungserweiternden Vernunftschlusses nicht geben kann, indem er auf die Unterscheidung von analytischen und synthetischen Sätzen hinsichtlich ihrer Fähigkeit, empirischen und wissenschaftlichen Gehalt zu haben, zurückgreift. Hier kurz seine Argumente:

- Ein Induktionsprinzip kann *kein analytischer Satz* sein, da die zwingende Richtigkeit von analytischen Sätzen auf logischen Schlüssen beruht, die deduktiv sind. Deduktion ist zwar zwingend logisch, kann aber nicht gehaltsvermehrend sein, und gerade das will ja die Induktion.
- Ein Induktionsprinzip kann auch *nicht synthetisch a priori wahr* sein, denn sonst müssten mit seiner Hilfe gefolgerte Sätze ebenso wahr sein. Sie könnten sich dann nicht mehr a posteriori als falsch erweisen. Dies ist aber ein wesentliches Merkmal von auf Erfahrung basierenden Sätzen.
- Man könnte argumentieren, wir wüssten aus Erfahrung, dass der Induktionsschluss funktioniert. Dazu benötigen wir entweder ein Induktionsprinzip höherer Ordnung, oder wir brechen die Begründung ab, oder wir benutzen einen Zirkelschluss. In jedem Fall kann die Begründung des Induktionsprinzips nicht befriedigend sein.

Humes Kritik scheint vernichtend zu sein. Nichtsdestotrotz hat im 19. Jahrhundert Mill (wie eben gesehen) den Induktionsschluss munter verfeinert. Im 20. Jahrhundert haben Theoretiker wie Rudolf Carnap dort weitergemacht, wo Mill aufgehört hatte, und formal exakte Theorien des induktiven Schließens zu entwickeln versucht. Andere haben die Kritik von Hume angenommen – unter ihnen Karl Popper, der eine Wissenschaftstheorie ohne Induktion entworfen hat. Die Debatte, ob der Induktionsschluss zulässig ist oder nicht, ist aber bis heute nicht ausgestanden und wird in der Philosophie weiter diskutiert, unter anderem in der Philosophie des Geistes, in der Logik sowie in der Erkenntnistheorie.

Nur am Rande sei bemerkt, dass sich die Denkpsychologie damit befasst, welche induktiven Schlüsse Menschen tatsächlich ziehen, ohne Rücksicht darauf, ob diese Schlüsse rational gerechtfertigt sind. Um der riesigen Datenmenge, die die Seele zu verarbeiten hat, Herr zu werden, bilden wir ständig vereinfachende Kategorien und leiten daraus Regeln ab. Das Induktionsproblem für die Denkpsychologie stellt sich in der Psychologie ganz anders dar als das Induktionsproblem in der Wissenschaftstheorie, da die Frage, was ein Individuum überzeugend findet, oft nicht von einem formalen Wahrheitskriterium bestimmt wird, sondern von einem emotionalen oder zumindest subjektiven. Auch geht man davon aus, dass viele Wahrnehmungs- und Sprachprozesse ohne Induktion gar nicht möglich wären. So ist beispielsweise Mustererkennung auf das schnelle Bilden von allgemeinen Klassen und Merkmalen angewiesen, wenn man nicht ganz Nativist sein will und sagt, dass solche Muster angeboren sind. Das Gleiche gilt für die Bildung von Begriffen und Kategorien in der frühkindlichen Entwicklung. Beispiel: Der Eigenname »Max«, den ein Kleinkind mit dem Anblick eines zotteligen Pudels zu assoziieren lernt, wird ganz schnell zum Kategoriennamen für alle vierbeinigen Kreaturen. Taucht etwa ein Pferd auf, zeigt das Kind begeistert darauf und ruft entzückt »Max«. Erst allmählich differenziert sich dann Max, sodass es nicht mehr als Name für alle Vierbeiner dient, sondern etwa für die Kategorie »Hund« steht. Schließlich engt sich die Bedeutung weiter ein, zum Beispiel auf die des Pudels, bis Max dann am Ende nur für einen ganz bestimmten Pudel steht.

Praktische Anwendung des Induktionsschlusses

Im Alltag ziehen wir häufig induktive Rückschlüsse aus einer einzelnen Beobachtung und liegen damit oft richtig, oft genug jedenfalls, um an dem Induktionsprinzip festzuhalten:

- Das Auto springt nicht an. Wahrscheinlich ist die Batterie leer. Aus dem vorhandenen Wissen, dass ein Auto nicht anspringt, wenn die Batterie leer ist (und dass leere Batterien häufiger sind als etwa defekte Anlasser), ziehe ich als plausibelsten Schluss, dass wohl die Batterie leer sein wird.
- Wer sich an Muscheln einmal den Magen verdorben hat, wird vielleicht nie wieder welche essen.

Die Motivation und die Erfahrung spielen also eine große Rolle beim induktiven Schließen. Dies führt manchmal zu guten, manchmal aber auch zu weniger guten Vorurteilen. Wir können aber in aller Regel die Richtigkeit beziehungsweise den Richtigkeitsgrad von unseren Induktionsschlüssen bewerten und tun dies auch oft, sind uns also implizit des Induktionsproblems bewusst. Wenn beispielsweise jemand, der in seinem Leben erst einmal in Holland war, behauptet, dass alle Holländer sympathisch seien, dann traue ich ihm weniger, als wenn ich erfahre, dass er jedes Jahr dort hinfährt.

Ein weiteres praktisches Kriterium für die Glaubwürdigkeit eines Induktionsschlusses ist die *Variabilität der Referenzklasse*. *Referenzklasse* ist der kleinste gemeinsame Oberbegriff der in Rede stehenden Einzelfälle. Ist jemand davon überzeugt, dass die Mitglieder einer Referenzklasse einander sehr ähnlich sind (geringe Variabilität), genügen wenige Beobachtungen, um diese zu verallgemeinern. Wenn die Referenzklasse jedoch sehr verschiedenartige Individuen umfasst (hohe Variabilität), sind viele Einzelbeobachtungen nötig, bevor ein allgemeines Urteil gerechtfertigt erscheint. In der Statistik nennt man diese Eigenschaft Repräsentativität.

Wie kommen wir also jetzt praktisch als Wissenschaftler und Induktionisten zu glaubwürdigen Theorien? Wir suchen nach Methoden oder Heuristiken, die uns sagen, wie wir vorgehen können. John Stuart Mill hat uns einige an die Hand gegeben. Eine andere modernere Heuristik ist etwa die Verifikationsmethode. Ihr zufolge suchen wir systematisch nach Evidenz, die unseren Induktionsschluss verifiziert. Wir haben in den Elbauen viele weiße S (z. B. Schwäne) beobachtet, geschlossen, dass alle S weiß sind, und suchen nun eifrig nach weiteren verifizierenden Beispielen, vielleicht nach weißen S in Australien.

Dies nennt man auch *Verifikationismus*: Die Wahrheit theoretischer Aussagen kann (und sollte) durch Beobachtungen bewiesen werden. Der frühe Logische Empirismus hat diese These vertreten. Wir sollten dem Verifikationismus zufolge unsere Hypothese zu verifizieren versuchen. Erst wenn wir dies getan haben, kann sie als zuverlässig gelten. Die zugrunde liegende Idee ist zutiefst induktivistisch. Je mehr Einzelfälle wir beobachtet haben, desto »besser« ist auch der Induktionsschluss. Die Hypothese, dass alle S weiß sind, ist durch den ursprünglichen Induktionsschluss entstanden, den wir nach der Beobachtung von 3 oder 30 S gezogen haben. Jetzt müssen wir die Hypothese »Alle S sind weiß« verifizieren. Wir gehen also los und suchen noch mehr weiße S.

Nehmen wir ein anderes Beispiel: Sie kann jonglieren, hat in Mathe eine 1, und sie hat einen Aufsatzwettbewerb gewonnen. Also ist sie intelligent. Hier handelt es sich um einen Induktionsschluss, den wir vielleicht noch verifizieren sollten. Ja, unter Umständen kann die weitere Verifikation mühsam sein, vielleicht zu mühsam, um sie durchzuführen. Es gibt aber einen Trick, um nicht verifizieren zu müssen beziehungsweise um auf eine sichere Induktion zurückgreifen zu können, nämlich den *Operationalismus*. Von Percy W. Bridgeman (1927) begründet, handelt es sich dabei um die Auffassung, dass man die nötigen Verifikationsschritte gleich mitliefert, also dazusagt, dass wir mit »intelligent« meinen, dass jemand gut rechnen, schreiben und jonglieren kann. Beschränkt man sich bei der Operationalisierung eines Begriffs jedoch aus Bequemlichkeit auf eine leicht machbare, ja hinreichende Definition, kann dies ein schwerer Fehler sein. Er wird auch heute noch von vielen Psychologen gemacht und führt zu einer unheilvollen Selbstbeschränkung einer Verkürzung der Bedeutung von psychologischen Begriffen, die dann meist mit ihren Namenspaten aus der Umgangssprache nichts mehr gemeinsam haben.

Der Operationalismus leitet sich aus dem (Logischen) Empirismus ab und hat oft zu befremdlichen Definitionen geführt. Ein solches Beispiel für eine operationale Definition, wenn eine Theorie über eine Operation definiert wird, ist etwa folgende Definition von Säure: »Eine Säure ist eine Flüssigkeit, die Lackmuspapier rot färbt.« Man kann natürlich Säure so definieren, dies ist heute allerdings als unhaltbar zu werten, denn es ist weder möglich noch sinnvoll, einen theoretischen Begriff vollständig auf Beobachtungsbegriffe zu reduzieren.

Operationale Definitionen können aber auch sehr erfolgreich angewandt werden. Ein solches erfolgreiches und mittlerweile klassisches Beispiel für eine gültige operationale Definition aus der Gegenwartspsychologie ist unser Begriff von Intelligenz. Operational definiert ist Intelligenz das, was der Intelligenztest misst. Der theoretische Begriff »Intelligenz« wird somit reduziert auf den Beobachtungsbegriff der Messung im Test. Diese operationale Definition hat den großen Vorteil, dass wir den Begriff der Intelligenz, also das Konzept, das wir von Intelligenz haben – Klugheit kombiniert mit Können, Schnelligkeit, Gedächtnis, Wissen usw. –, nicht mit dem, was wir messen, abgleichen müssen. Wir messen ja per Definition das Richtige. *Wir brauchen also das Konzept nicht zu verifizieren!*

Aber misst der Intelligenztest überhaupt das, was wir meinen, wenn wir Intelligenz sagen? Teile des Tests sind beispielsweise die Anzahl von richtig fortgesetzten Zahlenreihen, die die Testperson innerhalb einer bestimmten Zeit erzielt. Dieser Wert wird dann normiert, sodass im Durchschnitt der Bevölkerung 100 herauskommt, die Standardabweichung 15 ist usw. Details können Sie bei Bedarf in einem Handbuch zur Diagnostik nachschlagen. Wenn nun die Testaufgaben beliebig oder gar willkürlich gewonnen würden, könnte man von einer vordergründigen operationalen Definition von Intelligenz sprechen, vor der zu warnen wäre. Dies ist jedoch nicht der Fall, zumindest nicht mehr heute, nachdem der Test ganze Generationen von Veränderungen erfahren hat. Die Aufgaben werden in einem iterativen Verfahren immer weiter verbessert, um zwei Ziele zu erreichen:

- möglichst hohe Validität, das heißt eine Nähe zum theoretischen Begriff von Intelligenz,
- möglichst hohe Reliabilität, das heißt Stabilität über wiederholte Gaben des Tests, Lernen des Testmaterials sollte keinen Effekt haben

Inzwischen sind recht valide und sehr reliable Intelligenztests entstanden, die routinemäßig mit Erfolg für viele Zwecke eingesetzt werden, etwa das Erkennen von Hochbegabungen oder die Vorhersage des Ausbildungserfolgs. Die Anwendungsgebiete sind allerdings durch die operationale Zugangsweise klar abgegrenzt. Die operationale Definition lässt selbst nach diesem gelungenen Evolutionsprozess keinen Bedeutungsüberschuss des theoretischen Begriffs zu, dieser ist also streng genommen nur auf Elemente der Operationalisierung anwendbar. Gerade das wollen wir als Psychologen aber eigentlich nicht. Wir wollen mit dem Test ja gerade etwas über zu erwartende Leistungen außerhalb des in der Definition gewählten operationalen Raumes aussagen.

Deduktion

Wir haben die Methode der Deduktion bereits kennengelernt. Es ist der Schluss vom Allgemeinen auf das Besondere. Wenn wir eine allgemeine Regel haben, können wir die Regeln der Logik benutzen und mit Sicherheit auf die Richtigkeit der besonderen Aussage schließen.

Sowohl in der Aussagenlogik als auch in der Prädikatenlogik haben wir Beispiele für Deduktionen angetroffen. Der deduktive Schluss ist vergleichsweise unproblematisch, wenn wir die allgemeine Regel, das Gesetz, oder die Theorie bereits haben. Zwischen ihnen differenzieren wir im Moment nicht. Die Frage ist nur, wie wir zu der allgemeinen Regel gekommen sind. Diese heben wir uns zunächst auf (siehe ▶ Abschn. 1.4 zum Falsifikationismus) und gehen davon aus, dass die Regel existiert. Von ihr, vom allgemeinen Gesetz also, dass alle S weiß sind, können wir eindeutig und mit Gewissheit folgern, dass der S namens Anton weiß sein muss, da er ja ein S ist.

In den Naturwissenschaften, und hier tut sich ein Abgrund zu den Geisteswissenschaften auf, müssen durch Deduktion ermittelte Vorhersagen empirisch überprüfbar sein, um einen wissenschaftlichen Wert zu besitzen. Mit anderen Worten, nur wenn man aus einer Regel Dinge deduzieren kann, die sich unabhängig von dieser Regel überprüfen lassen, besitzt die Deduktion einen Wert. Man macht sich also den Deduktionsschluss entsprechend zunutze, um anhand der deduzierten Dinge die Richtigkeit von Hypothesen zu testen. Wenn eine Tatsache, die aus der Hypothese deduziert werden kann, einer Beobachtung widerspricht, kann man auf die Falschheit der Hypothese schließen. Dies haben wir im Prinzip unter dem Begriff des Modus tollens bereits kennengelernt.

Wir machen nun einen Schritt, den Ungläubige unter Ihnen gern später wieder infrage stellen können, aber bitte nicht jetzt. Wir nehmen die Position eines Rationalisten ein und akzeptieren lediglich den deduktiven Schluss als unumstößlich richtig. Das heißt, dass sicheres Wissen durch Induktion nicht gewonnen werden kann. Wir schlucken Humes Kritik am Induktivismus und halten es mit Einstein und anderen, indem wir die Ungewissheit aller Erkenntnis akzeptieren, den sogenannten Fallibilismus anerkennen und sagen, dass Deduktion ohne Einschränkung funktioniert, das Induktionsproblem jedoch nicht aus der Welt zu schaffen ist. Damit haben wir die Aufgabe des Wissenschaftlers ganz fundamental verlagert. Als Wissenschaftler wollen jetzt nicht mehr in erster Linie Tatsachenbeobachtungen sammeln, um aus ihnen Gesetze abzuleiten, die wir dann noch ordentlich verifizieren. Wir suchen nicht mehr nach Verallgemeinerungen von speziellen Beobachtungen. Nein, wir wollen Gesetze testen, indem wir aus ihnen beobachtbare Folgerungen deduzieren, die wir dann gezielt überprüfen können. Unsere Forschungsenergie geht nicht mehr in das Botanisieren und Sammeln von Puzzlestücken, die irgendwann zu einer Theorie zusammengefügt werden können, sondern vielmehr in das Bemühen, möglichst clevere Folgerungen aus existierenden Theorien herzuleiten, die einer Prüfung unterzogen werden können, also beobachtbar sind.

Abduktion

Nur der Vollständigkeit halber sei noch erwähnt, dass es neben den Methoden der Induktion und der Deduktion eine dritte, wesentlich unscheinbarere Methode gibt, nämlich die der Abduktion. Hier schließt man weder vom Allgemeinen auf das Besondere noch umgekehrt vom Besonderen auf das Allgemeine. Vielmehr handelt es sich um einen Schluss, der Plausibilität nahelegt, aber etwas unschärfer ist als die anderen beiden. Abduktion geht ebenfalls auf Aristoteles zurück, wurde aber erst durch Charles S. Peirce (1839–1914) in die Wissenschaftstheorie eingeführt. Sie ist wie die Induktion synthetisch.

》 Deduktion beweist, dass etwas sein muss; Induktion zeigt, dass etwas wirklich funktioniert; Abduktion schlägt nur vor, dass etwas sein kann. (Peirce, 1934: 172; Übersetzung durch die Verfasser) 《

Peirce veranschaulicht den Abduktionsschluss unter anderem an einem Bohnensackbeispiel, aus dem deutlich wird, dass bei der Deduktion die Regel der Ausgangspunkt des Schlusses ist, aus der zusammen mit einer Beobachtung (Fall, wie Peirce es nennt) auf das Resultat geschlossen wird. Bei der Induktion wird aus den Beobachtungsfällen und dem Resultat auf das Gesetz geschlossen, und bei der Abduktion wird aus Regel und Resultat der Beobachtungsfall plausibel gemacht:

- *Deduktion*
    - Regel: Alle Bohnen aus diesem Sack sind weiß.
    - Fall: Diese Bohnen sind aus diesem Sack.
    - Resultat: Diese Bohnen sind weiß.
- *Induktion*
    - Fall: Diese Bohnen sind aus diesem Sack.
    - Resultat: Diese Bohnen sind weiß.
    - Regel: Alle Bohnen aus diesem Sack sind weiß.
- *Hypothese* (*Abduktion*; Ergänzung der Autoren)
    - Regel: Alle Bohnen aus diesem Sack sind weiß.
    - Resultat: Diese Bohnen sind weiß.
    - Fall: Diese Bohnen sind aus diesem Sack. (Peirce, 1991: 232)

Abduktion ist für uns deshalb bedeutsam, weil es vermutlich von allen drei Schlüssen dem aus alltagspsychologischer Sicht betrachteten intuitiven Schließen am nächsten kommt. Dies ist der Fall, gerade weil Abduktion einen heuristischen Charakter besitzt und damit auch für schnelle Urteile taugt, die nur näherungsweise richtig sein müssen. Peirce sagt über die abduktive Vermutung: »Sie ist ein Akt der Einsicht, obwohl extrem fehlbarer Einsicht« (Peirce, 1991: 404).

4.5 Was ist eine Erklärung?

Wir haben von Gesetz und Erklärung gesprochen, ohne diese Begriffe bisher hinreichend erläutert zu haben. Hierzu hat Carl Gustav Hempel (1905–1997) zusammen mit Paul Oppenheim (1885–1977) einen sehr schönen Vorschlag gemacht, der inzwischen sogar in die Alltagssprache der Wissenschaft diffundiert ist. Sie haben ein deduktiv-nomologisches Schema der wissenschaftlichen Erklärung entwickelt. Dieses Hempel-Oppenheim-Schema (H/O-Schema oder auch deduktiv-normatives Modell genannt) hat Hempel später alleine weiterentwickelt. Im Wesentlichen besagt es, dass ein Sachverhalt oder Phänomen dann und nur dann wissenschaftlich adäquat erklärt ist, wenn die Erklärung *nomologisch* und *deduktiv* ist. Das heißt, die Erklärung des Sachverhalts besteht darin, dass man das allgemeine Gesetz (griechisch *nomos*) benennt, das hier zur Anwendung kommt, und dass man zeigt, wie die speziellen Gegebenheiten aufgrund eines Schlusses mit dem Sachverhalt übereinstimmen. Diese Anwendung eines allgemeinen Gesetzes und die Herleitung von daraus folgenden speziellen Aussagen sind zentral.

Wir sehen, dass hier ganz klar der deduktive Schluss zuungunsten von Induktion und Abduktion favorisiert wird. Eine Erklärung in diesem Sinne besteht aus drei Teilen: dem *Explanans*, speziellen Randbedingungen und dem *Explanandum*. Das Erklärende oder Explanans besteht aus Sätzen, die allgemeingültig sein müssen und damit auch Gesetz genannt werden können. Die *speziellen Bedingungen* sind beobachtbar, es handelt sich also um Feststellungen, die in der Regel durch sinnliche Erfahrung getroffen werden können. Aus Explanans und den

Beobachtungen kann dann per Deduktion eine Erklärung erfolgen; man kommt zu dem zu Erklärenden, dem Explanandum, was wiederum als Satz formulierbar sein muss:
   $L_1, L_2, …, L_n$ (Gesetze)
   $C_1, C_2, …, C_n$ (Randbedingung)
   L und C bilden zusammen das Explanans
   (impliziert)
   E_1 (Explanandum)
   Hierzu ein Beispiel von Karl Popper:
   Explanans:
   (L) Jedes Mal, wenn ein Faden der Stärke r mit einem Gewicht von mindestens K belastet wird, reißt er.
   (C1) Dies hier ist ein Faden der Stärke r.
   (C2) Das angehängte Gewicht ist mindestens K.
   Explanandum:
   (E) Der Faden reißt.

Dieses nomologisch-deduktive Schema von Hempel und Oppenheim ist zunächst ein formales. Es sollte sich auf alle Sachverhalte anwenden lassen, denen Gesetze zugrunde liegen, also im Prinzip für alle empirischen Wissenschaften anwendbar sein. Hempel gibt zusätzliche Forderungen an, damit eine Erklärung nicht nur formal, sondern auch inhaltlich korrekt ist. Eine Erklärung kann nur korrekt sein, wenn drei logische Adäquatheitsbedingungen und eine empirische Adäquatheitsbedingung erfüllt sind.

- Das Explanandum muss deduktiv aus dem Explanans folgen.
- Das Explanans muss allgemeine Gesetze enthalten, die zur Erklärung auch erforderlich sind.
- Das Explanans muss einen empirischen Inhalt haben, es darf nicht (nur) aus analytischen Sätzen bestehen, sondern aus synthetischen, die nicht a priori als wahr gelten. Diese dritte Adäquatheitsbedingung ist das, was man unter Falsifizierbarkeit versteht. Das Explanans muss sich als falsch herausstellen können.
- Alle Sätze des Explanans müssen wahr sein. Diese letzte Bedingung ist genauso zentral wie selbstverständlich. Wenn wir ein falsches Gesetz »am Wickel« haben, lässt sich natürlich aller mögliche Unsinn formal richtig erklären. Diesen Spieß dreht man als Forscher natürlich um. Wenn ich Beobachtungen gemacht habe, die nicht mit den aus dem Explanans hergeleiteten Randbedingungen übereinstimmen, kann das Explanans nicht richtig sein, vorausgesetzt meine Beobachtung steht zweifelsfrei fest.

Eine wichtige Konsequenz des nomologisch-deduktiven Schemas ist Identität von Erklärung und Vorhersage. Formal gesehen ist es dasselbe, ob ich mit dem Gesetz zusammen mit den Randbedingungen eine Beobachtung vorhersage oder eine bereits getätigte Beobachtung erkläre, indem ich Gesetz und Randbedingungen zurate ziehe. Ganz anders als im Induktionismus können Vorhersage und Erklärung formal nicht getrennt werden. Diese Äquivalenz von Erklärung und Vorhersage hat ganz praktische Konsequenzen für die Prüfung von psychologischen Thesen. Wenn wir aus ihnen, also aus der gelieferten Beschreibung der These, keine Vorhersagen ableiten können, erklärt sie auch nichts. Dies ist eine ganz wichtige Konsequenz aus dem H/O-Schema. Wenn jemand eine Erklärung anbietet (z. B. »Du rauchst, weil du in der oralen Phase Triebverzicht leisten musstest«), die das Phänomen nicht vorhersagt, sondern nur nachträglich »erklärt«, dann ist es eben keine im Sinne Hempels adäquate Erklärung. Dem Raucher, von dem man weiß, dass er einer ist, so zu erklären, warum er raucht, ist keine Leistung. Wenn es aber gelingt, bei Menschen, deren Lebensgewohnheiten man nicht kennt, aus Informationen über ihre frühe Kindheit vorherzusagen, dass sie zu Rauchern werden, sind die Bedingungen des H/O-Schemas erfüllt.

Das H/O-Schema ist als großer Fortschritt gefeiert worden und insbesondere von Karl Popper angenommen worden. Es ist aber vielleicht noch nicht ganz perfekt, da es relevante nicht von irrelevanten Erklärungen unterscheiden kann. Führen wir uns etwa folgendes Beispiel vor Augen:

Männer, die die Pille nehmen, werden nicht schwanger.
A nimmt die Pille.
Er wird nicht schwanger.

Alle vier Adäquatheitsbedingungen treffen zu. Wir können vorhersagen, dass A nicht schwanger wird, wenn er regelmäßig die Pille nimmt. Obwohl formal alles stimmt, ist dies aber sicherlich nicht die beste Erklärung, die wir dafür haben, dass A nicht schwanger wird. Was ist hier schiefgelaufen beziehungsweise was fehlt hier noch, damit das H/O-Schema sinnvoll nutzbar wird? Denken Sie bitte über die Frage nach, bevor Sie weiterlesen. Sollte das H/O-Schema für alle Theorien angelegt werden, und ist es dann auch noch Aufgabe des Wissenschaftlers, wenn es verschiedene Anwendungen geben sollte, diejenige herauszupicken, die am besten passt?

4.6 Falsifikationismus und Kritischer Rationalismus

Die Frage, die Sie am Ende des vorhergehenden Abschnitts erwägen sollten, war, ob das H/O-Schema mit Explanandum und Explanans (bestehend aus Gesetz und Randbedingungen) auf alle Wissenschaftsbereiche anwendbar ist. Die Antwort ist – wie immer – nicht hundertprozentig einvernehmlich, aber im Großen und Ganzen kann man die Frage bejahen, was die Erfahrungswissenschaften anbelangt. Das H/O-Schema ist verfeinert worden und im Kritischen Rationalismus zum Desiderat wissenschaftlichen Arbeitens überhaupt geworden. Der Kritische Rationalismus hat wie keine andere wissenschaftstheoretische Richtung unser wissenschaftliches Denken und Handeln im 20. Jahrhundert beeinflusst. Mit ihm wollen wir uns jetzt näher befassen.

Der Kritische Rationalismus ist ganz wesentlich von Karl Popper geprägt. Popper wurde 1902 in Wien als Sohn eines Rechtsanwalts und assimilierten Juden geboren. Nach dem Ersten Weltkrieg verließ er vorzeitig die Mittelschule und wurde Gasthörer an der Universität Wien, wo er Vorlesungen in Mathematik, Geschichte, Psychologie, theoretischer Physik und Philosophie besuchte. Er wollte zunächst Kirchenmusiker werden, entschied sich dann jedoch, um seinen sozialistischen Freunden zu imponieren, die sich von körperlicher Arbeit fernhielten, neben einer Lehrerausbildung noch eine Tischlerlehre zu machen, die er 1924 mit dem Gesellenbrief abschloss. Seinen Lebensunterhalt verdiente er sich als Hilfsarbeiter und, als er ausgebildeter Lehrer war, aber keine Stelle bekam, als Erzieher in einem Hort für sozial gefährdete Kinder. Daneben wurde er Student am Pädagogischen Institut der Wiener Universität. Aus dieser Zeit stammen seine ersten Veröffentlichungen zu pädagogischen Themen. Karl Popper wurde Mitglied des Wiener Kreises, dem namhafte Philosophen angehörten, beispielsweise Moritz Schlick (1882–1936), Rudolf Carnap (1891–1970) und Otto Neurath (1882–1945). 1928 wurde er bei Karl Bühler (1879–1963), einem der großen Denk- und Sprachpsychologen seiner Zeit, promoviert (Thema: »Die Methodenfrage der Denkpsychologie«). Er überwarf sich allerdings im Rigorosum seiner Doktorprüfung mit Schlick, da er es wagte, Wittgenstein zu kritisieren. So musste er dem Wiener Kreis fernbleiben und fing an zu schreiben. 1930 erhielt Popper eine Anstellung als Hauptschullehrer und heiratete. Im Jahr 1934 veröffentlichte er die *Logik der Forschung*. Sein Buch schlug ein wie eine Bombe. 1937 emigrierte er nach Neuseeland, um dann ab 1945 an der London School of Economics and Political Science zu lehren.

Die *Logik der Forschung* ist ein bemerkenswertes Buch, das sich auch heute noch frisch und beeindruckend liest. Es beginnt mit einem Zitat von Novalis: »Hypothesen sind Netze, nur der wird fangen, der auswirft …« Das Buch ist eine fundamentale Kritik des Empirismus, der in der Variante, die Popper sich vorknöpft, auch Positivismus genannt wird, zumindest von seinen Gegenspielern Habermas und Adorno. Popper positioniert sich ganz eindeutig und mit systematischen Argumentketten auf der Seite des Rationalismus. Zunächst beschreibt er die Grundprobleme der Erkenntnis überhaupt, kritisiert dann die Induktionslogik und beschreibt schließlich ausführlich seine Position des Kritischen Rationalismus, wobei er bereits auf Kritik dieser Position eingeht, sie vorwegnimmt und Lösungen vorschlägt, um ihr zu begegnen.

Lassen wir ihn ein wenig zu Wort kommen. In Kapitel 1 (»Grundprobleme der Erkenntnislogik«) schreibt er:

》 Die Tätigkeit des wissenschaftlichen Forschers besteht darin, Sätze oder Systeme von Sätzen aufzustellen und systematisch zu überprüfen; in den empirischen Wissenschaften sind es insbesondere Hypothesen, Theoriensysteme, die aufgestellt und an der Erfahrung durch Beobachtung und Experiment überprüft werden. (Popper, 1994: 3) 《

In dieser Tätigkeit stellt sich sofort die Frage nach der Geltung von Erfahrungssätzen. Und wenn diese wie üblich induktiv gewonnen wurden, dann haben wir es ebenso schnell mit dem Induktionsproblem zu tun:

》 Die Frage nach der Geltung der Naturgesetze ist somit nur eine andere Form der Frage nach der Berechtigung des induktiven Schlusses. (Popper, 1994: 4) 《

4.6.1 Abgrenzungsproblem statt Induktionsproblem

Popper geht nun auf die verschiedenen Möglichkeiten ein, die es gibt, um den Induktionsschluss für zulässig zu halten. Eine davon ist seine apriorische Wahrheit (synthetisch). Er könnte schlichtweg wahr sein, ohne dass er überprüft werden müsste oder auch nur infrage gestellt werden kann. Wir erinnern uns an den Satz vom Widerspruch, dem wir diese apriorische Wahrheit zugeschrieben hatten. Popper lehnt es ab, dem Induktionsschluss einen ähnlichen Stellenwert einzuräumen, ja er lehnt alle Möglichkeiten ab, ihn zu retten. Der Induktionsschluss führt nicht notwendig zur Wahrheit. Dies haben auch wir bereits in ▶ Abschn. 4.5 gesehen.

Wenn wir den Induktionsschluss ablehnen, handeln wir uns allerdings ein Problem ein, das Induktivisten wunderbar gelöst hatten, nämlich das Abgrenzungsproblem. Wir müssen die empirische, erfahrungsbasierte Wissenschaft von der Metaphysik, der Mathematik usw. abgrenzen. Der Induktionsschluss oder, genauer gesagt, das Kriterium der Verifizierbarkeit hat diese Abgrenzung der Erfahrungswissenschaft von anderen Wissenschaften getroffen, indem er all das Wissen, was sich aus Beobachtungen induzieren ließ, als positive Wissenschaft aufgefasst hat. Was sich nicht aus Erfahrung induzieren ließ, zum Beispiel mathematische Wahrheit, wurde nicht der Erfahrungswissenschaft zugerechnet. Der Kritische Rationalismus eröffnet also wieder ein Problem, das der Induktivismus bereits gelöst hatte, denn – so argumentiert Popper – gerade die Induktion taugt als Abgrenzungskriterium nicht.

Beispiel: Wir stellen fest, dass die Winkelsumme in diesem Dreieck 180 Grad beträgt, im nächsten Dreieck auch usw. Also induzieren wir, dass alle Dreiecke 180 Grad Winkelsumme haben. Dies könnten wir zwar per Induktionsschluss tun, es ist jedoch unsinnig, da es – was die Winkelsumme anbetrifft – apriorisch so sein muss, es sich hier also um analytisches und nicht um empirisches Wissen handelt. Zu sagen, dass all das, was sich durch Beobachtung induzieren lässt, empirisches Wissen sein soll, ist also nicht richtig beziehungsweise kann nicht als Abgrenzungskriterium für empirisches Wissen taugen.

Das einzig funktionierende Abgrenzungskriterium, so argumentiert Popper, ist das der Falsifizierbarkeit.

» Wir fordern zwar nicht, daß das System auf empirisch-methodischem Wege endgültig positiv ausgezeichnet werden kann, aber wir fordern, daß es die logische Form des Systems ermöglicht, dieses auf dem Wege der methodischen Nachprüfung negativ auszuzeichnen: *Ein empirisch-wissenschaftliches System muss an der Erfahrung scheitern können*. (Popper, 1994: 15) **«**

Dies ist eine ganz zentrale Aussage. Induktiv gewonnene Systeme sind nicht so angelegt, dass sie scheitern können oder gar sollen. Ein wissenschaftliches System muss aber scheitern können.

4.6.2 Entdeckungszusammenhang vs. Begründungszusammenhang

Um diese Forderung plausibel zu machen, trifft Popper eine wertvolle Unterscheidung hinsichtlich des Gewinnens von wissenschaftlichen Systemen oder eben Gesetzen beziehungsweise Theorien. Er unterscheidet auf der einen Seite, wie Gesetze zustande kommen, wie sie aufgestellt oder entdeckt werden. Dies nennt er den Entdeckungszusammenhang. Auf der anderen Seite steht die Überprüfung des Gesetzes anhand der Erfahrung. Dies nennt er den Begründungszusammenhang.

Die Entdeckung des Gesetzes unterliegt keinen Regeln, *anything goes*. Es gibt keine »logische, rational nachkonstruierbare Methode, etwas Neues zu entdecken« (Popper, 1994: 7). Hier ist es auch nicht sinnvoll zu reglementieren. Durch welche kreative Methode oder durch welchen blinden Zufall der Entdecker zu seinem Gesetz kommt, ist nicht vorhersehbar. Hier Regeln aufzustellen, wäre auch kontraproduktiv. Jedes noch so verrückte Gesetz sollte zunächst einmal vorurteilsfrei erwogen werden.

Die Überprüfung hingegen unterliegt besonders strengen Regeln. Die Begründung eines Gesetzes ist im Sinne von »auf einen Grund bauen« zu verstehen, und zwar auf einen möglichst sicheren Grund. Zur zweifelsfreien Begründung gehört zum einen die Deduktionslogik im Sinne des H/O-Schemas, zum anderen die Zuverlässigkeit der beobachteten Fakten. So undefiniert wie die Regeln des Entdeckungszusammenhangs sind, so rigoros müssen wir allgemeingültige Regeln für den Begründungszusammenhang definieren. Popper fordert nun, dass alles, was dieser Logik nicht entspricht, auch nicht den Namen »Theorie« verdient.

Eine Theorie heißt »empirisch« bzw. »falsifizierbar«, wenn sie die Klasse aller überhaupt möglichen Basissätze [also Beobachtungssätze] eindeutig in zwei nichtleere Teilklassen zerlegt: in die Klasse jener, mit denen sie in Widerspruch steht, die sie »verbietet« – wir nennen sie die Klasse der *Falsifikationsmöglichkeiten* der Theorie –, und die Klasse jener, mit denen sie nicht in Widerspruch steht, die sie »erlaubt«. Oder kürzer: Eine Theorie ist falsifizierbar, wenn die Klasse ihrer Falsifikationsmöglichkeiten nicht leer ist (Popper, 1994: 53).

Eine ganz wichtige Konsequenz aus dieser Forderung nach Falsifizierbarkeit ist die Art und Weise, wie man zu forschen hat. Wir sollten nie danach trachten, eine Hypothese zu verifizieren, sondern immer nur danach, sie zu falsifizieren. Dies widerspricht unserer Natur, die eher induktiv veranlagt ist.

Beispiel: Person X hat den Verdacht, dass Zigeuner überdurchschnittlich oft kriminelle Handlungen ausüben. In aller Regel sucht X nicht aktiv nach Gegenbeispielen, sondern nach Beispielen für die Hypothese. So können wir sehr schön die Verbreitung von Vorurteilen nachvollziehen.

Bei einem anderen Beispiel zeigt sich, dass die Forderung nach Falsifizierbarkeit unter Umständen doch problematisch ist. Wir wissen, dass sich Licht gradlinig ausbreitet. Die Relativitätstheorie besagt, dass dies nicht beziehungsweise nicht immer der Fall ist. Ebenso wenig bleibt die Masse eines Objektes nicht – wie eigentlich evident – erhalten, wenn man ein Objekt (mit Lichtgeschwindigkeit) weiter beschleunigt. Es gibt also Fälle, in denen Newton unrecht hat. Können wir daraus folgern, dass die Newton'sche Theorie falsifiziert ist? Sollten wir sie verwerfen, obwohl sie uns lange sehr gute Dienste erwiesen hat? Auch diesen Fragen hat sich Popper gestellt. Sehr verkürzend kann man sagen, dass es den Falsifikationismus in verschiedenen Ausprägungsgraden gibt, die mehr oder weniger radikal sind, was die hinreichenden Bedingungen angeht, eine Theorie zu verwerfen. Zwei seien hier veranschaulicht:

1. *Dogmatischer Falsifikationismus oder das strenge Falsifikationsprinzip:* Eine Beobachtung, die nicht mit der Theorie vereinbar ist, führt zur sofortigen Verwerfung derselben. Da es jedoch zumindest in der Psychologie fast zu jeder Theorie mindestens einen Gegenbefund gibt, müsste man fast alle psychologischen Hypothesen verwerfen. Mit dem strengen Falsifikationsprinzip stünde die Psychologie, anders vielleicht als die Naturwissenschaften, vor einem Scherbenhaufen.

2. *Der Ausweg im sogenannten raffinierten Falsifikationismus:* Es gibt das Prinzip der Wahrheitsnähe; je größer die Zahl der gescheiterten Falsifikationsversuche ist, desto wahrheitsnäher ist die Hypothese. Streng genommen müsste auch der raffinierte Falsifikationismus einen gelungenen Falsifikationsversuch zum Anlass nehmen, die Theorie zu verwerfen, aber – und das werden wir gleich noch sehen – eine der Theorie widersprechende Falsifikation ist vielleicht nicht genug. So raffiniert man das Kriterium und sagt, dass es verschiedene Grade der Bewährung einer Theorie gibt. Je mehr Falsifizierungsversuche man unternommen hat und je mehr von ihnen gescheitert sind, desto besser ist die Theorie. Dies kommt einer Kohärenztheorie (▶ Abschn. 2.3.2) der Wahrheit nahe. Theorien, die schnell scheitern, sind der Wahrheit ferner als solche, die lange den Falsifizierungsversuchen standhalten.

Entsprechend eines raffinierten Falsifikationismus könnte man sagen, dass Newton nicht schlichtweg falsch ist, sondern nur nicht ganz so wahrheitsnah wie Einstein, für den Newton lediglich ein Spezialfall ist.

4.6.3 Probleme des Falsifikationismus

Hat der Falsifikationismus das Induktionsproblem gelöst? Auch wenn es auf den ersten Blick so aussieht, hat er es nicht vollständig eliminiert. Aber er hat das Induktionsproblem gewaltig reduziert, indem er es in den Basissatz verschoben hat. Die Richtigkeit der Beobachtung müssen wir weiterhin induktiv voraussetzen.

Beispiel: Stellen Sie sich einen Frühlingstag vor, an dem Sie in einem Park Menschen beobachten, die in Pullovern oder Jacketts flanieren.
Gesetz: Wenn es warm, ist ziehen die Menschen ihre Mäntel aus.
Basissatz: Es ist warm.
Folgerung: Sie ziehen die Mäntel aus.

Wir erinnern uns, Gesetz und Basissatz, oft auch Randbedingung genannt, bilden zusammen das Explanans und erklären gemeinsam die Folgerung, das Explanandum. Wir haben also nach diesem Schema erklärt, warum die Menschen im Park keine Mäntel anhaben. Was könnte problematisch an dieser Erklärung sein? Das Gesetz steht, es ist ja unerheblich, wie es zustande gekommen ist. Es hat auch eine akzeptable Form (Implikation). Die Beobachtung, dass es hier warm ist, allerdings, der Basissatz, könnte auf wackeligen Füßen stehen. Was, wenn wir uns nicht einig darüber sind, dass es tatsächlich warm ist? Was, wenn das Thermometer kaputt ist usw. Diese Zweifel hinsichtlich des Basissatzes, die immer bestehen können, nennt Popper das Basissatzproblem.

Das Basissatzproblem

>> Die Basissätze werden durch Beschluß, durch Konvention anerkannt, sie sind *Festsetzungen*. Die Beschlußfassung ist geregelt; vor allem dadurch, daß wir *nicht einzelne Basissätze*, voneinander logisch isoliert, anerkennen, sondern daß wir eine *Theorie* überprüfen und bei dieser Gelegenheit systematische Fragen aufwerfen, die wir dann durch Anerkennung von Basissätzen beantworten. (Popper, 1994: 71) <<

Es ist also nach Popper nicht ohne Weiteres beziehungsweise gar nicht möglich, objektiv und voraussetzungslos festzustellen, ob ein Basissatz zutrifft. Er kann immer nur in einem Kontext evaluiert werden.

>> Es *gibt keine reinen* Beobachtungen: Sie sind von Theorien durchsetzt und werden von Problemen und von Theorien geleitet. (Popper, 1994: 53) <<

Beispiel: Astronomen erklären, sie hätten beobachtet, dass das Universum expandiert. Wir haben somit einen Basissatz vorliegen: »Das Universum expandiert.« Kann man diese Beobachtung voraussetzungslos machen? Können wir den Basissatz nachvollziehen, so wie wir etwa einen nachvollziehen können, der eine direkte Wahrnehmung darstellt, etwa dass hier eine Kuh steht? Nein, wir brauchen eine Theorie des Lichtes, die erklärt, wann es zu einer Rotverschiebung des Lichtes kommt; eine Theorie der Fotografie (Sternwarten); eine Raumtheorie, die besagt, wann zwei gemessene Abstände größer oder kleiner sind; die Relativitätstheorie usw.

Ein anderes Beispiel: »Otto ist 1,70 Meter groß.« Es handelt sich um einen einfachen Basissatz, der aber Messtheorie voraussetzt, weiterhin die Theorie, dass Objekte eine konstante Größe haben, die nicht etwa mit der Tageszeit variiert, usw.

Wir sehen also, dass das Basissatzproblem hartnäckig ist. Wir brauchen zunächst einen Theoriebegriff, um zu verstehen, was Theoriebedingtheit von Basissätzen ist. Definieren wir also *Theorie* als ein System von allgemeinen gesetzesartigen Hypothesen, die sich alle auf einen bestimmten Problembereich beziehen (Bunge, 1967; Gadenne, 1984). Von diesem Hypothesensystem ist in aller Regel ein Teil unbekannt oder gar nicht explizit vorhanden. Die Theoriebedingtheit von Basissätzen heißt also letztendlich, dass wir mit einem weiteren Problem konfrontiert sind, nämlich dem Unvollständigkeitsproblem.

Das Unvollständigkeitsproblem

Jede Theorie muss sich auf einen oder ganz wenige Wirkfaktoren beschränken, auch wenn es noch andere gibt oder geben könnte, das heißt, sie kann nie vollständig das Explanandum erklären. Dazu ein Beispiel aus der Sozialpsychologie: die Vividness-Theorie von Nisbett und Ross (1980). Sie besagt: Wenn über eine Person Information mit großer *vividness* (»Lebhaftigkeit«) dargeboten wird, fallen Urteile über diese Person extremer aus.

Dass dies so ist, konnten Nisbett und Ross zeigen, indem sie einen Falsifikationsversuch unternommen haben, der gescheitert ist. Sie haben Versuchspersonen Beschreibungen von Personen unterbreitet, die sich durch die Lebhaftigkeit, aber nicht durch den Inhalt der Information unterschieden. Dann haben sie die Versuchspersonen gebeten, verschiede Urteile über die beschriebenen Personen auf Schätz- oder Ratingskalen abzugeben. Im Schnitt wurden bei Personen, über die mit lebhafteren Beschreibungen informiert wurde, höhere Skalenwerte vergeben. Die Autoren folgern, dass Lebhaftigkeit genau wie in der Theorie vermutet zu Extremurteilen führt. Sie nennen ihr Vorgehen auch implizit Falsifikation, und zwar mit dem Argument, dass ja auch das Gegenteil herauskommen könnte. War dies nun in der Tat ein Falsifikationsversuch im Sinne Karl Poppers? – Vermutlich nicht, denn alles sieht so aus, als hätten Nisbett und Ross nach Daten für eine Bestätigung ihrer Theorie gesucht, also eine Situation konstruiert, in der alles darauf angelegt war, dass herauskommt, was herauskommen sollte. Es war also viel eher ein Verifikationsversuch.

Wie wird in Anlehnung an Popper richtig falsifiziert? Es reicht nicht, dass in einem Experiment auch im Prinzip ein Befund herauskommen kann, der gegen die Theorie spricht. Der Forscher ist vielmehr aufgefordert, eine Anwendung der Theorie zu suchen, die die Wahrscheinlichkeit des Scheiterns maximiert. In dem Fall, und nur in dem Fall, hat sich die Theorie wirklich bewährt. Wir sollten also im Rahmen der Theorie extreme oder ausgeprägte Anwendungen suchen. So könnten wir eine in unseren Augen notorisch unzuverlässige Informationsquelle (etwa die *Bild*-Zeitung) nehmen und daraus eine besonders lebhafte Beschreibung auswählen, die informationsgleich mit einer nicht lebhaften Beschreibung aus der *Frankfurter Allgemeinen Zeitung* ist. Angenommen, die Versuchspersonen urteilen jetzt gleich extrem. Wären Nisbett und Ross damit widerlegt? Streng genommen müsste man diese Frage bejahen, denn es ist jetzt ein Fall gefunden, für den sie keine Gültigkeit besitzt. Die Autoren würden damit vermutlich nicht einverstanden sein. Sie werden ihre Theorie nicht für widerlegt halten, da sie stillschweigend die uns schon bekannte Ceteris-Paribus-Klausel annehmen. Nur vorausgesetzt, dass alles andere zwischen den Gruppen vergleichbar bleibt, muss die Vividness einen Unterschied machen. Genau das ist mit Unvollständigkeit gemeint. Es sind nicht alle Determinanten des extremen Urteils erfasst worden. Dies geht auch gar nicht. Wir haben bei dem Zeitungsbeispiel gezielt die Variable der Zuverlässigkeit von Information variiert und sozusagen heimlich eine weitere Theorie mit eingeschleust, nämlich die, dass Urteile anhand von als zuverlässig eingestufter Information extremer ausfallen als Urteile anhand von wenig zuverlässiger Information. Wir haben also einen Effekt gesucht, der den Effekt der Hypothese aufheben kann. In aller Regel tun wir dies nicht. Die Frage bleibt, ob wir gerade durch solche Aushebelungsversuche nicht vielleicht am meisten lernen.

Volker Gadenne (1984) argumentiert, dass Theorien in aller Regel in Bezug auf ihre Anwendungsfälle unvollständig sind, ja vielleicht gar nicht vollständig sein können, das heißt, dass die Richtigkeit des Implikationsschlusses (in unserem Beispiel: lebhafte Darbietung impliziert extreme Urteile) gänzlich infrage gestellt ist. Oder andersherum, die Implikation gilt nur, wenn alle anderen Faktoren, die die Ursache zum Beispiel neutralisieren oder unsichtbar machen könnten, konstant gehalten werden beziehungsweise als unwirksam betrachtet werden. Am Rande sei angemerkt, dass in der experimentellen Psychologie die Randomisierung als ein recht wirksames Rezept gegen das Unvollständigkeitsproblem verwendet wird. Die Logik ist folgende: Existieren neutralisierende oder der in der Theorie thematisierten Faktoren gegenläufige Einflüsse, schalten wir diese mit einer gewissen Wahrscheinlichkeit aus, wenn wir unsere Versuchspersonen möglichst zufällig auf die thematisierten Faktoren verteilen. Also in dem Beispiel von Nisbett und Ross sollte Material zufällig ausgewählt und Versuchspersonen sollten zufällig auf die Gruppen der hohen und niedrigen Vividness verteilt werden. Aber auch hier kann man nicht auf alle potenziellen Einflussfaktoren Rücksicht nehmen. Man denke etwa an dieses so randomisierte Experiment, in dem die eine Gruppe zufällig vor dem Mittagessen getestet wird und sich Hunger dahingehend auswirkt, dass nur kurze und wenig extreme Beschreibungen ersonnen werden.

4.6.4 Kübel- oder Scheinwerfertheorie

Als Wissenschaftler kommen wir um das Unvollständigkeitsproblem nicht herum, wir können uns aber unterschiedlich zu ihm stellen. Wir beziehen immer eine Position zu diesem Problem, wenn auch selten explizit. Laut Popper (1977) gibt es hier im Wesentlichen zwei Positionen. Wir sind entweder Kübel- oder Scheinwerfertheoretiker je nach der Art und Weise, wie wir empirische Forschung durchführen, mittels der *Kübel-* oder mittels der *Scheinwerfertheorie*. Einerlei, auf welche Art Wissenschaftler Daten erheben, ob per Beobachtung, Experiment oder Befragung, sie treffen auf Probleme allgemeiner Art, die instrumentenunabhängig sind. Nach der Scheinwerfertheorie werden anfangs die informationshaltigen Hypothesen gebildet, und erst nachher versucht man, diese durch empirische Forschung beziehungsweise Experimente auf ihren Wahrheitsgehalt zu prüfen, das heißt, es werden ganz gezielt Fälle ausgesucht, die zur Hypothese sprechen, die Realität wird scheinwerferartig untersucht. Als Anhänger der Kübelposition untersucht man hingegen das Interessengebiet großflächig und breitet einen großen Stapel von Hypothesen parallel aus. Man versucht sofort, den Untersuchungsgegenstand in seiner Komplexität zu erfassen, kann aber anfänglich nicht in die Tiefe gehend untersuchen. Der Scheinwerfertheoretiker liefert sich von vornherein der Unvollständigkeit aus, während der Kübeltheoretiker möglichst lange an einer nicht klar festgelegten Vollständigkeit festzuhalten versucht.

Einerlei, welchen Forschungsstil sie bevorzugten, die Wissenschaftler im 20. Jahrhundert haben sich weitgehend darauf geeinigt, dass das Kriterium der Falsifizierbarkeit an jede Theorie gestellt werden sollte und dass eine Verlagerung des Induktionsproblems vom Entdeckungszusammenhang in den Begründungszusammenhang von Theorien eine sinnvolle Maßnahme darstellt. Der Kritische Rationalismus ist so zur zentralen Position avanciert, wenn er auch in der zweiten Hälfte des Jahrhunderts noch eine Reihe von Varianten und Ausarbeitungen sowie ganz massive Kritik seitens einiger Geisteswissenschaften erfahren hat. Auf einige dieser Weiterentwicklungen wollen wir jetzt kurz eingehen.

Exhaustion

Als Erstes sehen wir uns ein Argument an, das sehr einleuchtend erscheint, wenn man sich vor Augen führt, wie viel Energie in die Entdeckung von neuen Theorien gesteckt wird. Hat man sehr viel in den von Popper vernachlässigten Entdeckungszusammenhang der Theorie investiert, sollte man sie nur verwerfen, wenn man sie erschöpfend ausgenutzt hat und nicht, sobald sie durch eine Beobachtung, so gut diese auch gesichert sein mag, falsifiziert ist. So in etwa argumentierte der Psychologe Klaus Holzkamp (1927–1995) in den 1950er Jahren an der Freien Universität Berlin als Antwort auf Popper. Er argumentierte im Wesentlichen, dass eine Theorie nie nackt ist, sondern immer eine Reihe von Hilfshypothesen besitzt, deren Richtigkeit vielleicht fragwürdig ist, während die Theorie durchaus stimmen kann. Auch kann es Störgrößen geben, die die von der Theorie vorhergesagte Wirkung zunichtemachen, aber die Theorie dennoch richtig ist.

Nehmen wir wieder ein Beispiel, das zeigen soll, dass Theorien in der Regel etwas komplexer sind als vom H/O-Schema nahegelegt und von uns bisher betrachtet. Einer meiner Studenten hat ein Experiment durchgeführt, da ihm der Hygienezustand in einer Herrentoilette im Philosophicum erheblich missfiel. Dabei bediente er sich der Theorie der objektiven Selbstaufmerksamkeit (OSA) von Duval und Wicklund (1972):

Theorie (T): Menschen reduzieren Abweichungen zwischen ihrem Handeln und ihren Anschauungen, wenn ihre Selbstaufmerksamkeit erhöht ist.

Hilfshypothese (H1): Eine Kamera im Raum erhöht die OSA.

Hilfshypothese (H2): Ein Spiegel im Raum erhöht die OSA.

Der Student erfasste eine Woche lang systematisch den Hygienezustand der Toilette. Dann montierte er eine Reihe von Spiegeln in der Toilette und erfasste eine weitere Woche lang den Hygienezustand der Toilette.

Zunächst nehmen wir an, er hätte die *Beobachtung* gemacht, natürlich bestens statistisch abgesichert, dass die Spiegel in der Herrentoilette nicht zu weniger Dreck geführt haben. Einem strikten Falsifikationismus zufolge müssen wir T als falsifiziert abschreiben, denn wir hegen keine Zweifel am Basissatz, wir trauen den Messungen des Studenten sowie seinen statistischen Kenntnissen. Es wäre also die Theorie der objektiven Selbstaufmerksamkeit widerlegt. Im Sinne einer Exhaustion sollten wir aber keinesfalls aufgeben, ja keinesfalls bereits von Widerlegung sprechen, denn es könnte ja sein, dass lediglich H2 nicht zutrifft, der Kern der Theorie aber durchaus wahr ist.

Nun nehmen wir weiter an, dass das Experiment wiederholt wird, diesmal mit einer laufenden Kamera, die alle Vorgänge in der Toilette aufzeichnet. Nehmen wir weiter an, dass auch diesmal der Hygienezustand sich nicht ändert, also auch H1 nicht zutrifft. Nehmen wir weiter an, dass keine weiteren Hilfshypothesen zu dieser Theorie formuliert worden sind. Holzkamp wird immer noch an der Theorie festhalten wollen. Selbst wenn weder Spiegel noch Kamera in den Toiletten zu größerer Sauberkeit geführt haben, so sind *Störgrößen* denkbar, die verhindert haben, dass die vorhergesagte Beobachtung eingetreten ist. Erst wenn die Wirkung der Störgrößen ausgeschlossen oder auf ein unerhebliches Minimum reduziert werden kann, will Holzkamp die Theorie aufgeben. Zum Beispiel könnte es sein, dass laute Musik, die ständig im Nebenzimmer lief, dazu geführt hat, dass sich OSA nicht einstellen konnte. Eine andere Störgröße ist möglich, indem man annimmt, dass OSA perfekt hergestellt wurde, jedoch in dieser Situation sich nicht das Handeln den Hygienestandards angepasst hat, sondern umgekehrt vielleicht durch den Spiegel die Hygienestandards gesenkt wurden. Die Theorie besagt ja lediglich, dass die Diskrepanz zwischen Verhalten und Anschauungen reduziert wird. Im Rahmen der OSA gingen die Vertreter zwar eigentlich immer davon aus, dass sich das Verhalten ändert und nicht die Anschauungen, aber es könnte durchaus umgekehrt sein.

Eine Theorie, die explizit beide Richtungen der Diskrepanzreduktion beinhaltet, lag auch bereits vor. Sie mag Duval und Wicklund inspiriert haben. Es war die Theorie der kognitiven

Dissonanz von Leon Festinger (1957). Sie postuliert, dass in dem Moment, in dem unsere Aufmerksamkeit darauf gelegt wird, dass zwei (oder mehrere) unserer Kognition sich widersprechen, die in dem Widerspruch plus Aufmerksamkeit bestehende Dissonanz reduziert werden muss. Das heißt, eine der Kognitionen muss entsprechend verändert werden, also entweder die Wahrnehmung unseres Verhaltens oder unsere Hygienewerte und -vorstellungen. Eine Reduktion der kognitiven Dissonanz kann also, Aufmerksamkeit vorausgesetzt, entweder durch Anpassung des Verhaltens oder durch Anpassung der Werte reduziert werden. Man müsste also, um die OSA-Theorie zu retten, nicht einmal eine Hilfshypothese generieren, sondern lediglich erwägen, dass sich die Anschauung und nicht das Verhalten geändert hat. Wenn man keinen Verhaltenseffekt vorfindet, müsste man also die Einstellungen der Probanden erheben und würde ein Absinken der persönlichen Hygienestandards erwarten. Glücklicherweise war dies im Falle unseres Studenten nicht erforderlich, er hat nämlich tatsächlich einen hochsignifikanten Effekt des Verhaltens gefunden. Die Toiletten waren in der Woche, in der sie mit Spiegeln ausgestattet waren, erheblich sauberer als oben zum Zwecke unserer Argumentation angenommen.

Holzkamps Prinzip der Exhaustion legt der Forscherin eine ganz andere Attitüde nahe als von Popper so eindringlich gefordert. Erstere soll nicht pausenlos Theorien generieren und diese genauso schnell wieder verwerfen, sobald sie von einer Beobachtung falsifiziert worden sind. Bevor man diesen Schritt tut, müssen die Hilfshypothesen genau untersucht werden, müssen potenzielle Störgrößen identifiziert und auf Wirksamkeit geprüft werden. Diesen Aspekt der Exhaustion kann man systematisch betreiben, indem man die geltenden Ceteris-Paribus-Bedingungen aufzufinden versucht und der Reihe nach infrage stellt. Weiterhin muss sichergestellt werden, dass die Theorie durch eine kleine Modifikation die Ergebnisse nicht vielleicht doch erklären kann. Eine Theorie ist natürlich auch laut Holzkamp nicht verifizierbar, aber auch nicht ohne Weiteres zu falsifizieren, wenn ein paar Beobachtungen nicht mit ihr vereinbar sind. Holzkamp schlägt vor, im Prozess der Exhaustion, der sehr lange andauern kann, Theorien nach ihrem *Belastetheitsgrad* zu bewerten. Je mehr also schiefgegangen ist, desto belasteter ist eine Theorie. Erst wenn sie überaus belastet ist, sollte man sie fallen lassen.

Ist Karl Popper mit dieser Weiterentwicklung des Kritischen Rationalismus einverstanden? Er behält ja weiterhin recht und müsste nur – was den Entdeckungszusammenhang betrifft – einige Zugeständnisse machen. Nein, Popper war nicht einverstanden, da er eine ganz andere Wahrheitsvorstellung besaß. Von beiden, Popper und Holzkamp, wird zwar eine Approximation an die Wahrheit vertreten, sie funktioniert aber recht unterschiedlich:
- Popper: Je mehr Falsifikationsversuche einer Theorie gescheitert sind, desto näher ist sie an der Wahrheit.
- Holzkamp: Je weniger die Theorie belastet ist, desto größer ihr empirischer Wert und desto näher ist sie damit an der Wahrheit.

Beide stimmen darüber ein, dass werturteilsfreie Wissenschaft möglich ist. Theorien erklären, sagen vorher und liefern wertfreies Wissen, dessen sich die Politik bedienen kann. Wenn wir erforschen, wie sich Gewaltfernsehen auswirkt oder wie die Atombombe funktioniert, dann ist damit kein Werturteil verbunden. Das einzige Kriterium für erfolgreiche Wissenschaft ist, ob wir der Wahrheit näherkommen, Wissen schaffen.

Konstruktivismus

Die wesentliche Bekenntnis zur Werturteilsfreiheit, dass werturteilsfreie Wissenschaft also möglich und wünschenswert sei, wird später von Holzkamp fallen gelassen, während Popper zeitlebens an ihr festhielt. Mit der Position, dass werturteilsfreie Wissenschaft nicht möglich sei, ist zuallererst der Konstruktivismus verbunden, der ganz grob gesagt davon ausgeht, dass jeder Gegenstand der Erkenntnis, also nicht nur jede Theorie, sondern auch jede Beobachtung (Basissatz) nicht vom Betrachter unabhängig sein kann. Beobachtungen werden durch den Vorgang des Erkennens konstruiert. In seiner extremen Ausprägung bestreitet der Konstruktivismus, dass es möglich ist, Realität objektiv zu erkennen. Jeder Betrachter konstruiert sich seine eigene Wirklichkeit. Die weniger extreme Erlanger Variante des Konstruktivismus geht hingegen davon aus, dass Wirklichkeit zwar konstruiert wird, jedoch gemeinschaftlich von mehreren oder allen Betrachtern in einem sozialen Prozess. Dies gilt für jede Erfahrung genauso wie für die Konstruktion von Theorien. Wissenschaft ist demnach die methodische Konstruktion von Wissen. Ob das kollektiv Konstruierte auch unabhängig von der Konstruktion real oder objektiv existiert, ist als Frage unzulässig, da wir eben nur die konstruierte Wissenschaft und keine andere, objektivere besitzen.

In der Psychologie ist die konstruktivistische Position auch unter dem Namen *Kritische Psychologie* groß geworden, nicht zuletzt durch Holzkamp. Nachdem er die Position der Werturteilsfreiheit aufgegeben hatte, schloss er sich der Frankfurter Schule an (u. a. Theodor Adorno und Jürgen Habermas). Die Frankfurter Schule hat, beeinflusst von Hegel und Marxismus, vertreten, dass jede Theoriebildung immer und zwangsläufig ein Erkenntnisinteresse beinhaltet. Werturteilsfreie Forschung sei nicht möglich und sollte deshalb auch nicht angestrebt werden.

Die Vertreter des Kritischen Rationalismus, Karl Popper und Hans Albert (1921), lieferten sich in den 1960er Jahren eine erbitterte Auseinandersetzung mit der Kritischen Psychologie und der Frankfurter Schule. Diese Auseinandersetzung ist als der *Positivismusstreit* in die Annalen eingegangen. Es ging im Positivismusstreit um Wissenschaftstheorie, um Werturteile und um die Einheit der Methode von Natur- und Sozialwissenschaften. Popper und Albert vertraten die Ansicht, dass die Methode der Begründung von Theorien durch Falsifikationsversuche für alle Wissenschaften gelten muss. Habermas und andere vertraten hingegen, dass jede Wissenschaft ihre eigenen Lösungsversuche für ihre Probleme sucht, die methodisch gänzlich unterschiedlich sein können. In den Geisteswissenschaften entstehen Wissen und Wahrheit im kritischen vorurteilsfreien Diskurs. An diesem Diskurs dürfen alle, die sich dafür interessieren, teilnehmen. Was sich im Diskurs von allen Beteiligten als vernünftig herauskristallisiert, ist Wahrheit. Letztere ist somit intersubjektiv. Wenn jemand mit dem Diskursergebnis nicht einverstanden ist, muss der Diskurs wieder aufgenommen werden. Diese konsensualistische wissenschaftstheoretische Position hat für die Naturwissenschaften unseres Wissens keine Vertreter gefunden.

4.7 Zusammenfassung

Wir haben gesehen, dass man den beiden Prinzipien des Denkens, der Induktion und der Deduktion, zwei Geistesströmungen zuordnen kann, nämlich den Empirismus und den Rationalismus. Ersterer postuliert, dass Erkenntnis nur aus der Erfahrung möglich ist, diese also am Anfang jeder Erkenntnis steht. Der Rationalismus hingegen betont die Vernunft, die Ratio, als den entscheidenden Ausgangspunkt der Erkenntnis. Wir haben den Unterschied der beiden Positionen an der unterschiedlichen Antwort illustriert, die sie jeweils auf Molyneux' Problem geben. Auch wenn wir heute hinsichtlich Molyneux' Frage sagen würden, dass visuelle Erfahrung nicht nötig ist, um Kugel und Quader zu unterscheiden (sondern erst, wenn die Formen komplexer und vielfältiger werden), so heißt dies bemerkenswerterweise nicht, dass man sich vom Empirismus ab und dem Rationalismus wieder zugewandt hätte. Diese Grundpositionen bestehen weiter, und die Debatte hier ist längst nicht entschieden. Es gibt nach wie vor eloquente und überzeugende Vertreter beider Positionen. Dabei ist es für uns wichtig, in aktuellen Auseinandersetzungen über Theorien zu erkennen, welcher dieser Grundpositionen ein Theoretiker angehört. Der Empirist wird das Lernen und die Verhaltensänderung in den Vordergrund stellen, während der Rationalist eher Angeborenes und Grundausstattungen des Verstands in den Vordergrund stellen wird.

Wir haben zwei fundamental verschiedene Prinzipien zur Gewinnung von Wissen kennengelernt: die Induktion und die Deduktion. Erstere ist inhaltlich und historisch ganz eng mit dem Empirismus verbunden. Man beobachtet, sammelt Erfahrungen, die dann so verallgemeinert werden können, dass Gesetze entstehen. Durch den Induktionsschluss wird also Wissen geschaffen. Erkenntnis ist theoretisch, es geht nicht, ohne mit einer Theorie zu beginnen, sagt die Gegenposition, der Rationalismus. Dieser wiederum ist auf das Engste mit dem Deduktionsschluss als zentrales Werkzeug der wissenschaftlichen Erkenntnis verbunden. Aus der Theorie werden Vorhersagen abgeleitet, die dann überprüft werden können.

Wir beziehen jetzt Stellung und vertreten bis auf Weiteres die Position, dass der Induktionsschluss nicht wasserdicht ist und damit der Rationalismus eine weitaus sicherere Form der Erkenntnis bietet als der Empirismus. Dabei ist die Theoriebezogenheit des Rationalismus nicht als Nachteil zu sehen. Beobachtungen sind immer notwendigerweise theoriebeladen, der Rationalismus steht lediglich dazu. Im folgenden Kapitel beschäftigen wir uns mit der modernen Form des Rationalismus, dem Kritischen Rationalismus und seinen ebenso modernen Gegenspielern.

Sir Karl Popper revolutioniert das Wissenschaftsverständnis. Er vertritt eine Wende von induktivistischer Wissenschaft zu deduktiver Gesetzesüberprüfung. Die Methode des Falsifikationismus eignet sich für alle Wissenschaften, ja es kommt zu einer Einheit der Wissenschaften durch die Einheit der Methode. Die Wahrheit im wissenschaftstheoretischen Sinn kann nie ganz erreicht werden, viele gescheiterte Falsifikationsversuche bedeuten jedoch, dass man ihr nähergekommen ist. Werturteile sind laut Kritischem Rationalismus aus der Methode verbannt. Sie kommen höchstens in der Auswahl der Gegenstände und Theorien zum Ausdruck, dort muss maximale Freiheit gewährt sein. Der Wissenschaftler sollte werturteilsfrei forschen, die Politik benutzt dann diese Kenntnisse zum Handeln, das stets werturteilsbetont ist. Der Konstruktivismus und die Kritische Psychologie vertreten in starker Opposition zum Kritischen Rationalismus, dass Wissenschaft immer subjektiv, immer konstruiert und immer wertend ist.

Paradigmen

5.1 Der Versuch, Wissenschaftsentwicklung historisch zu deuten – 72

5.2 Ludwik Fleck – 73
5.2.1 Wirklichkeit infrage gestellt – 73

5.3 Thomas S. Kuhn – 76
5.3.1 Wissenschaft ist historisch bedingt – 76

5.4 Vermächtnis der Idee des Paradigmenwechsels – 79

5.5 Zusammenfassung – 80

> Religionen sterben, nachdem sie als wahr bewiesen wurden. Die Wissenschaft ist die Geschichte toter Religionen. (Oscar Wilde, *Sätze und Lehren zum Gebrauch für die Jugend*)

5.1 Der Versuch, Wissenschaftsentwicklung historisch zu deuten

Nach dem Positivismusstreit kam eine Reihe von wissenschaftstheoretischen Positionen auf, die oft eine radikal andere Sichtweise von Erkenntnis und Erkenntnisfortschritt propagierten. Dazu gehören Versuche, Empirismus und Rationalismus miteinander zu verbinden, wie der von Gaston Bachelard, oder die Schöpfung eines theoretischen anstelle des metatheoretischen Wissenschaftsbegriffs, durch den sich die Wissenschaftstheorie nicht mehr neben die Wissenschaft stellt, sondern zu einem Teil von ihr wird. Zu letzterer theoretischer Wissenschaftsauffassung sind wissenschaftssoziologische und psychologische Positionen zu rechnen, die mit den Namen Ludwik Fleck und Thomas Kuhn verbunden sind. Sie behandeln – aus klassischer Sicht ein wenig erschreckend – Wissenschaft und Entwicklung von Wissenschaft als eine gesellschaftliche Strömung, die mit den Methoden der Soziologie, also einer Wissenschaftsdisziplin, verstanden werden kann. Mit diesen soziologischen Positionen der Wissenschaftstheorie wollen wir uns jetzt beschäftigen.

Als Erstes ist Gaston Bachelard (1884–1962) zu nennen, der in seinem Werk *La philosophie du non* (1940) einen angewandten Rationalismus vertrat und postulierte, dass Wahrheit in einem wissenschaftlichen Sinn weder allein von der Materie (Empirismus) noch allein vom Geist (Rationalismus) ausgehen kann, sondern nur im Zusammenspiel beider zu finden sei. Dieses Zusammenspiel entwickelt sich immer historisch – man erkennt die Prägung Bachelards durch den Marxismus –, und deshalb kann Wahrheit auch immer nur historisch erfasst werden. Man sieht immer erst rückblickend, welche Fehler man beziehungsweise die Wissenschaft in der Vergangenheit gemacht hat. Daher ist es auch unmöglich oder zumindest unsinnig, allgemeine und überdauernde Regeln für die Gewinnung von Erkenntnis aufzustellen. Auch solche Regeln unterliegen der Historizität. Die Aufgabe der Wissenschaftstheorie ist es dem zufolge, die Hindernisse, die in der Vergangenheit Erkenntnisfortschritte behindert haben, einer genauen Analyse zu unterwerfen. Das heliozentrische Weltbild war etwa so ein Hindernis, da es durch seinen Irrtum alles damalige Denken fehlgeleitet hat. Mit seiner Überwindung brach eine neue Ära an. Wenn also ein besonderes Hindernis aus dem Weg geräumt ist, kann man die Periode vorher als vorwissenschaftlich begreifen. Bachelard geht von drei Perioden des historischen Erkenntnisprozesses aus:

1. *Vorwissenschaftliche Periode:* Animismus, mangelnde Trennung von Wissenschaft und Dichtung (so in der klassischen Antike, der Renaissance, und im 16., 17. und 18. Jahrhundert).
2. *Wissenschaftliche Periode:* das mit Newton beginnende Stadium der klassischen Physik, Ordnung und Klassifikation der Natur und der Geisteswissenschaft (vom 18. Jahrhundert bis zum Beginn des 20. Jahrhunderts).
3. *Neue wissenschaftliche Periode:* Mit Einsteins Relativitätstheorie (1905) befreit sich Wissenschaft von Unmittelbarkeit und Anschaulichkeit, ein neuer »surrationalistischer« Begriff von Wissenschaft entsteht

Der historisierende Blick auf Wissenschaft hat einen ganz anderen Geschmack, als alle metatheoretischen Konzeptionen von Theoriebildung, die wir davor kennengelernt haben. Man kann den revolutionären Charakter von Bachelards Ansichten nicht groß genug in Anschlag bringen. Weitreichende Konsequenzen für Vorstellungen von Erkenntnis und Wahrheit liegen auf der Hand.

5.2 Ludwik Fleck

Als Nächstes wollen wir kurz auf Ludwik Fleck (1896–1961) eingehen, der seine wissenschaftssoziologischen Überlegungen zur gleichen Zeit anstellte wie Bachelard. Sein Buch *Entstehung und Entwicklung einer wissenschaftlichen Tatsache* erschien interessanterweise im gleichen Jahr wie Poppers *Logik der Forschung* (1935). Schon im Titel zeigt sich, dass nach Fleck Erfahrung und Tatsache gerade nicht als feststehende Entitäten, deren Zugang über die Logik möglich ist, aufgefasst werden können, sondern einem Entwicklungsprozess unterliegen. Dazu bediente er sich auch einer ganz anderen Begrifflichkeit und arbeitete unter anderem mit den Konzepten »Denkstil« und »Denkkollektiv«. Laut Fleck ist eine rationale und formale Rekonstruktion von Wissenschaft nicht möglich. Eine Logik der Forschung gibt es nicht. Anstelle dessen sind die sozialen und psychologischen Strukturen der Denkkollektive und die kulturgeprägten Denktraditionen fundamental. Zur Idee des Denkstils sagt Fleck:

» … stilgemäße Auflösung … heißt Wahrheit. Sie ist nicht »relativ« oder gar »subjektiv« im populären Sinne des Wortes. Sie ist immer oder fast immer, innerhalb eines Denkstils, vollständig determiniert. Man kann nie sagen, derselbe Gedanke sei für A wahr und für B falsch. Gehören A und B demselben Denkkollektiv an, dann ist der Gedanke für beide entweder wahr oder falsch. Gehören sie aber verschiedenen Denkkollektiven an, so ist es eben nicht derselbe Gedanke, da er für einen von ihnen unklar sein muß oder von ihm anders verstanden wird. (Fleck et al., 1980: 131) «

Der Wissenschaftler kann sich aus seiner Denktradition nicht befreien, kann nicht über ihr stehen, sondern bleibt stets in ihr verankert. Dies kann auch von einer ausgefeilten Methodologie nicht verhindert werden. Alle exakten Experimentier- und Beobachtungsmethoden sind eben nur scheinbar exakt und kommen nicht ohne außerwissenschaftliche Prä-Ideen und kulturell geprägte Variablen aus. Diese kulturellen Denkstile bestimmen ganz maßgeblich den Fortschritt der Wissenschaft. Dieser ist als ein Fortschreiten im Sinne einer Entwicklung zu verstehen, die sich nicht an eine objektive Wahrheit annähert (die gibt es nicht), sondern historische Wendungen erfährt, die sie stilgemäß wahr werden lässt. Fleck stellt also den empiristischen Begründungsversuch von Wissen selbst ganz grundsätzlich infrage.

5.2.1 Wirklichkeit infrage gestellt

Als Mediziner und Bakteriologe, der er war, haben Flecks wissenschaftstheoretische Überlegungen ihren Ausgangspunkt in der Analyse der Medizinforschung genommen. Er arbeitete in den 1920er und 1930er Jahren in der Inneren Medizin eines Krankenhauses in Lwów (heute Ukraine) und ab 1935 in einem von ihm selbst gegründeten bakteriologischen Institut. Üblicherweise orientierte sich die Wissenschaftstheorie bis zu diesem Zeitpunkt an den Entwicklungen der Physik und Chemie, die auch für Popper weiterhin als Paradedisziplinen fungierten. Dies war jedoch bei Fleck nicht der Fall, da er durch seine Disziplin mit einem wesentlich mehrdeutigeren Terrain und einer anderen Wissenschaftskultur vertraut war. Er sah schnell, dass die Frage der Trägerschaft der Forschung, nach den Produzenten neuer Erkenntnis und nach ihren Methoden nicht in den Hintergrund gedrängt werden darf. Die Medizin arbeitet mit anderen Methoden der Wissensgewinnung als klassische Naturwissenschaften. Medizinische Theorien werden oft aus systematischer Beobachtung gewonnen. Mit anderen Worten, der Entdeckungszusammenhang von Theorien wird von Fleck als wesentlich und als abhängig von den unterschiedlichen Situationen der einzelnen Wissenschaften angesehen. Wir erinnern uns, dass Popper den Entdeckungszusammenhang für unwesentlich hielt und die Aufgabe der Wissenschaftstheorie darin sah, Regeln zu formen, die besagen, wie die irgendwie zustande gekommenen Hypothesen zu überprüfen sind (Begründungs- oder *Rechtfertigungszusammenhang* wissenschaftlicher Erkenntnis). Wo es um den Entstehungszusammenhang ging, verwies Popper auf das Genie oder Glück des Entdeckers. Fleck war ganz anderer Meinung:

》 Man redet zuviel davon, wie das erkennende Denken aussehen *sollte*, und zuwenig davon, wie es konkret aussieht. Wissen wir jedoch wirklich so viel davon, wie es sein sollte? Kennen wir wenigstens ein einziges Beispiel vollkommenen Denkens, das wert wäre, für immer festgehalten zu werden, weil es keiner Veränderung mehr unterliege? (Fleck, 1983: 85; Aufsatz von 1936) 《

Der für die Medizin typischen Verbindung von theoretischer und anwendungspraktischer Zielsetzung kann der Entdeckungszusammenhang eben nicht gleichgültig sein. In der medizinischen Praxis wird die Entdeckung von Theorien aus der Praxis als wesentliche Kraft im wissenschaftlichen Erfolg der Disziplin unmittelbar anschaulich. Ebenso wird anders als in der Chemie oder Physik der kooperative, ja kollektive Charakter wissenschaftlicher Forschung offenbar. Hier ist zumindest laut Fleck der Entdeckungszusammenhang durchaus entscheidend. Fleck hebt folgende Besonderheiten der Medizin hervor, die ihn zu diesen Feststellungen veranlasst haben:
- Erkenntnisinteresse ist nicht auf normative Erscheinungen gerichtet, sondern gerade auf das von der Norm Abweichende, die Krankheitszustände von Organismen.
- Das medizinische Erkenntnisziel ist nicht die Wissenserweiterung an sich, sondern pragmatisch die Beherrschung der Krankheitszustände.
- Medizin ist sehr unmittelbarem Erfolgsdruck ausgesetzt.
- Abstrahierte Aussagen erweisen sich daher in der Medizin oft als ungenügend.
- Medizin ist einem besonders hohen Veränderungsdruck unterworfen.

Genau wie andere Disziplinen sucht sie zur Erklärung ihrer Phänomene nach Kausalzusammenhängen. Dies führt hier aber zu erheblicheren Schwierigkeiten als in anderen Fächern wie etwa der Biologie. Eine Krankheit ist in zweifacher Hinsicht vom konkreten Moment abhängig: Sie entwickelt sich in der Zeit und führt zu Veränderungen in den Organfunktionen, die selbst einen eigenen spezifischen Zeitverlauf aufweisen. Die Annahme, Zusammenhänge zwischen Beobachtung von Krankheitszuständen als eindimensionale Entwicklungen befriedigend konzipieren zu können, lässt sich daher zumindest in der Medizin nicht halten. Ein Krankheitszustand muss deshalb aus unterschiedlichen Blickwinkeln betrachtet werden. Ein Ansatz, der die Ganzheit der Disziplin umfasst, wie in der Physik, ist nicht möglich.

Daraus schließt Fleck, dass die Konzeptionen von Wissenschaft zwischen den Disziplinen notwendig unterschiedlich sein müssen und die jeweils grundlegenden theoretischen Ideen inkommensurabel werden. Trotzdem bilden sich aber immer wieder »dominierende Standpunkte«, »bestimmte methodische Ideen«, »gewisse leitende Gedanken« heraus. Sie bleiben aber immer nur vorübergehende Konzeptionen, die durch neue ersetzt werden. Das ärztliche

Wissen gleicht so einem ständigen Fluss: »Diese Historizität, die Zeitlichkeit des Krankheitsbegriffes, ist einzig in ihrer Art« (Fleck, 1983: 43; Aufsatz von 1927).

Zur *Krise der Wirklichkeit* sagt Fleck, sie bestehe darin, dass die Fundamente einer wissenschaftlichen Wirklichkeitserfahrung ins Wanken geraten seien. Es könne keine Erfahrung einer unabhängigen, »absoluten« Wirklichkeit (mehr) geben. Diese Einsicht wurde gespeist aus der Erschütterung der »Naturgesetze« durch Max Planck und Albert Einstein. Es gab plötzlich keine absoluten Naturgesetze mehr. Einige der bisher bekannten Naturgesetze gingen nur auf statistische Regelmäßigkeiten zurück. Die Begriffssysteme der Einzelwissenschaften divergierten, anstatt erwartungsgemäß aufeinander zu zu laufen. Und viele Wissenschaften, besonders die Physik, entfernten sich mit der zunehmenden Verwendung mathematischer Ordnungsgerüste immer weiter von wirklicher Anschaulichkeit. Sogar die Brauchbarkeit des Kausalitätsprinzips geriet zumindest in der Quantentheorie in Zweifel. Das *neue Weltbild* ist also dynamisch und nicht statisch, die Welt ist nicht fertig, sondern unfertig, und Ordnung ist keine seiende, sondern eine werdende. Mit dem neuen Weltbild entsteht auch ein neuer Denkstil, und damit auch eine neues Wissenschaftsverständnis. Fleck soziologisiert die wissenschaftliche Analyse und gelangt zu drei wesentlichen Einsichten hinsichtlich des gesellschaftlichen Prozesses von Wissenschaft:

1. *Das Gewicht der Erziehung*: Kenntnisse bestehen zum überwiegenden Teil aus Erlerntem, nicht aus neu Erkanntem. Mit jeder Erkenntniswiedergabe im Lernprozess aber verschiebt sich der Kenntnisinhalt gleichzeitig unmerklich.
2. *Die Last der Tradition*: Neues Erkennen ist immer schon durch das bisher Erkannte vorgeprägt. Erkenntnisse können nur historisch gewonnen werden.
3. *Die Wirkung der Reihenfolge des Erkennens*: Was einmal konzeptionell formuliert ist, schränkt den Spielraum darauf aufbauender Konzeptionen immer maßgeblich ein.

Die ordnenden Strukturen von Wissenschaft sind verwoben mit den Beobachtungen. Erstere sind einerseits abhängig von den individuellen Wahrnehmungen und gleichzeitig notwendig für diese Wahrnehmungen selbst:

》 Wenn man das Problem der Entstehung der Erkenntnis auf traditionelle Weise als individuelle Angelegenheit eines symbolischen »Menschen« lösen wollte, so müßte man den Satz: *nihil est in intellectu, quod non fuerit in sensu* – auch in seiner Umkehrung: *nihil est in sensu, quod non fuerit in intellectu*, gelten lassen. Und man kommt darüber nicht vorwärts. (Fleck, 1983: 47; Aufsatz von 1929) 《

Damit wird für Fleck zunächst die Unterscheidung zwischen einer ersten Wirklichkeit sinnlicher Wahrnehmungseindrücke und einer zweiten Wirklichkeit objektivierender Ordnungsgefüge unsinnig. Das Wahrnehmen ist immer schon geordnete Erkenntnis. Hierbei ist er übrigens stark von der Gestaltpsychologie beeinflusst, was sich sehr schön in seinem Aufsatz »Schauen, sehen, wissen« zeigt (Fleck, 1983: 147; Aufsatz von 1947).

Nur bei Berücksichtigung der sozialen und kulturellen Bedingungen des Erkennens lässt sich daher verständlich machen, warum wir neben der naturwissenschaftlichen auf so viele weitere, mit ihr konkurrierende Wirklichkeiten stoßen. Genau wie jedes Individuum verfügt jede soziale Gruppe über eine eigene, ihr spezifische gesellschaftliche Wirklichkeit. Erkennen als soziale Tätigkeit ist daher an die sozialen Voraussetzungen der sie ausführenden Individuen gebunden. Jedes Wissen bildet seinen eigenen Denkstil, ja Gedankenstil aus, mit dem wir Probleme begreifen. Wissen ist also nicht neutral, sondern durch den Denkstil, den es einfordert, auf dessen Zwecke ausgerichtet. Aber das Erkennen ist nicht nur an dessen kulturelle und soziale Voraussetzungen gebunden, umgekehrt wirkt es auch auf die soziale Wirklichkeit zurück. Ist Erkennen das Produkt einer an langlebige Gruppen gebundenen Tätigkeit, folgt es wie die soziale Organisation seinen eigenen Gesetzlichkeiten, setzt dadurch den an ihm beteiligten Menschen Grenzen und leitet sie in ihrer weiteren Erkenntnistätigkeit:

> Denn Erkennen ist weder passive Kontemplation noch Erwerb einzig möglicher Einsicht im fertig Gegebenen. Es ist ein tätiges, lebendiges Beziehungseingehen, ein Umformen und Umgeformtwerden, kurz ein Schaffen. Weder dem »Subjekt« noch dem »Objekt« kommt selbstständige Realität zu; jede Existenz beruht auf Wechselwirkung und ist relativ (Fleck, 1983; 48, Aufsatz von 1929).

5.3 Thomas S. Kuhn

Während Ludwik Fleck heute weitgehend unbekannt ist, wird die soziologische und historische Analyse von Wissenschaft heute im Wesentlichen mit dem Amerikaner Thomas Kuhn (1922–1996) in Verbindung gebracht. Er stammt aus Cincinnati, Ohio und studierte an der Harvard-Universität Physik. Er unterrichtete dort in den 1950er Jahren Kurse in Wissenschaftstheorie, bevor er an die Universität von Kalifornien nach Berkeley ging. Dort veröffentlichte er 1962 das Buch *Structure of Scientific Revolutions*, das seitdem zu den meistzitierten Werken der Wissenschaftstheorie gehört. Kuhn vertritt Argumente, die denen Flecks ganz erstaunlich gleichen, geht aber vielleicht noch einen Schritt weiter als Fleck und ist in seiner Analyse noch stärker historisch tätig.

Man bedenke, dass Wissenschaftsgeschichte im Positivismus (und hier ist natürlich auch der Kritische Rationalismus gemeint) lediglich ein Anhängsel zur wissenschaftlichen Theorie war. Geschichte war für den Erkenntnisgewinn uninteressant. In der analytischen Wissenschaftstheorie gibt es daher keine historischen Elemente; ihr Thema ist nicht die historische Beschreibung des Entstehenden, sondern die systematische Darstellung des Fertigen, wie es sich heute zeigt. Für den Positivismus ist die logische Struktur, nicht dessen Genese das Entscheidende. Wissenschaftsgeschichte ist allenfalls für den Entdeckungskontext, nicht aber für den Begründungskontext von Bedeutung. Zum Beispiel ist es für die Feststellung, dass die Planeten auf Ellipsenbahnen um die Sonne wandern, uninteressant, dass dies Johannes Kepler entdeckt hat, nachdem er die Messungen von Tycho Brahe ausgewertet hatte. Auch Bibeltexte, die ein geozentrisches Weltbild nahelegen, sind unerheblich. Wichtig ist allein, dass sich die Bahnkurven aus den Gesetzen der Newton'schen Mechanik ableiten lassen. Erst dieser Zusammenhang macht die Aussage zu einem wissenschaftlich begründeten Inhalt. Die Geschichte gibt nur an, wie und von wem die Bahnen entdeckt wurden, sie trägt aber nichts zur Begründung bei. Die Rechtfertigung wissenschaftlicher Aussagen muss sich aus der logischen Struktur ergeben und kann nicht durch Hinweis auf Autoritäten oder historische Situationen erfolgen. Thomas Kuhn ist hingegen der Auffassung, dass Wissenschaft, und auch gerade deren Begründungszusammenhang, überhaupt nur historisch verstanden werden kann.

5.3.1 Wissenschaft ist historisch bedingt

Um Kuhns Auffassung, dass Wissenschaft immer historisch bedingt ist, zu verstehen, wollen wir drei Fragen beantworten. Zuvor beschreiben wir Kuhns Sicht des alten Wissenschaftskonzepts, gegen das er ankämpft, und die Grundgedanken seines neuen Wissenschaftskonzepts. Anschließend fragen wir dann in ▶ Abschn. 5.4 nach dem Vermächtnis Kuhns. Es wirft die Frage auf, welche neue wissenschaftstheoretische Entwicklung die Kuhn'sche Kritik bewirkt hat.

Das in Thomas Kuhns Augen *alte Wissenschaftskonzept* betrachtet wissenschaftliche Entwicklung als identisch mit wissenschaftlichem Fortschritt. Seit Galilei und Newton hat sich unser Wissen vervielfacht, weiter ausgebreitet und immer wieder verbessert. Wissenschaft stellt mithin einen kumulativen Prozess dar, ein ständiges Mehr- und Besser-Wissen. Alte Vorstellungen werden revidiert oder ganz ausgemustert. Unsere Erkenntnis nähert sich asymptotisch der Wahrheit. Diese Entwicklung ist allerdings nicht völlig gleichmäßig; sie zeigt dank genialer Leistungen einzelner Forscher wie Einstein oder Planck gelegentlich Sprünge auf höhere Stufen, von denen aus die überwundenen Etappen unbedeutend und noch nicht wissenschaftlich genug erscheinen. Die von historischen Schlacken gereinigte Form des heutigen Wissensstandes findet man in den einschlägigen Lehrbüchern und Wissenschaftskompendien.

Ganz anders stellt sich die Lage gemäß Kuhns neuem Wissenschaftskonzept dar. Folgende drei *Grundgedanken* sind für seine Position zentral:
1. Wissenschaft tritt in zwei wesensverschiedenen Formen auf, zum einem als Normalwissenschaft, zum anderen als außerordentliche Wissenschaft.
2. Die Struktur der Normalwissenschaft wird durch bestimmte Paradigmen definiert.
3. Die Ablösung der einzelnen Paradigmen erfolgt durch wissenschaftliche Revolutionen.

Diese drei Grundthesen bedürfen einer Erläuterung:
Zu Punkt 1: In den Normalwissenschaften oder, besser gesagt, in der normalwissenschaftlichen Phase einer Disziplin geschieht nach Kuhn alles andere als das Entwerfen neuer Hypothesen und deren kritische Prüfung durch Falsifikationsversuche, wie es der Kritische Rationalismus behauptet. Die Normalwissenschaft arbeitet vielmehr auf bisher eingefahrenen Forschungsbahnen und versucht, neue Anwendungen ihrer alten erprobten Methoden durchzuführen.

》 In diesem Essay bedeutet »normale Wissenschaft« eine Forschung, die fest auf einer oder mehreren wissenschaftlichen Leistungen der Vergangenheit beruht, Leistungen, die von einer bestimmten wissenschaftlichen Gemeinschaft eine Zeit lang als Grundlagen für weitere Arbeit anerkannt werden … [Man kann] diese Forschung als einen rastlosen und hingebungsvollen Versuch beschreiben, die Natur in die von der Fachausbildung gelieferten Begriffsschubladen hineinzuzwängen. Die normale Wissenschaft strebt nicht nach tatsächlichen und theoretischen Neuheiten und findet auch keine, wenn sie erfolgreich ist. (Kuhn, 1976: 22, 28, 79) 《

Kuhn nennt drei charakteristische Klassen von wissenschaftlichen Fragen und Problemen, die in einer Normalwissenschaft untersucht werden:
- Es werden solche, und eben nur solche, signifikante Fakten bestimmt und Tatsachen aufgesucht, die in die gerade gültigen Begriffsschubladen hineinpassen
- Es entsteht eine gegenseitige Anpassung von Fakten und Theorie; dies bedeutet, dass Differenzen zwischen den theoretischen Annahmen und den Beobachtungen durch die Einführung von Ad-hoc-Hypothesen reduziert werden.
- Bestehende Theorien werden im Wesentlichen präzisiert, aber nicht radikal verändert, was vor allem auf eine Differenzierung von Wissen hinausläuft.

Wir sehen, dass in der normalwissenschaftlichen Arbeitsweise an Theorien festgehalten wird, ähnlich dem Prinzip der Exhaustion, das wir kennengelernt haben. Innerhalb der Normalwissenschaften gibt es so etwas wie Wissensakkumulation und damit echten Fortschritt, dessen Bahnen allerdings eng umrissen sind. Aber diese Entwicklung geht nicht bruchlos weiter. Manchmal widersteht ein normales Problem, das durch bekannte Regeln und Verfahren lösbar sein sollte, dem wiederholten Ansturm der fähigsten Mitglieder des Kreises, in dessen Zuständigkeit es fällt.

» ... wenn also die Fachwissenschaft den die bestehende Tradition wissenschaftlicher Praxis unterwandernden Anomalien nicht länger ausweichen kann –, dann beginnen die außerordentlichen Untersuchungen, durch welche die Fachwissenschaften schließlich zu einer neuen Reihe von Bindungen, einer neuen Grundlage für die Ausübung der Wissenschaften geführt wird. (Kuhn, 1976: 23) «

Zu Punkt 2: Den entscheidenden Terminus zum Verständnis wissenschaftlicher Arbeit und der Ablösungsprozesse verschiedener Normalwissenschaften stellt der Paradigmen-Begriff dar. *Paradigmen* sind in erster Näherung »allgemein anerkannte wissenschaftliche Leistungen ..., die für eine gewisse Zeit einer Gemeinschaft von Fachleuten Modelle und Lösungen liefern« (Kuhn, 1976: 11). In dem schillernden Begriff des Paradigmas, der gelegentlich auch im Sinne von Standard, Kriterium, Methode, Gesetz, Spielregel, Vorurteil, Vorverständnis, Intuition und metaphysischer Überzeugung verwendet wird, sind zwei Merkmale ausschlaggebend. Erstens muss das Paradigma eine attraktive beispiellose Leistung enthalten, die weite Anerkennung findet. Zweitens muss es auf eine große Anzahl weiterer Probleme anwendbar sein. Diese Merkmale umfassen nicht nur kognitive Elemente, die als Systeme von Regeln rational und methodologisch beschrieben werden könnten. Sie enthalten auch gemeinsame intuitive Grundeinstellungen und Wertungen, gesellschaftlich und psychologisch bedingte Entscheidungen bestimmter Forschergruppen. So kann man ein Paradigma am einfachsten durch die Gesamtheit dessen erklären, was Mitgliedern einer Forschergemeinschaft – und nur diesen – an Überzeugungen und Arbeitsmethoden gemeinsam ist. Wir erhalten damit eine Aufgliederung des Paradigmas in zwei Komponenten. Zum einen gehört zum Paradigma das Standardbeispiel, mit dem es eingeführt worden ist (Paradigma im engeren Sinne!), also etwa das geozentrische Weltbild mit allen dazugehörigen Wertungen und Eigenschaften. Die zweite Komponente entfernt sich vom konkreten Beispiel und besteht in dem rational rekonstruierbaren Aussagenteil, der aufgrund von intuitiv gesetzten Prämissen oder Verallgemeinerungen die lehrbare Wissenschaft ausmacht. So gehört etwa zum Paradigma der Newton'schen Physik ein zentrales Standardbeispiel (der Apfel, der zur Erde fällt), aber das Entscheidende des Paradigmas (im weiteren Sinne) ist natürlich die Verallgemeinerung, dass Kraft (mit der der Apfel oder ein beliebiges anderes Objekt bewegt wird) das Produkt aus Masse und Beschleunigung dieser Bewegung darstellt. Zur Erinnerung an den Physikunterricht sei erwähnt, dass vor Newton die Bewegung von Objekten dadurch erklärt wurde, dass sie einen Anstoß, einen Impetus, erfuhren, der so lange wirkte, bis er aufgebraucht war oder durch einen neuen Impetus (Stopp durch den Boden) ersetzt wurde. Vor Newton wurde der fallende Apfel nicht beschleunigt, sondern fiel mit konstanter oder gar nachlassender Geschwindigkeit.

Zu Punkt 3: Die Ablösung von Paradigmen erfolgt nach Kuhn durch *wissenschaftliche Revolutionen*. Der Ausdruck soll die Radikalität des Wechsels betonen, denn wie bei politischen Revolutionen handelt es sich um traditionszerstörende Umstürze. Maßstäbe werden verschoben, Probleme erscheinen unter einem ganz neuen Aspekt, die Bedeutung bisher verwendeter Begriffe verschiebt sich, ja die ganze Welt wird neu gesehen. Da es keine übergeordneten Normen gibt, sondern Wissenschaftlichkeit und Rationalität erst durch das jeweilige Paradigma definiert werden, kann die zeitliche Aufeinanderfolge von Paradigmen nicht als Fortschritt gedeutet werden. Dies ist eine ganz zentrale Aussage, die zeigt, wie weit Kuhns Ideen etwa vom Kritischen Rationalismus entfernt sind.

» Wie die Wahl zwischen konkurrierenden politischen Institutionen erweist sich die zwischen konkurrierenden Paradigmata als eine Wahl zwischen unvereinbaren Lebensweisen der Gemeinschaft … Wenn Paradigmata in eine Debatte über die Wahl eines Paradigmas treten – und sie müssen es ja –, dann ist ihre Rolle notwendigerweise zirkulär. Jede Gruppe verwendet ihr eigenes Paradigma zur Verteidigung eben dieses Paradigmas. (Kuhn, 1976: 130) «

Kuhn illustriert seine Theorie wissenschaftlicher Revolutionen vor allem an den folgenden historischen Beispielen für konkurrierende Paradigmen, die einander abgelöst haben. In der Astronomie ist es der Wechsel vom geozentrischen Weltbild des Ptolemäus zum heliozentrischen Modell des Kopernikus. In der Physik sind es drei Paradigmen, die Impetus-basierte Theorie des Aristoteles, die auch im Mittelalter nur geringe Änderungen erfahren hat, Newtons radikal andere Theorie ($F = m \times a$) und schließlich Einsteins Relativitätstheorie. In der Optik ist es der Übergang von Newtons Optik zu der von Young und Fresnel, die schließlich von den relativistischen Ideen Plancks und Einsteins abgelöst wurde. In der Chemie besteht der Wechsel im Übergang von der Phlogistontheorie auf das Paradigma der modernen Chemie Lavoisiers.

Um nochmals auf den Paradigmenwechsel von der Impetustheorie auf die Newton'sche Physik zurückzukommen: Es handelte sich hier nicht um die Einsicht der damaligen Physiker, dass Aristoteles unrecht hatte. Vielmehr gab es parallel Impetusanhänger, die von Newton nichts wissen wollten, sowie Newtonianer, die sich im neuen Paradigma bewegten. Der Paradigmenwechsel hat weniger mit individueller Einsicht in die Richtigkeit eines Paradigmas zu tun als mit dem historischen Prozess, dass es irgendwann keine Anhänger des alten Paradigmas mehr gibt.

5.4 Vermächtnis der Idee des Paradigmenwechsels

Der Übergang von der Vorherrschaft eines Paradigmas zum nächsten ist nicht nur revolutionär, sondern läuft in einer Reihe von Stadien ab, die Kuhn in all den oben genannten Paradigmenwechseln nachweist und als allgemeine Struktur postuliert. Dieser allgemeine *Revolutionszyklus* in den Wissenschaften hat vier Phasen:
1. *Vorwissenschaftliche Zeit:* Es gibt keine Einzelwissenschaften, kein gemeinsames Erkenntnisziel und keine gemeinsamen Methoden. Philosophische oder religiöse Spekulation wird betrieben anstelle des Versuchs, Wissen zu finden. Es gibt kein kanonisiertes Wissen, also auch keine Lehrbücher.
2. *Normalwissenschaft, in der »das« Paradigma gilt:* Es ist im Mittelalter das Paradigma der Impetustheorie, innerhalb dessen durch Beobachtung die Theorie unwesentlich verfeinert wurde, etwa indem neben geradlinigen Impetus, die gerade Bewegungen erzeugen, auch kurvilineare Impetus diskutiert wurden. So kann im bestehenden Paradigma erklärt werden, warum der Apfel nicht immer an dieselbe Stelle fällt. Beobachtungen sind daher immer theoriebeladen und verifikationistisch. Sie bieten Immunität gegen Falsifikation, und Wissenschaftler falsifizieren in dieser Phase ihre Theorien nicht, ja sie versuchen es nicht einmal. In diese Phase gehört der Forscher, der von Popper etwas abfällig Kübeltheoretiker genannt wurde.

3. *Krise:* Es treten sogenannte Anomalien auf, das heißt, es wird evident, dass bestimmte Beobachtungen beim besten Willen nicht mit der Theorie in Einklang zu bringen sind. Angesichts einer oder mehrerer hartnäckiger Anomalien werden die Forscher gezwungen, sich auf die Grundlagen ihrer Theorien zurückzubesinnen und einige oder alle bisherigen Grundlagen infrage zu stellen. So passte beispielsweise die Idee der Relativität bei Einstein beim besten Willen nicht mit der bis dato klassischen Physik zusammen.
4. *Revolution:* Jetzt beginnt eine Phase außerordentlicher Wissenschaft. Ganz neue Theorien erscheinen auf der Bildfläche, und eine neue Forschergeneration nimmt ein neues Paradigma an. Die alte Forschergeneration bleibt üblicherweise dem alten Paradigma verhaftet.

Das alte Paradigma wird nicht ungültig im Sinne eines Rationalismus, sondern seine Vertreter sterben schlichtweg aus. Ungültig im Sinne des Rationalismus hieße zum Beispiel, dass das Paradigma falsifiziert worden wäre. Doch davon kann keine Rede sein. Ja, man könnte sagen, dass der soziologische Ansatz von Kuhn auf Rationalität verzichtet beziehungsweise diese immer nur innerhalb des bestehenden Paradigmas aufhängt. Wolfgang Stegmüller (1923–1991) hat eine Einschätzung der Rationalität, also des Grades der logischen Rechtfertigung, der wissenschaftstheoretischen Positionen von Hume bis Kuhn durch folgendes Schema verdeutlicht (Stegmüller, 1987, Bd. 3: 286):

nach Hume	induktiv	aber	nichtrational
nach Carnap	induktiv	und	rational
nach Popper	nichtinduktiv	aber	rational
nach Kuhn	nichtinduktiv	und	nichtrational

Die Überlegungen Kuhns haben hitzige und umfangreiche Diskussionen ausgelöst. Besonders herausfordernd wirkte seine Beschreibung der Arbeit des normalen Wissenschaftlers als kritiklose Tätigkeit ohne Falsifikationsversuche und seine Deutung der neuen wissenschaftlichen Theorien als mit den alten nicht vergleichbar (inkommensurabel), weil sie rational nicht gerechtfertigt werden können. Radikal ist auch Kuhns Leugnung eines Fortschritts im Großen. Kuhns Argument besteht darin zu sagen, dass wir Fortschritt nicht feststellen können, weil zur Beurteilung keine Normen zur Verfügung stehen. Nur ein Superparadigma, das übergeordnete Kriterien zum Vergleich von Paradigmen besitzt, könnte dazu in der Lage sein – es existiert jedoch nicht. Deshalb hängen die Vertreter zu Recht ihrem Paradigma an, auch wenn sich die historische Entwicklung inzwischen auf ein anderes Paradigma verlegt hat. Sie können nicht überzeugt werden, sie können nur aussterben.

5.5 Zusammenfassung

Eine radikale Position, die die Entwicklung von Wissenschaft historisch und soziologisch interpretiert, haben wir bei Ludwik Fleck kennengelernt. Sein Background aus der Medizin hat ihn dazu veranlasst, Wissenschaft nicht als rationalistisch und Hypothesen falsifizierend zu sehen, sondern den Denkstil in den Vordergrund zu stellen, der in einer bestimmten historischen Periode herrscht. Thomas Kuhn nimmt eine noch extremere Position ein, indem er große Theorien für Paradigmen hält, die – wie andere soziologische Phänomene auch – im Laufe der Zeit aus der Mode kommen. Der Wechsel von einem Paradigma zum nächsten verläuft revolutionär und hat mit einer rationalen Bewertung, etwa hinsichtlich der Nähe des Paradigmas zur Wahrheit, rein gar nichts zu tun.

Wissenschaftsanarchie

6.1 Befreiung vom Methodenzwang: Paul Feyerabend – 84

6.2 Konsenssuche und ihr Scheitern – 85

6.3 Zusammenfassung – 89

Die Wahrheit ist die Subjektivität. (Sören Kirkegaard, 1813–1855)

6.1 Befreiung vom Methodenzwang: Paul Feyerabend

Die Grundidee der Kuhn'schen Wissenschaftstheorie bestand darin, etwas in den Augen des Rationalismus Unzulässiges zu tun. Das Unzulässige besteht in einer Verletzung der Ebenentrennung von Metatheorie und Theorie. Kuhn hat die Form und Inhalte von historischen beziehungsweise soziologischen Theorien auf die Betrachtung von Wissenschaft angewandt. Dies ist in den Augen des Rationalismus möglich und legitim, wenn etwa nachvollzogen werden soll, wie bestimmte Theorien zu bestimmten Zeitpunkten aufgestellt worden sind. Dies ist aber für die Bewertung der Theorie vollkommen unerheblich. Kuhn ist hier ganz anderer Auffassung, wie wir gesehen haben; er will der sozialhistorischen Theorie der Entstehung von Theorien einen empirischen Status zukommen lassen. Wir haben also bei ihm plötzlich die Situation, dass Metatheorie und einzelwissenschaftliche Theorie nicht mehr getrennt sind. In der Logik haben wir gesehen, dass viele Paradoxien aufgelöst werden können, wenn man zwischen der Ebene, auf die sich eine Aussage bezieht, und der Ebene der Charakterisierung der Aussage, der Metaebene, strikt unterscheidet. Kuhn hat diese Unterscheidung nicht lediglich schweren Herzens aufgegeben, sondern sieht keine Probleme darin, die Trennung von Objekt- und Metaebene nicht zu machen. Ja, er behandelt Wissenschaftstheorie ganz konsequent genauso wie andere einzelwissenschaftliche Theorien.

In seiner radikalen Form bedeutet diese Kuhn'sche Interpretation der Wissenschaftsgeschichte das *Ende der Wissenschaftstheorie*. Wenn man diesen Ansatz einmal für gangbar hält, fragt man sich natürlich als Nächstes, welche Einzelwissenschaft am besten taugt, um das Entstehen und Vergehen von Theorien zu beschreiben und womöglich zu erklären. Warum soll die Theorie, die wir auf die wissenschaftlichen Erklärungsmodelle (wir verwenden absichtlich einen neutraleren Begriff als Paradigma) angewandt haben, denn aus der Soziologie stammen. Ja, wenn es kein übergeordnetes Prinzip mehr gibt, sollte jede Einzelwissenschaft dazu herhalten können. Eine solche Möglichkeit hat vor allem Paul Feyerabend (1924–1994) in seinem Buch *Wider den Methodenzwang* (Feyerabend, 1983) bis zur letzten Konsequenz verfolgt. Er bezichtigt Kuhn der Inkonsequenz und fordert, alle Wissenschaften gleichzustellen. Er fordert auch, nicht bei der willkürlichen Analyseeinheit der Gruppe haltzumachen, wie es der Paradigmenbegriff tut. Eine Wissenschaftsanarchie ist sein Credo. Wenn Entscheidungen über Wissenschaftlichkeit oder Nichtwissenschaftlichkeit, über Vernunft und Unvernunft nicht von den objektiven Sachverhalten her möglich sein sollen, sondern von Forschergruppen gefällt werden, die einem Paradigma anhängen, kann man diese Gremien auch durch noch kleinere Gruppen und schließlich durch einzelne Individuen ersetzen. Es gäbe dann so viele Wissenschaftsauffassungen und so viele wissenschaftliche Erklärungsmodelle, wie es Menschen gibt, die sich damit beschäftigen.

In diesem Sinne landet Feyerabend bei einer »Erkenntnis für freie Menschen«, die er als anarchistische Ideologie anpreist. Wissenschaft hat dann nichts mehr mit Erkenntnis von Tatsachen oder gar mit der Annäherung an Wahrheit zu tun, sie ist auch keine methodische Praxis oder geregelte Systematik der Wirklichkeitsbewältigung, sondern ein Mittel zur illegitimen Herrschaft und damit eine Dogmatik der Selbstberuhigung.

» Es ist also klar, daß der Gedanke einer festgelegten Methode oder einer feststehenden Theorie der Vernünftigkeit auf einer allzu naiven Anschauung vom Menschen und seinen sozialen

Verhältnissen beruht. Wer sich dem reichen, von der Geschichte gelieferten Material zuwendet und es nicht darauf abgesehen hat, es zu verdünnen, um seine niedrigen Instinkte zu befriedigen, nämlich die Sucht nach geistiger Sicherheit in Form von Klarheit, Präzision, Objektivität, Wahrheit, der wird einsehen, daß es nur *einen* Grundsatz gibt, der sich unter *allen* Umständen und in *allen* Stadien der menschlichen Entwicklung vertreten läßt. Es ist der Grundsatz: *Anything goes (Mach, was du willst)*. (Feyerabend, 1983: 31) **«**

Wir sehen an diesem Zitat, dass hier eher die Psychologie, vielleicht die differenzielle Psychologie, Pate gestanden hat als die Soziologie.

Dieser endgültige Ausverkauf der Logik der Forschung durch eine Psychologie der Forschung hat zwar großen publizistischen Anklang gefunden, ist aber bei Fachleuten zugleich auf heftige Ablehnung gestoßen. So entdeckt Imre Lakatos auf diesem Weg zur intellektuellen Anarchie einen entscheidenden Denkfehler. Das alte Rechtfertigungsdenken, in welchem Wissen stets ein durch Ratio oder Empirie *bewiesenes* Wissen war, sei zwar allmählich der Überzeugung gewichen, dass wir stets fehlbar sind und es in der Tat schwer ist festzustellen, wann eine Theorie wissenschaftlich genannt werden könne und somit einer anderen vorgezogen werden sollte, aber deswegen brauche man nicht gleich das Kind mit dem Bade auszuschütten. Die wissenschaftstheoretische Diskussion habe zwar gezeigt, dass Einzelbeobachtungen nicht ausreichen, Theorien zu falsifizieren oder zu bestätigen, aber trotz dieser Schwierigkeiten brauche die Rationalität nicht der bloßen Willkür der beteiligten Forschergemeinschaft geopfert zu werden. In seiner Theorie der Forschungsprogramme hat Lakatos gezeigt, wie Theorienvergleiche unter den genannten Bedingungen möglich sind. Die Widerspruchsfreiheit und vor allem die Möglichkeit, bis dahin unerwartete Tatsachen vorauszusagen und Bewährungstests zu entwerfen, ermöglichen es, Theorien als wissenschaftlich zu qualifizieren und anderen vorzuziehen.

Man sieht recht schnell, dass Lakatos genau dort ansetzt, wo Kuhn und Feyerabend beginnen, nämlich bei der Frage, ob in Theorie und Metatheorie getrennt werden sollte, auch wenn er dies nicht so thematisiert. Es handelt sich bei Lakatos' Lösungsansatz beziehungsweise Kritik an der anarchistischen Position unseres Erachtens darum, Kuhn und Feyerabend mit ihren eigenen Waffen zu schlagen und für ein Superparadigma zu plädieren – man könnte ergänzen: das sich länger hält als gewöhnliche Paradigmen. Das Superparadigma spezifiziert Kriterien, die jeder Forscher für unproblematisch hält und die sich auf einer übergeordneten Ebene befinden, und ist damit von einer Metatheorie nicht mehr weit entfernt. Wir werden im folgenden Abschnitt sehen, dass sich Feyerabends radikale Position nicht durchgesetzt und sich stattdessen allmählich ein neues Verständnis von Wissenschaftlichkeit herausgebildet hat, das zwar methodologische Einseitigkeiten der Vergangenheit verwirft und historische Elemente ernst nimmt, aber sich trotz des Verzichts auf Rechtfertigung nicht zugleich dem Irrationalismus der erkenntnistheoretischen Anarchie ausliefert.

6.2 Konsenssuche und ihr Scheitern

Es fällt nicht schwer, sich auszurechnen, dass die anarchistische Position von Feyerabend sich nicht durchgesetzt hat – wie sollte in einem Business, zu dem Wissenschaft geworden ist, auch alles erlaubt sein? Es gibt relativ klare Spielregeln, auch wenn diese nicht offiziell festgeschrieben sind. Viele Journals akzeptieren etwa empirische Arbeiten nur noch, wenn sie auch von einem anerkannten statistischen Test begleitet sind. Noch vor 50 Jahren war es ausreichend, eine optische Täuschung zu zeigen und davon auszugehen, dass sich die Täuschung bei allen Betrachtern einstellen wird. Heute muss man durch ein Experiment nachweisen, dass die Täuschung in statistisch hinreichender Größe bei hinreichend vielen Probanden aufgetreten ist. Gibt es also einen Konsens darüber, wie ein Psychologe vorzugehen hat, wenn er ein Forschungsergebnis an den Mann bringen, also beispielsweise in einer Fachzeitschrift veröffentlichen will? Oder handelt es sich vielmehr um eine Konvention, die durch bestimmte Interessenvertreter etabliert worden ist? Wenn die Methode einer wissenschaftlichen Arbeit unorthodox ist oder bestimmte Konventionen der Berichterstattung außer Acht gelassen wurden, dann lehnt der Herausgeber jedenfalls oft den Druck der Arbeit ab. Dies kann man aus der Position des Kritischen Rationalismus heraus dann nachvollziehen, wenn bei der Überprüfung von Hypothesen Fehler gemacht wurden, wenn etwa das Experiment so angelegt war, dass die Hypothese gar nicht falsifiziert werden konnte. Aus der Position des Paradigmenansatzes heraus würde ganz anders argumentiert. Die Vertreter der Normalwissenschaft grenzen alle Forscher oder Forschungsergebnisse aus, die nicht in das bestehende Paradigma passen, während aus wissenschaftsanarchistischer Sicht eigentlich im Sinne eines *everything goes* keine Forschungsarbeiten ausgeschlossen werden dürften.

Eine wissenschaftstheoretische Position, die aus der Kritik des Kritischen Rationalismus hervorgegangen ist, aber sehr viel positiver und konstruktiver auf die Notwendigkeit eines Konsenses in der Forschungsmethodik hinweist, ist die Position der Frankfurter Schule. Wir wollen kurz auf sie beziehungsweise ihren für die Psychologie wichtigsten Vertreter, Jürgen Habermas (geb. 1929), eingehen. Im Zentrum der Position steht die Ansicht, dass Wissenschaft immer mit Herrschaft und somit mit Ethik zu tun hat. Der Forscher, dessen Manuskript von einem Journal nach dem anderen abgelehnt wurde, kann sich dieses Eindrucks sicherlich nicht erwehren. Es gibt ein Herrschaftswissen über die Gepflogenheiten wissenschaftlichen Arbeitens, in das man in der Regel hineinwächst, ohne es ernsthaft infrage zu stellen. Schließlich hängen die Karriere, das Einkommen usw. davon ab, in den Kreisen, die über Impact Factor und Bewerbungen auf Stellen in der universitären oder außeruniversitären Forschungslandschaft entscheiden, entsprechend zu punkten.

Habermas versucht nun, diesen gesellschaftlichen Prozess einerseits als unabdingbar zu erkennen, formuliert aber andererseits Regeln, die vorschreiben, wie dieser Prozess der Wissensbildung ablaufen sollte. Ganz kurz gesagt, schlägt er eine Diskursethik vor und verlangt, dass alle an einer Wissenschaft Beteiligten sich in einem intensiven Diskurs auseinandersetzen und auf die Ziele und Randbedingungen der Wissenschaft einigen sollten. Dabei gilt gerade nicht das demokratische Prinzip, dass eine Mehrheit sich durchsetzt und die Regeln bestimmt, sondern dass letztere in einem sogenannten herrschaftsfreien Diskurs ausgehandelt werden. Alle, die ein Interesse an der psychologischen Forschung haben, sollten an dem Diskurs teilnehmen, nicht nur Wissenschaftler und Forschungsmanager, sondern Vertreter aller Bevölkerungsteile, die von der Forschung betroffen sind. Nehmen wir wieder unser »Gewaltdarstellungen machen gewalttätig«-Beispiel. Um zu entscheiden, was beforscht wird und wie vorzugehen ist, sollen neben den Forschern etwa Lehrer, Erzieher sowie Hersteller von Filmen oder Fernsehgeräten am Diskurs teilnehmen. Gemeinsam entscheiden sie, ob es vertretbar ist, zu Forschungszwecken einen Gewaltfilm an Schulen zu zeigen. Man denke nur an die momentane Rechtslage in Deutschland, die entgegen der Bekenntnisse zur Meinungsfreiheit und Mündigkeit der Bürger zwar Filme, die mit Zustimmung des Naziregimes gedreht wurden, zensiert, aber fragwürdige Gewaltdarstellungen zulässt. Hier liegt ein Status quo vor, der vielleicht neu diskutiert werden sollte. Nach Habermas ist solch ein Diskurs nicht nur ein fester Bestandteil von Wissenschaft, sondern der Diskurs ist weniger offen im Ausgang, als man meinen könnte.

Habermas bedient sich nun interessanterweise einer Entwicklungstheorie, die aus der Psychologie kommt und letztendlich auf Jean Piaget (1896–1980) zurückgeht. Wir haben wieder den interessanten Fall, dass eine konkrete einzelwissenschaftliche Theorie in eine wissenschaftstheoretische Position eingeholt worden ist, diesmal aber ganz anders als bei Kuhn oder Feyerabend. Habermas hat – folgerichtig, wenn man seine Position als eine der Ethik versteht – die Ethik psychologisiert, indem er sich auf die Theorie von Lawrence Kohlberg (1927–1987) stützte. Um dies nachvollziehen zu können, müssen wir ganz kurz auf den Schweizer Entwicklungspsychologen Jean Piaget eingehen. Er ist einer der ganz großen Psychologen und hat die erste umfassende Theorie für die kognitive Entwicklung vom Säugling bis zum Erwachsenen vorgelegt (Piaget, 1937; Piaget & Inhelder, 1962). Dabei geht er, wie übrigens auch Freud vor ihm, von einer stufenweisen Entwicklung aus, die prädeterminiert ist. Beide haben sequenzielle Entwicklungsstufen postuliert, wobei drei Dinge wichtig sind, die wir die drei Bausteine der deterministischen Entwicklungstheorien nennen wollen. Erstens fängt die Entwicklung stets auf einer bestimmten primitivsten Stufe an und endet auch auf einer bestimmten Stufe der maximalen oder optimalen Entfaltung. Zweitens darf keine Stufe ausgelassen oder übersprungen werden. Und drittens ist ein Zeitplan vorgegeben, in dem die Stufen abgeschritten werden müssen. Interessanterweise ist sowohl bei Freud als auch bei Piaget die Entwicklung recht früh abgeschlossen, ungefähr mit Eintritt der Pubertät. Mit diesen drei Bausteinen haben wir die Theorie im Kern charakterisiert. Dabei ist zweitrangig, dass bei Freud eine Triebenergie der Motor der Entwicklung ist, während Piaget von einem kognitiven Determinismus ausgeht. Beide erinnern an Georg Wilhelm Friedrich Hegels (1770–1831) historischen Determinismus, der in ähnlicher Form für die Individualgeschichte angenommen wird.

Dabei scheint es viel leichter zu fallen, bei der Entwicklung des Individuums ein Ziel zu postulieren als bei einer Gesellschaftsentwicklung. Die kognitiven und emotionalen Fähigkeiten des Schulkindes sind denen des Säuglings um Größenordnungen überlegen, und diejenigen des Erwachsenen sind noch einmal um vieles komplexer. Man denke etwa an die klassischen Experimente von Piaget zu Umschüttaufgaben. Ein durstiges Kleinkind, das sich ein Glas nehmen darf, wird, vor ein schmales und ein breites Glas mit einem leckeren Getränk gestellt, das schmale auswählen, in dem der Pegel höher steht, auch wenn für uns Erwachsene sofort offensichtlich ist, dass im breiten Glas mehr Saft enthalten ist. Erst wenn das Kind alt genug ist, konkrete Operationen wie das Umschütten mit dem dazugehörigen Konstanzerlebnis durchzuführen, ja zu verstehen, ist es in der Lage, das Glas mit dem größeren Inhalt zu erkennen.

Nach Piaget ist das Kind bis zum zweiten Lebensjahr im sensomotorischen Stadium, dies wird gefolgt vom präoperationalen Stadium vom zweiten bis zum siebten Lebensjahr. Schließlich folgen das konkret-operationale Stadium bis zum zwölften und die formal-operationale Phase bis zum 13. Lebensjahr. Die Invarianz einer Flüssigkeitsmenge durch Umschütten kann nach Piaget erst mit Erreichen der konkret-operationalen Phase erkannt werden. Piaget hat übrigens jede dieser vier Phasen noch weiter unterteilt und ein Theoriegebäude geschaffen, das dem von Freud in Komplexität wenig nachsteht. Ein Großteil der Entwicklungspsychologie nach Piaget kann als Fußnote zu dieser Theorie aufgefasst werden, in der es im Wesentlichen darum geht nachzuweisen, dass eine ganze Reihe von Fähigkeiten bereits früher ausgereift sind als von Piaget angenommen. Seltener wurde auch gefunden, dass eine Phase ausgelassen wird.

Hat man nun akzeptiert, dass es im kognitiven Bereich eine klar gerichtete Entwicklung gibt, ist es nur noch ein kleiner Schritt, solch gerichtete Entwicklung auch im moralischen Urteil zu entdecken. Genau dies gelang in den 1960er Jahren Lawrence Kohlberg (1996). Er postuliert sechs Stufen der moralischen Entwicklung und benutzt auch die drei Bausteine der deterministischen Entwicklungstheorien von Freud und Piaget, allerdings mit zwei Aufweichungen. Der erste Baustein einer Ausgangs- und einer Endphase wird insofern aufgeweicht, als es nicht erforderlich ist, dass man jemals bei der letzten Stufe ankommt. Der zweite Baustein einer konsekutiven Abfolge der Stufen wird beibehalten. Der dritte Baustein des Zeitplans wird insofern aufgeweicht, als insbesondere die letzte Stufe erst sehr spät erreicht werden kann. Kohlberg gibt sich also ganz modern im Sinne einer *lifelong development*.

Kohlbergs sechs Stufen umfassen zwei der präkonventionellen Moral, zwei der konventionellen Moral und zwei der postkonventionellen Moral. Auf den beiden Stufen der präkonventionellen Moral orientiert sich das Kind an Belohnung, Bestrafung und Gehorsam, wobei die zweite Stufe bereits so etwas wie Verteilungsgerechtigkeit mit einbezieht. Auf den Stufen der konventionellen Moral befinden sich die meisten Jugendlichen, die ihr Verhalten zunächst ausschließlich an den Regeln ihrer unmittelbaren Umwelt orientieren und sich dann etwas abstrakter daran orientieren, ihre Pflicht zu tun und Autoritäten zu respektieren. So werden Interessen anderer anerkannt, aber in ein festes Regelsystem gestellt. Auf den beiden Stufen der postkonventionellen Moral werden schließlich auf der fünften Stufe die Dimension der Gesetzesauslegung und des Sozialvertrags für moralische Entscheidungen relevant, während auf der reifsten, der sechsten Stufe, die Orientierung an allgemeingültigen ethischen Prinzipien in den Vordergrund rückt, die in gewissen Fällen auch gegen das herrschende Recht stehen können. Man denke etwa an den Mord an einem Despoten. Die damit verbundene Fähigkeit zur Beurteilung von moralischen Maximen und die dazu nötige Selbstdistanzierung werden laut Kohlberg nur von den allerwenigsten Menschen erreicht.

Nun aber zurück zu Habermas, der sich ganz maßgeblich mit Kohlberg auseinandersetzt und seine Theorie zur Begründung der Ziele des Wissenschaftsdiskurses heranzieht. Habermas (1983) geht davon aus, dass die individualpsychologische Moralentwicklung – zumindest bis zur fünften Stufe – nicht nur vorgezeichnet ist, sondern empirisch durch die Arbeiten Kohlbergs auch hinreichend abgesichert ist, um als begründendes Modell für den gesellschaftlichen Diskurs von Normen wissenschaftlichen Handelns herangezogen werden zu können. Dabei zielt Habermas weniger auf die Entwicklung moralischer Normen als auf die Entwicklungsstufen des kommunikativen Sprachgebrauchs und des kommunikativen Handelns. Die ist für ihn von besonderem Interesse, da letztendlich im Diskurs über Wahrheit und Relevanz entschieden wird. Er musste daher Kriterien finden, wann ein Diskurs ordnungsgemäß geführt worden ist. Hierzu eignen sich Kohlbergs Entwicklungsstufen, die, so Habermas, da sie regelmäßig auf der Ebene des Individuums ablaufen, auf eine gesellschaftliche Relevanz von Entwicklung ethischer Normen verweisen. Das heißt, gesellschaftliche Normen lassen sich im Rückgriff auf Kohlberg und Piaget rekonstruieren, und somit sind ein Ziel des Wissenschaftsdiskurses und auch eine Bewertung möglich.

Man kann sagen, dass sich der Versuch von Habermas letztendlich nicht durchgesetzt hat, wenn er nicht ganz gescheitert ist. Der Diskurs wird, zumindest in der Psychologie, nicht – oder, fairer gesagt, nicht mehr – geführt. Den hitzigen Debatten der 1960er Jahre darum, wie eine Psychologie präskriptiv sein kann, ist wenig hinzugefügt worden, und heute besteht wenig Interesse daran, ethische Prinzipien in die empirische Psychologie zu integrieren. Dies wird, wenn, dann ad hoc getan; als großer Diskurs aller Beteiligten ist er praktisch irrelevant geworden. Nicht zuletzt ist es vielleicht still um diese Position geworden, weil Piaget und Kohlberg grundsätzliche Kritik erfahren haben und, um mit Kuhn zu sprechen, sowohl der individualpsychologische wie auch der kollektive Determinismus kein vorherrschendes Paradigma (mehr) sind.

Einen ganz anderen Versuch, Wissenschaft zu rekonstruieren, der weder psychologisch noch gesellschaftstheoretisch in deterministische Modelle eingebunden ist, werden wir im nächsten Kapitel mit den Ansätzen von Stegmüller und BonJour (geb. 1943) kennenlernen, die dann auch unsere Synopsis der unterschiedlichen wissenschaftstheoretischen Positionen beschließen soll.

6.3 Zusammenfassung

Zeitgleich mit dem Kritischen Rationalismus entsteht ein wissenschaftstheoretisches Konzept, das treffender mit Wissenschaftssoziologie oder -psychologie beschrieben werden sollte. Es wird allerdings erst in den 1960er Jahren populär. Der Entdeckungszusammenhang wird wieder ins Rampenlicht gerückt, und der Wahrheitsbegriff wird radikal relativiert. Die Wahrheit im Sinne von Ludwik Fleck ist abhängig vom Denkstil und von dem durch ihn bestimmten Zweck des Wissens. Wo jedes Erkennen die Wirklichkeit umformt, um so zu neuem Erkennen zu provozieren, kann auch nicht von einer beständigen Annäherung, nicht einmal asymptotisch, gesprochen werden. Thomas Kuhn führt den Paradigmenbegriff in die Wissenschaftstheorie ein und bietet ähnlich Fleck eine historische Deutung des Wissenschaftsfortschritts an, der aus zyklisch verlaufenden Paradigmenwechseln besteht. Ein Paradigma kann nicht falsifiziert werden, sondern es wird ad acta gelegt, wenn seine letzten Vertreter ausgestorben sind. Nach Kuhns soziologisierender Sicht hat sich noch eine psychologisierende Sicht des wissenschaftstheoretischen Anarchismus aufgetan, die aber wegen ihrer extremen, anarchistischen Ausrichtung heute keine Bedeutung mehr hat. Darüber hinaus hat der Versuch, einen normativen Diskurs aller Beteiligten zur Festsetzung von Wissenschafts- und Wahrheitskriterien, der mit dem Namen Jürgen Habermas verbunden ist, Geschichte gemacht. Er bediente sich deterministisch-psychologischer Theorien.

Non-Statements und Kohärenz

7.1 Rekonstruktion von Wissenschaft – 92

7.2 Wolfgang Stegmüller – 92
7.2.1 Fortschritt der Forschung im Strukturalismus – 95

7.3 Laurence BonJour – 95
7.3.1 Kohärenztheorie empirischen Wissens – 95
7.3.2 BonJours Kohärenztheorie – 96

7.4 Pluralität oder Abwendung von Metatheorien? – 98

7.5 Zusammenfassung – 99

7.1 Rekonstruktion von Wissenschaft

Nachdem wir uns in ▶ Kap. 4 mit dem rationalistischen Wissenschaftsbild des Kritischen Rationalismus beschäftigt haben und in ▶ Kap. 5 mit den empiristischen Positionen von Thomas Kuhn und der Frankfurter Schule, kommen wir jetzt zu zwei Positionen, die mehr als nur historische Bedeutung haben, da sie unser modernes Wissenschaftsverständnis im 21. Jahrhundert leiten. Die modernen Positionen zeichnen sich dadurch aus, dass sie nicht mehr streng rationalistisch oder streng empiristisch sind, sondern gemäßigtere Grundhaltungen verkörpern. Sie werden jedoch merken, dass es auch hier heute zwei grundlegend unterschiedliche Auffassungen gibt. Die eine, der sogenannte Non-Statement View von Joseph D. Sneed (geb. 1938) und Wolfgang Stegmüller, versucht, Wissenschaft rational zu rekonstruieren, ist also eher rationalistisch. Die andere, der Kohärenzansatz von Laurence BonJour, versucht eine neue Variante des Induktionsschlusses zu legitimieren. Auf lokaler Ebene ist dieser natürlich nicht wasserdicht, aber auf der globalen Ebene eines ganzen Meinungssystems lassen sich durchaus Theorien als wahr rechtfertigen. Beide Ansätze sehen wir uns im Folgenden etwas genauer an.

7.2 Wolfgang Stegmüller

Wolfgang Stegmüller (1973; 1979a) hat versucht zu ergründen, was passiert, wenn wir davon ausgehen, dass die Positionen von Popper und Kuhn beide eine gewisse Richtigkeit besitzen. Kuhn kritisierte Popper ja dahingehend, dass er anmerkte, er kenne keine Theorie, die durch Einsicht der Wissenschaftler in ihre Falsifikation zugrunde gegangen sei, und Popper kritisierte den Gedanken des Paradigmenwechsels. Er sieht eine ständige Reihe von Revolutionen als das Wesen falsifikatorischer Wissenschaft. Stegmüller nimmt eine interessante andere Bewertung aus Sicht der 1970er Jahre vor:

> » Im Rückblick können wir sagen: Die Auffassungen von Popper und Kuhn erweisen sich als miteinander verträglich, ja ergänzen einander möglicherweise sogar, wenn man die Einsichten beider Seiten auf das richtige Maß reduziert ... So ist die Naturwissenschaft zwar als ein rationales Unternehmen erkennbar. Dennoch weist ihr Verlauf zahlreiche Merkmale auf, die zu einem Teil direkt mit Wesenszügen der Evolution des Lebens vergleichbar sind und die zu einem anderen, sehr großen Teil Manifestationen von spezifisch menschlichen Eigenschaften bilden ... Es scheint mir, ... *daß nämlich die Existenz der Wissenschaft unlösbar an die Existenz des Menschen geknüpft ist.* (Stegmüller, 1973:121, 128 f.) «

Aus diesen Einsichten leitet Stegmüller die Idee ab, dass Wissenschaft durchaus Rationalität besitzt, man aber gleichzeitig die menschlichen Grenzen des Strebens nach Rationalität berücksichtigen muss. Der Wissenschaftstheoretiker muss eine rationale Rekonstruktion von Wissenschaft und gleichzeitig von deren Wandel leisten. Dies kann, so Stegmüller, am besten von einem strukturalistischen Ansatz geleistet werden, wie ihn Joseph D. Sneed angedacht hat.

Der von Sneed geprägte Strukturalismus ist aus einer Betrachtung von Theorien in der Physik entstanden, die einen mathematischen Kern besitzen. In seinem berühmten Buch von 1971, *The Logical Structure of Mathematical Physics*, hat Sneed den Gedanken, der für bestimmte Theorien in der theoretischen Physik ganz naheliegend ist, nämlich dass Theorien, wenn sie einen mathematischen Kern haben, gar nicht als Ganzes falsifizierbar sein können, auf Theorien im Allgemeinen übertragen. Theorien, so postuliert er, haben generell einen Strukturkern, der zwar nicht immer ein mathematisches Modell sein muss, das ja per Definition widerspruchsfrei und jenseits der empirischen Überprüfbarkeit ist, aber stets einen ähnlichen Charakter hat. Diesen Kern einer jeden Theorie kann man als Non-Statement bezeichnen. Das heißt, er ist kein Statement in dem Sinne, dass er eine Aussage mit Gehalt sein müsste. Der Strukturkern besagt noch nicht einmal, worauf er angewandt werden soll, sondern er dient sozusagen nur als begrifflicher und ordnender Aufhänger für andere Statements um diesen Kern herum, die dann allerdings sehr wohl empirisch überprüft werden können und sollen. Damit sind in diesem Non-Statement View zwar die Probleme von Verifikation, Falsifikation, Exhaustion etc. nicht hinfällig, aber doch sehr abgemildert.

Der Pfiff bei der Sache ist nun, dass der Strukturkern die Theorie ausmacht, während die überprüfbaren Randgebiete lediglich sogenannte intendierte Anwendungen der Theorie sind. Eine Theorie ist demzufolge keine Aussage (oder Aussagensystem), sondern lediglich eine Struktur, von der zunächst noch offen ist, worauf sie angewandt werden soll. Und nur diese Randgebiete der Anwendung beherbergen Statements, also Aussagen. Eine Aussage im Randgebiet kann man falsifizieren, die Struktur jedoch nicht. Nach dieser Auffassung sind Theorien also gar nicht empirisch überprüfbar und deshalb gegenüber Falsifikationen immun. Dies hat viele Vorteile, allerdings auch einige Nachteile.

Den Strukturkern einer Theorie kann man formalisieren, was einen großen Vorteil für dessen ordnende Funktion der Randgebiete hat. Die rationale Rekonstruktion von Theorien macht nun genau dieses, sie formalisiert den Strukturkern. Sie nimmt sich, was die Psychologie anbetrifft, sprachlich unscharf formulierte Theorien und beschreibt zunächst deren Kern, deren Struktur mit formalen Mitteln. Genauer gesagt, der Strukturalist axiomatisiert Theorien anhand von mengentheoretischen Prädikaten. Dann findet er die intendierten Anwendungen der Theorie. Hierzu jetzt ein bekanntes Beispiel: die Theorie der kognitiven Dissonanz von Leon Festinger (1957):

$M = \{k_1, k_2, k_3, \ldots\}$ sei die Menge der Kognitionen einer Person.

D sei die Relation der kognitiven Dissonanz.

x ist ein dissonanzreduzierendes System genau dann, wenn es ein M und ein D gibt, sodass gilt:
1. $x = <M, D>$.
2. M ist eine endliche, nicht leere Menge.
3. D ist eine zweistellige Relation auf M.
4. Wenn zwischen zwei Elementen k_i und k_j aus M eine Relation $D(k_i, k_j)$ besteht, so entsteht eine Tendenz $D(k_i, k_j)$ zu beseitigen beziehungsweise zu mildern.

Diese Struktur ist ein Non-Statement, sie behauptet gar nichts. Lediglich ihre *intendierten Anwendungen* behaupten etwas. Das sind die empirischen Sachverhalte, auf welche die Forschungsgemeinschaft das bestimmte mengentheoretische Prädikat D anwenden will. So kann die Struktur beispielsweise auf Umwertungen nach Entscheidungen angewandt werden. Nur wenn diese Anwendung auch intendiert ist, wird sie relevant. Beispiel: Ich habe mir ein paar rote Jeans gekauft, obwohl ich die Farbe Rot eigentlich gar nicht mag (die Verkäuferin hat mich überredet oder meine Einwilligung mit anderen Mitteln forciert).
− Die Dissonanzrelation D ist erfüllt, und Dissonanz wird jetzt reduziert.
− Eine Umwertung reduziert Dissonanz (Rot ist doch gar nicht schlecht).
− Informationssuche nach Entscheidungen (Ist Rot vielleicht gerade Modefarbe? Wird Rot von einer Berühmtheit getragen? etc.).

Eine Theorie ist also anders als bei Popper nicht auf alles anzuwenden, was unter sie gefasst werden kann, sondern die intendierten Anwendungen müssen mitgeliefert werden. Die vom Urheber der Theorie angeführten Beispiele haben daher keine zufällige Bedeutung wie noch bei Popper, sondern eine *paradigmatische*; sie leiten die Forscher in der Suche nach neuen intendierten Anwendungen. Sie sehen, dass hier Entdeckungs- und Begründungszusammenhang nicht so strikt getrennt sind wie im Kritischen Rationalismus.

Über den Erfolg der Theorie entscheidet nun, wie viele neue intendierte Anwendungen gefunden werden. Je mehr gefunden werden, desto erfolgreicher die Theorie. Die Theorie kann aber nie falsch sein, sie kann sich auf mehr oder weniger intendierte Anwendungen beziehen. Im schlechtesten Fall findet man keine intendierten Anwendungen, womit die Theorie hinfällig wird. Erinnern Sie sich an die Ceteris-Paribus-Bedingung? Man könnte sagen, dass mit dem Konzept der intendierten Anwendungen das Terrain der ungenannten Randbedingungen, die konstant bleiben müssen, um die Theorie überprüfen zu können, zumindest teilweise mit in die Betrachtung einbezogen wird. Ist nach dem Non-Statement View eine Hypothesenprüfung also überflüssig? Nein, auf keinen Fall. Nur der Gegenstand der Überprüfung ist etwas verschoben worden. Wir überprüfen nicht die Theorie beziehungsweise nicht den Kern, sondern lediglich die Randgebiete. Von einer genau spezifizierten intendierten Anwendung können wir sehr wohl sagen, ob sie zutrifft oder nicht.

Hierzu muss allerdings zuerst einmal das *Problem der theoretischen Begriffe* gelöst werden. Dieses Problem existiert als Teil einer sehr ernst zu nehmenden Kritik am Kritischen Rationalismus, der in den Augen des Non-Statement View in reduktionistischer Weise versucht, alle naturwissenschaftlichen Sätze auf Beobachtungssätze zurückzuführen. Die Zurückführung von überprüfbaren Aussagen auf Beobachtungssätze war für Popper die Lösung des Induktionsproblems; sie führt aber dazu, dass alle Beobachtungssätze immer schon an eine bestimmte Theorie angebunden sind, also nicht ganz unabhängig von ihr festgestellt werden können. Rudolph Carnap hat bereits die Zurückführung von überprüfbaren Aussagen auf Beobachtungssätze als unmöglich herausgestellt, da zwei Begriffsdichotomien, die klar zu trennen sind, miteinander konfundiert wurden, nämlich die Dichotomie beobachtbar–unbeobachtbar und theoretisch–nichttheoretisch. Nur durch die Konfundierung ist die These entstanden, dass alle Beobachtung theoriedurchtränkt ist. Die Unterscheidung beobachtbar–unbeobachtbar ist eine erkenntnistheoretische. Sie ist aber als solche relativ und unterliegt Konventionen. Die Unterscheidung theoretisch–nichttheoretisch hingegen ist semantischer Natur (Stegmüller 1987, Bd. 2: 481b) und außerdem immer auf die einzelne Theorie hin zu relativieren. Es ist Sneeds Verdienst, darauf hingewiesen zu haben. Er schlägt vor, einen Begriff nur dann theoretisch zu nennen, wenn er jenseits des Kriteriums der Beobachtbarkeit (klassisch) so verstanden werden kann und sich auf eine bestimmte Theorie bezieht. In diesem Fall spricht er von T-theoretisch:

Eine Größe ist T-theoretisch, wenn sie die Anwendung einer bestimmten Theorie voraussetzt.

Beispiel: Masse und Kraft in der Newton'schen Theorie sind T-theoretisch, Geschwindigkeit und Position aber nicht. Letztere lassen sich unabhängig von der Theorie bestimmen. Masse (und damit auch Kraft) hingegen kann man nur bestimmen, wenn man die Masse der Erde und damit die Gravitationskonstante kennt. Dies setzt aber die Newton'sche Theorie voraus und ist daher T-theoretisch.

Durch die Bestimmung des T-Theoretischen wird sofort offensichtlich, dass man in einen Zirkel gerät. Die Gravitationstheorie braucht den Kraftbegriff, und dieser ist T-theoretisch, das heißt, er setzt die Richtigkeit der Newton'schen Theorie voraus.

Die Richtigkeit der Newton'schen Theorie ist also nicht prüfbar, da sie T-theoretische Begriffe enthält, ja enthalten muss. Dies ist allgemein für Theorien der Fall. Theorien sind demzufolge nicht prüfbar! Was ist also dann die Aufgabe des empirisch arbeitenden Wissenschaftlers? Der Erfahrungswissenschaftler überprüft nicht Theorien, sondern immer nur aus den Theorien resultierende Sätze. Diese werden auch Ramsey-Sätze genannt. Wenn es keine Messdaten gibt, die auf Ramsey-Sätze passen, die auf intendierte Anwendung passen, dann hat der Forscher versagt, aber nicht die Theorie.

7.2.1 Fortschritt der Forschung im Strukturalismus

Innerhalb der skizzierten Position des Non-Statement View gibt es Vorstellungen davon, dass die wissenschaftliche Erkenntnis mehr oder weniger gerichtet voranschreitet. Der Fortschritt läuft in zwei Phasen ab. Man sieht, dass das Fortschrittskonzept sowohl Züge des Kritischen Rationalismus als auch Züge des Kuhn'schen Erbes trägt.
- *Normale Phase der Wissenschaft:* Theorien werden um speziellere Gesetze ergänzt, einige der intendierten Anwendungen werden ausgedehnt und geprüft, andere werden verworfen. (Bei Newton beispielsweise war die Anwendung auf Licht nicht erfolgreich, Licht ist eben kein Partikel.)
- *Revolutionäre Phase:* Die Brauchbarkeit einer Theorie kann dennoch infrage gestellt werden. Dieses Infragestellen geschieht etwa, wenn zu viele der intendierten Anwendungen verworfen wurden und ein neuer Theoriekern aufkommt, der den alten ersetzen kann. Dann beginnt wieder eine Phase normaler Wissenschaft.

Die neue Theorie ist mit der alten oft unvergleichbar, die intendierten Anwendungen mögen andere, vielleicht auch zahlreichere sein. Daher stellt sich auch nicht die Frage, ob die Theorie richtig oder falsch ist, sondern ob sie aktueller und dahingehend überlegen ist, dass die intendierten Anwendungen besser den jetzigen Bedürfnissen entsprechen. Dies kann durchaus eine Frage des Zeitgeistes oder gar eine Mode sein. Der Wissenschaftler kann ein entsprechendes Werturteil fällen, denn die wissenschaftliche Methode kann nicht darüber entscheiden, welche von zwei Theorien näher an der Wahrheit ist. Eine Theorie kann lediglich den Bedürfnissen adäquater angepasst sein als eine andere.

7.3 Laurence BonJour

7.3.1 Kohärenztheorie empirischen Wissens

Vielleicht erinnern Sie sich an ▶ Kap. 2 zum Thema Logik, in dem wir einen Exkurs in die Wahrheitstheorien unternommen haben. Wir haben die Korrespondenztheorie (Wahrheit = Übereinstimmung des Inhalts einer Aussage mit einem Faktum in der Welt), die Konsenstheorie (Wahrheit ist das, worauf sich die Experten einigen), die Performationstheorie (wahr ist etwas, wenn ich ihm zustimme), die pragmatische Wahrheitstheorie (ein Satz ist wahr, wenn er nützlich ist) und eben auch die Kohärenztheorie kennengelernt. Kurz gesagt, Kohärenz heißt, dass ein Satz wahr ist, wenn seine Richtigkeit aus bereits bekannten Sätzen abgeleitet werden kann. Dabei ist natürlich nicht unbedingt an eine streng deduktive Ableitung gedacht. Dieser Kohärenzgedanke entstand in der empiristischen Tradition des 19. Jahrhunderts und wurde auch im Wiener Kreis Anfang des 20. Jahrhunderts von Otto Neurath vertreten. Aber erst im Umfeld der analytischen Philosophie in Amerika wurde die Kohärenztheorie der Wahrheit im Detail ausgearbeitet, zunächst von Nicholas Rescher (1973) und dann von Laurence BonJour (1985). Rescher formulierte klare Kriterien für die Anforderungen an eine Theorie, damit eine Kohärenzprüfung überhaupt vorgenommen werden kann. So müssen unter anderem alle relevanten Sätze der Theorie betrachtet werden (*comprehensiveness*), und die Theorie muss in sich widerspruchsfrei sein (*consistency*). BonJour hat in seinem Werk *The Structure of Empirical Knowledge* auf der Idee der Kohärenz eine ganze wissenschaftstheoretische Position (*coherentism*) aufgebaut. Mit Kohärenz meint er weitaus mehr als die bloße Konsistenz von Aussagensystemen. Die bereits bekannten Sätze, die zur Bestimmung der Richtigkeit des infrage stehenden Satzes im Sinne der Kohärenz benutzt werden, müssen bereits den Stellenwert von wahren oder zumindest überlegenen Sätzen besitzen.

7.3.2 BonJours Kohärenztheorie

BonJour stellt zunächst fest, dass wir erst dann Wissen besitzen, wenn der Satz, in dem wir es formulieren, sowohl wahr als auch angemessen gerechtfertigt ist. Die Frage von Wissen ist also die Frage danach, wann eine Meinung oder ein Satz angemessen gerechtfertigt ist. Diese Frage führt laut BonJour direkt in das sogenannte *Regress-Problem*. Immer dann, wenn zur Prüfung und Rechtfertigung der Wahrheit eines Satzes auf einen anderen Satz zurückgegriffen wird, landet man bei einer ganzen Kette von Sätzen, denn der Satz, auf den man zurückgreift, muss seinerseits auch wieder gerechtfertigt werden; es ist also ein dritter Satz notwendig, den man auch wiederum begründen muss, usw. Diese Rechtfertigungskette hat kein natürliches Ende, und eben das ist das Regress-Problem. Es hat im Wesentlichen drei Lösungsmöglichkeiten, wobei diese den Namen »Lösung« vielleicht noch nicht einmal verdienen.

1. *Der infinite Regress:* Wir machen einfach munter weiter und greifen auf einen Satz nach dem anderen zurück. Wir haben es eben mit einer infiniten Rechtfertigungsreihe zu tun, das ist unvermeidlich und muss schlichtweg hingenommen werden.
2. *Der Zirkel:* Alternativ dazu kann man Satz A mit Satz B rechtfertigen, Satz B mit Satz C usw., sagen wir bis zu Satz N. Und schließlich rechtfertigen wir Satz N mit Satz A. So sind alle Sätze gerechtfertigt, und die Rechtfertigungsreihe ist endlich. Aber es ist ein Zirkel entstanden. Die Zirkularität von Rechtfertigungen wird in der Regel als äußerst problematisch erachtet.
3. *Termination:* Dies ist die klassische Lösung. Die Kette der rechtfertigenden Sätze wird bis zu einem Satz geführt, der aus sich selbst heraus gerechtfertigt ist. Solche Sätze, die ein sicheres Fundament bilden (*fundamentum inconcussum*), sind insbesondere von den Rationalisten gesucht und auch gefunden worden, man denke etwa an das Descartes'sche »Cogito ergo sum«. Die Tatsache, dass ich denke, ist in sich evident und braucht nicht weiter gerechtfertigt zu werden.

Infiniter Regress, Zirkel und Termination durch einen selbstrechtfertigenden Satz sind für BonJour allesamt unbefriedigende »Lösungen« des Regress-Problems. Mit seiner Version der Kohärenztheorie geht BonJour einen radikal anderen Weg und stellt den Regress bei der Rechtfertigung von Sätzen infrage. Diesen gebe es nur, wenn man Sätze als Einheiten isoliert betrachtet. Wenn man hingegen Sätze etwas holistischer als Teile eines Aussagesystems ansieht, sind sie gerechtfertigt, solange sie sich kohärent in das System einfügen. Man kann also eigentlich nur das ganze System beurteilen und nicht den einzelnen Satz. Der muss aber ja auch gar nicht individuell gerechtfertigt werden, wie es bei der Annahme des Regress-Problems implizit geschieht. Dieser Blick, einen einzelnen Satz als Teil eines ganzen Satzsystems zu verstehen, stellt eine neue und ganz andersartige Sicht auf den Begründungszusammenhang von Theorien dar. BonJours Idee der Kohärenz kann folgendermaßen präzisiert werden:

- Sätze werden dadurch gerechtfertigt, dass sie inferenziell mit anderen Sätzen im Gesamtkontext eines kohärenten Systems verbunden sind.
- Entscheidend für die Rechtfertigung eines einzelnen Satzes ist also nicht mehr allein seine Ableitbarkeit aus anderen einzelnen Sätzen, sondern die Tatsache, dass der Satz Mitglied eines kohärenten Meinungssystems ist.
- Auf der *lokalen Ebene* besteht eine lineare Abhängigkeit einzelner Sätze voneinander. Man erreicht mithilfe von Verknüpfungen dieser Sätze und durch das Ziehen von Inferenzen stabile Sätze, die sowohl als Prämissen fungieren und zugleich im Kontext akzeptabel sind.
- Kohärenz entsteht auf der *globalen Ebene* durch die gegenseitigen, reziproken Unterstützungsbeziehungen zwischen den Sätzen.

Die Rechtfertigung des ganzen Meinungs- oder Aussagensystems ist auf der lokalen Ebene unmöglich, eben weil man in einen Regress geraten würde. Auf der globalen Ebene ist eine Rechtfertigung jedoch durchaus möglich. Bilden Sätze ein kohärentes Meinungssystem, kann der Rechtfertigungszustand des ganzen Systems auf seine Mitglieder (Sätze) vererbt werden. Ist also das System plausibel und anerkannt, muss dies auch für dessen Teile gelten. Für das ganze System ist es sehr viel leichter, Anforderungen und Richtigkeit zu prüfen, als für einen oder wenige isolierte Sätze.

Die aus dem System hervorgehende Wahrheit ist umso überzeugender, je besser das System bestimmten Forderungen, wie denen der Konsistenz, der Abgestimmtheit usw. genügt. Dann ist es wahrscheinlich, dass eine Meinung, die gut in das System passt, auch wahr ist. Eine Meinung passt, wenn sie innerhalb des Systems erklärt werden kann oder wenn ihre Verknüpfung mit anderen Sätzen des Systems zu richtigen Erklärungen beiträgt. Wir kommen der Wahrheit näher, wenn die vom System geleistete Kohärenz zunimmt. Dazu ist ein Input aus der Welt des Beobachtbaren in das System notwendig. Je umfangreicher dieser Input ist, desto größer ist auch der Druck zur Anpassung des Systems an die äußere Welt. Oder anders gesagt, je kohärenter das System geworden ist, desto geordneter und zusammenhängender ist es und umso wahrer ist es auch. Die Aufgabe des Wissenschaftlers besteht darin, die Theorie, also das System, unter dem Einfluss hinzukommender Beobachtungen auf mehr Kohärenz hin umzugestalten.

Was sind nun die notwendigen Rahmenbedingungen für die Evolution einer guten, besonders kohärenten Theorie?

- Es darf nur eine Welt geben, denn gäbe es zwei oder mehrere, könnten diese auch zwei oder mehr gegebenenfalls inkompatible Theoriensysteme bestätigen, und Beobachtungen könnten aus mehreren Welten stammen.
- Es muss einen Input aus der Welt in die Theorie geben, weil bestimmte Sätze – nämlich alle Beobachtungssätze – kausal mit der Welt verbunden sind. Sie können als durch die Welt verursacht verstanden werden. Was ein Beobachtungssatz ist, muss nun aber nicht von außen her bestimmt werden, sondern wird im Satzsystem festgemacht. Wir sehen hier die empiristische Formung der Theorie durch die Beobachtung durchscheinen.

– Die Welt selbst muss kohärent sein. Wären alle Phänomene in der Welt rein zufällig gruppiert, könnten keine Theorien entstehen, nichts wäre vorhersagbar und keine Erklärung möglich.

BonJour hat diesen Kohärenzansatz zunächst ausgebaut, sich aber in den späten 1990er Jahren wieder von der Position abgewandt, dass man den Regress ganz umgehen könne. Er tendiert jetzt zu einem gemäßigten Fundamentalismus, wie er es nennt, hat sich also der rationalistischen Position angenähert und nicht nur den Regress akzeptiert, sondern sich auch für die dritte Möglichkeit, ihn zu lösen, ausgesprochen. Dennoch hat die Kohärenztheorie weiterhin viele Vertreter.

7.4 Pluralität oder Abwendung von Metatheorien?

Wenn Sie heute einen psychologischen Fachaufsatz lesen, ja selbst wenn Sie ein kritisches Buch zu einem beliebigen Fachthema zur Hand nehmen, so finden Sie in aller Regel keine einzige Bemerkung zum wissenschaftstheoretischen Standpunkt des Autors darin. Nachdem wir bisher gesehen haben, wie gewaltig die Unterschiede in den Auffassungen darüber sind, was die Bedingungen für wissenschaftliche Erkenntnisse in der Psychologie ausmachen, dann ist dies recht verwunderlich. Es scheint so zu sein, dass de facto heute die meisten Wissenschaftler keine wissenschaftstheoretische Position haben beziehungsweise ihre wissenschaftstheoretische Position schlichtweg nicht kennen. Haben wir es also mit einer gelebten Anarchie im Wissenschaftsbetrieb oder mit noch weniger zu tun? Um Anarchist zu sein, bedarf es ja zumindest noch der Einsicht, dass alles erlaubt ist. Nein, es scheint sich anders zu verhalten. Die meisten Forscher, und da nehmen wir uns als Autoren dieses Buches auch nicht aus, sind sehr darauf bedacht, die gängigen Standards, die man einhalten muss, um seine Ergebnisse veröffentlichen zu können, auch einzuhalten. Wir wagen es beispielsweise nicht, eine Studie durchzuführen, in der wir uns auf die durch Introspektion gewonnenen Selbstauskünfte von Versuchspersonen verlassen, wenn wir feststellen wollen, wie aggressiv deren Verhalten ist, obwohl dies vor weniger als 100 Jahren noch die Methode der Wahl war. Heute sind systematische Variationen eines Reizes und anschließende Verhaltensbeobachtungen, am besten ohne dass die Versuchsperson darum weiß, eine weitaus akzeptablere Vorgehensweise. Mit der, wenn auch oft unfreiwilligen oder unreflektierten Wahl der Methode, wird natürlich ein bestimmtes Verständnis von Wissenschaft mitgeliefert, wenn auch nur implizit. Und wie wir gesehen haben, kann dies ganz wesentliche Auswirkungen darauf haben, was wir als fundiertes Wissen anerkennen, ganz zu schweigen davon, dass die Methoden, die zu einem Zeitpunkt in Mode sind, bestimmte Fragestellungen begünstigen und andere ausschließen können.

Ein Mindestmaß an Sensibilität für die Problematik der erkenntnistheoretischen Grundposition eines Autors sollte daher stets die Lektüre wissenschaftlicher Arbeiten begleiten. Die Autoren leisten diese erkenntnistheoretische Positionierung jedoch in aller Regel nicht. Wie sollten sie auch, wenn sie unter Umständen explizit gar keine Position beziehen. Wir können sicherlich einige gute Erklärungen für den Mangel an wissenschaftstheoretischer Einordnung anführen, ihre Wichtigkeit haben wir aber hoffentlich eindringlich genug verdeutlicht. Eine solche Erklärung wäre etwa die Vermutung, dass wir uns gegenwärtig in einer Phase der Normalwissenschaft befinden und niemand das vorherrschende Paradigma infrage stellt. Ja, vielleicht sind wir unserem Paradigma des Forschens in kleinen Häppchen, die mit statistischen

Signifikanztests unterlegt sein müssen, so verhaftet, dass wir nicht auf die Idee kommen, Vorbedingungen und Prämissen des Paradigmas zu formulieren, geschweige denn anzuzweifeln.

Eine andere Erklärung für den Mangel an Reflexion der Erkenntnisgrundlagen der Psychologie mag darin bestehen, dass wir stillschweigend den Kritischen Rationalismus angenommen haben und es nicht für nötig erachtet wird, dies noch einmal zu erwähnen. Dies mag vielleicht für einige Vertreter unseres Faches zutreffen, in der Regel kann man dies jedoch ausschließen, da die meisten Forscher viel mehr Energie darauf verwenden zu beschreiben, wie sie zu ihrer Theorie gekommen sind, als darauf, sie ernsthaften Falsifikationsversuchen zu unterziehen. Sie versuchen also, dem Leser den Entdeckungszusammenhang nahezubringen, der nach Popper ja vollkommen irrelevant sein sollte.

Eine weitere Erklärung für die scheinbare Interesselosigkeit an den metapsychologischen Betrachtungen über die Entstehung und Rechtfertigung von psychologischen Theorien mag in der pluralistischen Grundhaltung zu finden sein, die wir gegenüber der Forschung einnehmen. Schließlich sind die Freiheit von Forschung und Lehre in den Hochschulgesetzen der Länder festgeschrieben, sodass wir uns um die Bedingungen von erfolgreicher Forschung vielleicht gar keine Gedanken machen müssen. Wir halten diese Einstellung und den Mangel an Reflexion der Grundbedingungen von Wissenschaft gerade in der Psychologie für sehr bedenklich. Weil wir als Psychologen vielerorts aufgefordert sind, Konsequenzen unserer Theorien in alltagsrelevante Veränderungen einzubringen, sei es durch Einzelempfehlungen einer bestimmten Therapie oder durch eine Empfehlung, Gewaltdarstellungen aus dem Fernsehprogramm zu eliminieren, sollten wir den metatheoretischen Gesichtspunkt nicht aus den Augen verlieren. Wir sollten dazu in der Lage sein, unsere eigenen Forschungsergebnisse auch wissenschaftstheoretisch zu bewerten. Die bisherigen Kapitel sollen Sie dazu ermuntert haben, bei all den Theorien und »Fakten«, die Sie noch kennenlernen werden, stets im Hinterkopf zu behalten, dass sie nicht unbesehen als Fakten hingenommen werden sollten. Wer weiß, vielleicht wird es am Ende durch diese Grundeinstellung leichter möglich, dass sich ein neues Forschungsparadigma durchsetzen kann.

7.5 Zusammenfassung

Der Kritische Rationalismus, der sicherlich für die Naturwissenschaften das Paradigma der Wahl geworden ist, hat auch in den Geisteswissenschaften die Methodendiskussion befruchtet. Er ist dort jedoch überholt worden von dem Versuch, einzelwissenschaftliche Erkenntnisse auf die Erkenntnistheorie anzuwenden. Besonders wichtig waren dabei die wissenssoziologischen Ansätze erst Flecks, dann Kuhns, die Wissenschaftsentwicklung als Abfolge von Paradigmen sehen, die sich nicht unbedingt an »die Wahrheit« annähern. Wir haben außerdem den wissenspsychologischen Anarchieansatz von Feyerabend und den diskursethischen Ansatz von Habermas kennengelernt. Der Strukturalismus versucht, die Positionen Poppers und Kuhns zu versöhnen. Seine konstruktivistische Weiterentwicklung bringt den Non-Statement View hervor und führt den Begriff des T-Theoretischen ein. Theorien, die mit T-theoretischen Begriffen arbeiten, sind im Kern zirkulär. Es ist unsinnig, Theorien empirisch zu überprüfen. Lediglich empirische Hypothesen über die zur Diskussion stehende intendierte Anwendung können überprüft werden. Neben dem letztendlich rationalistisch geprägten Strukturalismus steht der letztendlich empiristisch geprägte Kohärenzansatz von BonJour. All diesen sehr heterogenen Positionen, die zu sehr unterschiedlichen Einschätzungen von Wahrheit und Fortschritt in der Wissenschaft gelangen, steht die pluralistische Interesselosigkeit vieler Forscher gegenüber, die sich selten zu einem bestimmten Ansatz bekennen.

Geschichte der Psychologie und ihre Wirkung

Kapitel 8   Von Aristoteles bis zum 19. Jahrhundert – 103

Kapitel 9   Phänomenologie und Gestaltpsychologie – 115

Kapitel 10   Behaviorismus – 125

Kapitel 11   Informationsverarbeitung und Kognitive Wende – 135

Kapitel 12   Neuropsychologie – 145

Kapitel 13   Konnektionismus – 185

Kapitel 14   Ausblick – 209

Von Aristoteles bis zum 19. Jahrhundert

8.1 Antike – 104
8.1.1 Flugbahnen – 106
8.1.2 Persönlichkeits- bzw. Seelentheorien – 107

8.2 Mittelalter – 109

8.3 Neuzeit – 110

8.4 Das 19. Jahrhundert – 111

8.5 Zusammenfassung – 113

> Dasjenige, was so zusammengesetzt ist, dass das Ganze eines ist, nicht wie ein Haufen, sondern wie die Silbe, ist nicht nur seine Elemente. Die Silbe nämlich ist nicht einerlei mit ihren Elementen (Buchstaben), *ba* nicht einerlei mit *b* und *a*, ebenso wenig Fleisch mit Feuer und Erde; denn nach der Auflösung ist das eine nicht mehr, zum Beispiel das Fleisch und die Silbe, die Sprachelemente (Buchstaben) aber sind noch, und ebenso das Feuer und die Erde. Also ist die Silbe etwas außer diesen, nicht bloß nämlich die Sprachelemente, Vokale und Konsonanten, sondern auch noch etwas anderes, und das Fleisch ist nicht nur Feuer und Erde oder Warmes und Kaltes, sondern auch etwas anderes. (Aristoteles, 1984, *Metaphysik VII* 17: 1041b 6–26)

8.1 Antike

Nachdem wir einiges über Logik und Wissenschaftstheorie gelernt haben, sind wir nun dazu in der Lage, die historischen Strömungen und Paradigmen in der Psychologie zu bewerten und einzuordnen. Dies kann und soll nur schlaglichtartig geschehen, da in dem vorliegenden Buch keine umfassende Geschichte der Psychologie nacherzählt werden kann. Hierzu sei auf das problemgeschichtliche Werk von Ludwig Pongratz (1984) verwiesen. Wir wollen unsere »Schlaglichtgala« mit einigen Beispielen aus der Antike sowie ein paar Bröckchen aus dem Mittelalter und der Neuzeit bis ins 19. Jahrhundert führen, in dem die Psychologie als Wissenschaft im heutigen Sinn entstand.

Die erste nennenswerte Abhandlung über Psychologie ist uns von Aristoteles überliefert. Er lebte noch frei von dem modernen Druck, sich an mehr Faktenwissen anpassen zu müssen, als er zu verstehen in der Lage war (Boring, 1950). Es gab keine Uhren und keine Notwendigkeit, fremde Sprachen und Kulturen zu erlernen. Dennoch sind seine Einsichten in die menschliche Seele zum Teil erstaunlich modern und allemal interessant. Er befasste sich nicht nur mit Logik – denken Sie an ▶ Kap. 3 zurück –, sondern schrieb auch das erste Buch über die Seele (Aristoteles, 1995) mit genau diesem Titel: *Περ Ψυχς* oder *De anima* in der lateinischen Übersetzung, oft gleichbedeutend mit *de mente* oder *de spiritu*. Wir haben auch gesehen, dass Aristoteles ein Assoziationist war, also den Begriff von Assoziation durch Kontiguität prägte, der von David Hume wieder aufgegriffen wurde. Jetzt steigen wir etwas tiefer in seine Seelenkunde ein.

Die ersten psychologischen Theorien, die zur Zeit des Aristoteles bereits bekannt waren, hatten den Charakter von Typologien, das heißt, sie gruppierten anhand von äußerlichen, beobachtbaren Merkmalen Aussagen über die Seele. Eine rein äußerliche Typologie hat etwa Hippokrates (ca. 460–370 v. Chr.) vorgestellt. Er unterteilte die Menschen in schlanke, asthenische auf der einen Seite und in dicke, pyknische Typen auf der anderen Seite. Seine Anhänger, die Hippokraten, haben dem eine innere Typologie hinzugefügt, die nichts anderes war als eine Safttheorie. Safttheorien gehen davon aus, dass im Körper vier verschiedene Säfte (Blut, schwarze und gelbe Galle sowie Phlegma) zirkulieren und immer dann, wenn das Verhältnis der Säfte nicht perfekt ausbalanciert ist, etwas schiefgehen kann. Derjenige der Säfte, der überwiegt, kann den Charakter des Menschen dominieren. Parallel zu den vier Elementen der Chemie und ausgehend von einer Einheit von Physis und Seele wurden folgende Entsprechungen angenommen:

Wasser	≅ schwarze Galle	=> Melancholiker
Luft	≅ gelbe Galle	=> Choleriker
Feuer	≅ Blut, warm	=> Sanguiniker
Erde	≅ Phlegma, kalt	=> Phlegmatiker

Wie sehr man bemüht war, nicht nur Charaktereigenschaften, sondern alle psychischen Fähigkeiten des Menschen mit diesem Modell zu erklären, das die Chemie mit dem Geist verbindet, zeigt ein Zitat von Empedokles (495–435 v. Chr.):

» *Das Herz* in des Blutes Fluten genährt (?), des entgegenspringenden, wo ja gerade das vorzüglich sitzt, was Denkkraft heißt bei den Menschen. Denn das den Menschen ums Herz *wallende* Blut ist ihnen die Denkkraft. (Empedokles, 1989) «

Er nahm weiterhin recht ausgefeilte Prozesse an, um zu erklären, wie Wahrnehmung funktioniert. Erwähnt sei hier nur die Vorstellung Empedokles', dass die Objekte ins Auge gelangen, indem sie feine stoffliche Hüllen oder Repliken von sich selbst aussenden, sogenannte Idola, die dann vom Auge aufgefangen werden.

Aristoteles folgte Empedokles erstaunlicherweise und nahm auch das Herz als Sitz der Seele an (die Herztheorie der Seele). Das Gehirn, so glaubte er, diene der Regulation der Körpertemperatur, insbesondere der Kühlung. Platon (428–348 v. Chr.) war anderer Ansicht und kommt heutigen Vorstellungen sehr viel näher, aber interessanterweise nicht aus inhaltlichen, sondern aus rein ästhetischen Gründen. Er nahm den Kopf als Sitz der Seele an, da der Kopf einer Kugel am nächsten kommt und die Kugel das perfekteste aller dreidimensionalen Gebilde ist.

Aristoteles folgte übrigens Empedokles auch bis zu einem gewissen Punkt in dessen Theorie des Sehens:

» Worauf sich nun der Gesichtssinn richtet, dies ist das Sichtbare. Sichtbar ist die Farbe und das, was (von der Art) mit einem Ausdruck bezeichnet werden kann, aber keine Benennung hat. … [es] kommt ihm [dem Sichtbaren] nicht dem Begriffe nach zu, sondern weil es in sich selbst die Ursache des Sichtbarseins hat. Jede Farbe ist bewegendes Prinzip des wirklich durchsichtigen Mediums und dies ist ihre Natur. Daher ist sie nicht sichtbar ohne Licht, sondern alle Farbe an jedem Objekt wird im Licht gesehen. Deshalb müssen wir zuerst über das Licht sprechen, was es ist. (Aristoteles, 1995a: 418b) «

Es folgen Ausführungen über Licht, dann erklärt Aristoteles, dass Farbe das durchsichtige Medium (also Luft) bewegt beziehungsweise erregt, das wiederum das Auge erregt.

» Unzutreffend nämlich äußert hierüber Demokrit seine Ansicht, dass auch eine Ameise deutlich am Himmel gesehen werden könne, wenn das Zwischenliegende leer wäre; denn dieses ist unmöglich. Das Sehen geschieht ja, indem das Wahrnehmungsfähige etwas erleidet. Unmöglich jedoch durch die sichtbare Farbe selbst. So bleibt also nur übrig, dass es durch das Medium geschieht, so dass es notwendig ein Medium geben muss. Wenn dieses leer wird, so wird nicht nur nicht deutlich, sondern überhaupt nichts gesehen. Aus welchem Grunde also die Farbe notwendig im Licht gesehen werden muss, ist hiermit gesagt. Das Feuer wird in beiden, sowohl im Dunkel, als auch im Licht, gesehen, und dies aus Notwendigkeit; denn das Durchsichtige wird durch das Feuer durchsichtig. Dieselbe Begründung ergibt sich auch beim Schall und Geruch. Keines von ihren Objekten bewirkt, wenn es das Wahrnehmungsorgan berührt, die Wahrnehmung, vielmehr wird vom Geruch und vom Schall das Medium erregt, und von diesem jedes der beiden Wahrnehmungsorgane. Würde man auf das Organ selbst das klingende oder das riechbare Objekt legen, so bewirkte es keine Wahrnehmung. … Das Medium des Schalles ist die Luft, das des Geruches hat keinen Namen; denn ist eine gemeinsame Eigenschaft in Luft und

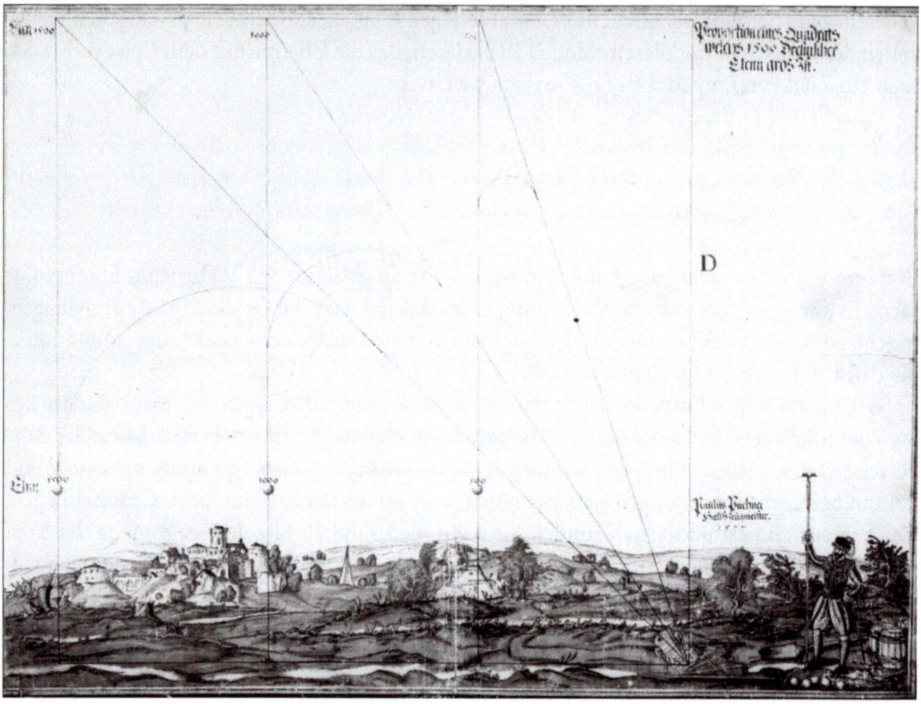

Abb. 8.1 Flugbahnen (Abdruck mit freundlicher Genehmigung des Staatlichen Mathematisch-Physikalischen Salons, Staatliche Kunstsammlungen Dresden).

> Wasser – wie das Durchsichtige für die Farbe, so (die unbenannte Eigenschaft) für das Geruch Verbreitende –, die sich in diesen beiden (Luft und Wasser) findet. Es scheinen nämlich auch die Wassertiere einen Geruchssinn zu haben. Der Mensch aber und die atmenden Landtiere vermögen ohne Einatmen nicht zu riechen. (Aristoteles, 1995a: 419a–419b) **«**

8.1.1 Flugbahnen

Aristoteles hatte auch eine Theorie über die Flugbahnen von Körpern, die nachhaltig die Physik vor Newton geprägt hat und die auch in etwa dem entspricht, was viele Menschen heute intuitiv für richtig halten. Er geht davon aus, dass der unbewegte Beweger (Gott) die Welt nur in perfekten Formen organisiert hat. Geometrisch sind, wie schon im Raum die Kugel, in der Ebene Linie und Kreis perfekte Gebilde. Daher ist es logisch, dass Flugkörper – etwa ein geworfener Stein – auch nur solche Bahnen beschreiben. Ein Stein fliegt geradlinig in der Richtung weiter, in der er geworfen wurde, bis die vom Beweger mitgegebene Energie aufgebraucht ist. Dann gibt es eine Phase, in der sich ein neuer Bewegungsimpuls bemerkbar macht, nämlich die Tendenz aller Objekte, zum Erdmittelpunkt hin zu tendieren, heute Schwerkraft genannt. Wenn diese Tendenz das Objekt ganz erfasst hat, fällt es geradlinig zum Boden. In der Zwischenphase beschreibt der Stein einen Kreisbogen. **Abb. 8.1** von Paulus Puchner aus dem Jahr 1572 zeigt die Konstruktionsvorschrift für Kanoniere, um zu berechnen, wie weit eine Kanonenkugel trägt. Die drei Phasen der Trajektorie (gerade, kreisförmig, gerade) sind sehr schön erkennbar und entsprechen genau der aristotelischen Theorie. Es gab im Mittelalter auch einige Vertreter der Auffassung, dass der Kreisbogen nicht nötig sei. Stattdessen, wenn der erste Impetus aufgebraucht ist, kann der neue ansetzen (Hecht & Bertamini, 2000).

Heute befasst sich die intuitive Physik innerhalb der Psychologie mit genau diesen Fragen, wie die physikalische Welt wahrgenommen und beurteilt wird, und trennt zwischen dem physikalisch Richtigen und dem intuitiv Angenommenen. Aristoteles hat diese Trennung noch nicht vollzogen, aber in gewisser Weise intuitive Physik betrieben. Er hat auch viel zu Wahrnehmungsphänomenen geschrieben. So geht unter anderem die erste überlieferte Beschreibung der Mondtäuschung auf Aristoteles zurück, der die Täuschung auch erstaunlich weitsichtig und gut erklärt. Er weist nach, dass es sich bei dem Eindruck, dass der Mond sehr viel größer erscheint, wenn er im Horizont steht, verglichen mit Positionen im Zenit, nicht um einen physikalischen Effekt handeln kann, sondern sich um einen subjektiven Effekt, um eine Sinnestäuschung handeln muss. Noch bemerkenswerter ist seine Erklärung für die Täuschung, die sich sehr modern liest und sehr viel näher an den heutigen wissenschaftlichen Stand der Forschung herankommt als alles, was in den dazwischenliegenden 2000 Jahren darüber gesagt – und geforscht – worden ist.

8.1.2 Persönlichkeits- bzw. Seelentheorien

Während Aristoteles zum Teil sehr treffende Beschreibungen von Wahrnehmungsphänomenen gegeben hat, beschäftigte sich Platon im Rahmen der Frage, wie man einen gerechten Staat zu gestalten hat, mit der Seele des Menschen, die zu diesem Zweck verstanden werden müsse (Platon, 1986, Bd. 3: Politeia, 439a ff.). Platon postuliert im Dialog zwischen Sokrates und Glaukon drei Seelenteile: den des Vernünftigen, den des Begehrlichen, und einen dritten, den er das Eifrige (moderner vielleicht Mut oder Willen) nennt. Er beschreibt den Konflikt zwischen Vernunft und Begierde ausführlich. Der Wille steht in der Regel dem Vernünftigen bei, es sei denn »wenn er nicht etwa durch schlechte Erziehung verdorben ist« (Platon, 1986, Bd. 3: Politeia, 441a ff.).

Platons Vorstellungen von der Seele werden im Dialog des Sokrates mit Phaidros noch sehr viel plastischer dargestellt. Im Mythos vom Wagenlenker beschreibt er diesen Konflikt der beiden Hauptspieler und des übergeordneten Lenkers sehr anschaulich. Hier in Paraphrase (Klein, 1970: 52):
- Von der Natur der Seele, sofern dieses Thema nicht ohnehin zu groß für uns Sterbliche ist, kann man am besten in einer Metapher sprechen, und zwar in der Metapher eines Wagens mit zwei geflügelten Pferden und dem Wagenlenker.
- Die Götter lenken den Wagen mit zwei noblen Pferden, die leicht zu lenken sind.
- Wir haben es mit einem noblen und einem niederen Pferd zu tun. Das noble Tier ist von weißer Farbe, ehrenhaft und lässt sich durch bloße Worte lenken; das niedere Tier ist dunkelfarbig, störrisch und hochmütig und selbst mit Peitsche und Sporen nur schwer zu zähmen

Der Wagenlenker hat also die hellen Eingebungen der Vernunft und die dunklen Triebe in Einklang zu bringen und in dieselbe Richtung zu bewegen. Leben ist der Kampf, dies hinzubekommen. Glück und Harmonie können nur erreicht werden, wenn der Wagen gut gelenkt wird, der Mensch also Selbstkontrolle meisterhaft ausübt. Zustände wie Müdigkeit eines Pferdes (oder des Lenkers), Hunger etc. bestimmen zu nicht geringem Teil die Geschicke des Gespanns. Im Originalton klingt dies so (*gleichnishafte Bestimmung des Wesens der Seele als eines Gespanns*):

》 Von ihrem Wesen [der Seele] aber müssen wir dieses sagen, daß, wie es an sich beschaffen sei, überhaupt auf alle Weise eine göttliche und weitsichtige Untersuchung erfordert, womit es sich aber vergleichen läßt, dies eine menschliche und leichtere. Auf diese Art also müssen wir davon reden. Das gleiche daher der zusammengewachsenen Kraft eines befiederten Gespanns und seines Führers [Wagenlenkers]. Der Götter Rosse und Führer nun sind alle selbst gut und guter Abkunft, die anderen aber vermischt. Und zunächst nun zügelt bei uns der Führer das Gespann, ferner ist von den Rossen das eine gut und edel und solchen Ursprungs, das andere aber entgegengesetzter Abstammung und Beschaffenheit. Schwierig und mühsam ist daher notwendig bei uns die Lenkung. (Platon, 1986, Bd. 4: Phaidros, 246a, b ff.) 《

Überlegen Sie bitte jetzt, ob Ihnen das Ganze nicht bekannt vorkommt.

Die Parallelen zu den mit der Psychoanalyse populär gewordenen Instanzen Ich (Wagenlenker), Über-Ich (das noble Pferd) und Es (das niedere Pferd) sind frappierend. Mangelnde Kontrolle über das Gespann führt zu Neurose, Sucht, Depression etc., für die Platon lediglich etwas altmodischere Namen hatte. Was Platon als die irrationalen Teile der Seele beschreibt, ist für Freud das Unbewusste. Beide sehen den Ausweg, das richtige Lenken des Wagens, im Rationalen. Das heißt, die Gemeinsamkeiten des platonischen Konzepts, ja, wir können es ruhig eine Theorie nennen, und des Freud'schen Konzepts von der Seele gehen weit über die strukturellen Komponenten hinaus. Die Subtheorien von Krankheit, »richtigem« Handeln, Erziehung usw., die aus der Struktur abgeleitet werden, sind auch verblüffend ähnlich.

In Platons Staat werden übrigens die zwei zu lenkenden Seiten unserer Seele auch hinsichtlich der Rolle des Träumens erörtert. Sokrates (der Ich-Erzähler) versucht, Adeimantos zu überzeugen, und sagt hinsichtlich des Es:

》 [Aufweis des Daseins einer in jedem vorhandenen gesetzwidrigen Art von Begierden, die sich im Traum offenbart]

… Unter den nicht notwendigen Vergnügungen und Begierden scheinen mir einige gesetzwidrig zu sein, welche zwar in allen Menschen entstehen, werden sie aber von den Gesetzen und den besseren, mit Vernunft verbundenen Begierden in Zaum gehalten, so verlieren sie sich aus einigen Menschen entweder gänzlich, oder es bleiben doch nur wenige und schwache Spuren davon zurück, bei anderen aber erhalten sie sich stärker und häufiger. – Und welche, sagte er, meinst du denn hierunter? – Die im Schlaf zu entstehen pflegen, sprach ich, wenn das übrige in der Seele, was vernünftig und mild ist und über jenes herrscht, im Schlummer liegt, das Tierische und Wilde aber, durch Speisen oder Getränke überfüllt, sich bäumt und den Schlaf abschüttelnd losbricht, um seiner Sitte zu frönen. Du weißt, wie es dann, als von aller Scham und Vernunft gelöst und entblößt, zu allem fähig ist. (Platon, 1986, Bd. 3: Politeia, 571b ff.) 《

Und er spricht weiter über die Beherrschung seiner Triebe:

》 … Wenn hingegen einer, denke ich, gesund mit sich selbst umgeht und besonnen und sich zum Schlaf begibt, nachdem er das Vernünftige in sich aufgeregt hat und mit schönen Reden und Untersuchungen bewirtet und zum Bewußtsein seiner selbst gekommen ist, das Begehrliche aber hat er weder in Mangel gelassen noch überfüllt, damit er sich hübsch ruhig verhalte und dem Besten keine Störung verursache durch Freude oder Schmerz, sondern es gewähren lasse, wenn dieses rein für sich allein betrachtet und verlangt, etwas wahrzunehmen, was es nicht kennt, sei dies nun Geschehenes oder Gegenwärtiges oder Bevorstehendes, und nachdem er ebenso auch das Zornartige besänftigt hat und nicht etwa mit einem zum Unwillen gegen jemand aufgeregtem Gemüt einschläft, sondern nachdem er die zwei Triebe beschwichtigt und nur den dritten in Bewegung gesetzt hat, in welchem das Denken einwohnt, so sich zur Ruhe begibt, weißt du wohl, daß er in solchem Zustande mit der Wahrheit vorzüglich Verkehr hat und dann am wenigsten ruchlose Gesichter in Träumen zum Vorschein kommen? (Platon, 1986, Bd. 3: Politeia, 571d, e, 572a ff.) **«**

Das zeigt sich eben in den Träumen:

» ... Dieses nun haben wir nur zum Überfluß als Abschweifung gesagt; was wir aber wissen wollen ist dieses, daß also eine heftige, wilde und gesetzlose Art von Begierden in einem jeden wohnt, und wenn auch einige von uns noch so gleichmäßig erscheinen; und dieses nun eben wird in den Träumen offenbar. (Platon, 1986, Bd. 3: Politeia, 572b ff.). **«**

Haben wir es hier nicht mit einer Vorwegnahme der Traumdeutung beziehungsweise der Freud'schen Theorie des Träumens zu tun? Der Traum gibt Aufschluss über den Zustand von Es und Über-Ich, die wiederum vom Ich beeinflusst werden können.

Bei diesen erstaunlichen Parallelen stellt sich natürlich die Gretchenfrage: Hat Freud bei Platon geklaut? Dies ist ihm in der Tat vorgeworfen worden, aber Freud beteuert, dass er Platon zu wenig kannte. Er war allerdings bestens mit den klassischen Schriften der Antike vertraut. Können wir, Freud ganz gerecht werdan, vielleicht mutmaßen, dass er sich unbewusst hat inspirieren lassen?

8.2 Mittelalter

Nach den Erkenntnissen der Antike hat sich für die Psychologie in den folgenden 2000 Jahren wenig getan. Im Mittelalter hat man im Detail, aber nicht im Prinzipiellen, an den aristotelischen und platonischen Lehren gefeilt. Die Erde war der Mittelpunkt der Welt und mehr als sieben Himmelskörper anzunehmen, war ein Sakrileg. Für die Seelenkunde gab es zunächst kaum Fortschritt. Auch wurde die Weiterentwicklung der antiken Psychologie, die in den arabischen Ländern durchaus auf hohem Niveau stattfand, im Abendland nicht rezipiert. Bemerkenswert ist etwa Abu Ali al-Hasan ibn al Haitham (Alhazen), ein Astronom um das Jahr 1000 in Kairo, der radikal neue Theorien der Seele propagierte und als erster Verfechter der Inferenztheorie des Sehens gilt. In Europa wurde erst mit und nach der Renaissance, die mit einer Reihe von technischen Neuerungen aufwartete, der Boden für ein geändertes Verständnis von der Seele bereitet. Die Erfindung des Buchdrucks (1440) und des Schießpulvers (15. Jahrhundert) sind hier zu erwähnen, sowie der Fall Konstantinopels an die Türken (1453), die Entdeckung Amerikas (1492) und der Siegeszug von Kopernikus' anthropozentrischem und nicht mehr geozentrischem Weltbild (1543).

8.3 Neuzeit

Die entscheidende neue Konzeption der Seele ist sicherlich René Descartes zuzuschreiben, dessen dualistisches Konzept von Leib und Seele wir bereits kennengelernt haben und in ▶ Kap. 12 noch etwas näher betrachten werden. Sein Werk wiederum ist ohne die anatomischen und naturwissenschaftlichen Erfolge der Renaissance nicht denkbar, ebenso wenig seine nativistische Grundhaltung. Wir können hier unmöglich die für die moderne Psychologie relevanten Ideen der Zeit adäquat erwähnen. Wichtig ist es allein zu erkennen, auf welchem Zeitgeist die neuzeitlichen Vorstellungen von Seele beruhen. So entdeckte etwa 1628 William Harvey den Blutkreislauf, 1642 wird Isaac Newton geboren und 1660 die Royal Society (The Royal Society of London for Improving Natural Knowledge) gegründet. 1700 entsteht das deutsche Pendant, die Akademie der Wissenschaften in Berlin. Die institutionalisierte Wissenschaft beginnt. In der Wissenschaftstheorie wird durch sie die deduktive Wissenschaft des Aristoteles von der induktiven Wissenschaft abgelöst (als Meilenstein ist Francis Bacons *Neues Organum* (1990) zu nennen).

Parallel zu der sich konstituierenden Naturwissenschaft auf gesellschaftlich institutionalisierter Ebene gibt es in der Philosophie zwar keine explizite Abwendung von der aristotelischen Seelenkunde, sondern eine großartige Weiterentwicklung derselben. Hier ist besonders Baruch de Spinoza (1632–1677) zu nennen, der sich deutlich gegen den Aberglauben aussprach und als großer Rationalist gelten darf. Die Seele könne nur mit den gleichen Mitteln studiert werden wie auch geometrische Körper oder die Natur. Durch Anwendung dieser Überzeugung gelingt es Spinoza beispielsweise bereits, auf den Kardinalfehler des Psychologen hinzuweisen, *the psychologists fallacy*, den man folgenderweise veranschaulichen kann. Wir dürfen das Erschlossene nicht mit der Erfahrung verwechseln: Obwohl wir Hinweisreize (z. B. Verdeckung, die als Hinweis dafür dient, verdeckte Objekte als weiter wegliegend annehmen zu können) zum Tiefensehen benutzen, sind diese Hinweisreize dennoch nicht in unserer Erfahrung! Die fälschliche Zuordnung der Hinweisreize in die Erfahrung wird später auch Stimulusfehler genannt und ist heute noch allgegenwärtig. Spinoza spricht von unbewussten Wünschen und Trieben und hat bereits eine Emotionstheorie, die von einer engen Verknüpfung von Körper und Seele ausgeht (Identitätstheorie) und den Selbsterhaltungstrieb als Fundament ansieht. Emotions-, Motivations- und klinische Psychologie sind ohne Spinoza nicht denkbar.

Über die Rolle von Immanuel Kant, der Aufklärung und der Wegbereitung einer rationalen Psychologie, einer Denkpsychologie, soll hier nicht berichtet werden. Wichtig ist nur der Hinweis, dass in England der Empirismus vorherrschte, während in Deutschland mit der Aufklärung der Idealismus seinen Siegeszug antrat.

Wir wollen uns aber vergegenwärtigen, dass die physiologischen Kenntnisse einen ganz parallelen Verlauf nahmen. Hippokrates (ca. 460–370 v. Chr.) und Galen (ca. 129–216 n. Chr.) sezierten Menschen und wussten daher vom Glaskörper des Auges, vom Herz und von den Nerven, ohne deren Funktion im Einzelnen genau zu kennen. Der Stand des Wissens bleibt hier auch bis in die Renaissance hinein relativ gering. Erst dort fingen anatomische Studien an, um dem nahezukommen, was wir heute unter wissenschaftlicher Arbeit verstehen. Der Mediziner und Universalgelehrte Albrecht von Haller (1708–1777) entdeckte, dass Muskeln stimuliert werden können, und widmete sich unter anderem der Sensibilität, heute würden wir dazu Tastsinn sagen. Die Sinnesorgane werden jetzt als Rezeptoren verstanden und die ihnen spezifischen Wahrnehmungseindrücke systematisch erfasst. Zeitgleich mit von Haller klassifiziert beispielsweise der große Botaniker Carl von Linné die wahrnehmbaren Gerüche (1752) in sieben (!) Klassen: aromatisch, wohlriechend, ambrosisch, knoblauchartig, schweißig, faulig und ekelerregend. Es handelt sich dabei um eine hedonistische Klassifikation, die nicht der des Aristoteles (stechend, süß, herb, ölig, bitter, scharf) entspricht und die empirisch-beobachtend gewonnen wurde. Wir sind, am Rande bemerkt, heute auch kaum weiter. Eine befriedigende Beschreibung des Geruchsraumes gibt es – ganz anders als bei Farbe – bis heute nicht.

8.4 Das 19. Jahrhundert

Erst jetzt bildet sich eine Psychologie im modernen Sinne heraus. Ihre ersten Vertreter versuchten, die Seele selbst zum Gegenstand empirischer beziehungsweise naturkundlicher Forschung zu machen und Seelisches zu erklären. Durch die Wendung hin zu Naturalismus und Empirismus ergibt sich die Zugangsweise: Man beobachtet die Natur und eben auch die Natur des Menschen. Aus dieser Haltung heraus ließen sich vor Kurzem noch populäre Disziplinen wie *Physiognomik* und *Phrenologie* gut verstehen. Anknüpfend an die antike Typologie (Pykniker, Leptosom, Athlet etc.) ging man beispielsweise am Anfang des 19. Jahrhunderts dazu über, Charakterlehren an der Physiognomie und insbesondere an der Schädelform aufzuhängen. Der berühmteste Vertreter war F. J. Gall (1758–1828), dem man sicherlich einen starken Reduktionismus vorwerfen kann. Er wird später noch wichtig werden, da man die heutige Hirnforschung innerhalb der Psychologie durchaus als moderne Variante der Phrenologie verstehen kann (z. B. Uttal, 2001).

Auch zum 19. Jahrhundert sollen jetzt nur noch einige wichtige Persönlichkeiten genannt werden, um die Einordnung des Folgenden zu ermöglichen. Die umfangreiche und für die Psychologie essenzielle Historie ist andernorts (Lück, 2009) beschrieben. Die Vertreter des 19. Jahrhunderts, die für die heutigen Paradigmen entscheidende Bedeutung behalten haben, werden in ▶ Kap. 9 ausführlicher behandelt.

Goethe (1749–1832) als Verhaltenstherapeut: Mit dem veränderten Naturverständnis, das die physiologischen und materialen Einflussfaktoren auf die Seele zum Forschungsgegenstand erhebt, entsteht logischerweise auch die Möglichkeit der gezielten Beeinflussung der Seele. Hierfür sind einige Ausführungen Johann Wolfgang Goethes aus *Dichtung und Wahrheit* (1770) erhellend, der sich als »Naturwissenschaftler« selbst therapierte und so seine Akrophobie überwand:

> » Ich befand mich in einem Gesundheitszustand, der mich bei allem, was ich unternehmen wollte und sollte, hinreichend förderte, nur war in mir eine gewisse Reizbarkeit übrig geblieben, die mich nicht immer im Gleichgewicht ließ ... [dies ist im vestibulären Sinn von Gleichgewichtsstörungen gemeint; Ergänzung der Verfasser]. Besonders ängstigte mich ein Schwindel, der mich jedes Mal befiel, wenn ich von einer Höhe herunterblickte. Allen diesen Mängeln suchte ich abzuhelfen, und zwar weil ich keine Zeit verlieren wollte, auf eine etwas heftige Weise ... Ich erstieg ganz allein den höchsten Gipfel des Münsterturms [Straßburger Münster] und saß in dem sogenannten Hals, unter dem Knopf oder Krone, wie man's nennt, wohl eine Viertelstunde lang, bis ich es wagte, wieder heraus in die freie Luft zu treten, wo man auf einer Platte, die kaum eine Elle im Gevierte haben wird, ohne sich sonderlich anhalten zu können, stehend das unendliche Land vor sich sieht, indessen die nächsten Umgebungen und Zierarten die Kirche und alles, worauf und worüber man steht verbergen. Es ist völlig, als wenn man sich auf einer Montgolfiere in die Luft erhoben sähe. Dergleichen Angst und Qual wiederholte ich so oft, bis der Eindruck mir ganz gleichgültig ward, und ich habe nachher bei Bergreisen und geologischen Studien, bei großen Bauten, wo ich mit den Zimmerleuten um die Wette über

die freiliegenden Balken ... herlief, ja in Rom, wo man dergleichen Wagstücke ausüben muß, um bedeutenden Kunstwerke näher zu sehen, von jenen Vorübungen großen Vorteil gezogen. (Goethe, 1998: 5. Band, 2. Teil, 9. Buch: 337) **«**

Charles Darwin (1809–1882) verfasste, nachdem er mit dem Buch *Origin of Species* 1859 berühmt geworden war, zwei psychologische Werke, eines über die Entwicklung in früher Kindheit. Er beobachtete an seinem zwei Wochen alten Sohn William, dass einige Reflexe vorhanden – angeboren – waren, die dann später verschwanden (z. B. Schluck-, Fußsohlen- und Greifreflex). *The Expression of Emotions in Man and Animals* erschien daraufhin 1872. Er veröffentlichte darin eine Reihe von Beispielen für emotionale Ausdrücke, die beim Kind (William) und bei Tieren, insbesondere bei Schimpansen, vergleichbar waren.

Danach überschlugen sich die Ereignisse – aus Sicht der Psychologie:
- Johannes Müller (1801–1858) stellt seine These der spezifischen Sinnesenergien vor.
- Sein Schüler Hermann von Helmholtz (1821–1894) veröffentlicht das *Handbuch der physiologischen Optik* (Helmholtz, 1867) und weist der Psychologie neben der Physik und der Physiologie ihren Platz zu. Helmholtz formuliert dort eine Wahrnehmungstheorie der unbewussten Schlüsse, die bis heute Bestand hat (siehe etwa *The Logic of Perception* von Irvin Rock, 1983).
- Daneben entwickelt sich die mathematische beziehungsweise statistische Erfassung der Naturbeobachtung. Es sei an Ernst Heinrich Weber, Francis Galton und Gustav Theodor Fechner erinnert, auf die wir hier nicht weiter eingehen, da sie aus Psychophysik und Statistik hinreichend bekannt sein dürften. Auch William James' Pragmatismus soll hier nicht weiter erwähnt werden.
- Der Physiker Ernst Mach (1838–1916; Mach'sche Zahl der Schallgeschwindigkeit) beeinflusst ganz maßgeblich die Wahrnehmungspsychologie, unter anderem in *Beiträge zur Analyse der Empfindungen* (1886) und *Analyse der Bewegungsempfindungen* (1878/79). Weil Mach kein Geld hatte, um ein physikalisches Labor einzurichten, befasste er sich mit der Differenz zwischen physikalischem Reiz und der Sinneswahrnehmung. Er entdeckte, dass eine objektiv konstant helle Fläche, die an eine dunkle grenzt, nicht als konstant hell wahrgenommen wird, sondern dass es eine Reihe von Kontrastverstärkungsmechanismen gibt, die rein psychologischer Natur sein müssen. Heute können wir mit der Verschaltung der Ganglienzellen in der Retina die inzwischen sogenannten Mach'schen Bänder mit dem Konzept der lateralen Hemmung erklären. 1873 beweist er, dass es ein spezielles, im Innenorgan angesiedeltes Organ für die Erfassung von Bewegungsempfindungen geben muss. Er schließt, zum Teil an Tieren in Zentrifugen, dass Bewegung wahrgenommen wird, auch wenn weder das Auge oder der Tastsinn noch das Gehirn als Rezeptor von Bewegungsreizen infrage kommen.

Als Letztes soll an dieser Stelle Wilhelm Wundt (1832–1920) genannt werden. Er wird allgemeinhin als Begründer der experimentellen Psychologie gefeiert. 1874 kommt sein epochemachendes Werk *Grundzüge der physiologischen Psychologie* heraus. 1875 tritt er ein Ordinariat an der Universität Leipzig an und beginnt experimentell zu arbeiten. 1879 gründete er dort schließlich das erste Institut für experimentelle Psychologie. Er widmet sich ganz wesentlich der Chronometrie, konstruiert Geräte, um Reaktionszeiten zu messen, und benutzt Tachistoskope, um die Aktualgenese von Perzepten zu messen. Wundt hat viel, ja zu viel geschrieben, sodass manches heute neu entdeckt werden muss. So ist beispielsweise seine Völkerpsychologie trotz ihrer historischen Bedeutung und Aktualität in Vergessenheit geraten.

8.5 Zusammenfassung

Für das Gebiet der allgemeinen Psychologie gilt, dass es bereits in der Antike Theorien der Sinneswahrnehmung gab, die sich jedoch ganz wesentlich von modernen Theorien unterscheiden. Ganz anders in der klinischen Psychologie. Platons dynamische Theorie der Seele gleicht in erstaunlichem Maß der Freud'schen Strukturhypothese (Ich–Es–Über-Ich). Der Reduktionismus, der versucht, Seelisches durch physiologische und andere materiale Eigenschaften zu erklären, entsteht erst im 19. Jahrhundert und wird zur definierenden Kraft der modernen Psychologie. Seine Wirkung, ja Vorherrschaft ist bis heute ungebrochen.

Phänomenologie und Gestaltpsychologie

9.1 Johann Wolfgang von Goethe – 116

9.2 Franz Brentano – 117
9.2.1 Die Grundstruktur des menschlichen Daseins als Intentionalität – 118
9.2.2 Jeder intentionale Akt bezieht sich auf etwas Reales – 119
9.2.3 Jede Erkenntnis bezieht sich auf ein existierendes Ding – 119
9.2.4 Jede Erkenntnis erfasst das Existierende als ein Allgemeines – 119

9.3 Edmund Husserl – 120

9.4 Gestaltpsychologie – 121

9.5 Maurice Merleau-Ponty und James Jerome Gibson – 122

9.6 Zusammenfassung – 123

Bei der Betrachtung der Natur im Großen wie im Kleinen, hab' ich mir unausgesetzt die Frage gestellt: Ist es der Gegenstand oder bist Du es, der sich hier ausspricht? (Goethe, *Wilhelm Meisters Lehr- und Wanderjahre,* II. Buch, Betrachtungen im Sinne der Wanderer 3)

9.1 Johann Wolfgang von Goethe

Die für die deutsche Psychologie wohl wichtigste Geistesbewegung ist die Phänomenologie, die Lehre der Erscheinungen. Wir sind uns unserer Sinneserfahrungen und Gedanken bewusst, aber wie dies geschieht, wird im 19. Jahrhundert auf dem europäischen Kontinent – vielleicht gefördert durch die Übung in Naturbetrachtung und dem Versuch, objektive Beobachtungen anzustellen – allmählich in ganz neuem Lichte gesehen. Descartes hatte noch angenommen, dass Bewusstsein als zentrale Instanz alles Denken und Erleben begleitet, wenn nicht ermöglicht, und hatte darin kein Problem gesehen. Wenn man aber das Bewusstsein – sei es eines Sinneseindrucks, sei es des »cogito« – auch wieder als Erscheinung auffasst, dann tun sich eine Reihe von Problemen auf: Müssen wir die Descartes'sche Trennung von Erscheinung und deren innerer Beobachtung durch unser Bewusstsein etwa infrage stellen? Handelt es sich beim Wahrnehmen immer gleichzeitig um zwei Prozesse: den Prozess des Wahrnehmens und dessen Beobachtung? Ist Bewusstsein also ein dualer Prozess? Einige Phänomenologen, zum Beispiel der Psychologe Franz Brentano, waren dieser Ansicht, aber andere wie Husserl (1859–1938) und Sartre (1905–1980) folgten ihm nicht unbedingt. Die große gemeinsame Einsicht der Phänomenologie war nun, dass wir hier nur weiterkommen, wenn wir bei den Erscheinungen anfangen und zunächst einmal genau erkunden, wie diese beschaffen sind. Anhand einiger sieht man, wie unterschiedlich und vielfältig Erscheinungen sein können. Alle folgenden Sätze beschreiben Erscheinungen:

Ich sehe ein Fischerboot am Strand.
Ich höre eine Biene summen.
Ich wünsche mir ein neues Fahrrad zum Geburtstag.
Ich habe vor, mehr Sport zu treiben.
Ich halte mich für konservativ.
Ich stelle mir vor, fliegen zu können.
Ich niese.
Ich versuche, auf dem nassen Pfad nicht auszurutschen.
Ich kann Fahrrad fahren.

Man sieht sofort, dass neben den Sinneserscheinungen auch Gedanken, Vorstellungen, nur teilbewusste Handlungen, Intentionen usw. zu dem gehören, was uns phänomenal gegeben ist.

Der Begriff der Phänomenologie (vom griechischen φαινόμενο für »Erscheinung«, »Sichtbares«) hat sich im 18. Jahrhundert in seiner heutigen Bedeutung entwickelt. War auch bei Kant die Trennung von Erscheinung und dem ihr zugrunde liegenden Ding an sich wesentlich, so ging es doch um das Erkennen des Dinges an sich. Mit dem Naturalismus rückte das Phänomen jetzt in den Vordergrund. Phänomenologie im psychologischen Sinne ist ohne den Naturalismus nicht denkbar. *Goethes Methode der unvoreingenommenen Naturbetrachtung* kann als eine primär phänomenologische gewertet werden und spiegelt die neue Sichtweise wider:

》 Die Sinne trügen nicht, das Urteil trügt. (Goethe 1981a, 406, MuR 295) 《

> » Es ist eine schlimme Sache, die doch manchem Beobachter begegnet, mit einer Anschauung sogleich eine Folgerung zu verknüpfen und beide für gleichgeltend zu achten (Goethe 1981a, 449, MuR 616). «

> » Theorien sind gewöhnlich Übereilungen eines ungeduldigen Verstandes, der die Phänomene gern los sein möchte und an ihrer Stelle deswegen Bilder, Begriffe, ja oft nur Worte einschiebt. Man ahnet, man sieht wohl auch, daß es nur ein Behelf ist; liebt nicht aber Leidenschaft und Parteigeist jederzeit Behelfe? Und mit Recht, da sie ihrer so sehr bedürfen. (Goethe 1981a, 440, MuR 548) «

Im nächsten Schritt werden nach dieser Naturbetrachtung dann die Phänomene von ihren unwesentlichen Bestandteilen getrennt und reinen Formen zugeordnet. Ein vom Unwesentlichen, Zufälligen gereinigtes Phänomen stellt eine »Erfahrung der höheren Art« dar und wird von Goethe als »Urphänomen« bezeichnet. Das Wahrnehmen des Urphänomens hat noch nicht ganz den Charakter unmittelbarer Evidenz, wie man heute sagen würde und wie wenig später bei Brentano zu finden, sondern erschließt sich durch die reflektierende und letztlich beweisende Urteilskraft. Goethe hat beispielsweise sehr ausführlich über das Urbild der Rose geschrieben, das gerade nicht durch einen Induktionsschluss zugänglich wird, sondern als Phänomen der Wahrnehmung und in der Wahrnehmung für sich steht. Es ist nicht auf dem Hintergrund einer Theorie zu sehen und wird auch nicht von Theorie überlagert oder bedingt.

> » Das Höchste wäre: zu begreifen, daß alles Faktische schon Theorie ist. (…) Man suche nur nichts hinter den Phänomenen: sie selbst sind die Lehre. (Goethe 1981a, 432/MuR 488) «

9.2 Franz Brentano

Für die Psychologie beziehungsweise die Phänomenologie innerhalb der Psychologie ist Franz Brentano (1838–1917) der bedeutende Wegbereiter. Er ist ein Neffe von Clemens Brentano und Bettina von Arnim. 1874 veröffentlichte er die *Psychologie vom empirischen Standpunkt«* und wird mit diesem Werk zum Begründer der Aktpsychologie. Er unterscheidet mentale und physische Phänomene. Erstere beziehen sich immer auf etwas, in diesem Sinne sind sie intentional. »In der Vorstellung ist etwas vorgestellt, in dem Urteile ist etwas anerkannt oder verworfen, in der Liebe geliebt, in dem Hasse gehasst, in dem Begehren begehrt usw.« Dieser Bezug ist ein Akt, man könnte sagen Bewusstseinsakt, also des Vorstellens, des Urteilens, des Begehrens etc. Nur die mentalen Phänomene können wahr oder falsch sein. Mentale Phänomene sind nur durch und in unserem Bewusstsein, und dieses bildet immer eine Einheit.

Die Methode, die die Psychologie bei der Erforschung der intentionalen mentalen Phänomene verwenden soll, ist für Brentano die gleiche wie in der Naturwissenschaft, Systematik und rigorose Beobachtung mit Erfahrung als Grundlage. Daraus folgen vier wesentliche methodische Weisungen der Aktpsychologie:
1. die innere Wahrnehmung beobachten,
2. die inneren Prozesse in Sätzen darstellen, die der Sprachkritik standhalten,
3. experimentelle Untersuchungen durchführen,
4. eine Klassifikation der psychischen Phänomene anstreben.

Brentano prägte den Begriff der psychischen Funktion und ist damit nicht nur der Großvater der Phänomenologie, sondern auch der Vordenker der Handlungs- sowie der Attributionstheorie, die die Zuweisung von Erfolg und Misserfolg auf die eigene Person oder auf andere Faktoren erklären will.

Die Brentano'sche Philosophie fußt auf einer Reihe von Prämissen, die nicht weiter hinterfragt oder hergeleitet werden. Sie lassen sich nach Otto Friedrich Bollnow (1903–1991) in folgenden vier Sätzen (1933) zusammenfassen:
1. Es existiert in der Philosophie ein Anfang, mit dem sie voraussetzungslos beginnen kann.
2. Dieser gesicherte Ausgangspunkt der Erkenntnis liegt in der Evidenz. Alle übrige Wahrheit ist auf diese unmittelbare Erkenntnis in der Evidenz zurückführbar und damit auf der Grundlage der Evidenz beweisbar.
3. Der Aufbau der Erkenntnis von den evidenten Grundlagen her erfolgt in einem eindimensional fortschreitenden Gang, der an keiner Stelle die Grenzen des Beweisbaren überspringt.
4. Der Ablauf dieses Erkenntnisprozesses erfolgt in seinem ganzen Verlauf in der Klarheit des vollen Bewusstseins.

Diese Prämissen wurden zu Brentanos Zeit nicht infrage gestellt. Man sieht in ihnen sowohl das Erbe Descartes', den voraussetzungslosen Anfang, auf den die Untersuchung von Erscheinungen gründen muss, man sieht in ihnen aber auch die Berücksichtigung eines Evidenzbegriffs, der nicht göttlich inspiriert ist, sondern eher an die aristotelische Logik des Schlussfolgerns anknüpft. Diese Kombination von nicht weiter zu hinterfragenden Prämissen gekoppelt mit einer methodischen Beweisführung nach akzeptierten Regeln nimmt sich sehr modern aus und hat sicherlich neueren Wissenschaftstheorien in unserem Fach Pate gestanden.

Die weiteren Meilensteine von Brentanos phänomenologischer Psychologie basieren auf diesen Prämissen und können mit Bollnow folgendermaßen zusammengefasst werden:

9.2.1 Die Grundstruktur des menschlichen Daseins als Intentionalität

Bollnow schreibt über Brentanos Begriff der Intentionalität:

》 In ihm wird zum ersten Mal der Weg zu einer adäquaten Erfassung der Subjektivität freigelegt und mit allen denjenigen Theorien des Bewusstseins aufgeräumt, die dieses in offenerer oder versteckterer Form nach Art eines Gefäßes mit darin befindlichen »Inhalten« denken, wobei dann notwendig das auf dieser Basis unlösbare Scheinproblem entsteht, in welcher Weise diese im Bewußtsein enthaltenen Vorstellungen einer außer dem Menschen vorhandenen Wirklichkeit entsprechen können. (Bollnow, 1933: 7) 《

Brentano schreibt in seinem Buch *Psychologie vom empirischen Standpunkt*:

》 Jedes psychische Phänomen ist durch das charakterisiert, was die Scholastiker des Mittelalters die intentionale (auch wohl mentale) Inexistenz eines Gegenstandes genannt haben, und was wir, obwohl mit nicht ganz unzweideutigen Ausdrücken, die Beziehung auf einen Inhalt, die Richtung auf ein Object…, oder die immanente Gegenständlichkeit nennen würden. Jedes enthält etwas als Object in sich, obwohl nicht jedes in gleicher Weise. (Brentano, 1874: 115) 《

Die »intentionale Inexistenz« hat später viel Verwirrung ausgelöst, sodass Brentano später bereute, den Begriff eingeführt zu haben. Wichtig ist bei der Intentionalität mentaler Phänomene, dass diese sich zwar auf ein physisches Objekt beziehen kann, selbst jedoch rein mental bleibt.

9.2.2 Jeder intentionale Akt bezieht sich auf etwas Reales

Der Begriff des Realen, wofür Brentano an anderen Stellen auch »Ding« sagt, darf nicht mit dem Begriff der Realität (als der Wirklichkeit) verwechselt werden. Für Brentano kann Reales auch Gegenstand bloßen Vorstellens sein, dem kein wirklicher Gegenstand zu entsprechen braucht. Real ist dabei zunächst alles, was aus der konkreten Anschauung kommt, also alles, was überhaupt wahrgenommen und gegebenenfalls auch vorgestellt werden kann. Hier zeigt sich die Grundhaltung, dass eben das Phänomen als Letztbegründung ausreicht, real ist und keines dahinter liegenden kantischen Dinges an sich mehr bedarf.

9.2.3 Jede Erkenntnis bezieht sich auf ein existierendes Ding

Erkenntnis behauptet (beziehungsweise leugnet) die Existenz eines Dinges, eines Realen. Dabei ist die Erkenntnis im Gegensatz zur bloßen Vorstellung sprachlich im Satz, im Urteil formuliert. Durch diese Lehre räumt Brentano auf mit Werten und idealisierenden Wesenheiten hinter den Phänomenen. Es gibt für ihn nur ein einziges Sein, nämlich Sein in diesem Sinne von »real existieren«. Er wendet sich gegen jeden Idealismus.

9.2.4 Jede Erkenntnis erfasst das Existierende als ein Allgemeines

Das für uns Wichtige kommt jetzt, indem Brentano nicht dem Subjektivismus des späten 19. Jahrhunderts nachgibt, sondern einen objektiven Ausweg sucht, der sich recht platonisch ausnimmt. Im Erkennen wird etwas Allgemeines beziehungsweise Allgemeingültiges erkannt. Ja, auch schon die Wahrnehmung erfasst ihren Gegenstand immer nur als allgemeinen. Der Unterschied zwischen Anschauung und Begriff verschwindet. Aus der Allgemeinheit des Wahrnehmungsaktes folgt dann die Allgemeinheit aller anderen psychischen Akte. Subjektivität ist natürlich gegeben, aber sie besitzt Struktur und wird zum ausdrücklichen philosophischen Problem.

Die Seele ist für Brentano bewusstseinsfähig, ja sie ist Bewusstsein. Damit sind seelische Prozesse durchschaubar, was ihn in eine gewisse Nähe zu Freud bringt. Die seelischen Akte sind weitaus empiristischer gedacht als von allen Theoretikern vor ihm (z. B. Goethe) oder nach ihm (z. B. Husserl). Bei Husserl ist es das Ding selbst in der ursprünglich gegebenen Wahrnehmung, bei Brentano dagegen sind es lediglich die Empfindungen, also Farben und Formen, auf denen sich dann die Erfassung des Gegenstands als dieses oder jenes Objekt erst in verwickelten Akten aufbaut. Brentanos Konzeption der Konstitution der Wahrnehmungen aus Empfindungen ist bis heute modern geblieben, wenn auch unter anderem Namen: *bottom-up processing*. Darunter verstehen wir die (Re-)Konstruktion der Sehwelt aus logisch früheren Bestandteilen. Solche Bestandteile sind modern gesagt das Netzhautbild, Features oder Textone. Altmodischer heißen sie Sinnesenergien oder Grundempfindungen. Das Bottom-up ist aber für die phänomenologische Position keineswegs zentral. Die Phänomene können auch holistischer (*top-down*) aufgefasst werden. Für den Brentano-Schüler und großen Phänomenologen Edmund Husserl ist beispielsweise die Wahrnehmung ebenfalls ein Akt, aber einer, der den Gegenstand in seiner komplexen Ganzheit direkt erfasst. Auch heute gibt es einen, sicherlich von Husserl inspirierten, Ansatz der sogenannten direkten Wahrnehmung, in dem jegliche (Re-)Konstruktion in der Wahrnehmung verworfen wird und keine Bottom-up-Prozesse zugelassen werden. Er wird von James Jerome Gibson (1904–1979) beziehungsweise dessen Nachfolgern vertreten.

Bemerkenswert ist weiterhin, dass bei Brentano bereits die großen Debatten von Anlage–Umwelt, Nature–Nurture und Erfahrung–Teilhabe vorgezeichnet sind. Brentano hat sich auch ausführlich mit Farbtheorie beschäftigt und als einer der Ersten mit farbigen Schatten experimentiert, vermutlich weil Farbe ein Paradebeispiel für ein mentales Phänomen ist, dem ganz offensichtlich keine eindeutige physikalische Entsprechung zugeordnet werden kann. Brentano führt außerdem einen neuen Wahrheitsbegriff in die Psychologie ein. Mit der prominenten Hervorhebung der *Evidenz*, derjenigen Erkenntnis, die sich in sich selbst als wahr ausweist, verlagert er die Feststellung von Wahrheit in die Ebene der Phänomene. Ich muss nicht erst schlussfolgern, dass die Tomate, die ich sehe, grün ist, diese Wahrheit ist sozusagen im Phänomen selbst gleich mitgeliefert. Die evidenten Urteile sind wahr in sich selbst. Eine solche Evidenz liegt in der evidenten Wahrnehmung stets vor. Andere wahre Urteile, die schlussfolgernd zustande kommen, sind davon unberührt. Evidenz ist also nicht Kriterium für Wahrheit, sondern unmittelbare phänomenale Wahrheit.

9.3 Edmund Husserl

Die Psychologie Brentanos wirkt zurück in die Philosophie, im Wesentlichen über Edmund Husserl (1859–1938), und diese wird dann wieder in der Psychologie aufgegriffen, einerseits von den Gestaltpsychologen und andererseits von Maurice Merleau-Ponty. Husserl vertritt in seinem dreibändigen Werk *Logische Untersuchungen* (1913) erstaunlich moderne Positionen, die ohne Franz Brentanos Vorarbeiten nicht möglich gewesen wären. Nach Husserl ist Erkenntnis zwar an psychische und physiologische Prozesse gebunden, sie ist aber nicht mit diesen identisch. Empirische Sätze können falsifiziert werden, Sätze der Logik hingegen nicht. Philosophie als Wissenschaft kann sich daher nicht an den Naturalismus binden. Philosophie, Erkenntnistheorie, Logik und reine Mathematik sind Idealwissenschaften, deren Gesetze ideale Wahrheiten a priori ausdrücken. Phänomenologie kann und soll nach Husserl demzufolge lediglich die voraussetzungslose Grundlage des empirischen Wissens sein, nicht aber die der Logik.

Die Sichtweise vom Akt, vom psychischen Prozess des Wahrnehmens und Erkennens übernahm Husserl im Ursprung von Franz Brentano. Husserl (1913; 1935) differenziert aber noch weiter. Er spricht nicht mehr vom intentionalen Akt und dessen Inhalt, sondern von *Noesis* und *Noema*. Er unterscheidet also zwischen dem Gegenstand eines Gedankens und dem psychischen Prozess des Den-Gedanken-Habens. Beide sind verbunden durch den Akt des Bewusstwerdens, der stets intentional ist, also auf einen Gegenstand oder Sachverhalt gerichtet ist. Alle Akte des Bewusstseins sind sinnstiftend und – etwas weiter gehend als bei Brentano – konstituieren überhaupt erst ihre Gegenstände. Damit erweitert Husserl die Phänomenologie um eine transzendentale Komponente, ein transzendentales An-sich wie bei Kant gibt es bei ihm jedoch nicht. Auch den Begriff der Evidenz als das Erleben oder Wahrnehmen einer Übereinstimmung von Gemeintem und Gegebenem übernimmt Husserl von Brentano. Evidenz bleibt intuitive, unmittelbare Erfahrung. Evidenz im Sinne Husserls ist allerdings korrigierbar, wenn sich im Nachhinein zeigt, dass eine Erfahrung nicht zutreffend, also mit neueren Erfahrungen und Evidenzen nicht vereinbar war.

9.4 Gestaltpsychologie

Nachdem die Psychologie als akademische Disziplin gegen Ende des 19. Jahrhunderts etabliert war und ein methodologisches Fundament durch die Psychophysik erhalten hatte, entwickelte sich die Gestalttheorie zum ersten großen Paradigma der Disziplin. Sie hat sich dann in fast alle Teildisziplinen der Psychologie verbreitet. Da sie vermutlich bekannt sein dürfte, möchten wir sie an dieser Stelle nur einordnen und nicht im Detail beschreiben. Die Gestaltpsychologie ist ohne die Ideen Brentanos und später auch Husserls nicht denkbar. Die Grundlagen sind in jedem Textbuch zur Wahrnehmungspsychologie behandelt. Ihre Ursprünge sind mit Namen verbunden wie Christian von Ehrenfels (1859–1932), der Vordenker der Gestaltqualitäten, Max Wertheimer (1880–1943), der als Erster Scheinbewegung untersuchte, und Wolfgang Köhler (1887–1967), der für seine Studien zu Intelligenzprüfungen bei Menschenaffen auf Teneriffa berühmt wurde. Das Wesentliche der Gestalttheorie ist nicht die schon von Aristoteles angemerkte Tatsache, dass das Ganze mehr als die Summe seiner Teile sei. Wichtig ist vielmehr, dass das Phänomen, der Baustein der Wahrnehmung, bereits eine Gestalt ist. Wenn wir etwa eine Melodie hören, so haben wir unmittelbaren Zugang zu ihr, wir erkennen sie, ohne sie im Geiste erst zusammenbauen zu müssen. Dies ist nicht zu verwechseln mit der Möglichkeit, auch die Töne wahrzunehmen, aus denen sie besteht. Die Töne sind zwar vorhanden, aber sie sind für die Melodie weder notwendig noch hinreichend. Wir können die Melodie transponieren, ohne dass sie sich verändert, obwohl sich alle Elemente verändert haben. Die Gestalt ist nicht mehr als ihre Teile, sie ist phänomenal etwas anderes. Mit dieser Einsicht brach die Hoffnung zusammen, mit der Psychophysik auf einfache Weise den Zusammenhang zwischen Realität und Wahrnehmung beschreiben zu können. Gestalten – wie etwa die Farbe Grün, die entsteht, wenn ich mit meinem Tuschkasten Blau und Gelb zusammenrühre – lassen sich nicht aus den Elementen heraus verstehen. Es ist eine neue Gestaltqualität entstanden. Ebenso entsteht bei der Scheinbewegung aus zwei Reizen, die räumlich und zeitlich getrennt auftauchen, plötzlich die Gestaltqualität der Bewegung, die phänomenal in nichts von »echter« Bewegung unterschieden werden kann. Die Gestaltqualitäten können nicht im Reiz gefunden werden, sondern sie sind emergent, das heißt das Ergebnis eines perzeptuellen Organisationsprozesses, der sehr vielschichtig ist und keineswegs einer reinen Bottom-up-Konstruktion entspricht.

In der Essenz beschreibt die Gestalttheorie diesen Organisationsprozess anhand von drei Säulen, die zusammengenommen phänomenale Evidenz konstituieren:
1. Prägnanzprinzip,
2. Figur-Grund-Zuordnung,
3. Gestaltgesetze.

Das Prägnanzprinzip steht für das fast ästhetisch oder gar ethisch zu verstehende Streben nach Einfachheit und Klarheit. Prägnanz ist die Tendenz hin zur guten Gestalt. Die Figur-Grund-Zuordnung etabliert den Raum, in dem Gestalten möglich werden, indem – etwa bei einer schwarzen Linie inmitten eines weißen Feldes – entschieden wird, dass die Linie ein Loch ist, also zum Grund gehört, und das Weiß zum Objekt, zum Beispiel einem Blatt Papier. Ein Kanon von Gesetzen beschreibt dann schließlich, wie die Objekte sich zu Gestalten organisieren. Dies gilt sowohl für die visuelle Wahrnehmung, für die Wolfgang Metzger als Letzter die *Gesetze des Sehens* (1975) zusammengestellt hat, für die anderen Bereiche der Wahrnehmung, aber auch das Denken, die Sozialpsychologie usw. Man denke etwa an die Gestalttherapie.

Die große Erkenntnis der Gestaltpsychologie, dass die primären Dinge der Welt, Wahrnehmungsdinge, Sehdinge usw. sind und sich eben kein Ding an sich hinter den Phänomenen verbirgt, war nicht neu, sondern nur zeitgemäß. Die Konsequenzen, die die Vertreter der Gestalttheorie daraus zogen, waren allerdings weitreichend. Die Formulierung der Gesetze des Sehens war neu. Die Radikalität, die mit der phänomenologischen Grundhaltung verbunden ist, haben innerhalb der Gestaltpsychologie Wolfgang Metzger und außerhalb der Gestaltpsychologie Maurice Merleau-Ponty und James Gibson fortgeführt. Merleau-Ponty tat dies über das Konstrukt des Leibes, und Gibson vertrat einen radikalen Realismus: Die Dinge sind so, wie wir sie sehen, sie werden nicht konstruiert.

9.5 Maurice Merleau-Ponty und James Jerome Gibson

Maurice Merleau-Ponty (1908–1961) ist deswegen besonders interessant für die Geschichte der Psychologie, weil er der einzige namhafte Phänomenologe ist, der nach Aufkommen der Gestaltpsychologie aktiv war – was ja etwa auch für Jean-Paul Sartre gilt – und sich mit den Gestaltideen auseinandergesetzt hat. In Merleau-Pontys Theorie finden sich sowohl der direkte Einfluss von Brentano und Husserl als auch die Rezeption der Gestaltpsychologie. Er geht allerdings einen ganz eigenen Weg, indem er weder Husserl noch den Gestalttheoretikern folgt, was seiner Auffassung nach den Dreh- und Angelpunkt des Phänomens ausmacht. Es ist nicht die Intentionalität des Bewusstseins wie bei Husserl. Es ist auch nicht die Selbstorganisationstendenz oder Prägnanz wie bei Köhler, sondern im Zentrum steht bei Merleau-Ponty die Leiblichkeit, der Leib des Wahrnehmenden. Im Grunde kritisiert er die Phänomenologen vor ihm dahingehend, dass sie noch nicht konsequent genug waren in ihrer phänomenologischen Ausrichtung. Beide seien noch nicht im Ursprung des Phänomens angekommen, sondern bei nachträglichen (Re-)Konstruktionen stehengeblieben. Der Leib müsse am Anfang der phänomenologischen Deskription stehen. Man kann diesen Schritt als positive kritische Erweiterung der Phänomenologie verstehen oder als deren Radikalisierung.

Merleau-Ponty (1945) vertritt die extreme phänomenologische Position: Die Welt wird nicht aus den Erfahrungen, den Phänomenen konstruiert oder konstituiert, sondern die Welterfahrung ist unmittelbar und leiblich, über den eigenen Körper nicht nur vermittelt, sondern nur als körperlich denkbar. Damit rückt er das Subjekt in das Zentrum der Erfahrung. Der Sehende muss zunächst auch für sich selbst sichtbar sein, der Tastende muss zunächst auch für sich selbst tastbar sein, usw.

James Gibson wendet diese Auffassung vom Primat des Leibes nochmals auf die Wahrnehmung an, ohne dass allerdings klar ist, ob er von Merleau-Ponty inspiriert wurde. Gibson behält die Leiblichkeit, trennt sich aber von der radikal phänomenologischen Auffassung, indem er die Position vertritt, dass dem Körper die physischen Dinge der Welt direkt gegeben sind beziehungsweise dass ihre Existenz nur so beschaffen ist, wie wir sie wahrnehmen. Gibson geht damit sehr viel weiter als die Gestaltpsychologen, die zulassen würden, dass das Sehfeld mal so und mal anders organisiert wird und mehrere Gestalten mit einer physikalischen Realität korrespondieren können. Er lehnt die Prämisse ab, dass die Gegenstände unserer Wahrnehmung unzureichend durch den physikalischen Reiz spezifiziert sind. Alle anderen Theorien stützen sich auf (Re-)Konstruktionsprozesse im Erleben oder lassen sie zumindest zu, nicht so der ökologische Ansatz von Gibson. Ihm zufolge haben wir einen direkten und unmittelbaren Zugang zur Realität, die uns durch den Körper ermöglicht wird. Die Wahrnehmungswelt ist in Köpergrößen skaliert, wir schätzen kleine Entfernungen am Maßstab unserer Arme (Elle, Fuß) und größere Entfernungen mithilfe unserer Augenhöhe über dem Boden. Während ein Bottom-up-Theoretiker sagen würde, dass wir aus dem Netzhautbild unmöglich die tatsächliche Größe eines unbekannten Gegenstands in unbekannter Umgebung errechnen oder erschließen können, hat Gibson gezeigt, dass im Normalfall eines sich bewegenden Beobachters hinreichend Information vorhanden ist, um das Problem zu lösen. So ist der Horizont stets auf Augenhöhe und kann als Referenz dienen. Somit ist die Größe des Objekts direkt erfassbar und muss nicht geschätzt oder konstruiert werden. Gibson vertritt einen konsequenten, ja radikalen Realismus.

Um ein weiteres Beispiel zu geben, das von der Radikalität der Positionen von Merleau-Ponty und Gibson (1979) zeugt, sei die Position beider zur phänomenalen Präsenz der Rückseiten von Menschen angeführt. Beide behaupten, dass wir einen Menschen (oder jedes andere Objekt) immer ganz sehen. Dies ist nur konsequent, da sie ja nicht konstruktivistisch vorgehen wollen. Das heißt also, dass auch Teile des Objekts, die verdeckt sind, immer phänomenal gegeben sind. Gibsons Verdienst ist es, diese radikale Position durch funktionale Analysen plausibel gemacht zu haben. So sagt er etwa, dass Sehen nicht statisch aufgefasst werden darf. Wenn wir von einem bewegten Beobachter ausgehen, dann zeigt sich phänomenal durch fortlaufende Verdeckung und Entdeckung an den Kanten eines jeden Objekts, dass die Kontur keine Objektgrenze darstellt, sondern lediglich eine Verdeckungsgrenze. In dieser dynamischen Information liegt der direkte phänomenale Zugang zur Rückseite der Person.

9.6 Zusammenfassung

Methoden der Natur- und Selbstbeobachtung (Introspektion), wie sie auch von Goethe verfolgt worden waren, treten im 19. Jahrhundert in den Vordergrund. Der Aufstieg der Naturwissenschaften und Darwins Einfluss in die Geisteswissenschaften hinein bereitet den Weg für eine »Naturwissenschaft der Seele«. Franz Brentano begründet eine empirische Psychologie mit Schwerpunkt auf Phänomenologie, die bis heute namhafte Anhänger findet. Parallel dazu eröffnet Wilhelm Wundt 1879 das erste Institut für experimentelle Psychologie in Leipzig. Brentanos Phänomenologie beeinflusst die psychologische Theoriebildung maßgeblich bis heute und hat unter anderem Husserls Philosophie, die Gestalttheorie, und die Theorien von Merleau-Ponty und Gibson geprägt. Phänomenologie ist eines der großen Paradigmen in der Psychologie geworden, das bis heute seine Anhänger findet.

Behaviorismus

10.1 Klassischer Behaviorismus – 126

10.2 Neobehaviorismus – 129

10.3 Zusammenfassung – 132

> Die Menschheit wird unberechenbare Vorteile und außergewöhnliche Kontrolle über menschliches Verhalten besitzen, wenn der Wissenschaftler in der Lage sein wird, seine Mitmenschen derselben externen Analyse zu unterziehen, die er für jedes Naturobjekt verwenden würde und, wenn der menschliche Verstand nicht von innen, sondern von außen denkt. (Pawlow 1906; Übersetzung durch die Verfasser)

Das nächste große Paradigma der Psychologie ist aus heutiger Sicht nur schwer zu begreifen. Genauer gesagt ist nicht das Auftreten selbst des Behaviorismus heute unverständlich – im Gegenteil, die mechanistische Naturforschung legt eine solche Sichtweise sogar nahe –, sondern seine kritiklose Verbreitung in alle Winkel der Psychologie verbunden mit einem nahezu naiven Glauben, mit dem Behaviorismus alle Probleme der Psychologie lösen zu können. Dies liegt nur zum Teil an den überhöhten Erwartungen, mit den Methoden der Naturwissenschaft jetzt endlich auch die Seele erklären zu können, und ist sicherlich den historischen Umständen der beiden Weltkriege geschuldet, die die Landschaft der akademischen Psychologie gewaltig verändert haben. Mit Kuhn gesprochen können wir den Siegeszug des Behaviorismus vielleicht damit erklären, dass die US-amerikanische Psychologie nicht unter den Folgen des Zweiten Weltkrieges leiden musste und sich daher das seit William James erste amerikanische Paradigma besonders leicht gegen alle anderen auf der internationalen Bühne durchsetzen konnte. Dann wäre nur noch zu erklären, warum der Behaviorismus in Amerika zur dominanten Theorie wurde.

Aber was genau ist der bis heute wirkende Behaviorismus? Grob gesagt ist es der Versuch, oder besser die Doktrin, die Seele aus der Psychologie zu eliminieren. Psychologie wird nicht mehr als Wissenschaft vom Seelischen verstanden, sondern als Wissenschaft vom Verhalten. Mentale Zustände mag es geben, aber sie gehören nicht in die Psychologie, die sich an harten Beobachtungen und nicht an notwendigerweise subjektiven Erfahrungen oder Introspektionen zu orientieren hat. Der Behaviorismus definiert sich, mehr als jedes andere psychologische Paradigma, an seiner Methode. Die Methode besteht einerseits darin, den Gegenstandsbereich stark einzuschränken und alles, was nicht zum Verhalten zählt, schlichtweg auszuklammern. Das Ausgeklammerte ist die legendäre Black Box, also das traditionelle Seelenleben des Menschen. Andererseits besteht die Methode darin, den Untersuchungsgegenstand weitgehend auf Assoziationslernen zu beschränken, was – wie Sie sich erinnern werden – ganz klare empiristische Züge trägt. Psychologie besteht für den Behavioristen in der Beschreibung und Vorhersage von Verhalten. Verhalten ist immer die Reaktion auf einen Reiz, und deshalb kann Verhalten in Form von Reiz-Reaktions-Zuordnungen verstanden werden. Diese S-R-(Stimulus-Response-)Zuordnungen können durch Assoziationslernen (Konditionieren) verändert werden.

10.1 Klassischer Behaviorismus

Iwan Petrowich Pawlow (1849–1936), ein russischer Physiologe, hatte bereits für seine Arbeiten zur Physiologie des Verdauungsapparats den Nobelpreis für Medizin bekommen, als er in Sankt Petersburg ungefähr zeitgleich mit den ersten Entwürfen der Gestaltpsychologie eine folgenreiche Beobachtung machte. Er sah bei seinen Untersuchungen zu den Verdauungsprozessen von Hunden durch Zufall einen Prozess, den wir heute mit »klassischer Konditionierung« bezeichnen würden. Er stellte nämlich fest, dass die Hunde verstärkt speichelten, wenn seine Assistenten den Tieren Futter brachten. Die Tiere speichelten bemerkenswerterweise bereits dann, wenn sie das Futter noch gar nicht sehen konnten, ja sogar der Assistent noch

10.1 · Klassischer Behaviorismus

nicht einmal sichtbar war. Um die Speichelflussreaktion auszulösen, genügte es den Tieren anscheinend, den Assistenten zu hören. Es stellte sich schnell heraus, dass im Prinzip jeder Reiz, der der Fütterung regelmäßig vorausging, dazu führen konnte, dass die Speichelflussreaktion ausgelöst wurde, die ursprünglich ein Reflex auf den Anblick des Futters war. Pawlow sprach von einem »konditionierten Reflex«. Er blieb mit seinen Versuchen und Interpretationen stets im Tierreich und hat keine expliziten Folgerungen für den Menschen daraus abgeleitet. Dies tat dafür umso vehementer John B. Watson (1878–1958). Er dehnte die Idee des Konditionierens nicht nur auf den Menschen aus, sondern postulierte, dass alles Verhalten gelernt worden ist und daher auch jedes beliebige Verhalten gezielt gelernt werden kann, wenn man nur die Psychologen ranlässt, die die genaueren Bedingungen des Konditionierens erforschen. Er kann als Begründer des Behaviorismus gelten.

Die Konsequenzen des Behaviorismus sind so weitreichend, ja so ungeheuerlich, dass wir sie uns noch einmal auf der Zunge zergehen lassen wollen: Wir hatten Psychologie als die Wissenschaft vom Erleben und Verhalten definiert. Der große Behaviorist John Watson hat kurzerhand das Erleben aus der Definition gestrichen und das Verhalten zum einzigen Gegenstand der Psychologie erhoben, im Wesentlichen mit der Begründung, dass nur das Verhalten beobachtet werden kann und Erleben für die Erklärung von Verhalten vollkommen irrelevant sei. Verhalten haben die Behavioristen weiter inhaltlich reduziert, indem sie postulierten, dass alles Verhalten, das für den Psychologen relevant ist, aus gelernten Assoziationen besteht. Welch eine Reduktion der Komplexität der Seele! Gleichzeitig gelang es gerade durch diese Vereinfachung, die Prozesse des Lernens recht handlich und vollständig zu beschreiben und zu erklären. Dies ging mit dem großen Optimismus einher, das nötige Wissen gefunden zu haben, um Menschen von psychischen Erkrankungen heilen und Kinder erfolgreich zu jedem Erziehungsziel führen zu können.

Die Behavioristen haben aus den Erkenntnissen der Lerntheorie großartige Hoffnungen abgeleitet, die Gesellschaft von Grund auf reformieren zu können, indem die Menschheit umerzogen wird. Die beiden Hauptformen des Konditionierens, die ausführlich am Menschen untersucht wurden und deren Funktionieren im Experiment sicherlich zu dieser Hoffnung beigetragen hat, sind das klassische und das operante Konditionieren. Wenn Sie noch nicht mit diesen beiden Lernprinzipien vertraut sind, empfiehlt es sich, jetzt ein einführendes Werk zu konsultieren, beispielsweise die bereits erwähnte Einführung in die Psychologie von Gerrig und Zimbardo (2008). Aus dem klassischen Konditionieren sollten Ihnen die Begriffe konditionierter und unkonditionierter Reiz, Löschung und Löschungsresistenz, räumliche und zeitliche Kontiguität, Generalisierung und Diskriminationstraining, Kontingenz, Vermeidungsreaktionen und das Konditionieren komplexer Leistungen bekannt sein, um ein Gespür dafür zu bekommen, dass das Gebäude der Behavioristen durchaus einen beeindruckenden Umfang hatte.

Zur Illustration sei das berühmte Reißzweckenbeispiel von Edouard Claparède angeführt. Der Genfer Psychiater war es leid, jeden Tag bei seiner Visite mit einem amnestischen Patienten, der unter anterograder Amnesie litt und sich nichts Neues mehr merken konnte, das Kennenlernritual durchzuführen. Schon Minuten nach der Vorstellung erinnerte dieser sich nicht mehr daran, den Arzt je gesehen zu haben. Eines Tages schüttelte Claparède dem guten Mann wieder die Hand, wie jeden Tag, hielt jedoch eine Reißzwecke versteckt in der Hand und fügte dem Patienten so einen Schmerzreiz zu. Am folgenden Tag erinnerte sich der Patient an nichts, stellte sich wieder in üblicher Manier vor, weigerte sich aber, dem Arzt die Hand zu schütteln. Auf Nachfrage kamen fadenscheinige Begründungen für die Weigerung – von Schmerz oder Reißzwecke war allerdings nicht die Rede. Dieses Beispiel zeigt sehr schön, dass klassisches

Konditionieren jenseits des Bewusstseins und jenseits des expliziten Gedächtnisses stattfinden kann. Ganz am Rande sei bemerkt, dass in der Erklärung solcher nicht bewusstseinsfähiger Prozesse (die ja in die Black Box gehören) durch Konditionieren die Hoffnung bestand, ein Paradigma gefunden zu haben, das dazu in der Lage ist, komplexe psychische Phänomene auf Verhaltensdaten zu reduzieren.

Eine Weiterentwicklung des Behaviorismus ist dann in Form von Edward Lee Thorndikes (1874–1949) Überlegungen entstanden, dass bestehende S-R-Verbindungen durch Belohnung verstärkt und durch Bestrafung geschwächt werden. In seinem »Law of Effect« postulierte er, dass die Zahl der Verstärkungen (bzw. Schwächungen) den Grad der Bindung bestimmt. Damit war ein einfaches Rezept gefunden, um vorherzusagen, welches Verhalten leicht und welches nur schwer verändert werden konnte. Je höher der Grad der Bindung eines Verhaltens, das wegkonditioniert werden soll, desto höher der Aufwand. Umgekehrt ist neu konditioniertes Verhalten dann besonders beständig, wenn es durch viele Wiederholungen eine besonders starke S-R-Verknüpfung erfahren hat. Ganz am Rande sei bemerkt, dass William James (1890) bereits in seinen Ausführungen über Gewohnheitsbildung ganz ähnliche Einsichten als den damaligen Stand der Wissenschaft zusammenfasst.

Die voraussetzungslose Formulierung des Lernprozesses durch die Behavioristen spiegelt nicht nur deren optimistische und unbeschwerte Grundhaltung, sie zeugt auch von einem extremen Empirismus angelsächsischer Prägung. Lernen wird mit erfahrungsbasierter Verhaltensänderung gleichgesetzt, und alles kann gelernt werden, alles ist möglich. Es dauerte allerdings eine ganze Weile, bis das Programm der Behavioristen zum vorherrschenden Paradigma wurde. Dies geschah allerdings erst in den 1950er Jahren. Watson veröffentlichte zwar bereits weit vorher sein radikales Forschungsprogramm »Verhalten statt Bewusstsein«, es wurde aber zunächst nicht besonders ernst genommen. Watson kritisierte übrigens Thorndikes »Law of Effect«, weil es noch nicht eindeutig genug verhaltensorientiert war. Watsons Programm ist in seinem Werk *Psychology from the Standpoint of a Behaviorist* (1919) niedergelegt, und zwar mit folgenden Kerngedanken:

- Psychologie ist eine objektive Naturwissenschaft, deren Ziel die Vorhersage und Kontrolle von Verhalten ist.
- Introspektion ist als Methode untauglich, allein das Experiment taugt als Methode.
- Psychologie kann und muss sich allein auf Verhalten beschränken.
- Alle Bereiche der Psychologie (Emotionen, Instinkt, Gewohnheiten, Persönlichkeit, Entwicklung usw.) lassen sich so erfassen.
- Alles Verhalten lässt sich in S-R-Verbindungen zerlegen

Dabei war sich Watson durchaus klar darüber, dass einige Reaktionen angeboren sein müssen, also ein empiristisches »Bootstrapping« nicht möglich ist. Die unkonditionierten Reaktionen müssen angeboren sein.

Die Radikalität des theoretischen Ansatzes wird vielleicht an Watsons berühmtem Experiment mit einem Kleinkind – Little Albert – am besten deutlich (Watson & Rayner, 1920). Er versuchte dem elf Monate alten Albert Furcht vor einer weißen Ratte anzukonditionieren. Dazu hatte er gemeinsam mit seiner Assistentin Rosalie Rayner einige Monate zuvor bereits festgestellt, dass Albert normal entwickelt war und keinerlei Furcht vor Tieren oder Gegenständen wie Masken hatte, die Furcht einflößend sein könnten. Sie hatten ebenso festgestellt, dass Albert eine unkonditionierte Furchtreaktion besaß, und zwar auf ein unangenehmes lautes Geräusch, das hinter seinem Kopf per Hammerschlag auf ein Stahlrohr produziert wurde. Watson bestellte nun mit gehörigem zeitlichen Abstand den kleinen Albert zusammen mit dessen

Mutter in ein Hospital und begann dann die klassische Konditionierung einer Furchtreaktion. Dazu ließ er eine Ratte in den Laborraum, mit der Albert zunächst auch spielen wollte. Jedoch immer, wenn die Ratte zu nahe kam, wurde das Schlaggeräusch produziert. Albert erschrak und weinte. Schon bald reichte der Anblick der Ratte, um diese Furchtreaktion auszulösen. Es hatte also funktioniert wie im Lehrbuch. Dann beobachtete Watson, dass sich die Furchtreaktion auch auf andere Tiere, etwa ein Kaninchen, und auf eine Nikolausmaske ausdehnte. Die Furchtreaktion generalisierte aber nicht auf Bauklötze, die oft nach den Konditionierungsdurchgängen zum Spielen gegeben worden waren. Es wird berichtet, dass Little Albert mit seiner Mutter das Hospital verließ, bevor die Furchtkonditionierung wieder gelöscht werden konnte.

Erstaunlicherweise wurden damals keine nennenswerten moralischen Bedenken oder gar Proteste geäußert. Solche gab es eher seitens einiger Tierschützer in Hinblick auf die arme Ratte. In den 1950er und 1960er Jahren wurde die Little-Albert-Studie sehr kontrovers diskutiert, während sie heute allgemein als ethisch nicht vertretbar gilt. Watson jedenfalls, und mit ihm der gesamte Behaviorismus, nahm das Experiment als Indiz dafür, dass die These der beliebigen Konditionierbarkeit von komplexen Eigenschaften, ja ganzer Charakterzüge richtig ist.

Nachdem die Methode des klassischen Konditionierens bewährt und wissenschaftlich in vielen Details erprobt war, verbreitete sich das Paradigma über alle Teildisziplinen der Psychologie. Clark L. Hull (1884–1952) verfeinerte beispielsweise Watsons Lehre, um sie für komplexere psychologische Konzepte wie das der Motivation brauchbar zu machen. Man kann seine Arbeiten auch als Weiterentwicklung des Law of Effect ansehen. Hull postulierte, dass alle S-R-Bindungen mathematisch quantifiziert werden können und auf diese Weise eine Gesamtmotivation beziehungsweise ein Reaktionspotenzial berechnet werden kann. Es ist das Produkt aus Gewohnheitsstärke und Triebstärke. Damit konnte er bei neuen Konditionierungen vorhersagen, wann sie angesichts bestehender Triebe (oder alter konditionierter Reaktionen) verhaltenswirksam werden. Die Parameter der Gewohnheits- und Triebstärke sind messbar in Form von Latenzzeiten, Reaktionszeiten und anderen reinen Verhaltensmaßen. Man sieht einerseits Hulls Anspruch, Freuds Libido-Konzept in den Behaviorismus zu integrieren, und andererseits die tiefe Überzeugung, dass alle psychologischen Konzepte objektivierbar und formalisierbar sind.

Die behavioristische Theorie wurde dann durch einen weiteren Trick, der Einführung sogenannter intervenierender Variablen, zu einer wahrhaft universalen Theorie. Darunter verstand man S-R-Verbindungen, die sich der direkten Beobachtung entziehen, etwas ketzerisch ausgedrückt: Assoziationen innerhalb der Black Box. Positiver formuliert war die Einführung intervenierender Variablen notwendig, um das Paradigma auf alle Teilbereiche der Psychologie anwenden zu können. Jetzt konnten auch nicht direkt beobachtbare Größen als Verhaltensvariablen aufgefasst werden. Es entstand die totale Theorie der Seele, der verfeinerte Behaviorismus als integrative Theorie für alles Verhalten. Der Behaviorist bestreitet weiter, dass Erleben als Konzept notwendig ist. Daraus ergab sich auch der totalitäre Anspruch, die einzige und einzig richtige Theorie zu sein. Und wenn dies einmal akzeptiert ist, ist es nur noch ein kleiner Schritt zur Präskription von Verhaltensänderungen in Bildung und Gesellschaft.

10.2 Neobehaviorismus

Die weitere Entwicklung des Behaviorismus ist eng mit dem Namen Burrhus F. Skinner (1904–1990) verbunden, dessen Theorien in den 1950er und 1960er Jahren im Klima des Baby-Booms und der Verjüngung des Bildungssystems – man denke etwa an die Studentenrevolten – großen Anklang fanden. Der Neobehaviorismus wurde schnell zu mehr als einer reinen Lernmethode und zeigte starke metaphysische und weltanschaulich-dogmatische Tendenzen. Man kann es auch als Triumph der Psychologie interpretieren, denn plötzlich war neben den fast grenzenlosen technischen Möglichkeiten – vom Farbfernsehen bis zum Atomkraftwerk –, die die Naturwissenschaft ermöglicht hatte, der Glaube entstanden, dass eine streng naturwissenschaftliche Psychologie Ähnliches für die Gesellschaft leisten könne. Skinner bot nicht nur eine streng naturwissenschaftliche Psychologie an, er lieferte die entsprechende Psychotechnologie auch gleich mit. Er wurde 2002 von der American Psychological Association (APA) zum bedeutendsten Psychologen des 20. Jahrhunderts gekürt.

Skinner führt einige ganz entscheidende Änderungen ein, die heute als die Entwicklung vom klassischen hin zum operanten Konditionieren zusammengefasst werden können. Operant ist Verhalten, weil es sich allein durch beobachtete Effekte auf die Umwelt beschreiben lässt. Die große Neuerung Skinners ist, dass es ihm zufolge keine spezifischen Reize mehr gibt, die mit Regelmäßigkeit oder gar Notwendigkeit bestimmte Reaktionen auslösen. Stattdessen sind alle möglichen Reaktionen in einer Hierarchie organisiert, die anhand ihrer Auftretenswahrscheinlichkeit geordnet sind. Dabei ist wichtig, dass ein bestimmter Stimulus nicht unerbittlich die in der Hierarchie an oberster Stelle stehende Reaktion auslöst, sondern diese nur am wahrscheinlichsten auftritt. Seltener werden Reaktionen aus niedrigeren Stufen der Hierarchie durch den Stimulus ausgelöst. Die Hierarchie kann man sich als spezifisch für den Reiz oder eine Reizgruppe denken. Ist nun eine Reaktion erfolgt, kann diese verstärkt oder geschwächt werden, je nachdem, ob sie positiv oder negativ gefärbt wird. Der positive Fall ist beispielsweise ein Futterstückchen, sobald ein bestimmtes Verhalten aufgetreten ist. Man spricht dann von Verstärkung. Diese ändert die Position eines Verhaltens in der Hierarchie. Verstärkte Reaktionen klettern nach oben, während negativ verstärkte nach unten abwandern und daher in Zukunft seltener auftreten.

Die Einführung von Belohnung und Bestrafung oder besser gesagt von Verhaltensverstärkern hat die behavioristische Theorie entschieden erweitert und gleichzeitig wieder kohärenter gemacht. Die Black Box wurde gewissermaßen wieder geschlossen, intervenierende Variablen wurden nicht mehr gebraucht, man konnte die Reaktionshierarchie direkt aus dem Verhalten ersehen. Während viele kognitive Leistungen mit dem klassischen Konditionieren schwer oder gar nicht erklärt werden konnten, ließ sich das operante Konditionieren leicht auf alle Verhaltensbereiche anwenden, für die bisher noch kognitivistische Theorien erforderlich schienen. Beispielsweise kann mit operanter Konditionierung elegant erklärt werden, warum beim Problemlösen – man denke etwa an Köhlers Affenexperimente – Verhalten auftritt, das aussieht, als würde hier gedacht. Das große Argument der Gestaltpsychologen war ja, dass die Zeit nach Abbruch der ersten vergeblichen Versuche, die Banane zu greifen, die Inkubationszeit, dazu genutzt wurde, durch einen Denkakt die Situation in eine neue gute Gestalt umzuorganisieren. Wenn das Verhalten mit der größten Auftrittswahrscheinlichkeit, also zum Beispiel das Greifen, nicht zum Ergebnis führt, zeigt sich das nächst niedrigere Verhalten in der Hierarchie. Irgendwann ist dann per Zufall eine Reaktion dran, die zur Banane führt, die durch den Genuss der Banane so verstärkt wird, dass sie beim nächsten Mal sehr viel weiter oben in der Hierarchie steht. Während die Einsicht fortan immer nur eine Verhaltensweise zulässt, kann mit dem operanten Konditionieren erklärt werden, warum es kleine Rückfälle gibt, die man tatsächlich auch beobachtet hat.

Lernen ist also ein Umgestalten der Verhaltenshierarchie, das durch Verstärkung vonstattengeht. Es gibt verschiedene Arten von Verstärkung. Je nachdem, ob ein positiver Reiz gegeben oder entfernt wird und ob ein negativer Reiz gegeben oder entfernt wird, lassen sich positive Verstärkung, Bestrafung oder negative Verstärkung erzeugen. Mit ausgeklügelten Verstärkungsplänen (z. B. fixiertem Intervallplan) kann Verhalten in die gewünschte Form gebracht werden (Shaping). Es ist also möglich, nach Belieben jede Reaktionshierarchie zu erzeugen, per Shaping kann jedes beliebige Verhalten antrainiert werden. Von dieser Überzeugung beflügelt sind viele Verhaltensänderungsprogramme aufgelegt worden. Am berühmtesten ist vielleicht unter ihnen das sogenannte Head-Start-Programm, mit dem Kinder benachteiligter Schichten vor Eintritt in die Grundschule auf den Stand ihrer Altersgenossen aus anderen sozialen Schichten gebracht werden sollten. So entstand der Klassiker *Sesamstraße*. Am skurrilsten ist vielleicht die *air crib* (deutsch: Luft-Gitterbett). Dabei handelte es sich um eine revolutionäre Babywiege, in der das Baby – nur mit einer Windel bekleidet – gehalten wurde. Es hatte so viel größere Bewegungsfreiheit als in herkömmlichen Wiegen, war schalldicht, keimfrei und später auch klimatisiert. Dieses angeblich ideale Instrument zur Konditionierung von Säuglingen hat Skinner tatsächlich kommerziell vermarktet.

Skinner hat seine Technik des Konditionierens auch auf Tiere angewandt. Er wollte Tauben darauf konditionieren, eine Fernrakete auf Kurs zu halten. Offenbar plante er, jeder Rakete eine Taube beizugesellen – man entschied sich dann aber doch für radargestützte Fernlenksysteme. Skinner hat die Theorie des operanten Konditionierens auf das Individuum sowie auf die Gesellschaft als Ganzes angewandt und avancierte so zum selbsternannten Gesellschaftserneuerer. In seinem Werk *Walden Two* (1948) (deutsch: *Futurum Zwei*) hat er die Utopie einer optimal konditionierten Gesellschaft entworfen, in der Verhaltenstechnologie oder *behavioral engineering* als Lösung aller gesellschaftlichen Probleme propagiert wird. Der Vorschlag einer geplanten Gesellschaft war extrem populär, aber auch umstritten, und lag bereits seit Watsons Ausführungen gewissermaßen in der Luft, wie man etwa an dem Roman *Brave New World* von Aldous Huxley sieht, der eine nicht so attraktive Version einer konditionierten Welt zeichnet.

In seinem Werk *Verbal Behavior* (1957) dehnt Skinner den Behaviorismus auf Sprache aus und versucht, Spracherwerb durch operantes Konditionieren zu erklären. Genau hier setzte übrigens wenig später Noam Chomsky an und läutete mit der Kritik dieses Buches die kognitive Abkehr vom Behaviorismus ein. Seine Kritik wird in aller Regel als Widerlegung des Behaviorismus gewertet; es hat aber noch lange gedauert, bis die Vorherrschaft ernsthaft infrage gestellt wurde. Skinner hat indessen seinen utopischen Kurs weitergeführt, wenn nicht sogar die Flucht nach vorn angetreten, zum Beispiel in *Beyond Freedom and Dignity* (1971), wo er argumentiert, der hartnäckige Glaube an Freiheit und moralische Autonomie des Individuums behindere die Konstruktion einer besseren Gesellschaft mit wissenschaftlicher Methode. Er sprach sich nicht nur für Psychotechnologie aus, sondern für ein umfassendes *cultural engineering*.

Eines der geläufigsten Zitate, das im Zusammenhang mit Skinner immer wieder auftaucht, ist übrigens der Satz »Give me a child and I'll shape him into anything«. Allein bei Google haben wir ihn 14 200-mal im Zusammenhang mit Skinner zitiert gefunden, allerdings nie mit Seiten- oder auch nur Werkangabe. Vermutlich hat Skinner diesen Satz nie geäußert, und es handelt sich um ein grandioses Fehlzitat. Skinners geistiger Vorgänger, John B. Watson, hat allerdings Folgendes gesagt:

» Gib mir ein Dutzend gesunde, gut geeignete Kinder und meine eigene spezielle Vorstellung, sie großzuziehen. Ich werde garantieren, irgendein Kind auszuwählen und es zu trainieren, um irgendeinen besonderen Typ aus ihm zu machen: Arzt, Jurist, Künstler, Manager und sogar einen Bettler oder einen Dieb, unabhängig von seinen Talenten, Vorlieben, Neigungen, Fähigkeiten, Berufung und Rasse seiner Vorfahren. Ich gehe über meine Fakten hinaus und bekenne mich auch dazu, aber so halten es eben die Verfechter des Gegenteils, und sie haben es schon viele tausend Jahre so gemacht. (Watson, 1930: 82; Übersetzung durch die Verfasser) **«**

Behavioristen waren oft extrem dogmatisch; sie formulierten einen klaren Objektivismus-Anspruch und passten so gar nicht zu dem gleichzeitig vorherrschenden relativistischen Weltbild, das sich in Physik und Wissenschaftstheorie etabliert hatte. Wissenschaftstheoretisch ist der Neobehaviorismus eher eine Form des Determinismus. Man kann Skinners schärfere Gangart im Vergleich zum klassischen Behaviorismus heute nur schwer nachvollziehen. Vielleicht kann man seine extreme Position als Kritik an einem aufkommenden Kognitivismus deuten; damit ist aber der große Erfolg des Paradigmas nicht erklärt, höchstens seine Langlebigkeit. Nicht nur war es bis in die 1960er Jahre hinein – zumindest in den USA – allgemein akzeptiert, dass der Behaviorismus für alle Bereiche der Psychologie eine Lösung bereit hält, viele Programme und Konzepte des Behaviorismus prägen bis heute die Bildungspolitik. Der pädagogische Vorstoß mit Programmen vergleichbar der *Sesamstraße* aus den 1960er Jahren heißt heute *early intervention* und beruht auf den behavioristischen Umerziehungsgedanken. Vorschulklassen, Gesamtschulen usw. sind Erbe des Behaviorismus. Das bedeutendste Erbe des Neobehaviorismus ist vermutlich die einzige Therapieform, die sich neben der Psychoanalyse bis heute behaupten konnte – etwa hinsichtlich der Anerkennung bei den Krankenkassen. Die streng behavioristische Verhaltenstherapie arbeitet nach dem Prinzip, nicht in die Black Box hineinschauen zu wollen. Leidet ein Patient etwa an einer Spinnenphobie, dann fragt die Verhaltenstherapeutin nicht nach den Gründen oder nach der Entstehungsgeschichte, sondern fängt sofort damit an, die Assoziation des Reizes »Spinne« mit den Reaktionen »Angst« und »Fluchtverhalten« zu schwächen. Dies geschieht beispielsweise, indem das Fluchtverhalten gezielt verhindert wird und langsam einen immer niedrigeren Platz in der Reaktionshierarchie einnimmt. Reiz kann natürlich auch systematisch mit angenehmen Dingen assoziiert werden, die somit in der Hierarchie nach oben wandern. Diese Form des Konditionierens funktioniert übrigens ganz hervorragend. Nach diesem kurzen Eindruck sollte ersichtlich geworden sein, wie der Behaviorismus zum wohl erfolgreichsten Paradigma des 20. Jahrhunderts werden konnte.

10.3 Zusammenfassung

Nach den zum Teil sehr ausgefeilten und komplexen Paradigmen der vergangenen Kapitel, wie etwa Helmholtz' Theorie der unbewussten Schlüsse oder Ansätze aus der Phänomenologie, ist es nicht zu verstehen, wie diese Tradition und die damit einhergehenden Einsichten aus dem 19. Jahrhundert so radikal über Bord geworfen werden konnten, wie es in der Mitte des 20. Jahrhunderts geschah. In Form eines starren Empirismus entsteht ein assoziationistisches Paradigma. Selbst wenn wir den amerikanischen Siegereifer nach dem Zweiten Weltkrieg oder den Willen, an eine Gesellschaftsutopie zu glauben, als mildernde Umstände einräumen, ist schwer zu verstehen, wieso die Amputation der Psychologie durch den Behaviorismus möglich wurde. Wir sehen mit ihm eine enorme Simplifizierung der Psychologie durch die doppelte Selbstbeschränkung: die theoretische durch Ausklammerung der Innenseite der Black Box und die inhaltliche durch die Fokussierung auf Lernprozesse. Der Behaviorismus entwickelt sich aus Pawlows Entdeckung der Konditionierbarkeit des Speichelreflexes. Er beherrscht in seiner Weiterentwicklung des operanten Konditionierens durch Skinner die amerikanische Psychologie nach dem Ersten Weltkrieg bis in die 1960er Jahre. Das Vermächtnis des Beha-

10.3 · Zusammenfassung

viorismus ist bis heute präsent und stößt weiterhin auf große Akzeptanz, und dies trotz der kognitiven Wende in den 1970er Jahren. Die Akzeptanz leitet sich weniger aus dem Überleben der alten Behavioristen ab als vielmehr aus der Tatsache, dass der Behaviorismus Nischen gefunden hat, in denen er bis heute die besten Erklärungen und Handlungsrezepte liefert. Selbst das klassische Konditionieren hat seine Nische gefunden, etwa in der Erklärung und Therapie von Suchtverhalten oder in der Tierpsychologie. Als Theorie der Seele ist der Behaviorismus allerdings heute als vollkommen untauglich anzusehen, und es ist nahezu unfassbar, warum er dort ernsthaft erwogen wurde.

Informationsverarbeitung und Kognitive Wende

11.1   Kritik am Behaviorismus – 136
11.1.1 Das Bobo-Doll-Experiment von Bandura – 137

11.2   Kognitive Psychologie – 138

11.3   Informationstheorie – 139

11.4   Denkpsychologie – 142

11.5   Zusammenfassung – 144

Information ist der Kitt der Gesellschaft. (Norbert Wiener, 1894–1964)

11.1 Kritik am Behaviorismus

Nachdem wir uns mit dem Behaviorismus beschäftigt haben, der mit erschreckender Radikalität alle subjektive Erfahrung – und damit auch Kognitionen – aus dem Gegenstandsbereich der Psychologie eliminiert hatte, wollen wir jetzt kurz die Gegenbewegung, den Informationsverarbeitungsansatz in der Psychologie kennenlernen. Der Paradigmenwechsel vom Behaviorismus zur Informationsverarbeitung verdient durchaus diesen Kuhn'schen Ausdruck und wird *kognitive Wende* genannt. Den Informationsverarbeitungsansatz kann man auch mit einem Kognitivismus gleichsetzen. Eine wichtige Station auf dem Weg dorthin oder, in Kuhns Worten, ein Auslöser für die Krise des alten Paradigmas ist sicherlich in der Behaviorismus-Kritik von Noam Chomsky (geb. 1928) zu sehen. Er hat in seiner Besprechung von Skinners Buch *Verbal Behavior* (1957) eine vernichtende Kritik formuliert, die wohl nicht in erster Linie wegen ihrer theoretischen Einsichten aufgenommen wurde, sondern weil er dem gesunden Menschenverstand wieder Geltung verschaffte und somit auch oder gar maßgeblich die Wissenschaftsgläubigkeit infrage stellte, mit der man im Behaviorismus ein Heilmittel für alle gesellschaftlichen Probleme gesehen hatte. Indem Chomsky zeigte, dass der Behaviorismus irren konnte, öffnete er die Tür für weitgehende Kritik. Berühmt wurde ein Satz, in dem seine ganze Enttäuschung über die damalige Psychologie zum Ausdruck kommt:

» Es ist gut möglich – man darf annehmen, dass es die überwältigende Mehrheit ist –, dass wir immer mehr über das menschliche Leben und die menschliche Persönlichkeit aus Romanen als von der wissenschaftlichen Psychologie lernen werden. (Chomsky, 1988: 159; Übersetzung durch die Verfasser) «

Chomskys Hauptargument zur Fallibilität des Behaviorismus ist gegen die Methode des Konditionierens, gemeint ist das operante Konditionieren, zum Erwerb von Sprache und Grammatik gerichtet. Nach dem, was wir über die zeitlichen Verläufe von Konditionierung wissen, würde ein Menschenleben nicht ausreichen, um Sprache zu erwerben. Ganz anders als beim klassischen Konditionieren, wo wenige oder gar eine einzige Assoziationsbildung (*single-trial learning*) ausreichen können, um biologisch vorbereitete Dinge zu lernen, wie etwa eine Geschmacksaversion, ist beim operanten Konditionieren mehr Übung notwendig, um die Reaktionen oben in der Hierarchie zu halten. Ein weiteres Argument Chomskys ist sein Hinweis darauf, dass wir ständig fundamental neue Sätze bilden können, die wir vorher noch nie gehört oder gedacht haben. Dies ist schlichtweg nicht mit der S-R-Hierarchie von Hull oder Skinner vereinbar. Vielmehr müssen Grammatikstrukturen, die das mühelose Bilden neuer Sätze zulassen, angelegt beziehungsweise angeboren sein.

Es soll jetzt nicht der falsche Eindruck entstehen, dass die kognitive Wende eine Sprachwende war. Selbst im Herzen des Behaviorismus, in der Lerntheorie, wurde massive Kritik laut. Pionierarbeit leistete dabei Albert Bandura (geb. 1925) Anfang der 1960er Jahre mit seinem Bobo-Doll-Experiment, das wir uns gleich noch genauer anschauen werden. Die Ergebnisse konnten Banduras Meinung nach nicht mehr mit behavioristischen Prinzipien erklärt werden, sondern verlangten kognitive Prozesse (Bandura & Walters, 1963). Das Paradigma des Beobachtungslernens löste das des Konditionierens in nahezu allen komplexen visuellen Lernsituationen ab. Ganz unabhängig von Kritik aus den eigenen Reihen kam aber auch zeitgleich in Amerika eine ganz neue Strömung auf, die Ergebnisse aus der Nachrichtentechnik und der Kybernetik auf die Psychologie anwandte.

11.1.1 Das Bobo-Doll-Experiment von Bandura

Vier- bis fünfjährigen Kindern wurde ein Film vorgeführt, der eine erwachsene Person namens Rocky in einem Raum mit mehreren Gegenständen zeigt. Rocky verhält sich gegenüber einer großen Plastikpuppe namens Bobo sehr aggressiv, die Puppe wird geschlagen, getreten, zu Boden geworfen und beschimpft, teilweise auch mit abfälligen Wortneuschöpfungen tituliert. Der Film konnte nun in drei verschiedenen Varianten enden. Den Kindern wurde je nach Zuordnung zu einer von drei Gruppen jeweils nur eine Fassung mit einer der drei Varianten gezeigt:
- Gruppe 1: Am Ende tritt eine zweite erwachsene Person hinzu, die Rocky für sein Verhalten lobt und ihn mit Süßigkeiten belohnt.
- Gruppe 2: Am Ende kommt ebenfalls die zweite erwachsene Person hinzu, tadelt Rocky jedoch und bestraft ihn mit Schlägen (sic!) und Drohungen.
- Gruppe 3: Das Geschehen bleibt unkommentiert, keine weitere Person tritt auf.

Direkt im Anschluss wurden die Kinder – einzeln – in einen Raum mit solchen Gegenständen geführt, wie sie im Video zu sehen waren. Die Kinder spielten mit den verschiedenen Gegenständen, ahmten aber auch das aggressive Verhalten des Erwachsenen gegenüber der Puppe nach und benutzten auch die abfälligen Wortneuschöpfungen. Über alle Gruppen hinweg waren die Jungen aggressiver als die Mädchen. Die Bereitschaft zur Aggressivität war aber bei den unterschiedlichen Gruppen verschieden ausgeprägt. Die Kinder, die zuvor Zeugen von Rockys Bestrafung geworden waren (Gruppe 2), waren deutlich weniger aggressiv. Gruppe 3, die den Film mit dem neutralen Ende gesehen hatte, zeigte ein ähnlich aggressives Verhalten wie Gruppe 1, in der Rocky für sein aggressives Verhalten gelobt worden war.

Anschließend wurde den Kindern eine Belohnung für jede gesehene Handlung in Aussicht gestellt, an die sie sich erinnern und die sie auch nachahmen konnten. Diese Belohnung erhöhte bei den Kindern aller drei Gruppen die Nachahmungsrate, wobei Gruppe 2 die anderen beiden Gruppen noch übertraf. Bandura schloss daraus, dass die Kinder das Vorbildverhalten gleichermaßen erlernt hatten. Man beachte, dass eigenes Verhalten in der Lernphase überhaupt nicht nötig ist. Das Gelernte, also das beobachtete Verhalten, wurde je nach den Folgen, die es hatte, ganz unterschiedlich reproduziert. Es besteht also ein Unterschied zwischen Erwerb (Akquisition oder Kompetenz) und Ausführung (Performanz) des beobachteten Verhaltens. Diese Differenzierung wäre im Paradigma des Konditionierens nicht möglich gewesen. Behavioristisch gesehen sollte die Reaktion, wenn sie einmal aktiviert ist, auch in Verhalten münden und nicht durch eine Evaluation der Konsequenzen abschaltbar sein. Wir wollen hier dahingestellt sein lassen, ob der Behaviorist nicht auf eine weitere S-R-Hierarchie verweisen würde, die genau diese Hemmung des aggressiven Verhaltens durch den Stimulus »Tadel« erklärt. Wichtig ist, dass Bandura eine neue Theorie vorstellte, die das differenzierte Nachahmen mit kognitiven Begriffen leicht erklären konnte.

Als Anmerkung sei hinzugefügt, dass Rockys Verhalten heute beileibe nicht besonders aggressiv aussieht, damals aber durchaus so empfunden wurde. Dies lässt also eher darauf schließen, dass sich unsere Sehgewohnheiten gegenüber gewalttätigen Szenen verändert haben, und stellt Banduras Schlussfolgerungen nicht unbedingt infrage. Bandura hat, beflügelt vom Erfolg seiner Theorie zum Beobachtungslernen, eine weiter reichende Theorie zur Erklärung von Sozialisierungsprozessen ausgearbeitet, die unter dem Namen Social Cognitive

Learning Theory bekannt geworden ist. Bis heute hält Bandura übrigens hartnäckig an der These des Beobachtungslernens fest, obwohl sich inzwischen zahlreiche Gegenpositionen formiert haben. Auch ist inzwischen klar, dass visuell-motorisches Lernen keine Einbahnstraße von der Beobachtung zur Nachahmung darstellt, sondern auch umgekehrt vom Handeln auf die visuelle Wahrnehmung wirken kann (Hecht, Vogt & Prinz, 2001). Davon ganz abgesehen sind Banduras Arbeiten so bedeutend gewesen, weil sie zeigten, dass kognitive Variablen auch in der Domäne des Lernens ihren Platz haben, ja unverzichtbar sind.

11.2 Kognitive Psychologie

Wenn wir uns den Kernbereich der allgemeinen Psychologie anschauen, dann hat ein Buch wie kein anderes die kognitive Wende begleitet, nämlich Ulric Neissers *Cognitive Psychology* (1967). Neisser wurde 1928 in Kiel geboren, wanderte aber als Dreijähriger nach Amerika aus, studierte in Harvard und bei Wolfgang Köhler in Swarthmore Psychologie, lehrte dann unter anderem an der Cornell University. Neisser hat den Erkenntnissen der kognitiven Psychologie in der wissenschaftlichen Gemeinschaft zum Durchbruch verholfen. Er definiert kognitive Psychologie als die Lehre davon, wie Menschen Wissen erwerben, strukturieren, speichern und nutzen, und legt das Fundament für die moderne Kognitionspsychologie. Dieses ist uns heute so geläufig, dass uns heute vieles aus seinem Buch trivial erscheinen mag. Aus dem Umfeld des Behaviorismus heraus erschien es damals jedoch revolutionär.

>> »Erkenntnis« bezieht sich auf alle Prozesse, bei denen der wahrgenommene Input verändert, reduziert, ausgearbeitet, gespeichert, wiederhergestellt und angewendet wird. Sie ist immer an diesen Prozessen beteiligt, selbst wenn diese ohne eine relevante Stimulation, wie Bilder oder Halluzinationen, arbeiten. Begriffe wie Sinneseindrücke, Wahrnehmungen, Bildsprache, Speicherung von Gedächtnisinhalten, Erinnern, Problemlösen und Denken etc. führen zu hypothetischen Stufen oder Aspekten von Erkenntnis. (Neisser, 1967: 4; Übersetzung durch die Verfasser) <<

Man beachte die Zentralität des Informationsbegriffs und den Prozesscharakter der seelischen Funktionen, die die Informationsverarbeitung gewährleisten, einmal ganz abgesehen von einer neuen Begrifflichkeit, die zum Teil aus der gerade entstandenen Kybernetik kam. Zwei solche Termini technici, Input und Output, sind heute aus der Umgangssprache überhaupt nicht mehr wegzudenken. Man beachte auch, dass Neisser explizit mentale Erlebnisse erwähnt, die ohne jeglichen Stimulus existieren und Verhalten auslösen können. Neben die Kognitionstheorie stellt Neisser die dynamischen Theorien, die zur vollständigen Erklärung der Psyche notwendig sind. Dazu gehören Motivation, Persönlichkeit usw. Neisser versteht Kognitionen und dynamische Variablen als unabhängige Variablen beziehungsweise Theorien, sodass Kognitionspsychologie möglich ist, ohne immer auch dynamische Theorien mit einzubeziehen. Allerdings sind sie seiner Ansicht nach unvereinbar mit dem Behaviorismus:

>> Die kognitiven und dynamischen Gesichtspunkte sind keineswegs die einzigen möglichen Annäherungen an die Psychologie. Behaviorismus vertritt zum Beispiel eine sehr verschiedene Tradition, die mit beiden im Wesentlichen unvereinbar ist … Vor einer Generation hätte ein Buch wie dieses mindestens ein Kapitel der Selbstverteidigung gegen die behavioristische Position gebraucht … Der grundlegende Grund, um kognitive Prozesse zu studieren, ist ebenso

klar geworden wie der Grund, um irgendetwas anderes zu studieren: Weil sie dort sind. (Neisser, 1967: 5; Übersetzung durch die Verfasser) **«**

Es ist sicherlich kein Zufall, dass ein Schüler Wolfgang Köhlers (1887–1967) diese Leistung vollbrachte, ein ganzes Feld umzukrempeln und die kognitive Wende auf den Weg zu bringen. Neissers Ideen waren von der Gestalttheorie inspiriert, obwohl er nicht als Gestalttheoretiker gelten kann, dafür sind seine Werke zu sehr vom Paradigma der Informationsverarbeitung geprägt. Er näherte sich übrigens in den 1970er Jahren sehr der Position von James Jerome Gibson und versuchte, den ökologischen Ansatz besonders in der Lernforschung zu etablieren.

11.3 Informationstheorie

Parallel zu den neuen Strömungen in der allgemeinen Psychologie gab es auch auf der Methodenseite eine neue Orientierung. Während Arbeiten zur Psychophysik am Ende des 19. Jahrhunderts, etwa die Methoden zur Schwellenbestimmung von Gustav Fechner, stark von Versuchen bestimmt waren, Sinnesempfindungen anhand eines formalen Regelwerks zu beschreiben, so spielte dies im Behaviorismus keine Rolle mehr. Lernprozesse wurden zwar auch formalisiert, denken wir etwa an Hulls Formel zum Reaktionspotenzial, es wurde aber keine Entsprechung von physikalischen und seelischen Parametern gesucht. Die Seele war ja ausgeklammert. Durch die Fortschritte in der Nachrichtentechnologie im und nach dem Zweiten Weltkrieg entstanden technische Innovationen, die plötzlich so etwas wie geistige Einheiten erforderten. Rechenmaschinen, Dechiffriermaschinen und schließlich der Computer erforderten Stellvertreter für Zahlen, Wörter – eben so etwas wie Repräsentationen, die nicht mit der Begrifflichkeit des Behaviorismus beschrieben werden konnten. Man musste jetzt mit Maschinen kommunizieren, und so entstand der Informationsbegriff als Maß für die Menge oder die Dichte von Kommunikation. Claude E. Shannon (1916–2001) hat 1948 in seinem Artikel »A Mathematical Theory of Communication« (deutsch: *Mathematische Grundlagen der Informationstheorie*) eine Informationstheorie aufgestellt, die die kognitive Psychologie 20 Jahre später maßgeblich beeinflusst hat (Shannon & Weaver, 1976). Er schlug vor, Zahlen in binärer Form zu kodieren, und beschäftigte sich mit der Idee selbstreferenzieller Systeme, die in Form von Schleifen in die Programmiertechnik eingegangen sind und ohne die neuronale Netze oder konnektionistische Ansätze (▶ Kap. 13) heute nicht denkbar wären. Eine spielerische Demonstration ist seine *ultimate machine*, deren Zweck es ist, den Schalter, mit dem man sie einschaltet, wieder auszuschalten. Man kann sie übrigens auf *YouTube* bewundern.

In den 1960er Jahren waren die ersten Computer zu außerordentlich erfolgreichen Informationsverarbeitern geworden, und es dauerte nicht lange, bis Psychologen die großen Gemeinsamkeiten zwischen dem Computer und unserem Denkapparat zur Theoriebildung heranzogen, von krassen Analogien bis zu vorsichtigeren Vergleichen. Die Bedeutung des Computers für die Theoriebildung in der Psychologie seit der kognitiven Wende kann nicht genügend betont werden. Es scheint fast so, als sei mit seiner Erfindung endlich ein lang gehegter Menschheitstraum in Erfüllung gegangen, nämlich der, etwas zu schaffen, was der menschlichen Seele gleicht, ja als Analogie dienen kann, um jene zu verstehen. Man kann die Bedeutung des Computers als informationsverarbeitende Maschine für die Psychologie vielleicht am besten mit der folgenden kleinen Metatheorie von analogieorientierten Theorien verdeutlichen. Wenn wir uns die Geschichte der Medizin anschauen, kommt ein Durchbruch im Verständnis eines Organes immer erst dann, wenn es Physikern oder Ingenieuren gelungen ist, etwas zu bauen, das ähnlich ist und das als Analogie herangezogen werden kann. So wurde die Funktion von Adern sehr früh verstanden, da man Schläuche in der Antike kannte, um Flüssigkeiten darin aufzubewahren. Das Herz wurde erst in seiner Funktion begriffen, nachdem man die Pumpe erfunden hatte. Die Analogie, das Herz als Pumpe, die Säfte (Blut) durch Schläuche (Adern) pumpt, ist seither gültig. Die Funktion von Nervenbahnen wurde erst mit der Erfindung einer elektrischen Leitung verstanden; wir stellen uns heute Nerven in der Regel als Reizleiter in Analogie zu einer Stromleitung vor.

Das Gehirn – und jetzt befinden wir uns wieder in der Ära der Kognitionspsychologie der 1960er Jahre – wurde erst verstanden, als der Computer erfunden war. Zunächst hat man es als seriellen Computer aufgefasst, denn die ersten Computer waren eben serielle Informationsverarbeiter. Als in den 1970er Jahren der parallele Computer aufkam, sah man sofort, dass das Gehirn ein paralleler Computer ist. Heute sind selbst Parallelcomputer out, und Cloud Computing ist in. Unter Letzterem ist die Hochverfügbarkeit vieler virtueller Server zu verstehen und damit eine Möglichkeit, parallele Prozesse, wie Sortierung von Daten, Datenbankzugriffe und Speicherung auf fast unbegrenzten Medien durchführen zu können. Diese Prozesse sind ökonomisch sehr effizient, allerdings sicherheitstechnisch problematisch für den Kunden, der eine solche, als Dienstleistung von »außen« angebotene »Wolke«, mietet, um nicht selbst ein eigenes Rechenzentrum betreiben zu wollen/müssen. Cloud Computing kann man also als eine Eingabe-Ausgabe-Black-Box für komplexe Aufgaben auffassen, deren Komponenten, auf verschiedene Ressourcen verteilt, sehr schnell verarbeitet werden können. Beispielsweise wurde von Google 1 Terabyte Daten in nur 68 Sekunden sortiert. Es wäre also entsprechend unserer kleinen Metatheorie kein Wunder, wenn bald die ersten Theorien vom Denken als Cloud Computing auftauchen. Die etwas ketzerische Frage, die wir hier implizieren, ist natürlich die nach dem Kriterium für eine adäquate Analogie. Die moderne Herzchirurgie zeigt uns täglich, dass das Herz tatsächlich eine Pumpe ist, deren Einzelteile wir verstehen und zum Teil sogar reparieren können. Aber was ist das Kriterium dafür, dass wir auch mit dem parallelen Computer richtig liegen? Noch verstehen wir die einzelnen Teile des Gehirns nicht, und noch können wir es nicht reparieren, wenn auch immer wieder Bemerkenswertes geleistet wird, wie etwa das neurale Interface, mit dem es gelähmten Menschen gelingt, ihre im EEG messbaren Hirnströme so zu verändern, dass sie einen Rollstuhl lenken können. Wir werden versuchen, in ▶ Kap. 15 ein paar Antworten auf diese Frage anzubieten. Jetzt zurück zur kognitiven Wende und zur Neudefinition ihrer eigenen Aufgabe, die sich die Psychologie oder genauer gesagt die kognitive Psychologie – die Behavioristen gab es ja weiterhin – in den 1960er Jahren gegeben hat:

» Die Aufgabe eines Psychologen, der versucht, menschliches Erkenntnisvermögen zu verstehen, ist mit derjenigen vergleichbar zu wissen, wie ein Computer programmiert ist – insbesondere dann, wenn das Programm Informationen speichert und abruft und er wissen möchte, durch welche »Routinen« oder »Prozeduren« dies geschieht. Wenn dies so ist, ist es ihm egal, ob sein spezieller Computer Informationen in Magnetkernen oder auf Microfiches speichert; er möchte das »Programm« verstehen, nicht die »Hardware«. Genauso würde es dem Psychologen nicht helfen zu wissen, dass das Gedächtnis durch die RNA im Gegensatz zu einem anderen Medium repräsentiert wird. Er möchte seine Verwendung verstehen, nicht das Medium. (Neisser 1967: 6; Übersetzung durch die Verfasser) «

Neisser nimmt hier bereits die großen Fragen des Computational Approach, beispielsweise die Konstruktion intelligenter »sehender« Maschinen von David Marr (1945–1980) vorweg, die erst in den 1980er Jahren von ihm popularisiert werden. Marr trennt in seinem algorithmischen Ansatz zur visuellen Wahrnehmung, genau wie von Neisser angedacht, die Prozedur, den Algorithmus, von seiner Implementierung und postuliert, dass die psychologische Theorie fertig

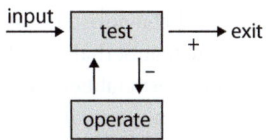

Abb. 11.1 TOTE-Einheit. Einlaufende Information wird auf eine Ist-Soll-Abweichung überprüft (TEST). Liegt eine Abweichung vor (−), so greift das System ein (OPERATE) und versucht, die Abweichung auszugleichen. Nach dem Eingriff wird wieder auf eine Abweichung überprüft (TEST) usw., bis Ist- und Sollzustand identisch sind. In diesem Fall (+) wird die TEST-OPERATE-Schleife beendet (EXIT) (adaptiert nach Miller, Galanter & Pribram, 1956).

ist, sobald der Algorithmus gefunden ist. Die Implementierung in Hardware oder Software ist dann die Aufgabe der Ingenieure. Die mit Marrs Einsichten verbundenen Hoffnungen, rasch Maschinen bauen zu können, die sehen oder gar denken können, haben sich allerdings bis heute nicht erfüllt. Weit über einige bemerkenswerte *special-purpose machines* (beispielsweise elektronische Chips, mit denen man Autos aufgrund einer Gedankentätigkeit lenken kann) sind wir noch nicht hinausgekommen; man denke an den eingangs erwähnten »intelligenten« Staubsauger, der einmal am Tag die Wohnung saugt und dann an die Ladestation zurückkehrt, oder an den Großrechner, der einen Schachgroßmeister schlagen kann.

Die nächsten Kapitel von Neissers Buch *Cognitive Psychology* (1967) beschäftigen sich insbesondere mit visueller und auditiver Kognition. Dabei legt er die grundlegenden Konzepte dar, die bis heute die einführenden Lehrbücher der allgemeinen Psychologie füllen. Dazu gehören etwa Ausführungen zum ikonischen und echoischen Gedächtnis, zur Musterverarbeitung und Objekterkennung. Parallel zu Neissers weitsichtiger Analyse hat sich der Eingang der Nachrichtentechnologie und des Informationsbegriffs in die Psychologie auf fast alle Bereiche ausgedehnt, zum Beispiel der Begriff der Kanalkapazität, also die Menge und die Geschwindigkeit von Information, die entweder seriell innerhalb eines Kanals (etwa des visuellen) oder parallel in mehreren Kanälen absorbiert und verarbeitet werden kann. Für das sensorische Register stellte man fest, dass etwa fünf Bytes aufgenommen werden, wenn ein Reiz wenige Millisekunden lang gezeigt wurde. In der Gedächtnispsychologie hat George Miller (geb. 1920) festgestellt (1956), dass das Kurzzeitgedächtnis nicht mehr als sieben Bits speichern kann, wenn diese auch durch den Langzeitgedächtnisprozess des »Chunking« fast beliebig erweiterbar sind. Auch in der Denkpsychologie ist die Computeranalogie nicht folgenlos geblieben. Es wurde versucht, viele Denkvorgänge nach dem TOTE-Schema zu erklären. Dabei handelt es sich um eine Programmschleife, die aus Test, Operate und Exit besteht und die universal einsetzbar ist. Interessanterweise haben Miller und Kollegen (Miller, Galanter & Pribram, 1960) die TOTE-Schleife ursprünglich als eine Art Reflexbogen gesehen und gehofft, so die behavioristischen und die informationstheoretischen Ansichten unter einen Hut bringen zu können (Abb. 11.1).

Dessen ungeachtet lässt sich die kognitiven Wende (*cognitive turn*) allerdings wunderbar als eine wissenschaftlichen Revolution im Sinne Kuhns auffassen. Mit Chomskys vernichtender Kritik und Neissers kognitionspsychologischem Programm ist der behavioristische Ansatz nicht tot. Er ist nicht im Sinne Poppers falsifiziert. Auslöser der kognitiven Wende war nicht nur ein Versagen des behavioristischen Konzepts im Bereich Sprache und anderer komplexer Fähigkeiten, sondern auch ein Wechsel der Interessen der Forscher. Die kognitive Wende kam, anders als es heute im Rückblick naheliegt, nicht plötzlich, sondern zog sich über Jahrzehnte hin. Nach der Wende, im Zeitraum von 1979 bis 1988, wurden noch mehr Artikel in »behavioristischen« als in »kognitiven« Fachzeitschriften veröffentlicht. Diese Artikel wurden auch häufiger zitiert (Friman et al., 1993). Behavioristen waren also in den 1980er Jahren alles andere als ausgestorben. Heute gibt es auch außerhalb der klinischen Psychologie, in der mit der Verhaltenstherapie der Behaviorismus fest etabliert ist, immer noch stark behavioristisch ausgelegte Universitäten. Die Stony Brook University im US Bundesstaat New York etwa ist bis heute eine Hochburg des Behaviorismus.

11.4 Denkpsychologie

Die bedeutendste Errungenschaft der kognitive Wende ist vielleicht die Überwindung des behavioristischen Verzichts auf die Innenansicht, auf die psychologisch besonders anspruchsvollen Prozesse innerhalb der Black Box. Es war plötzlich wieder salonfähig, Denkpsychologie zu betreiben. So ist nicht verwunderlich, dass viele Studien zur Denkpsychologie seit den 1960er Jahren genau dort wieder anknüpften, wo die Gestaltpsychologen aufgehört hatten, aber die Themenwahl auf solche Gegenstände konzentrierten, die mit dem Begriffsapparat – um nicht zu sagen Strukturkern – der Informationstheorie besonders gut durchdrungen werden konnten. So entstanden etwa folgende Theorien zum logischen Schlussfolgern oder zu Wahrscheinlichkeitsurteilen:

- *Theorien zum deduktiven Schließen*, zu denen etwa die der formalen Regeln (Henle, 1962) gehört und die besagt, dass Beweise anhand logischer Regeln konstruiert werden, indem sie in die formale Sprache der Logik übersetzt und nach Anwendung eines Schlussschemas wieder in Umgangssprache überführt werden.
- *Theorien zum Zustandekommen von Wahrscheinlichkeitsurteilen* durch den Gebrauch von Heuristiken (Kahnemann, Slovic & Tversky, 1982), das später zu einem Zwei-Phasen-Modell ausgebaut wurde (Evans, 1989). Danach wird zunächst eine unbewusste Heuristik angewandt, die in einem zweiten Schritt einer bewussten analytischen Bewertung unterzogen wird.
- *Theorie der mentalen Modelle* (Johnson-Laird, 2011), die besagt, dass wir in Form von mehr oder weniger visuellen Modellen denken und (logische) Probleme nicht rein verbal oder analytisch lösen. Dabei handelt es sich um sparsame anschauliche Modelle über Regeln, die in der Welt gelten.

Zur Theorie der mentalen Modelle nun ein Beispiel. Vier Prämissen beziehungsweise Informationen seien verbal gegeben:
1. Das Lineal ist rechts von der Uhr.
2. Der Hammer ist links vom Lineal.
3. Der Stift ist vor dem Hammer.
4. Die Schere ist vor der Uhr.

Danach ist die Frage zu beantworten, ob der Hammer rechts von der Uhr ist. Versuchen Sie es einmal, bevor Sie sich ◘ Abb. 11.2 ansehen.

Nun, zu welchem Modell sind Sie gelangt? Wenn man keine weitere Information als die vier genannten Prämissen besitzt, ist die Aufgabe nicht eindeutig zu lösen. Trotzdem haben die allermeisten Versuchspersonen in aller Regel eine recht klare Antwort. Einige sagen mit Überzeugung, dass der Hammer nicht rechts von der Uhr ist, während andere ebenso überzeugt die Frage bejahen. Laut Johnson-Laird liegt dies daran, dass hier unterschiedliche mentale Modelle gebildet worden sind. Wie dies gehen kann ist in ◘ Abb. 11.2 illustriert.

11.4 · Denkpsychologie

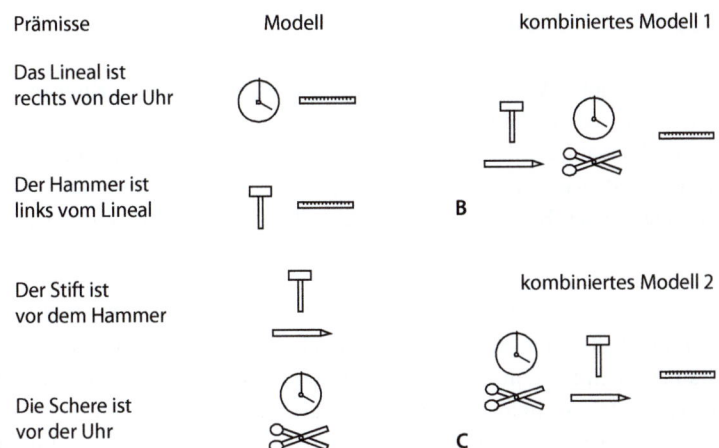

○ **Abb. 11.2** Das Modell von Johnson-Laird. Illustration der Theorie der mentalen Modelle: Einzelne Modelle wie in (A) werden zu möglichst sparsamen Modellen integriert (B). Die Existenz eines konsistenten Modells schließt nicht aus, dass weitere Modelle existieren (C) (adaptiert nach Johnson-Laird, 2011).

Dies soll genügen, um zu zeigen, wie befreiend die kognitive Wende für weite Teile der Psychologie gewirkt hat, denn solche Modelle wären im Behaviorismus nicht denkbar gewesen. Heute hat sich der etwas ausgedehntere Begriff der Kognitionswissenschaft (*cognitive science*) etabliert.

» Erkenntnistheorie ist ein interdisziplinärer Versuch, die Natur der Intelligenz zu verstehen … (Evans, Newstead & Byrne, 1993: 7) «

Den damit verbundenen Einsichten der kognitiven Wende folgt heute das Gros der Psychologen, die Grundlagenforschung betreiben. Kleinere Kursänderungen sind allerdings schon jetzt erkennbar. Bewusstsein war noch zu Beginn der kognitiven Wende ein Tabuthema, und es wäre damals undenkbar gewesen, es experimentell untersuchen zu wollen. Es ist inzwischen nicht nur salonfähig geworden, sondern hat sich geradezu als Mode etabliert. Es gibt bereits eine internationale Gesellschaft namens Association for the Scientific Study of Consciousness, der Philosophen, Neurowissenschaftler und Psychologen angehören. Wir sehen auch einen Neurotrend innerhalb der Kognitionspsychologie, denn es ist heute schwer, wenn nicht unmöglich, breite Anerkennung für eine kognitive Theorie zu gewinnen, ohne neurowissenschaftliche Evidenz mitzuliefern. Dennoch befinden wir uns weiterhin im Zeitalter des Kognitivismus.

Am Rande sei noch bemerkt, dass sich die Gestalttheorie als einzige große Theorie, als einziges Paradigma, ein ganzes Jahrhundert gehalten hat. Auch wenn ihre Vertreter nicht immer im Rampenlicht standen, so hat es dennoch eine kontinuierliche Tradition dieses Ansatzes gegeben, der besonders in der allgemeinen Psychologie neben den Informationsverarbeitungsansätzen seinen Platz in den Lehrbüchern gefunden hat.

11.5 Zusammenfassung

Wenn man den abrupten Wandel von den komplexen Theorien des seelischen Erlebens und Verhaltens am Ende des 19. Jahrhunderts (z. B. William James) oder zu Beginn des 20. Jahrhunderts (z. B. Wolfgang Köhler) zum rein verhaltensorientierten Paradigma des Behaviorismus betrachtet, lässt sich Kuhns Paradigmenbegriff hervorragend anwenden. Wir haben die Methode des klassischen Konditionierens vorgestellt, die den biologischen Aspekt des Assoziationslernens anhand bestehender Reflexe, unkonditionierter Reaktionen, beschreibt. Der Neobehaviorismus behält es bei, alles subjektive Erleben aus dem Gegenstandsbereich der Psychologie zu verbannen und allein das Verhalten zu betrachten. Die Methode des operanten Konditionierens ist allerdings nicht mehr biologisch aufzufassen, sondern durch das Konzept der Verstärkung durch Belohnung und aversive Reize genuin psychologisch ausgerichtet. Wir kennen keinen Gestaltpsychologen, der zum Behaviorismus bekehrt worden wäre. Es wurde nach dem Zweiten Weltkrieg lediglich stiller um das Gestaltparadigma, und der Behaviorismus rückte ins Rampenlicht bis hin zu seiner Rolle als heilbringende Technologie für einen gesellschaftlichen Wandel.

Der Behaviorismus wird mit der kognitiven Wende vom Informationsverarbeitungsparadigma abgelöst. Die ebenso dramatische, wenn auch weniger abrupte Wiederentdeckung des Erlebens – gespeist durch Erkenntnisse der Informationstheorie und Nachrichtentechnik – lässt Kuhns Deutung der Ereignisse vollends überzeugend erscheinen. Grob gesagt und ungeachtet aller potenziellen postmodernen Bestimmungsversuche befinden wir uns heute immer noch im Paradigma des Informationsverarbeitungsansatzes. Es zeichnet sich allerdings eine zeitgenössische Tendenz ab, von der noch nicht mit Sicherheit gesagt werden kann, ob sie sich zu einem neuen Paradigma entwickelt oder vielleicht schon entwickelt hat, nämlich die Neurokognition. Deren komputationale Seite in Gestalt des Konnektionismus werden wir uns in ▶ Kap. 13 näher anschauen. Doch zuvor betrachten wir die neuropsychologischen Fortschritte und die durch sie angestoßene Wiederentdeckung des Bewusstseinsproblems.

Neuropsychologie

12.1	Die Gehirnhypothese – 147
12.1.1	Die Anfänge: Gehirn oder Herz? – 147
12.1.2	Geist und Körper des René Descartes – 149
12.1.3	Die Lokalisation von Funktionen – 151

12.2	Die Neuronenhypothese – 155
12.2.1	Ionentheorie – 158
12.2.2	Chemische Theorie der synaptischen Übertragung – 162

12.3	Bildgebende Verfahren – 163
12.3.1	Röntgenkontrastuntersuchung – 163
12.3.2	Computertomografie (CT) – 163
12.3.3	Magnetresonanztomografie (MRT) – 164
12.3.4	Positronenemissionstomografie (PET) – 164
12.3.5	Funktionelle Magnetresonanztomografie (fMRT) – 164
12.3.6	Magnetoenzephalografie (MEG) oder Elektroenzephalografie (EEG) – 165

12.4 Lernen – 165

12.5	Sprache – 172
12.5.1	Worterkennung – 175

12.6 Bewusstsein – 177

12.7 Das Leib-Seele-Problem – 180

12.8 Zusammenfassung – 183

Das Gehirn denkt, wie der Magen verdaut. (Arthur Schopenhauer, Aphorismen zur Lebensweisheit)

Erstaunlicherweise ist es gerade die moderne Neuropsychologie, die an die Geschichte der Psychologie vor dem 19. Jahrhundert anknüpft. So rational-naturwissenschaftlich die modernen Methoden auch sein mögen, ihre Themen sind die alten Themen Bewusstsein und Leibe-Seele-Verhältnis, die im Behaviorismus so verpönt waren. Daher haben wir momentan die merkwürdige Situation, dass methodologisch-reduktionistische Verfahren wie das Brain Imaging mit ganz alten Fragen zusammenprallen. Wir fügen, um einem Missverständnis vorzubeugen, schnell hinzu, dass wir natürlich nicht das Verfahren als Technologie meinen, sondern die bei seiner Verwendung oft implizierten Annahmen, dass kognitive Prozesse dort stattfinden, wo zeitnah Sauerstoff verbraucht wird. Das Resultat ist unter anderem ein moderner Lokalisationismus. Um diese Position zu verstehen, schauen wir uns gleich die Säulen dessen an, was unseres Erachtens die Neuropsychologie ausmacht: die Gehirn- und Neuronenhypothese, die Techniken der bildgebenden Verfahren sowie in deren Lichte die komplexen kognitiven Funktionen des Lernens und der Sprache und schließlich des Bewusstseins und des Leib-Seele-Zusammenhangs.

Helmut E. Lück schreibt in seiner *Geschichte der Psychologie* (2009) über die Entwicklung der Psychologie und ihre zunehmende Bedeutung für die Zukunft Folgendes:

》 In den letzten Jahrzehnten haben die Bio-und Neurowissenschaften einen beachtlichen Aufschwung erlebt. Hieran hatte die Psychologie nennenswerten Anteil. Zur biologischen Psychologie und Neuropsychologie gehören nach heutiger Auffassung nicht nur die physiologische Psychologie (einschließlich Psychophysiologie, Hormonpsychologie, Pharmakopsychologie, Psychoimmunologie), sondern auch jene Bereiche, die unmittelbar Teilbereiche der Biologie berühren, wie etwa Verhaltensbiologie, Ethnologie und Genetik. (Lück, 2009: 133 f.) 《

Im weiteren Verlauf des Kapitels werden wir vielleicht erkennen, wie stark der Einfluss der Naturwissenschaft für die Zukunft der Psychologie wirklich ist und im Übrigen auch Ende des 19. Jahrhunderts schon einmal war, da sich durch die Entwicklung der Neurowissenschaft die Erklärungsmöglichkeiten für psychische Phänomene in ihren Ursachen grundlegend erweitert haben.

Die Herkunft des Begriffs »Neuropsychologie« und seiner erstmaligen Verwendung ist nach Kolb und Wishaw (1993, 146) in der Zeit Karl Lashleys (1890–1958) anzusiedeln. Dies wurde in dem Buch *The Neuropsychology of Lashley* (Beach, Hebb, Morgan & Nissen, 1960) über die Untersuchungen Lashleys an Affen und Ratten dokumentiert:

》 … tatsächlich aber geht der Terminus auf Sir William Osler zurück, der am 16.4.1913 bei der Eröffnung des John Hopkins Hospitals in einem Vortrag den Ausdruck Neuropsychologie verwendete. (Poeck, 2006: 1) 《

Danach wurde der Begriff vom kanadischen Psychologen Donald O. Hebb (1904–1985), einem Schüler Lashleys, in seinem Buch *The Organization of Behavior: A Neuropsychological Theory* verwendet (Hebb, 1949).

Der Begriff »Neuropsychologie« sollte vermutlich das gemeinsame Interesse von Neurologen und physiologischen Psychologen an der Funktionsweise des Gehirns ausdrücken. Er steht für ein interdisziplinäres Forschungsgebiet, dessen zentrales Anliegen die Erforschung des menschlichen Verhaltens und der ihm zugrunde liegenden Funktionsweise des menschlichen Gehirns ist.

Wir gehen – zumindest jetzt mit einem historischen Abstand zum Behaviorismus – davon aus, dass die Psychologie die Lehre vom Erleben und Verhalten ist. Also ist die Neuropsychologie ein Zweig der Psychologie, der sich mit der Erklärung psychischer Phänomene mit neurowissenschaftlichen Mitteln und Methoden befasst. Sie ist auch ein Zweig der biologischen Psychologie, die es sich zur Aufgabe gemacht hat, die biologischen Prozesse und Voraussetzungen, die den psychologischen Phänomenen zugrunde liegen, aufzuzeigen und zu erklären.

Dort, wo die Neuropsychologie in Deutschland nicht klar der Biopsychologie zugeordnet wird, wird erstere meist mit klinischer Neuropsychologie gleichgesetzt und damit mit medizinischen Augen gesehen und entsprechend ausgeführt. Man versucht über Hirnschäden, pharmakologische Mittel, elektrische Reizungen oder Ausfallerscheinungen zu kognitiven Erkenntnissen zu gelangen (beispielsweise über Sprach-, Verhaltens- oder Gedächtnisstörungen) (Hartje & Poeck, 1997).

Eine andere Möglichkeit, Neuropsychologie zu betreiben, besteht darin, Lern-, Denk-, Sprach- und Bewusstseinspsychologie einzusetzen, um dem berühmten Leib-Seele-Problem näherzukommen, auf das wir etwas später noch eingehen werden. In der Literatur hat sich für diese Art Forschung mehr und mehr der Begriff »Kognitive Neurowissenschaft« als Zweig der Biopsychologie durchgesetzt. Damit will man die Erforschung neuronaler Grundlagen der *Kognition* betonen.

Doch nun zum Inhalt: Man kann ohne Weiteres sagen, dass zwei Hypothesen die Neuropsychologie als eigenständiges Forschungsgebiet stark beeinflusst haben: zum Ersten die Gehirnhypothese, also die Annahme, dass das Gehirn Quelle all unseres Verhaltens ist, und zum Zweiten die Neuronenhypothese, der zufolge das Neuron als kleinste Einheit des Gehirns und seiner Funktion anzusehen ist. Der heutige Stellenwert beider Hypothesen und ihre bereitwillige Aufnahme sind nur zu ermessen, indem wir ihre historische Bedeutung nachvollziehen.

12.1 Die Gehirnhypothese

12.1.1 Die Anfänge: Gehirn oder Herz?

Wie wir in ▶ Abschn. 8.1 gesehen haben, fragten bereits die antiken Ärzte und Philosophen nach dem Ort von kognitiven Leistungen, nach dem Sitz der Seele im Körper. Hierfür kamen zwei Thesen in Betracht: die *cardiozentristische These*, wonach das Herz der Sitz der Empfindungen, der Leidenschaften sowie des Verstands ist, und die *cephalozentrische* Gegenthese, wonach der Sitz der Seele im Gehirn ist. Prominentester Vertreter der cardiozentristischen These war der Philosoph und Naturforscher Aristoteles (384–322). Für ihn war das Herz die oberste körperliche Instanz, die Seele als »Form« der Materie des ganzen Körpers ein *formbildendes* Prinzip oder eine »tätige Kraft«. Sie ist als Wesenheit das Sein des Körpers, also »… ist sie wohl die erste Vollendung [Entelechie] eines natürlichen, organischen Körpers« (Aristoteles, 1995a: 412a 24); wir würden heute sagen: das eigene Körperbild. Bei Aristoteles bedeutet dies das Leben oder Lebensprinzip. Die Seele ist überall im Körper präsent und in der Lage, alles, was in den Sinnesorganen einschließlich des Herzens geschieht, wahrzunehmen.

Aristoteles betrieb umfangreiche Studien und entdeckte röhrenartige Verbindungen von den Augen zum Gehirn. Er erkannte diese Verbindungen als Blutgefäße, die letztlich zum

Herzen ziehen, und nannte sie, wie schon Alkmaion von Kroton (570–500), *poroi* (»Poren«, »Röhren«). Das Wort *neuron* (griechisch für »Nerv«) kannte man damals noch nicht.

Die Wärme des Blutes war für Aristoteles ebenfalls ein Lebensprinzip. Er glaubte, wie Empedokles (um 495–435), dass zusätzlich zu den vier irdischen Elementen Erde, Wasser, Luft und Feuer ein fünftes Element angenommen werden müsste, das »göttlich« unzerstörbar ist und eine Art Leben spendende Wirkung hat, das *pneuma* (»Hauch«) (Bennett & Hacker, 2010: 24).

So nahm er an, dass die Luft, als geistige Substanz, als Pneuma in der Lunge ins Blut übergeht und die aufgenommene Nahrung zu Nährstoffen unter Wärmebildung umwandelt.

Das Herz als Zentralorgan wandelt das von der Lunge kommende Pneuma in vitales Pneuma um und schickt »Lebensgeist« über die mit Pneuma gefüllten Arterien und die wichtigen Nährstoffe über die Venen. Die Blutgefäße in Verbindung mit den Sinnesorganen informieren das Herz über die Vorgänge der Außenwelt. Nach umfangreichen anatomischen Studien war er Empedokles' Meinung, dass die Blutgefäße die Muskelkontraktionen steuerten und das Gehirn nur dazu benutzt würde, um zu kühlen. Diesen Irrtum beseitigte später der römische Arzt Claudius Galenus (Galen), indem er zeigte, dass die Nerven, ausgehend vom Rückenmark, diese Funktion ausüben.

Die Anhänger der cephalozentrischen These, Alkmaion von Kroton (570–500) und der Arzt Hippokrates (460–370) sowie auch die Ärzte nach ihnen, erkannten, dass das Gehirn das Zentralorgan des Körpers sei. So entwickelten zwei führende Ärzte aus Alexandria, Herophilos von Chalkedon (330–255) und Erasistratos (305–250), vor dem Hintergrund der hellenistischen stoischen Philosophie (300–180 n. Chr.) – der zufolge das Pneuma das ganze Universum erfüllt und beseelt – eine neurologische Pneuma-Lehre. So wurde das Pneuma der Gehirnhöhlen als Seele aufgefasst. Danach kommunizieren die hohlen Sinnesnerven mit dem Pneuma der Hirnhöhlen. Hier entsteht dann die Synthese einer Wahrnehmung aller Ereignisse der wahrgenommenen Umgebung. Bemerkenswert ist, was bei dieser Sinneswahrnehmung geschieht. Ernst Florey fasst es folgendermaßen zusammen:

» Das in den Sinnesnerven befindliche pneuma steht unter mehr oder weniger starker mechanischer Spannung (tónos). Im aktiven Wahrnehmungsakt wird dieses »gespannte« Nervenpneuma in Richtung Sinnesorgan aktiviert, und rückwirkend erzeugen die Sinnesorgane ihrerseits eine Aktivierung (»Erregung«) des Nerven*pneuma*. Der ganze doppelsinnige Vorgang wurde als *aísthesis* bezeichnet, ein Begriff, den schon Aristoteles verwendete. (Florey, 1996: 46) «

Herophilos zufolge gelangt die Atemluft über die Nase in die Lunge, von der das Pneuma der Luft dem Herzen zugeführt wird. Dieses Pneuma erreicht auch das Gehirn, wo es in den Hirnkammern gespeichert wird und über die hohlen Nerven mit allen Körperteilen in Verbindung tritt. Galenus (Galen) (120–199) hat drei Jahrhunderte später diese Lehre weiter ausgebaut. So versuchte er, Aristoteles zu widerlegen, indem er die These vertrat, dass die Nerven von Sinnesorganen nicht zum Herzen ziehen, sondern zum Gehirn.

» Man nahm an, dass vitales Pneuma durch die Blutgefäße zum Gehirn transportiert wird, wo es sich in psychisches Pneuma (dessen Zusammensetzung nicht klar war) wandelt, um dann von dort aus entlang der Nerven zu den Muskeln transferiert zu werden. Auf diese Weise »tragen die Nerven, die sich mithin an ihrer Verbindungsfunktion erfreuen, die Kräfte, die sie vom Gehirn wie aus einer Quelle bezogen haben, die Muskeln« (Galen, 1854b). Das erlaube es die Muskeln zu kontrahieren, wahrscheinlich als Konsequenz ihrer Aufblähung, da sie sich ja mit psychischem Pneuma angefüllt haben. (Bennett & Hacker, 2010: 25) «

Galen unterschied aufgrund seiner Praxis als Gladiatorenarzt in Rom zwischen den sensorischen, zum Gehirn führenden Nerven, die er als »weich« bezeichnete, und den motorischen, zum Rückenmark führenden, die er als »hart« einstufte.

Galen sah nicht nur die Ventrikel, sondern das ganze Gehirn als den Sitz der Seele an:

>> Meine kommentierenden Darlegungen beweisen, dass die rationale Seele dem Enkephalon [Gehirn] einwohnt; dass dieses der Teil ist, mit dem wir denken; dass eine sehr große Menge psychischen Pneumas sich dort befindet; und dass dieses Pneuma seine eigene besondere Qualität durch seine Weiterverbreitung im Enkephalon erwirbt. (Bennett & Hacker, 2010: 26) <<

Das höhere geistige Vermögen und das folgernde Denken ordnete Galen nicht dem Kortex, sondern den Ventrikeln (vom lateinischen *ventriculus* für »kleiner Hohlraum«) zu. Diese Ventrikellehre sollte sich dann mindestens 1 500 Jahre behaupten!

Noch Andreas Vesalius (1514–1564) unterstützte die Ventrikellehre und stellte sie ausführlich in seinem Werk *De humani corporis fabrica* (Vesalius, 1543) dar. Darin beschrieb er die Erzeugung des psychischen Pneumas und dessen Verteilung auf die Nerven, ähnlich, wie es Galen dokumentiert hatte. Vesalius bezweifelte allerdings, dass die psychischen Funktionen von den Ventrikeln herrühren. Er sezierte tierische und menschliche Gehirne und stellte fest, dass die relative Größe der Ventrikel bei Mensch und Tier in etwa gleich sind, aber das menschliche Gehirn größer als bei den meisten Tieren ist. Daraus folgerte er, dass das ganze Gehirn und nicht die Ventrikel für mentale Prozesse verantwortlich ist. Erst Thomas Willis (1621–1675) sollte den Grundstein dafür legen, dass geistige Funktionen auf den Kortex eingegrenzt wurden. Davon später. Es finden sich übrigens auch heute noch Belege dafür, dass viele Menschen bereit sind, den Ort der Seele – zumindest, wenn man modern nach dem Ort des »Selbst« fragt – durchaus im Herzen anzusiedeln. Gehirn und Herz sind nach wie vor die Orte, mit denen wir das Selbst verbinden (Limanowski & Hecht, 2011).

12.1.2 Geist und Körper des René Descartes

Wir erinnern uns an Descartes' »Cogito ergo sum« (»Ich denke, also bin ich«) aus ▶ Abschn. 4.2. Seine Darstellung des Interaktionsortes von Geist und Körper und damit auch seine Auffassung vom Gehirn (◘ Abb. 12.1) sind für die Gehirnhypothese von entscheidender Bedeutung gewesen. Philosophisch wurden mit Descartes, wie wir gesehen haben, frühneuzeitliche Vorstellungen des Rationalismus begründet. Zum ersten Male – und darin besteht seine große Bedeutung – wurde durch Descartes aufgrund des Zweifels die Philosophie nicht auf das Objekt oder das Absolute gegründet, sondern auf das Subjekt. Die Neuartigkeit seiner Gedanken markierten den Anfang der modernen Philosophie. Descartes war mit den aristotelischen Scholastikern einig in der Frage der Unabhängigkeit der Seele vom Körper und deren Unsterblichkeit. Jedoch ergibt sich bei Descartes nach Carrier und Mittelstraß das Leib-Seele-Problem als

>> … Konsequenz einer dualistischen Konzeption, nämlich der Etablierung der Unterscheidung zwischen »Außenwelt« und »Innenwelt«. Die Außenwelt wird durch ausgedehnte materielle Körper (res extensa) konstituiert, deren Größe und Relationen den Gegenstandsbereich von Geometrie und Physik ausmachen, die Innenwelt durch das nicht-ausgedehnte immaterielle Bewußtsein (res cogitans), dessen Analyse Gegenstand der Metaphysik ist. (Carrier & Mittelstraß, 1989: 17) <<

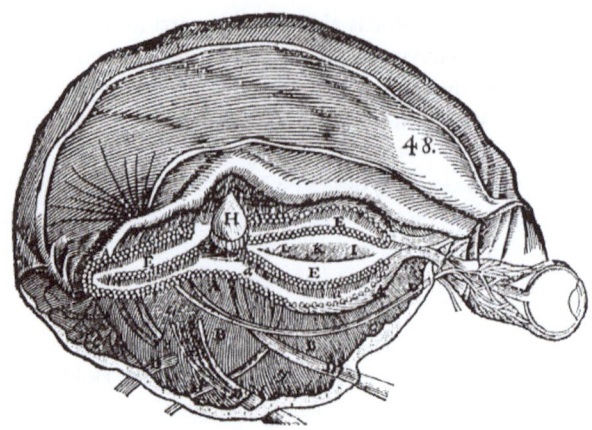

Abb. 12.1 Descartes' *Tractatus*. Nach Louis de la Forge entworfen, in der 1469 erschienenen französischen Fassung Descartes' *Tractatus de homine et de formatione foetus*, in Amsterdam 1642 veröffentlicht. E = Hirnventrikel, H = Zirbeldrüse, 48 = harte Hirnhaut (Dura mater).

Sie beschreiben den interaktionistischen Dualismus Descartes' folgendermaßen:

> … die Beziehung zwischen körperlicher und denkender Substanz faßt Descartes als eine interaktionistische Beziehung auf, das heißt, er nimmt an, daß eine gegenseitige Verursachung von Bewußtseinsereignissen bzw. Bewußtseinszuständen und Körperereignissen bzw. Körperzuständen besteht. Organischer Ort der Wechselwirkung beider ist die Zirbeldrüse (Epiphyse). (Carrier & Mittelstraß, 1989: 18)

Descartes' wichtigster Beitrag war sein Konzept der mechanisierten Lebewesen: Die Zirbeldrüse empfängt Befehle der immateriellen Seele, und diese werden ausgeführt, indem sie Partikel der »Lebensgeister« anstoßen, die sich in den Ventrikeln (*pneuma*, als mechanistische Flüssigkeit) befinden, und über die röhrenartigen Nerven zu den Muskeln und inneren Organen führen. Diese Aktivitäten sollten die Muskeln bewegen. Die »Lebensgeister«, die *spiritus animalis*, stellte sich Descartes als Destillation einer Leben spendenden Flüssigkeit vor.

Kritik: Die Überlegungen, dass eine unräumliche Substanz, wie die der Seele, an einem bestimmten organischen Ort – der Zirbeldrüse – mit der Körperwelt in Beziehung treten kann, ist allerdings nicht ohne Weiteres einzusehen. Die Vorstellungen Descartes' wurden aber von seinem Zeitgenossen, dem in Oxford lehrenden Thomas Willis (1621–1675) zunächst übernommen. So beschrieb er in seinem Buch *Cerebri anatome: Cui accessit nervorum descriptio et usus* (1664),

> …daß der spiritus animalis aus den feinen Blutgefäßen der Hirnrinde durch einen Destillationsprozeß abgesondert würde und dort in die offenen Röhren der Nervenfasern eintrete. (Roth & Prinz, 1996: 54)

Dies hatte früher schon einmal Andreas Vesalius (1514–1564) in ähnlicher Form geäußert (Vesalius, 1543), nur mit dem Unterschied, dass der in den Hirnhöhlen (Ventrikeln) befindliche *spiritus animalis* aus dem *spiritus vitalis* des Blutes stammt und durch die Nerven allen Körperorganen zugeführt würde. Später, aufgrund von Obduktionen neurologischer Patienten, verwarf er die Ventrikelvorstellung Descartes' und kam zu dem Ergebnis, dass sich die psychischen Eigenschaften der Menschen in funktioneller Hinsicht auf den Kortex und nicht auf die Ventrikel stützen. Daher stammt die erste Kortextheorie im Hinblick auf die Muskel- und Reflexkontrolle von ihm. Man könnte sagen, dass es sich hier um einen fundamentalen Paradigmenwechsel handelt.

12.1.3 Die Lokalisation von Funktionen

Zu Beginn des 19. Jahrhunderts entstand die *Phrenologie*, abgeleitet aus den griechischen Wörtern Φρήν (*phren*) oder Φρενός (*phrenos*), die mehrere Bedeutungen hatten, beispielsweise »Geist«, »Bewusstsein«, »Zwerchfell«, »Brust«, »Verstand«, »Herz«, »Gefühl«, »Wille« und »Gesinnung«. Diese Theorie ist mit den Namen Franz Joseph Gall (1758–1828) und dem seines Schülers Johann Caspar Spurzheim (1776–1832) verbunden. Beide waren Anatomen. Sie machten eine Reihe wichtiger neuroanatomischer Entdeckungen. Sie stellten fest, dass der Kortex aus aktiven Zellen besteht und diese mit subkortikalen Strukturen verbunden sind. Sie erkannten weiterhin, dass das Rückenmark in graue und weiße Substanz untergliedert ist und dass die beiden Gehirnhälften durch Kommissuren verbunden sind. Heute wissen wir, dass die graue Substanz ein allgemeiner Begriff für eine Ansammlung neuronaler Zellkörper im zentralen Nervensystem (ZNS) und die weiße ein Begriff für eine Ansammlung von Axonen (Faserbahnen) ist.

Beide Anatomen begründeten eine topologisch orientierte Lehre, die versuchte, geistige Eigenschaften und Zustände bestimmten, klar abgegrenzten Hirnarealen zuzuordnen (◘ Abb. 12.2). Sie suchten den Zusammenhang zwischen Gehirnform und genau abgegrenzten Arealen des Gehirns einerseits und Charakter und Geistesgaben andererseits herzustellen. Nach Galls Vorstellung war das Gehirn der eigentliche Sitz aller geistigen Tätigkeit des Menschen und mit materiell vorhandenen Teilen des Gehirns verbunden. Zeitlebens versuchten Gall und Spurzheim, durch Beobachtungen Beweise für ihre Theorie zu sammeln. Die Theorie war zur damaligen Zeit sehr populär, wurde aber von den meisten Zeitgenossen zurückgewiesen. Allerdings wurde für die moderne Neuropsychologie ein Teil der Vorstellungen Galls, was die objektivierbaren Verhaltensformen angeht, zum Beispiel das Sprachverhalten, neu entdeckt und lokalisiert – jedoch nicht im Geiste Galls als isoliertes »Seelenvermögen«, sondern als neuronale Gebiete, die spezielle Funktionen ausführen. So kann man sagen, dass die Gall'sche phrenologische Theorie von der Lokalisation der Funktionen den heutigen, modernen Theorien ähnelt. Deshalb stellt die Phrenologie einen wichtigen Vorläufer und Bezugspunkt der modernen Neuro- und Kognitionswissenschaften dar.

Galls Theorie über die biologische Natur aller geistigen Prozesse brachte ihn in Konflikt mit dem Dualismus von Descartes, der die vorherrschende Theorie der Zeit war. Die materialistische Auffassung des Geistes fand zwar allgemein in der wissenschaftlichen Welt Anerkennung, weil sie sich von der nichtbiologischen Seele abgrenzte, stand aber im Gegensatz zur Auffassung der christlichen Kirchen, die den Dualismus vertraten. Für seine Theorie wurde Gall übrigens aus Österreich ausgewiesen.

Eine empirische Unterstützung der Lokalisationshypothese von Hirnfunktionen (◘ Abb. 12.3) gelang um 1860 dem französischen Chirurgen Paul Broca (1824–1880), der anhand aphasischer (Sprach-)Störungen von Patienten ein Areal zur Generierung von Sprache im hinteren Drittel des linken Frontalhirns identifizierte. Brocas Arbeiten lösten eine umfangreiche Suche nach der kortikalen Lokalisation anderer Verhaltensäußerungen aus. So zeigten

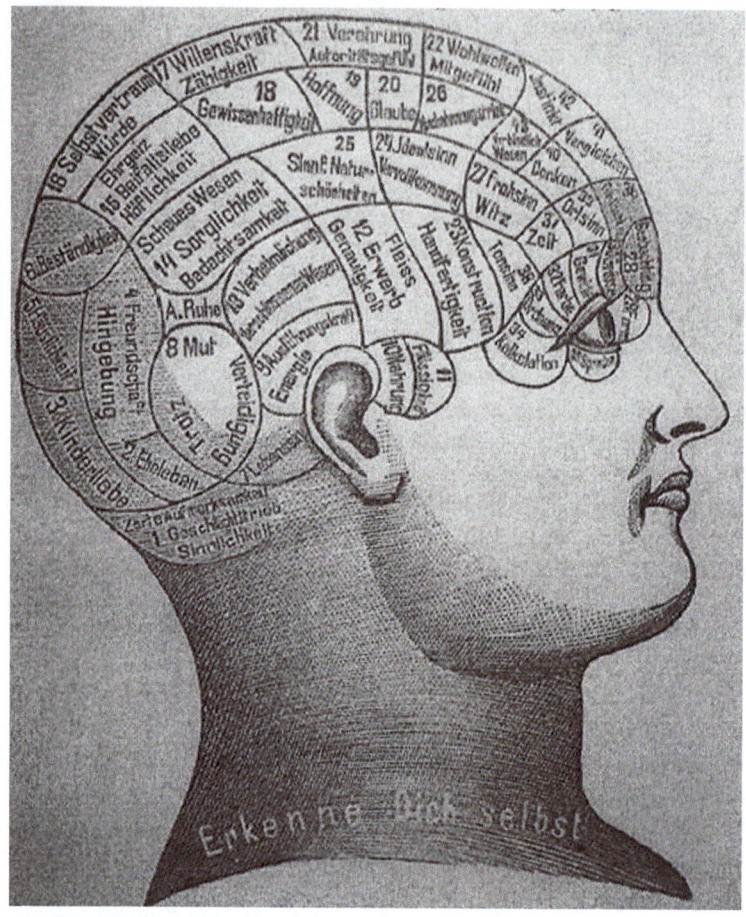

Abb. 12.2 Darstellung der Charakteranlagen und Fähigkeiten nach der Vorstellung von Franz Gall (nach Friedrich Eduard Bilz 1842–1922).

kurz darauf Gustav Fritsch (1838–1927) und Eduard Hitzig (1838–1907) um 1870, dass die elektrische Reizung bestimmter Gebiete des motorischen Kortex zu spezifischen Bewegungen der kontralateralen Extremitäten (z. B. rechte Hand – linke Gehirnhälfte) führt.

Ein Gegenentwurf zur Phrenologie war die *Äquipotenzialtheorie*, der zufolge sämtliche Teile des Gehirns an gleichberechtigten Aufgaben beteiligt sind, das heißt dass nicht bestimmte Bereiche des Gehirns alleine für spezifische Verhaltensreaktionen verantwortlich sind, sondern sämtliche Gehirnareale – besonders die Großhirnhemisphären – an allen geistigen Funktionen mitwirken. Würde man ein bestimmtes Areal verletzen, dann seien alle höheren Funktionen betroffen. So argumentierte der Franzose Marie-Jean-Pierre Flourens (1794–1867) um 1823, nachdem er experimentelle Untersuchungen an Tieren vorgenommen und dabei funktionelle Hirngebiete entfernt hatte.

Die Äquipotenzialtheorie war eine Reaktion auf die streng materialistische Sichtweise des menschlichen Geistes. Sie war bis zur Mitte des 19. Jahrhunderts vorherrschend. Dann wendete sich das Blatt wieder, und die Äquipotenzialtheorie wurde zunächst vom britischen Neurolo-

12.1 · Die Gehirnhypothese

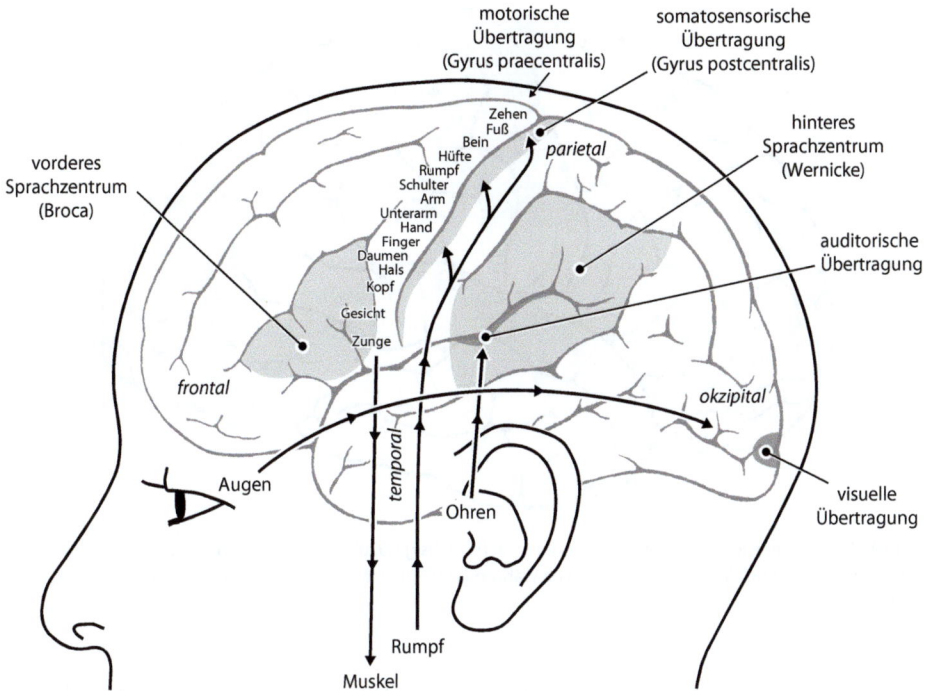

☐ **Abb. 12.3** Funktionen des Gehirns (adaptiert nach Popper & Eccles, 1989: 285).

gen Hughlings Jackson (1835–1911) aufgrund seiner Epilepsieforschungen ernsthaft angegriffen. Jackson zeigte, dass verschiedene motorische und sensorische Vorgänge in unterschiedlichen Teilen der Großhirnrinde lokalisiert sind. Dies betraf vor allem die Regionen des somatosensorischen Kortex.

Die Untersuchungen Jacksons wurden Ende des 19./Anfang des 20. Jahrhunderts von dem deutschen Neurologen Carl Wernicke (1848–1905), dem englischen Physiologen Charles Sherrington (1857–1952) sowie von Ramón y Cajal (1852–1934) systematisch fortgesetzt und führten zum sogenannten zellulären Konnektionismus. Dieser war der Äquipotenzialtheorie total entgegengesetzt und bildet die heutige Grundlage jeder neuronalen Forschung.

Ein Beispiel für die Ausbildung lokaler kortikaler Funktionen im Sinne des zellulären Konnektionismus hat Paul Flechsig (1847–1929) gegeben (☐ Abb. 12.4): Die ontogenetische Ausbildung des Gehirns beim Menschen endet mit der Ausbildung einer Markscheide (Myelinisierung). Erst dann sind Nervenzellen als funktionstüchtig anzusehen. Unter Myelinisierung versteht man die Umhüllung von Axonen, den Signalausgangsfortsätzen einer Nervenzelle, mit einer fettigen eiweißhaltigen Schicht, dem Myelin. Das Wort Myelin (vom griechischen *myelos* für »Mark«) stammt von dem deutschen Arzt Rudolf Virchow (1821–1902). Er gab der Substanz im Mark des Gehirns diesen Namen, da sie dort besonders reichlich vorkommt. Axon und Myelin zusammen bilden die Nervenfasern. Myelin hat die Aufgabe, die Nervenfasern zu isolieren und die Weiterleitung der Nervensignale zu beschleunigen. Verlieren die Nervenfasern ihr Myelin, so entstehen schwere Erkrankungen, zum Beispiel die Multiple Sklerose. Zunächst sind die primären sensorischen und motorischen Areale myelinisiert. Dies sind Hirnrinden-

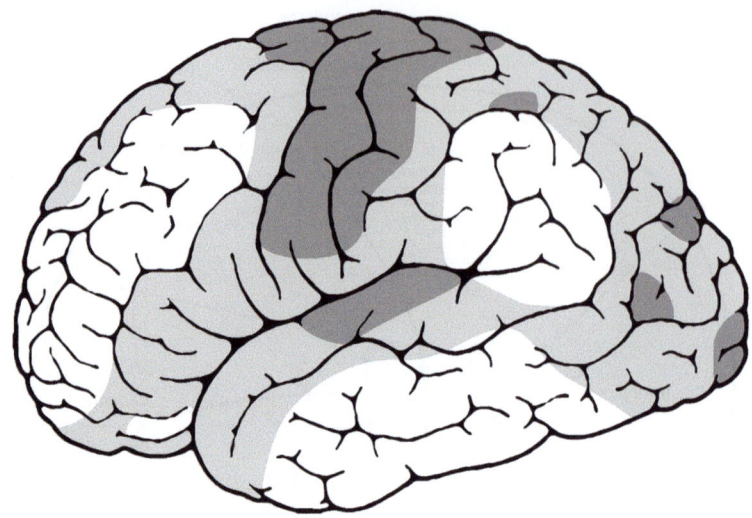

Abb. 12.4 Myelinisierungsstadien des Gehirns nach Flechsig (1920). Die dunklen Areale werden früh, die hellgrauen später und die weißen zum Teil erst während der Pubertät myelinisiert (adaptiert nach Flechsig, 1920).

gebiete, die für die primäre Verarbeitung von Sehen, Hören und Tasten verantwortlich sind und zum Ausführen von Bewegungen gebraucht werden. Bei den in frühen Lebensjahren noch nicht myelinisierten Arealen handelt es sich um weite Teile des Frontallappens, des Parietal- und Temporalhirns. Es sind dies Areale, die später zum Assoziationskortex gehören.

In den 1920er Jahren gab es wieder einen Drift weg vom Lokalisationismus. Karl Spencer Lashley (1890–1958), ein amerikanischer Psychologe aus der Schule des Behaviorismus, stellte an Ratten fest, dass das Ausmaß einer Gedächtnisbeeinträchtigung mit dem Umfang des entfernten Kortexareals zusammenhängt. Er kam zu dem Schluss, dass das Labyrinthverhalten der Tiere, hatte es sich einmal herausgebildet, nicht in einem einzelnen Bereich der Großhirnrinde lokalisiert ist, sondern, ähnlich der 100 Jahre zuvor erfolgten Aussage Flourens', über das ganze Großhirn verteilt sein muss. Tiefer liegende Areale des Gehirns wurden damals von ihm nicht untersucht.

Heute lassen sich in den Humanwissenschaften beide Positionen finden. Es gibt weiterhin Vertreter einer extremen Lokalisationslehre, die die allgemeine Beteiligung von übergeordneten Gebieten des Gehirns dabei zu wenig oder überhaupt nicht berücksichtigen. Diese Schwachstelle hatte sogar schon Flourens 1824 gesehen und deshalb die Unterscheidung zwischen streng lokalisierbaren Zentren (primäre Rinde) und sogenannten Assoziationsfeldern (Areale der Großhirnrinde, ◘ Abb. 12.5), die mit übergeordneten sensorischen oder motorischen Arealen des Kortex in Verbindung stehen, gefordert.

Es gibt heute aber, wenn auch seltener, moderne Vertreter der Äquipotenzialtheorie. Beispielsweise hat sich mit der Psychosomatik ein besonderer Zweig entwickelt, der eine ganzheitlichere Auffassung von Krankheitsbildern vertritt, deren Ursachen nicht in lokalisierten Hirnarealen gesucht werden.

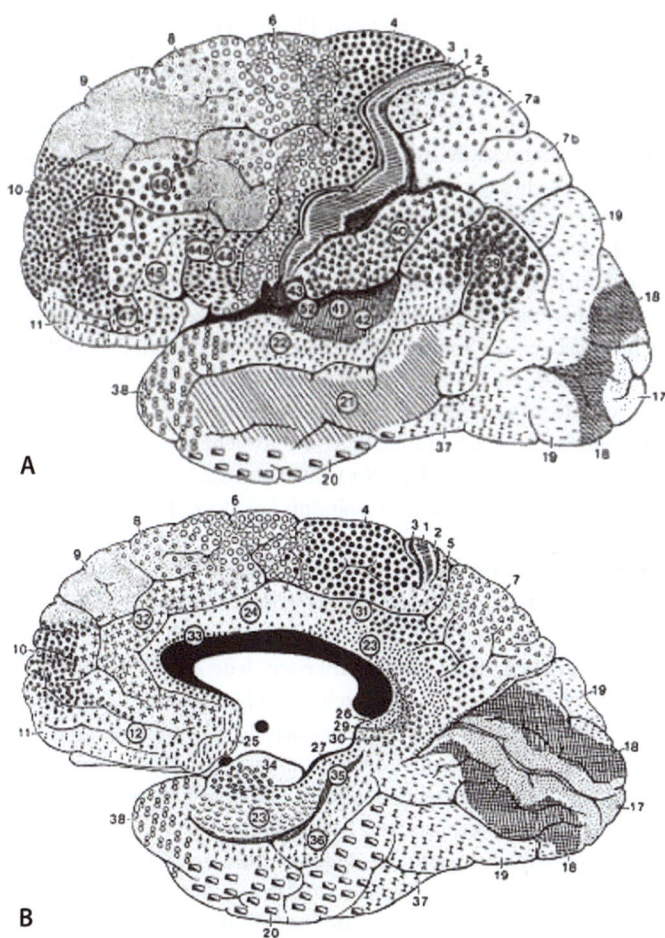

Abb. 12.5 Gliederung der Großhirnrinde nach Brodmann (1909). A) Seitenansicht mit der Nummerierung der Hirnareale. B) Innenansicht der Großhirnrinde.

12.2 Die Neuronenhypothese

Die Neuronenhypothese ist die zweite allgemein akzeptierte Säule des modernen Verständnisses vom Ort psychischer Prozesse, diesmal mit etwas feinerer Korngröße. Sie besagt, dass die Nervenzelle, das Neuron, der Grundbaustein und die elementare Signaleinheit des Gehirns ist. Mit dieser These sind zwei weitere Theorien unmittelbar verbunden: zum einen die Ionentheorie, die die Informationsübertragung innerhalb der Nervenzelle und die Mechanismen beschreibt, die elektrische Signale erzeugen; zum anderen die chemische Theorie der synaptischen Übertragungen, welche die Rolle von Aktionspotenzialen bei der Informationsübermittlung zwischen zwei Neuronen erklärt. Das sendende Neuron setzt dabei in der Synapse chemische Botenstoffe, sogenannte Neurotransmitter, frei, die das empfangende Neuron erkennt und mithilfe eines speziellen Moleküls, des Rezeptors, auf der Oberfläche der Zellmembran verarbeitet, das heißt weiterleitet.

Gegen Ende des 19. Jahrhunderts war den Physiologen noch nicht klar, wie genau die Form der Neurone aussah. Im Unterschied zu anderen Körperzellen, die eine einfache Gestalt aufweisen, besitzen Nervenzellen unregelmäßige Formen und sind von einer großen Anzahl feiner Fortsätze umgeben. Im Jahre 1873 entdeckte Camillo Golgi (1843–1926) eine Methode, Neurone mit Silberchromat selektiv anzufärben, sodass sie in ihrer ganzen Gestalt schwarz im durchsichtigen Gewebe sichtbar wurden. Golgi hatte damit die Hirnforschung revolutioniert.

Davon profitierte der Neuroanatom Santiago Ramón y Cajal. Er wollte eine rationale Psychologie entwickeln. Deshalb war es für ihn wichtig, zunächst detaillierte Kenntnisse über die Zellanatomie des Gehirns zu gewinnen, um die Informationswege zu verfolgen, die die Signale einschlugen. Cajal benutzte für die Sichtbarmachung einzelner vollständiger Neurone mit ihren unzähligen Fortsätzen die spezielle Silberfärbung von Golgi. Die Rolle der Zelltheorie, auf das Gehirn angewandt, soll im folgenden Text erläutert werden.

Um die weiteren Ausführungen über die Informationsverarbeitung der Zellen und damit insgesamt das Verhalten und Erleben im Gehirn zu verstehen, benötigen wir ein paar grundlegende Kenntnisse über die Zellen selbst. Wir wollen nun die Neuronenhypothese etwas näher betrachten, um ihre Rolle im modernen Verständnis kortikaler Informationsverarbeitung verstehen zu können.

Im Jahre 1839 publizierten die Anatomen Matthias Jakob Schleiden (1804–1881) und Theodor Schwann (1810–1882) die Zelltheorie. Sie besagt, dass alle Lebewesen, also Pflanzen, Tiere und Menschen, über die gleichen Grundbausteine verfügen, die Zellen. Zwar gibt es erhebliche Unterschiede, aber auch viele Gemeinsamkeiten. Jede Zelle hat eine ölhaltige Membran und ist von den anderen Zellen in einer extrazellulären Flüssigkeit getrennt. Die Zellmembran ist durchlässig für Nährstoffe und Gase, die zwischen dem Zellinneren und der umgebenden Flüssigkeit ausgetauscht werden können. Das Zellinnere besteht aus dem Zellkern mit einer eigenen Membran und der ihn umgebenden intrazellulären Flüssigkeit, dem Zytoplasma. In der Zelle befinden sich die Chromosomen, lange, dünne Fäden aus DNA, welche die Gene enthält, die die Reproduktionsfähigkeit der Zelle kontrollieren. Die Gene geben der Zelle an, welche Proteine sie für die benötigten Körperaktivitäten in Form von Kopien herstellen muss. Diese Produktion, genannt Genexpression, wird im Zytoplasma hergestellt.

Proteine oder Eiweiße sind aus Aminosäuren aufgebaute Makromoleküle. Proteine gehören zu den Grundbausteinen aller Zellen. Sie können Stoffe transportieren, Ionen pumpen, chemische Reaktionen katalysieren und Signalstoffe erkennen, kurz, sie erzeugen Leben. Leben unterscheidet sich von leblosen Gebilden unter anderem durch Bewegung: Die räumliche Anordnung oder Konformation der Atome des Proteinmoleküls spiegelt einen ausgeglichenen Zustand seiner elektromagnetischen Ladungen wider. Wird diese Konformation durch die Verbindung mit anderen Molekülen, zum Beispiel Hormonen oder Umwelteinflüssen, verändert, so werden veränderte Ladungsverteilungen und damit Bewegungen erzeugt und diese etwa in Atmung, Verdauung, Fortpflanzung und Muskelkontraktionen umgesetzt. Ist das Signal nicht mehr vorhanden, kehrt das Protein in seine Ausgangslage zurück. So entsteht Leben.

Im Herbst 1990 wurde das Human Genome Project (HGP) mit dem Ziel gegründet, das Genom des Menschen, also die Gesamtheit der vererbbaren Informationen einer Zelle, die in Desoxyribonukleinsäuren (DNA) kodiert sind, vollständig zu entschlüsseln. Es handelt sich dabei um die immense Aufgabe, die Abfolge der Basenpaare in der menschlichen DNA auf ihre einzelnen Chromosomensequenzen hin zu identifizieren. Man wollte auf dieser Grundlage die Erbkrankheiten erforschen, um vielleicht Krebs besser behandeln zu können. Hierbei musste der Zellkern der Zelle extrahiert, seine schützende Membran geöffnet und entfernt werden, um an den Chromosomeninhalt, der je zur Hälfte aus DNA und aus gewöhnlichem Protein

12.2 · Die Neuronenhypothese

besteht, heranzukommen. Da sich die meisten Wissenschaftler bei diesen Experimenten ausschließlich für die DNA interessierten, warfen sie die Proteine, als Abfall, einfach weg. Etwas später erkannte man, dass genau diese Proteine für die Weitergabe der Erbinformationen und die Einflussnahme der Umwelt auf das Erleben und Verhalten im Gehirn eine fundamentale Rolle spielen. Dadurch entstand ein neuer Zweig der Biologie, die Epigenetik (Lipton, 2010). Man kann auch hier von einem Paradigmenwechsel sprechen. Hatte bisher die Vorstellung einer statischen Genarchitektur im menschlichen Körper die Wissenschaft beherrscht, so muss man jetzt von einer Dynamik der Genveränderung ausgehen, die in einem weiteren Sinne, also nicht nur evolutionsbiologisch, nahelegt, dass die Umwelt die Entwicklung des Menschen kontinuierlich beeinflusst, was natürlich einen Schlag gegen die Einstellung aller Nativisten darstellte.

Wie kommt es zu dieser dynamischen Genveränderung? Es gibt vier Bausteine der DNA, sogenannte Sequenzen der DNA-Basen: die Nukleinsäurebasen Adenin, Guanin, Cytosin und Thymin. Während der Körper in den frühesten Phasen des Lebens heranreift, kommt es zur Zelldifferenzierung, das heißt, es entstehen verschiedene Zellarten (Leberzellen, Herzzellen, Gehirnzellen usw.) aus demselben Erbgut. Diese gezielte Differenzierung wird dadurch bewirkt, dass sogenannte Methylgruppen an den Baustein Cytosin der infrage kommenden Zelle, und nur an ihn, angehängt werden. Sie sind gewissermaßen die vorangehenden Genschalter nachfolgender Gene und ganzer Genketten. Diese epigenetischen Schalter werden übrigens bei der Zellteilung weitergegeben. Es kann entscheidend sein, ob ein Gen durch die Transkription, das heißt für den Vorgang der Bildung eines Stücks mRNA, das zum späteren Zusammenbau von Proteinen im Zytoplasma notwendig ist, vom Gen gelesen wird oder nicht!

Diese Schlüsselproteine heißen Transkriptionsfaktoren, und sie ermöglichen der Zelle, Gene durch einen grundlegenden Mechanismus, die »Methylierung«, ab- oder durch »Acetylierung« anzuschalten. Ein aktivierender Transkriptionsfaktor wird Aktivator, ein hemmender Repressor genannt.

Ein schönes Beispiel für die Wirkungsweise der Genschalter ist die Analogie zur Sprache, die der Kölner Genetiker Walter Doerfler gibt: Das Wort »Achtung« verkehrt sich durch eine kleine Modifikation ins Gegenteil: in »Ächtung« (Blech, 2010: 34). Man sieht, dass die Wirkung enorm sein kann! Hierbei wird sogar die ganze Bedeutung des Wortes geändert!

Der Ausflug in die Genetik sollte zeigen, dass wir uns von der Vorstellung einer statischen Grobarchitektur oder Veranlagung unseres Körpers – und letztlich vielleicht auch seiner psychischen Prozesse – durch die Gene und von der Vorstellung einer isolierten Lernfähigkeit des Nervennetzes ohne das Einwirken von Umwelteinflüssen auf Gene und Proteine verabschieden sollten. Die Neuronenhypothese ist nicht so trivial, wie es auf den ersten Blick erscheinen mag. Einzelne Neurone sind die Signaleinheiten des Gehirns; sie sind in der Regel in funktionellen Gruppen angeordnet und präzise miteinander verknüpft.

Besonders Wernickes Arbeiten zeigten, dass verschiedene Verhaltensreaktionen von verschiedenen Kernbereichen vermittelt werden, die durch diskrete neuronale Bahnen miteinander verbunden sind. Mit der Einführung des Elektronenmikroskops in den 1950er Jahren konnte man erkennen, dass die Zellfortsätze (Neuriten = Dendriten und Axon) von verschiedenen Neuronen nicht miteinander verbunden sind. Damit war der Beweis – Sie wissen inzwischen um die Problematik dieses Begriffs – für die Neuronenhypothese erbracht und sicherte ihr den endgültigen Durchbruch in der Neurowissenschaft, im Gegensatz zu der von Golgi vertretenen These, dass die Zellfortsätze mit allen anderen verschmolzen sind und deshalb ein kontinuierliches Netzwerk bilden. Cajal vertrat übrigens bereits die moderne Ansicht, dass die Zellfortsätze nicht durchgehend miteinander verbunden sind, sondern über Kontaktstellen,

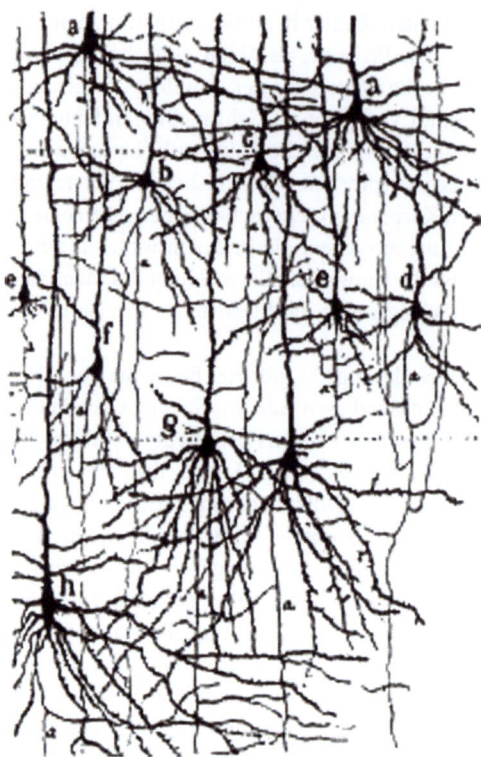

Abb. 12.6 Nach Golgi eingefärbte Neurone (adaptiert nach Cajal, 1909/1911).

den heutigen Synapsen, kommunizieren (Abb. 12.6). Das heißt, dass die Axonendigungen eines Neurons nur mit diesen bestimmten Stellen der Dendriten eines anderen Neurons kommunizieren und sich die Signale lediglich in einer Richtung bewegen und auf diese Weise elektronische Schaltkreise darstellen. Ausgangspunkt der weiteren Erforschung des Gehirns musste also das einzelne Neuron sein.

12.2.1 Ionentheorie

Die Ionentheorie betrifft die Informationsübertragung innerhalb der Nervenzelle. Sie beschreibt diejenigen Mechanismen, durch die einzelne Nervenzellen elektrische Signale, Aktionspotenziale, erzeugen, oder im Jargon, warum Neurone »feuern«. Es begann 1791 mit Luigi Galvani (1737–1798), einem Arzt und Biophysiker aus Bologna, der auf seinem Eisenbalkon ein Froschbein an einen Kupferhaken hängte und feststellte, dass die Wechselwirkung zwischen Kupfer und Eisen in diesem unwissentlich hergestellten Stromkreis das Bein zucken ließ. Er kam zu dem Schluss, dass das Zucken der Muskeln durch die von den Muskelzellen selbst erzeugte Elektrizität bewirkt werde. Hermann von Helmholtz, den wir bereits durch seine Theorie der unbewussten Schlüsse in ▶ Abschn. 8.4 kennen, baute auf den Ergebnissen von Galvani auf und fand heraus, dass Elektrizität ein Mittel ist, um Nachrichten auszusenden. Durch sie können Signale von der Außenwelt in das Zentralnervensystem weitergegeben werden. Zudem

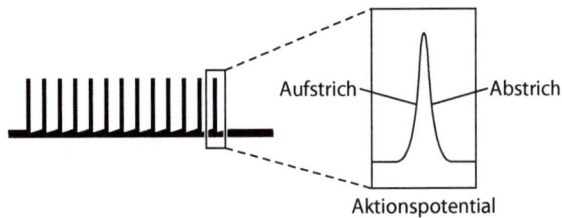

◘ **Abb. 12.7** Charakteristika des Aktionspotenzials nach Adrian (adaptiert nach Kandel, 2007: 94).

gelang es ihm 1859, die Nervenleitgeschwindigkeit zu ermitteln, mit der diese elektrischen Botschaften weitergeleitet werden. Er bestimmte sie in Axonen von Nervenzellen auf rund 27 m/s.

Jetzt stellte sich natürlich die Frage nach der Form des Signals und der Kodierung der Informationen, die Edgar Douglas Lord Adrian (1889–1977) wesentlich voranbrachte, indem er 1925 Methoden zur Aufzeichnung und Verstärkung von Aktionspotenzialen entwickelte. Er untersuchte die Fortpflanzung der Aktionspotenziale entlang der Axone einzelner sensorischer Neurone in der Haut und konnte sie zum ersten Mal sicht- und hörbar machen. Dabei zeigte sich, dass sie praktisch alle gleich aussahen (◘ Abb. 12.7):

» Alle Aktionspotentiale, die von einer einzelnen Nervenzelle erzeugt werden, sind weit gehend gleich. Unabhängig von der Stärke, Dauer oder Lokalisation des Reizes, der sie hervorruft, haben sie alle ungefähr die gleiche Form und Amplitude. Das Aktionspotential ist also ein konstantes Alles-oder-Nichts-Signal: Sobald die Schwelle für die Erzeugung des Signals erreicht ist, ist es fast immer gleich, niemals stärker oder schwächer. (Kandel, 2007: 94) «

Nun stellte sich sofort die Frage, wie Neurone eine Art sensorischer Information von anderen unterscheiden, wenn die Aktionspotenziale von einer Berührung, einem Schmerzreiz oder einem Geruch alle gleich aussehen. Lord Adrian hatte eine Antwort. Er ermittelte zunächst die Stärke und die Intensität der Signale und stellte fest, dass sie von der Häufigkeit der ausgeschütteten Aktionspotenziale abhängig sind. Dazu wird die Art der Information, welche ein Neuron weiterleitet, durch die Bahn bestimmt, zu der es gehört. Visuelle Informationen aktivieren nur die visuelle Bahn, akustische Informationen nur die auditive Bahn, usw.

Nachdem klar war, wie gleiche Aktionspotenziale unterschiedliche Information kodieren, wurde näher untersucht, wie die Alles-oder-nichts-Impulse zustande kommen. Julius Bernstein (1839–1917), ein Helmholtz-Schüler, schlug in diesem Zusammenhang 1902 die Membrantheorie vor. Er wusste, dass das Axon von einer Zellmembran umgeben ist und diese zwischen ihrem Inneren und Äußeren einen Spannungsunterschied aufweist, selbst bei fehlender neuronaler Aktivität. Wir nennen dies heute das Ruhemembranpotenzial (◘ Abb. 12.8). Diese Differenz beträgt rund 70 mV, wobei die Innenseite der Zelle eine größere negative Ladung aufweist als die Außenseite. Jede Signalübertragung wirkt auf das Ruhemembranpotenzial und verändert dieses. Damit elektrische Ladungen durch die Membran der Nervenzelle fließen können, muss es in der Zellmembran Öffnungen geben, sogenannte Ionenkanäle, die nur ganz bestimmte Ionen, nämlich Kaliumionen, durchlassen. Für alle anderen stellt sie eine Barriere dar. Diese entweichenden Kaliumionen verursachen auf der Innenfläche der Zellmembran, wo sie in hoher Konzentration vorhanden sind, aufgrund des Konzentrationsgefälles zur Außenseite, wo ihre Konzentration gering ist, einen Verlust positiver Ladungen, der dann das Ruhemembranpotenzial erzeugt. Die positiven Ladungen der Kaliumionen sammeln sich unter der

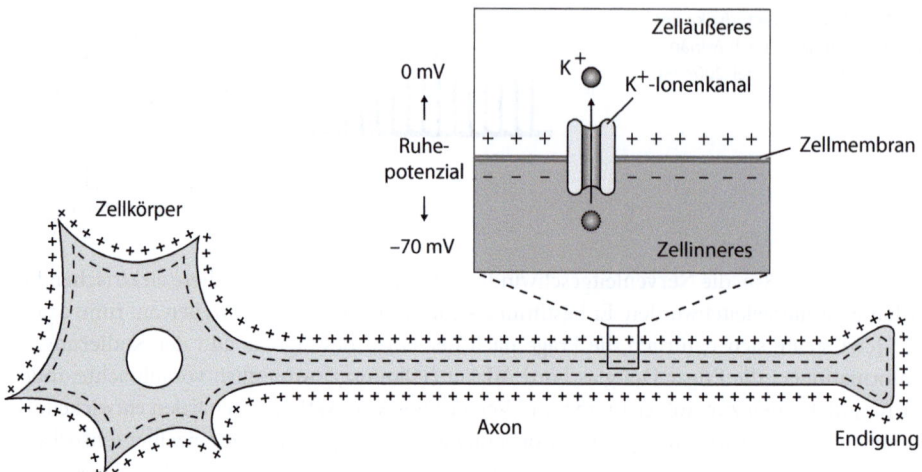

◘ **Abb. 12.8** Bernsteins Entdeckung des Ruhemembranpotenzials (adaptiert nach Kandel, 2007: 98).

Außenfläche der Zellmembran, werden aber von den negativen Ladungen der Proteine im Zellinneren wieder angezogen. Dadurch kommt es zum stabilen Ruhemembranpotenzial von −70 mV.

Bernstein gelangte zu dem Schluss,

» ... dass die selektive Durchlässigkeit der Zellmembran während des Aktionspotenzials kurzzeitig aufgehoben wird, so dass alle Ionen ungehindert ein- und ausströmen können und das Ruhemembranpotenzial dadurch auf Null absenken. Nach diesen Überlegungen müsste das Aktionspotenzial eine Amplitude von 70 mV haben, da ja das Ruhepotenzial der Zellmembran von −70 auf 0 mV gebracht wird. (Kandel, 2007: 99) «

Der Biochemiker Alan Hodgkin (1914–1998) und der Biophysiker und Physiologe Andrew Huxley (geb. 1917) wollten diesen Ionenmechanismus genauer untersuchen (◘ Abb. 12.9). Sie entwickelten ein biologisch detailliertes Neuronenmodell, das selektive Steuerung von Aktionspotenzialen durch spezielle Ionen vorsieht und heute in Neurowissenschaft und Neuroinformatik bedeutend ist. Das Hodgkin-Huxley-Modell simuliert Neurone nahe an den biologischen Gegebenheiten; so werden beispielsweise einzelne Aktionspotenziale (Spikes) modelliert. Dieses Modell wird auch häufig als Grundmodell, elektrisches Modell oder Kabelmodell bezeichnet. Hodgkin und Huxley kamen zu dem Schluss, dass Bernstein geirrt hatte. Die Membran musste auch während des Aktionspotenzials selektiv spezielle Ionen durchlassen und andere nicht.

Eric Kandel beschreibt das folgendermaßen:

» Befindet sich das Neuron im Ruhezustand, sind die spannungsgesteuerten Kanäle geschlossen. In dem Augenblick, da ein Reiz das Ruhemembranpotenzial der Zelle hinreichend verringert, sagen wir, von −70 mV auf −55 mV, öffnen sich die spannungsgesteuerten Natriumkanäle, die Natriumionen strömen in die Zelle ein und bewirken einen kurzen, aber massiven Anstieg der positiven Ladungen, der das Membranpotenzial von −70 mV auf +40 mV anhebt. In Reaktion auf diese Veränderung des Membranpotenzials schließen sich die Natriumkanäle einen

12.2 · Die Neuronenhypothese

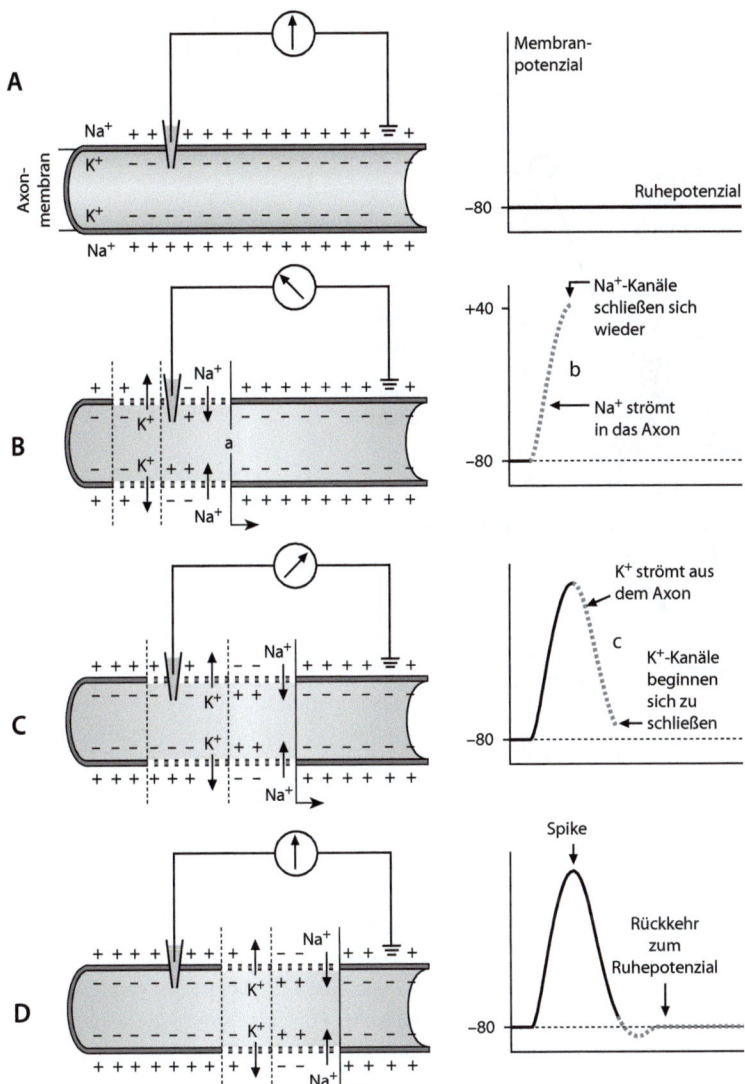

◘ **Abb. 12.9** Das Hodgkin-Huxley-Modell des intrazellulär ausgezeichneten Aktionspotenzials (aus Becker-Carus, 2004).

Sekundenbruchteil später, und die spannungsgesteuerten Kaliumkanäle öffnen sich kurzzeitig, wodurch mehr positive Kaliumionen ausströmen und die Zelle rasch in ihren Ruhezustand von –70 mV zurückkehrt. (Kandel, 2007: 103) «

Man fand heraus, dass es sich bei den spannungsgesteuerten Natrium- und Kaliumkanälen eigentlich um Proteine handelte. Sie haben Poren, durch die die Ionen fließen können.

Noch einmal Kandel:

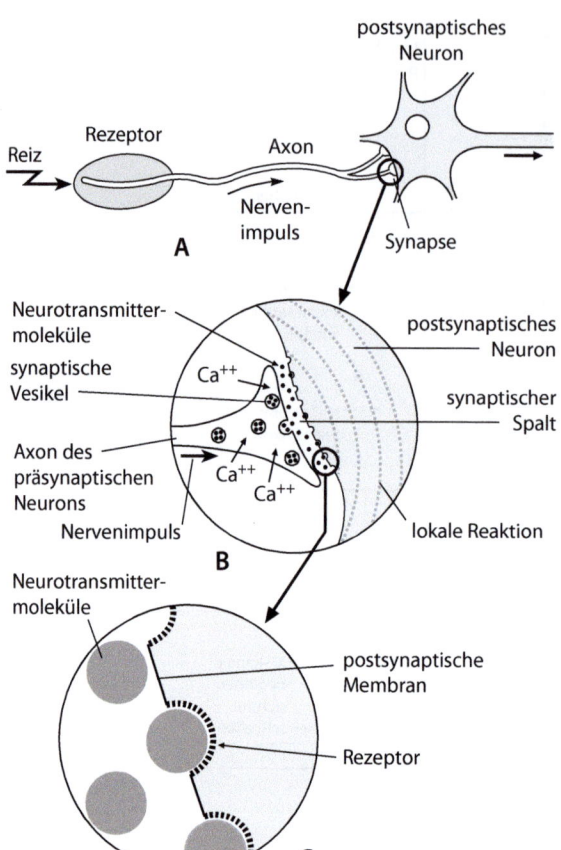

Abb. 12.10 Signalübertragung (aus Becker-Carus, 2004).

>> Ähnlich wie die Neuronenlehre zuvor verstärkte auch die Ionentheorie die Bezüge zwischen der Zellbiologie des Gehirns und anderen Bereichen der Zellbiologie. Sie lieferte den endgültigen Beweis dafür, dass sich Nervenzellen anhand physikalischer Prinzipien verstehen lassen, die für alle Zellen gelten. Vor allem aber bereitete die Ionentheorie die Erforschung der Mechanismen neuronaler Signalübertragung auf molekularer Ebene vor. Dank ihres allgemeinen Charakters und ihres Vorhersagevermögens vereinheitlichte die Ionentheorie die zellulären Untersuchungen des Nervensystems: Sie leistete für die Zellbiologie der Neurone, was die Struktur der DNA für den Rest der Biologie leistete. (Kandel, 2007: 105) <<

12.2.2 Chemische Theorie der synaptischen Übertragung

Während die Ionentheorie die Informationsübermittlung innerhalb einer Zelle erklärt, geht man von einer chemischen Theorie der Informationsübertragung zwischen den Nervenzellen aus (Abb. 12.10). Sie beschreibt, wie die Nervenzellen miteinander kommunizieren, indem sie chemische Neurotransmitter in den Synapsenspalt ausschütten. Diese chemischen Neurotransmitter werden in elektrische Signale von der zweiten Nervenzelle über ihre Membran umgewandelt.

> **Von elektrischen zu chemischen Signalen und wieder zurück:** Wenn ein Aktionspotenzial eine präsynaptische Endigung erreicht, bewirkt es, wie Bernard Katz herausfand, die Öffnung von Calcium-Kanälen, damit Calciumionen in die Zelle einströmen können. Das wiederum führt zur Ausschüttung von Neurotransmittern in den synaptischen Spalt. Die Moleküle des Neurotransmitters docken an Rezeptoren auf der Oberfläche der postsynaptischen Zelle an, und die chemischen Signale werden wieder in elektrische Signale zurückverwandelt. (Kandel, 2007: 120) **<<**

12.3 Bildgebende Verfahren

Die elektrischen und chemischen Übertragungsmechanismen haben gemeinsam, dass sie Energie brauchen. Diese wird durch Stoffwechsel zur Verfügung gestellt. Das heißt, Nervenaktivität lässt sich sichtbar machen, wenn man Indikatoren messen kann, also etwa den Blutfluss oder den Sauerstoffgehalt. Mit anderen Worten, durch die detaillierte Entdeckung der Informationsübertragung innerhalb und zwischen Zellen wird die Grundlage geschaffen, die dynamischen Prozesse von Nervenaktivität zu erfassen. Zunächst wurden grobe Verfahren entwickelt, die langsam subtiler wurden und ganz verschiedene Strukturen sichtbar machen konnten. Das Prinzip war so, dass man einen Zustand im Gehirn herstellte und diesen dann »einfror«, indem man eine Schnappschussaufnahme machte oder gar das Gehirn »anhielt«, also das Versuchstier opferte. Heute hat man mit der Magnetresonanztomografie die Möglichkeit, das Gehirn bei der Arbeit zu betrachten, ohne dass dieses Schaden nimmt, auch nicht durch Strahlung oder Kontrastmittel. Wir beschreiben nun kurz die wichtigsten bildgebenden Verfahren, da sie heute eine zentrale Rolle in der Psychologie spielen. Sie finden sie beispielsweise ausführlich dargestellt in *Biopsychologie* von John P. J. Pinel und Paul Pauli (2007: 131 ff.).

12.3.1 Röntgenkontrastuntersuchung

Bei der Röntgenkontrastuntersuchung handelt es sich um eine nicht konventionelle Röntgenaufnahme zur Visualisierung des Gehirns. Es wird eine Substanz in einen Bereich des Körpers injiziert. Die Röntgenstrahlen werden mehr oder weniger stark gegenüber dem umliegenden Gewebe absorbiert. Besondere Anwendung dieses Verfahrens ist die *zerebrale Angiografie*. Hier können muskuläre Schädigungen oder Tumore leicht lokalisiert werden.

12.3.2 Computertomografie (CT)

Die Computertomografie ist ein in vieler Hinsicht bereits veraltetes Verfahren und wurde als computergestütztes Röntgenverfahren zur Visualisierung des Gehirns und anderer innerer Strukturen des lebenden Körpers verwendet. Der Röntgenstrahl wird durch den Kopf des Patienten zu einem Röntgenstrahldetektor projiziert. Dabei werden viele einzelne Röntgenbilder erstellt. Die Richtung der Aufnahmen ist sowohl horizontal wie vertikal. Aus allen gemeinsam werden dreidimensionale Bilder erzeugt.

12.3.3 Magnetresonanztomografie (MRT)

Ein anderes Verfahren, um Bilder vom Inneren des lebenden Körpers zu erhalten, ist die Magnetresonanztomografie. Sie liefert hochauflösende Bilder, deren Ursache die Messungen von Emissionen von Wasserstoffatomen sind, die über Radiowellen in einem Magnetfeld erregt werden. Sie ist räumlich hochauflösend und frei von Röntgenstrahlung. Ihre zeitliche Auflösung ist jedoch nicht besonders gut. Sie kann ebenfalls dreidimensionale Bilder erzeugen.

12.3.4 Positronenemissionstomografie (PET)

Besonders gebräuchlich in der biopsychologischen Forschung sind Bilder der Gehirnaktivität, die bei diesem Verfahren im Gegensatz zur Erzeugung von Bildern der Gehirnstruktur geliefert werden. Man braucht dazu einen Teilchenbeschleuniger und Detektoren. Im Teilchenbeschleuniger werden radioaktive Atome (Isotope) erzeugt und dann an Zucker gebunden, der von den Nervenzellen aufgenommen, aber nicht verarbeitet werden kann. Zellen, die aktiv sind, nehmen bevorzugt Zucker und damit radioaktiven Stoff auf. Zerfallen die Isotope, beispielsweise ^{15}O oder ^{18}F, so entsteht Antimaterie, das Gegenteil der negativen Elektronen, und erzeugen beim Zusammenstoß mit positiver Materie (also Elektronen) Photonen, die mittels Detektoren registriert werden können. Daraus lassen sich mittels Computer farbige Bilder der Strahlungsquelle berechnen. Rote und gelbe Farben zeigen stärkere, grüne und blaue Farben schwächere Aktivität an. Die Halbwertszeit dieser Isotope beträgt Minuten bis Stunden, was relativ ungefährlich für die zu untersuchende Person ist. Durch den Verbrauch von Sauerstoff und Glukose kann man die neuronale Aktivität über deren Stoffwechsel feststellen. Der radioaktive Stoff wird in eine Vene injiziert. Danach werden Aufnahmen im Ruhezustand und später in einem Zustand geistiger Aktivität (z. B. Sprachprozesse) gemacht. Die Differenz beider Bilder zeigen, welche Dynamik stattgefunden hat.

12.3.5 Funktionelle Magnetresonanztomografie (fMRT)

Dieses Verfahren profitierte von den Erkenntnissen des PET-Verfahrens, das beispielsweise aufgrund neuronaler Aktivität mit Sauerstoffverbrauch reagiert. Das Verfahren der funktionellen Magnetresonanztomografie sieht allerdings anders aus: Wenn sich Wasserstoff in einem starken Magnetfeld befindet, richten sich dessen ungeordnete Atome in eine Richtung aus. Kommt jetzt ein weiteres Magnetfeld hinzu, nehmen die Atome aufgrund der Resonanz in diesem schwingenden Magnetfeld *Energie* auf. Das hinzugekommene Magnetfeld wird abgeschaltet. Dabei geben die Atome diese Energie in Form von Radiowellen wieder ab. Daraus lässt sich im zeitlichen Verlauf berechnen, wie viele Wasserstoffkerne an bestimmten Stellen vorhanden waren.

Warum ist das so? Jedes Gewebe des Körpers verfügt über mehr oder weniger Wasser, mit zwei Atomen Wasserstoff und einem Atom Sauerstoff. Der Unterschied im Wassergehalt, worin sich beispielsweise Nervenzellen und Nervenfasern gewebetypmäßig unterscheiden, wird mittels Computer, ähnlich dem PET-Verfahren, sichtbar gemacht. Mit diesem Verfahren können sehr genaue Schnittbilder des Gehirns gemacht werden – ohne jegliche Strahlenbelastung. Sogenannte Funktionsbilder (wie beim PET-Verfahren) lassen sich aufgrund sauerstoffreicher beziehungsweise sauerstoffarmer Blutflüsse, die ja ein unterschiedliches Magnetverhalten haben, erstellen. Die Erstellung von Differenzbildern, wie beim PET-Verfahren, kann ebenfalls mit dem sogenannten Subtraktionsverfahren erfolgen. Die funktionelle MRT hat gegenüber PET vier wesentliche Vorteile: Dem Probanden muss kein Kontrastmittel injiziert werden; sie liefert sowohl strukturelle als auch funktionelle Informationen in ein und demselben Bild; ihre räumliche Auflösung ist gut; und sie kann verwendet werden, um dreidimensionale Bilder der Aktivität des gesamten Gehirns zu erzeugen.

12.3.6 Magnetoenzephalografie (MEG) oder Elektroenzephalografie (EEG)

Ein weiteres Verfahren, das zur Registrierung der Gehirnaktivität menschlicher Probanden verwendet wird, ist die Magnetoenzephalografie (MEG). Die MEG misst Veränderungen in den Magnetfeldern auf der Oberfläche der Kopfhaut, die durch Veränderungen in den zugrunde liegenden Mustern neuronaler Aktivität hervorgerufen werden. Ihr Hauptvorteil gegenüber der fMRT ist ihre zeitliche Auflösung; sie kann schnelle Veränderungen der neuronalen Aktivität erfassen. Auch hier kann durch wiederholte Gabe des gleichen Reizes und anschließende Mittelung eine ereigniskorrelierte Messung gemacht werden, sog. ereigniskorrelierte Potenziale (EKP) werden so errechnet (Pinel & Pauli, 2007: 131 ff.).

12.4 Lernen

Nachdem wir uns die Hirnhypothesen und die modernen Verfahren vergegenwärtigt haben, können wir jetzt die großen psychischen Leistungen – Lernen und Sprache – in ihrem Lichte anschauen. In PET-Abbildungen sehen wir eingefärbte Gehirnareale. Sie stellen jeweils einen funktional zusammengehörigen *Neuronenverband* dar, ein sogenanntes *cell assembly*. Jetzt wird oft angenommen, ja unterstellt, dass die zu einer Neuronengruppe zusammengefassten und oft auch morphologisch unterscheidbaren Neurone eine kohärente Tätigkeit aufweisen und auch funktional eine Einheit bilden, also für dieselbe psychische Leistung zuständig sind. Solche funktional zusammengehörigen Neuronenverbände hatte der kanadische Psychologe Donald O. Hebb vorgeschlagen (Hebb, 1949), um eine mentale Repräsentation unserer Wahrnehmung zu definieren. Wenn das Gehirn repräsentiert, muss es eine interne Sprache besitzen, wofür vorausgesetzt werden muss, dass sich die Synapsen der einzelnen Neurone verändern lassen, dass sie *plastisch* sind. Was heißt das?

Um diese Frage zu klären, müssen wir etwas tiefer in die Neuronenlehre eintauchen. Im menschlichen Gehirn gibt es rund 100 Milliarden Nervenzellen. Eine Nervenzelle (ein Neuron) besteht aus dem Zellkörper (dem Soma), den Nervenzellfortsätzen (den Dendriten) und dem Achsenzylinder (dem Axon). Dabei stellen die Dendriten die Eingabe der elektrischen Signale anderer Neurone, der Zellkörper die Verarbeitung dieser Signale und das Axon das Ausgabesignal aller aufsummierten Eingangsneuronensignale dar, das wiederum an andere Neurone weitergeleitet wird. Dieses Ergebnissignal in Form eines elektrischen Potenzials entsteht, wenn die aufsummierten Eingangssignale eine bestimmte Potenzialschwelle überschreiten. Der Im-

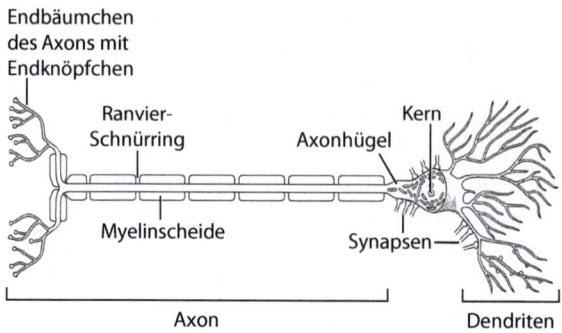

Abb. 12.11 Die wichtigsten äußeren Merkmale eines typischen Neurons (aus Becker-Carus, 2004).

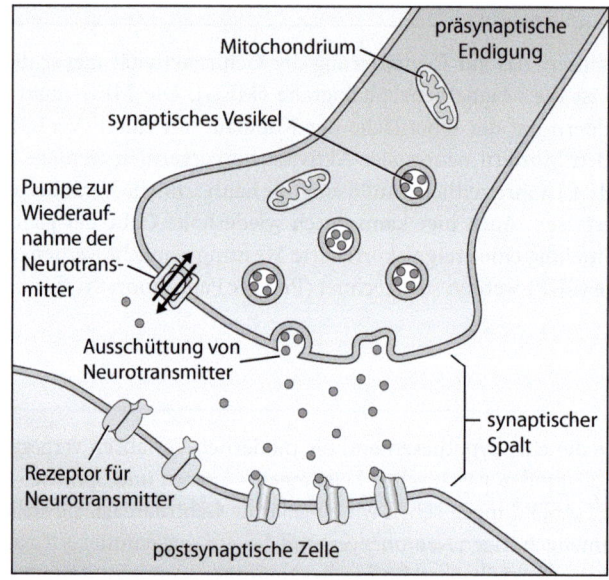

Abb. 12.12 Die Komponenten einer chemischen Synapse (adaptiert nach Schandry, 2006: 72).

puls wird über Kontaktstellen, die Synapsen, übertragen. Synapsen sitzen auf den Dendritenbäumen und auch direkt auf dem Zellkörper des jeweiligen Zielneurons. Je nach Art und Zustand der Synapse bewirkt ein eintreffender Impuls eine unterschiedlich starke Potenzialerhöhung oder Potenzialerniedrigung im Zielneuron.

Abb. 12.11 zeigt ein typisches Neuron. Hierbei fällt auf, dass das Axon mit einer fetthaltigen Schicht umhüllt ist, dem oben besprochenen Myelin, unterbrochen von den Ranvier-Schnürringen. Sie beschleunigen die Weiterleitung der Aktionspotenziale nochmals auf ein Vielfaches. Die sogenannten Endknöpfchen der Axone docken an der nächsten Zelle an und setzen Neurotransmitter in den Synapsen frei (Abb. 12.12). In Abb. 12.13 sieht man eine elektronenmikroskopische Aufnahme, die diese Aktivität deutlich zeigt. Informationsübertragung erfolgt also über materielle Veränderungen. Neuronales Lernen geschieht entsprechend durch eine Wachstumsveränderung an den Synapsen.

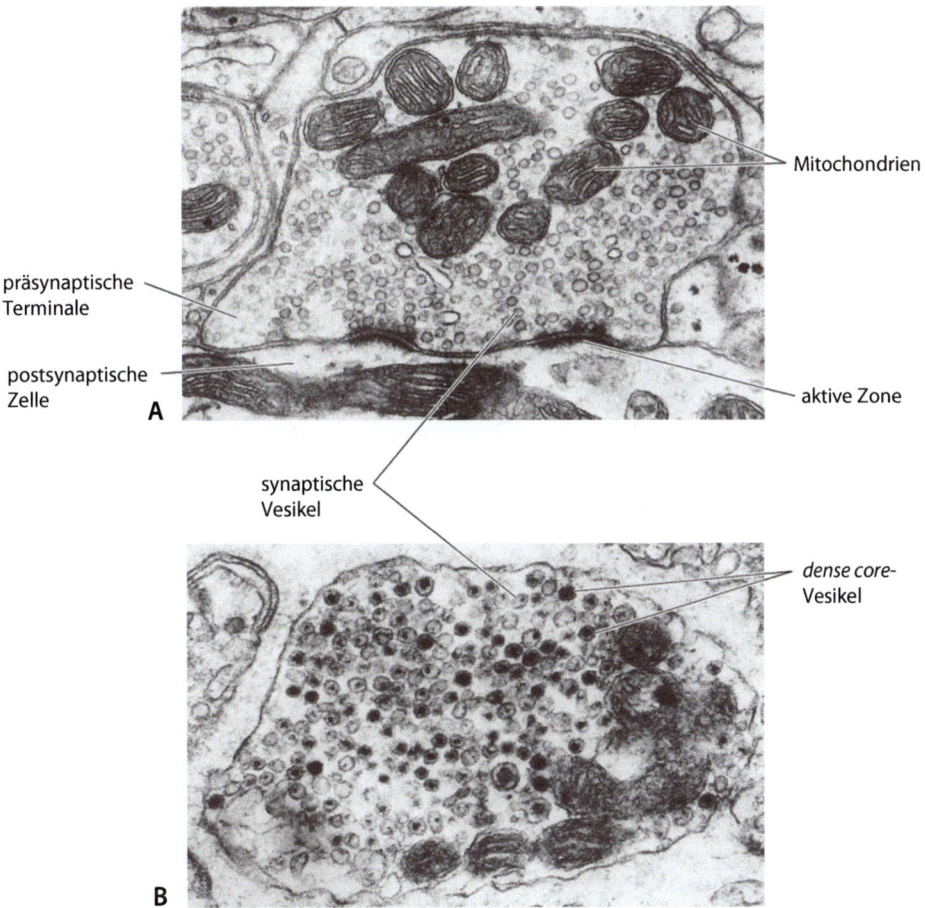

☐ **Abb. 12.13** Chemische Synapsen, wie sie im Elektronenmikroskop zu sehen sind. A) Eine schnelle exzitatorische Synapse im ZNS (nach Heuser & Reese, 1977, S. 262). B) Eine Synapse im peripheren Nervensystem (PNS) mit zahlreichen *dense core*-Vesikeln (Permission and micrograph provided by Dr. Heuser of Kyoto University).

In der Psychologie kennt man die Verknüpfung der Neurone und der daraus entstandenen erregenden Wirkung schon lange. So hat bereits William James in seinem 1890 erschienenen Hauptwerk *The Principles of Psychology* elementare Gesetze der Netzwerkorganisation veröffentlicht, noch bevor das Neuron als informationsverarbeitende Einheit bekannt war. Die Basis für ein Zusammenwirken mehrerer aktiver Neuronen beschreibt James folgendermaßen:

» Die Größe der Aktivität an irgendeinem Punkt im Kortex des Großhirns entspricht der Summe der Tendenzen aller anderen Punkte, Entladungen in diesen Punkt zu senden. Diese Tendenzen sind proportional (1) zur Häufigkeit, mit der der jeweils andere Punkt zugleich mit dem in Frage kommenden Punkt erregt war; (2) zur Intensität dieser Erregungen; und (3) zur Abwesenheit rivalisierender Punkte, die funktionell nicht mit dem in Frage kommenden Punkt verbunden sind. (James, 1950: 567; übersetzt von M. Spitzer) «

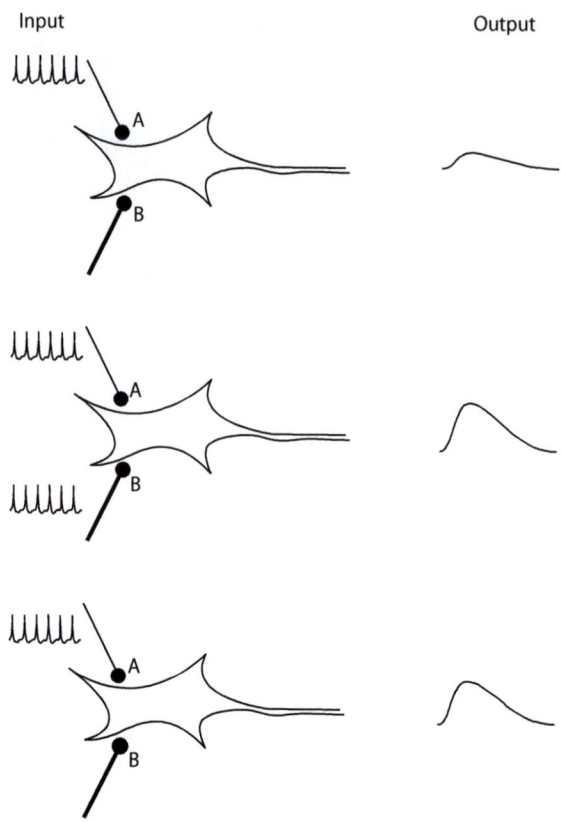

☐ **Abb. 12.14** Langzeitpotenzierung (LTP) schematisch dargestellt an zwei Synapsen A und B (© M. Spitzer).

Wenn man »Punkt im Kortex« durch »Neuron« ersetzt, ergibt sich,

» … dass die Aktivität jedes Neurons der Summe des (durch vergangene gleichzeitige Entladungen) gewichteten Inputs entspricht. Ferner spielen hemmende Verbindungen eine Rolle, deren Abwesenheit für die Aktivierung eines Neurons von Bedeutung ist. (Spitzer, 2000: 43) «

Damit war schon ein erstes *Lerngesetz* von James formuliert:

» Wann immer zwei elementare Gehirnprozesse zugleich oder unmittelbar nacheinander aktiv waren, neigt einer der beiden bei seinem Wiederauftreten dazu, seine Erregung zum anderen zu leiten. (James, 1950: 567; übersetzt von M. Spitzer) «

Der Psychiater und Neurophysiologe Eric Kandel forschte in den 1970er Jahren an der lebenden Meerschnecke *Aplysia*. Das Nervensystem der *Aplysia* konnte leicht untersucht werden, da es aus nur 20 000 Nervenzellen bestand. Zum ersten Mal konnte man im Hippocampus, tief im Inneren des Gehirns, sehen, wie sich Synapsenstärken änderten. Werden diese Nervenfasern durch kurze Stromstöße gereizt, kommt es zu einer länger anhaltenden Verstärkung an den synaptischen Endungen der Fasern (Bliss & Lomo, 1973). Es wurde klar, dass diese *Langzeitpotenzierung* (LTP) an Zellen stattfand, die gleichzeitig erregt waren.

Der kanadische Neuropsychologe Donald O. Hebb hatte in seinem berühmten Buch *The Organization of Behavior* genau diesen Effekt vorausgesagt (◨ Abb. 12.14):

>> Sofern ein Axon der Zelle A einer Zelle B nahe genug ist, um sie immer wieder zu erregen bzw. dafür zu sorgen, daß sie feuert, findet ein Wachstumsprozeß oder eine metabolische Veränderung in einer der beiden Zellen oder in beiden statt, so daß die Effektivität der Zelle A, die Zelle B zu erregen, gesteigert wird. (Spitzer, 2000: 44) <<

Diese Hypothese wurde von Bliss und Lomo endgültig im Jahre 1973 bestätigt.

In ◨ Abb. 12.14 stellt Spitzer die Langzeitpotenzierung (LTP) schematisch an zwei Synapsen A und B folgendermaßen dar:

>> Oben: Ein schwacher Reiz (über Synapse A) allein bewirkt nur einen geringen Output, d. h. eine geringe Aktivierung der Zelle, dargestellt als Änderung des Membranpotentials in der Zeit. Mitte: Kommt der schwache Input jedoch zu einem Zeitpunkt, an dem die Zelle durch einen anderen starken Input (über Synapse B) ohnehin erregt ist, so wird die Stärke der Verbindung an Synapse A größer. Unten: Dies hat zur Folge, dass der gleiche Input an Synapse A nach erfolgter LTP einen größeren Effekt am Neuron bewirkt, d. h. zu einem größeren Output führt. LTP stellt damit einen biologischen Mechanismus dar, der für die Änderung von Synapsengewichten sorgen kann. (Spitzer, 2000: 46) <<

Diese sogenannte Hebb'sche Regel, die einen metabolischen Wachstumsprozess an der Synapse bei gleichzeitiger Erregung beider miteinander verbundenen Neurone und dadurch eine Verstärkung der Verbindung voraussagte, wurde von Hebb auf eine Gruppe gleichzeitig erregter Neurone übertragen. So postulierte er 1949, dass die interne Repräsentation eines Objekts aus all denjenigen Kortex-Neuronen bestehe, die von einem äußeren Reiz aktiviert werden. Wie eingangs bereits erwähnt, nannte er diese gleichzeitig aktivierte Gruppe von Neuronen *Neuronenverband* oder *cell assembly*. Sie sind in neuronalen Netzwerken diejenigen informationsverarbeitenden Schaltstellen, die hereinkommende Signale gruppenweise integrieren und nach Überschreitung der Schwellenfunktion die Ausgangssignale liefern.

Was heißt das für die Verarbeitung geistiger Phänomene? Die Komplexität kognitiver Prozesse auf neurobiologische Mechanismen des Gehirns zu reduzieren, ist notwendig, um überhaupt Informationsverarbeitung modellartig durchführen zu können. Man versucht, kognitive Prozesse in sinnvolle Komponenten zu zergliedern. Ein Beispiel ist die Sprachverarbeitung. Im Gegensatz zur »Großmutterzellentheorie« bei der Objekterkennung in der visuellen Wahrnehmung, der zufolge nur eine einzige Zelle für die Erkennungsleistung zuständig ist, ist es wahrscheinlicher, dass große Zellpopulationen (*cell assemblies*) die kortikalen Repräsentanten von Sehdingen sind. In der Sprachforschung etwa folgt man dieser Vorstellung und sucht Neuronengruppen, die für Phoneme beziehungsweise Morpheme (kleinste bedeutungstragende Einheiten) und Wortformen zuständig sind. Das neuronale Korrelat eines spezifischen Morphems ist jedoch in größeren Neuronenpopulationen zu suchen, als es nur in einer klar abgegrenzten Hirnregion lokalisiert werden könnte. Repräsentation ist also verteilt, was nach Hebb auch für neuronales Lernen notwendig ist, vermutlich weil so etwa der mögliche Verlust einzelner Neurone von anderen kompensiert werden kann. Deshalb reicht auch die partielle Aktivierung eines Neuronenverbands zur Aktivierung der gesamten Repräsentation des Reizes. Hebb nannte diese Struktur eines Neuronenverbands Gedächtnisspur oder Engramm. Die Hebb'sche Auffassung könnte man als einen flexiblen Lokalisationismus auffassen, der plastische Veränderungen des Gehirns nicht nur zulässt, sondern auch erfordert. Ja, nach Art

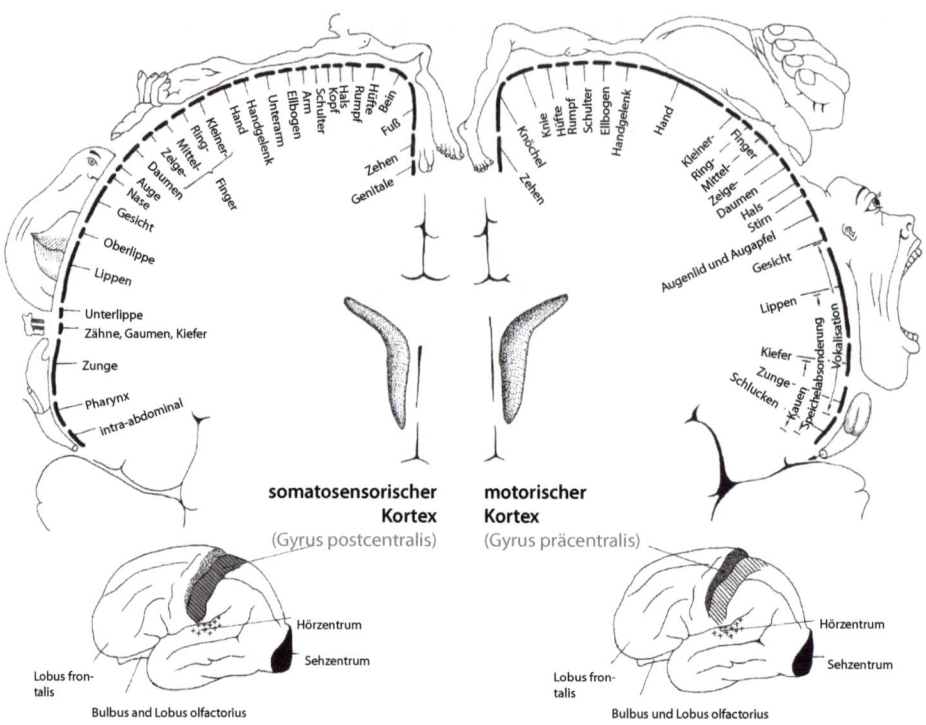

Abb. 12.15 Der somatosensorische und motorische Kortex. Links: Die Lage des menschlichen primären somatosensorischen Kortex und eines Areals des sekundären somatosensorischen Kortex mit der üblichen Darstellung des somatosensorischen Homunkulus. Rechts: Der motorische Homunkulus – die somatotope Karte des menschlichen primären motorischen Kortex. Die Stimulation von Stellen im primären motorischen Kortex ruft einfache Bewegungen in den abgebildeten Körperteilen hervor (aus Penzlin, 2005).

der psychischen Leistung können diese mehr oder weniger plastisch abgebildet sein. Bei der Repräsentation von sensorischen Reizen und motorischen Bewegungen kann man sehr enge Lokalisationsgrenzen feststellen; die genannte somatotope Karte des menschlichen Körpers im Kortex erweist sich beispielsweise als sehr robust. Räumlich benachbarte Körperteile sind auch in benachbarten Neuronenverbänden repräsentiert, man spricht entsprechend vom *motorischen Homunkulus* und vom *somatosensorischen Homunkulus*. Sie sind klar abgrenzbare Bereiche der Großhirnrinde (Neokortex), von denen aus sensorische Eindrücke erfasst und willkürliche Bewegungen gesteuert und aus einfachen Bewegungsmustern komplexe Abfolgen zusammengestellt werden (Abb. 12.15).

Versuche an Affen haben selbst hier bereits große Plastizität nachgewiesen. Entsprechende neuronale Gebiete im motorischen Homunkulus, die bestimmte Körperfunktionen steuern, vergrößern sich auf Kosten benachbarter Regionen, wenn die relevanten Gliedmaßen trainiert werden (Abb. 12.16).

Ein Nachtaffe bewegte täglich 1 Stunde lang über 3 Monate eine Scheibe mit den markierten Fingerspitzen. Gezeigt sind die dafür zuständigen somatosensorischen Areale für die linke Hirnhälfte in schräger Aufsicht. Die rezeptiven Felder sind mit den Ziffern 1–5 dieser Areale und ihren Bezügen zur Hand markiert. Abgebildet ist die rechte Hand. Die Kreise an den Fin-

sensorischer Kortex vor Stimulation

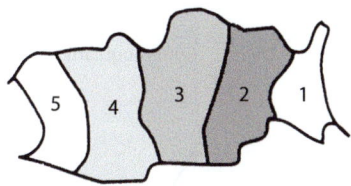

sensorischer Kortex nach Stimulation

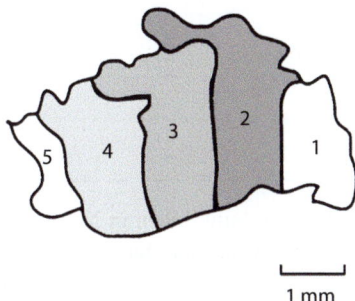

1 mm

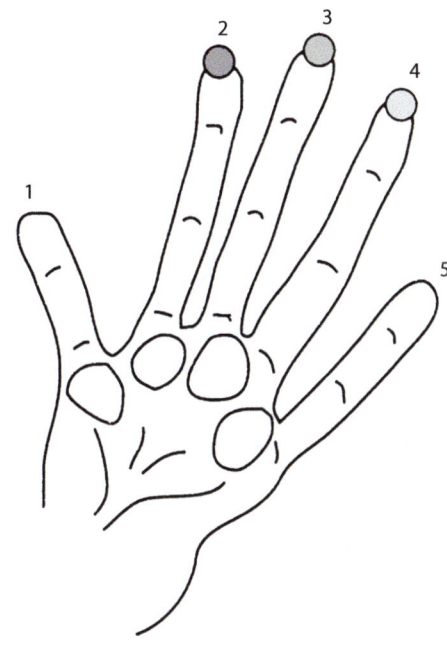

■ **Abb. 12.16** Reorganisation der somatosensorischen rezeptiven Kortexfelder durch Training (© M. Spitzer).

gerspitzen markieren die zum Training verwendeten Finger. Die linke obere Abbildung und die untere Abbildung stellen die rezeptiven Felder vor und nach dem Training dar. In der linken unteren Abbildung sieht man die bewirkte Änderung.

Der Körper bevorzugt den *trainierten* Finger, und es vergrößert sich das für ihn abgegrenzte Areal gegenüber den für die anderen Fingern zuständigen Arealen, das heißt, seinem sensorischen Input wird ein höherer Stellenwert eingeräumt als den nichttrainierten. Das geht zu Lasten der anderen Areale. Damit erhöht sich die *Feindifferenzierung* der Inputsignale für die Informationsverarbeitung des trainierten Fingers. Also, je häufiger und wichtiger der Input, desto größer das Areal. Diese Untersuchungen lassen sich auch auf andere Arten von neuronalen Karten (z. B. tonotopische, retinotopische) übertragen. Dies ist sehr wichtig, wenn wir dieses Prinzip auch auf komplexe psychische Prozesse anwenden, So können auf diese Weise bestimmte geistige Komponenten etwa in der Psychotherapie und Psychosomatik, die zu Schwerpunkten in der Behandlung werden, zu einem veränderten Körperbild und damit zu einer Veränderung der Seele führen. Erreichen kann man dies beispielsweise mithilfe einer Gesprächstherapie, die im Gesprächspartner *neuronale Sprachmuster* verändern und auf diese Weise in ihm mentale und physische Veränderungen bewirken kann.

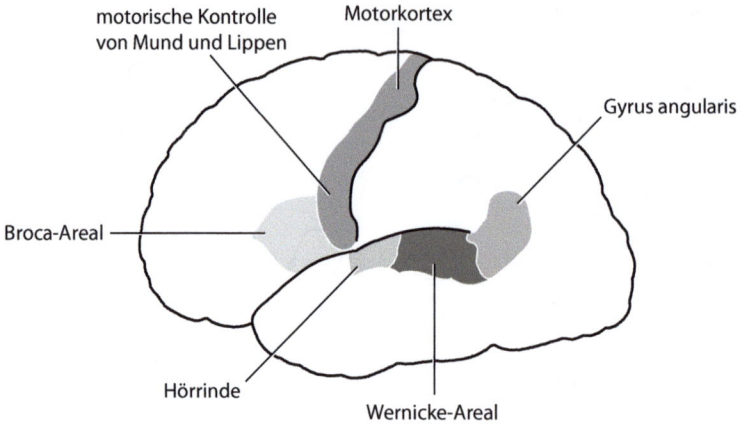

☐ **Abb. 12.17** Funktionen der Großhirnrinde (adaptiert nach Bear et al., 2009).

12.5 Sprache

Die in gewissen Grenzen flexible Repräsentation von psychischen Funktionen in Neuronenverbänden ist zu einem zentralen Paradigma geworden und wird in gleicher Manier wie in der Sensomotorik auch für höhere kognitive Funktionen angenommen, für Sprache und schließlich für Bewusstsein. Um zu sehen, wie dies als lediglich quantitative Variation aufgefasst werden kann, kommen wir noch einmal auf die Kontroverse zwischen Gall und Flourens zurück. Sie wurde in der zweiten Hälfte des 19. Jahrhunderts von den Neurologen Paul Broca (1824–1880) und Carl Wernicke (1848–1905) entschieden. Der Chirurg und Anthropologe Broca war einer der Begründer der Neuropsychologie und hatte sich mit Aphasie (vom griechischen ἀφασία, *aphasía* für »Sprachlosigkeit«) beschäftigt, einer Störung der Sprache aufgrund von Hirnschädigungen. Sein Patient hatte einen Schlaganfall erlitten. Deshalb konnte er nicht mehr fließend, sondern nur noch im Telegrammstil sprechen, obwohl er Sprache noch gut verstand. Nach kurzer Zeit verstarb dieser Patient, und Broca konnte in einer Autopsie ein geschädigtes Areal im Frontallappen ausmachen, das heute als Broca-Areal bezeichnet wird (☐ Abb. 12.17).

So konnte Broca nachweisen, dass sich exakt definierte geistige Fähigkeiten (das Sprechen) bestimmten Kortexregionen in der linken Hemisphäre des Gehirns zuordnen lassen, die mit dem Motorkortex verbunden sind. Es wurde aber auch noch ein anderer Aphasietyp gefunden. Wernicke fand heraus, dass eine andere Störung nicht die Spracherzeugung beeinträchtigte wie bei Brocas Patienten, sondern die Fähigkeit, gesprochene oder geschriebene Sprache zu verstehen. Diese Hirnschädigung (Läsion) wird ebenfalls in der linken Gehirnhälfte lokalisiert und trägt heute den Namen Wernicke-Areal. Beide Forscher waren der Meinung, dass mehrere spezialisierte Areale an der Spracherzeugung beziehungsweise am Sprachverständnis beteiligt sind. So sind beispielsweise das Broca- und das Wernicke-Areal durch ein Faserbündel verbunden, das die Kommunikation zwischen beiden ermöglicht. Außerdem ist der visuelle Kortex, der zum Lesen der Wörter, und der akustische Kortex, der zum Hören der Wörter benötigt wird, mit dem Wernicke-Areal verbunden. ☐ Abb. 12.18 zeigt das Wernicke-Geschwind-Modell.

In der modernen Hirnforschung geht man davon aus, dass verschiedene Areale des Gehirns auf unterschiedliche Aufgaben spezialisiert und entsprechend mehr oder weniger stark miteinander verbunden sind. Es ist also nicht so, dass das Gehirn ein einziges Netzwerk dar-

12.5 · Sprache

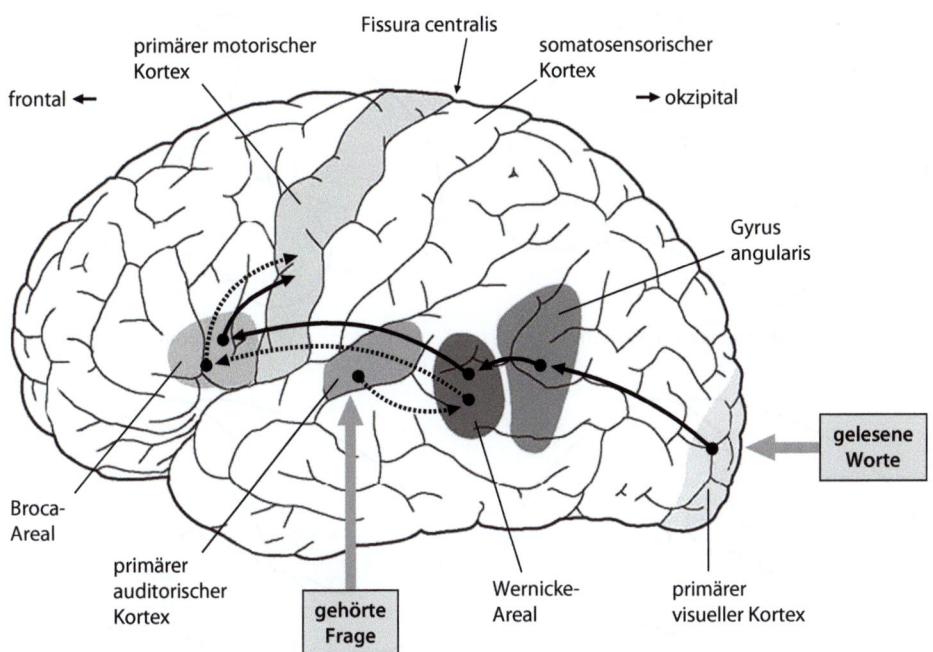

○ **Abb. 12.18** Wie das Wernicke-Geschwind-Modell arbeitet (adaptiert nach Becker-Carus, 2004).

stellt, wie häufig angenommen, sondern eine Ansammlung von vielen Teilnetzen (Modulen) bildet, die auf bestimmte Aufgaben spezialisiert sind, parallel untereinander kommunizieren und bestimmte Teilergebnisse anderen Teilnetzen bereitstellen. Heute geht man davon aus, dass sich ca. 700 bis 800 Module im Gehirn befinden, in denen Neurone enthalten sind, wenn man die Gesamtgröße der Hirnrinde durch die durchschnittliche Größe bekannter Module, wie beispielsweise der der primären Sehrinde teilt.

Heute ist man in der Lage, mit den erwähnten Bildgebungsverfahren eine Momentaufnahme der Sprachprozesse und der ihnen zugeordneten Areale sichtbar zu machen (○ Abb. 12.19). Wir haben diese Tomografieverfahren bereits in ▶ Abschn. 12.3 behandelt. Es ist wichtig zu wissen, dass bestimmte Areale des Gehirns in unterschiedlicher Stärke durchblutet werden, wenn Sprachprozesse stattfinden. Das sieht man an den unterschiedlichen Farben bzw. Grautönen, welche die relativen Konzentrationen des Blutflusses darstellen. Die Farben sind das Ergebnis von Differenzbildern, also Aktivitätsbildern minus Bilder unter Ruhebedingungen, die der Computer zu einem bestimmten Zeitpunkt berechnet hat. Das Subtraktionsbild zeigt dann die hinzugekommene Aktivität.

Eine wichtige Arbeit liefern uns Corbetta und Kollegen. Sie gingen im Jahre 1991 der Frage nach, inwieweit eine selektive Aufmerksamkeit auf die Objekte unserer Umgebung von objektivierbaren Veränderungen im Gehirn begleitet wird (Corbetta et al., 1991). Das bezieht sich auch – das belegen die oben gezeigten Bilder – auf bestimmte geistige Aktivitäten, nämlich die der Sprache. Dies gilt allerdings nur für aktive Synapsen, da nur sie Veränderungen ihrer Stärke zeigen können und diese das Lernen letztlich ermöglicht.

Aufgrund solcher Tomografiebilder, wie oben gezeigt, konnte das Ehepaar Damasio aus Iowa in den 1990er Jahren ihre Theorien bezüglich einer Wort- und Satzbildung und deren

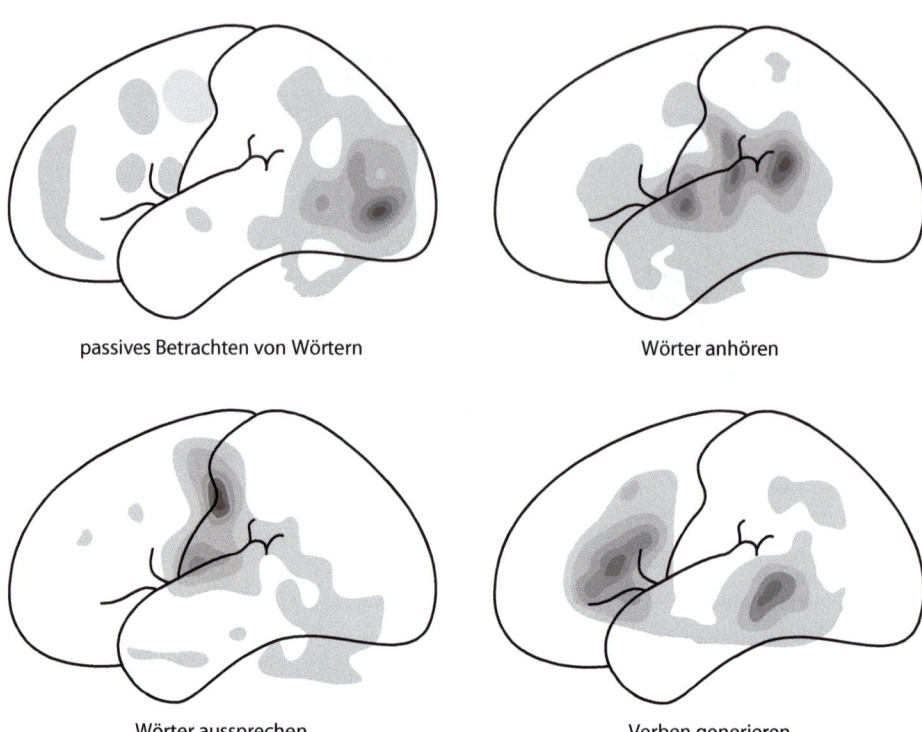

Abb. 12.19 PET-Bildgebung von sensorischer Wahrnehmung und Sprache. Die relativen Konzentrationen des zerebralen Blutflusses sind farbkodiert. Dunkelgrau bedeutet die höchste Konzentration, die niedrigeren Konzentrationsstufen sind zunehmend heller kodiert.

Vermittlung im Gehirn entwickeln (◘ Abb. 12.20, ◘ Abb. 12.21). Dabei lokalisierten sie und andere Forscher die dafür infrage kommenden Gehirnregionen.

Sie gingen davon aus, dass das Gehirn die Sprache mittels dreier wechselwirkender Gruppen von Strukturen verarbeitet. Es gibt *erstens* verschiedene Nervensysteme, sowohl in der linken wie in der rechten Hemisphäre des Gehirns, die durch verschiedene sensorische und motorische Systeme einen Austausch zwischen Organismus und seiner Umgebung, einschließlich des Denkens, vermitteln. Das heißt, sämtliche Wahrnehmungen der Umgebung werden vom Gehirn erst einmal erfasst. Diese nichtsprachlichen Darstellungen werden nach Kategorien geordnet und entsprechend auf verschiedenen Repräsentationsebenen abgelegt. Durch die symbolische Repräsentation, auf verschiedenen Ebenen, kann abstrahiert werden.

Es existiert *zweitens* eine kleinere Anzahl neuronaler Systeme, die zumeist in der linken Hemisphäre lokalisiert sind und die kleinsten bedeutungsunterscheidenden Lauteinheiten (Phoneme) und deren Kombinationen sowie syntaktische Regeln für das Kombinieren von Wörtern repräsentieren. Aktivation stellt Wortformen bereit, mit denen gesprochene oder geschriebene Sätze gebildet werden. Dies wird realisiert über das Broca-Sprachzentrum in Verbindung mit dem motorischen Kortex (◘ Abb. 12.18). Umgekehrt werden die empfangenen auditiven oder visuellen Sprachsignale vom Hörzentrum und vom Wernicke-Sprachzentrum in die entsprechenden Repräsentationsebenen eingegliedert.

Die *dritte* Gruppe stellt Systeme dar, die zwischen den ersten zwei Gruppen vermitteln. Sie ist ebenfalls in der linken Hemisphäre des Gehirns lokalisiert und organisiert den Zugriff auf

12.5 · Sprache

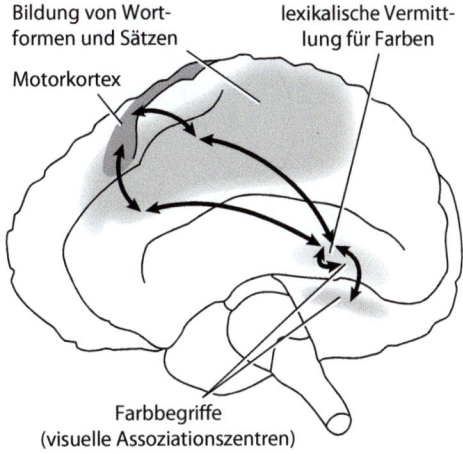

Abb. 12.20 Organisation von Sprachstrukturen. »An den neuralen Systemen, die für das Erkennen und Benennen von Farben zuständig sind, lässt sich die Organisation von Sprachstrukturen illustrieren. Untersuchungen an hirngeschädigten Patienten deuten darauf hin, daß das Bilden von Begriffen für Farben vom Funktionieren eines bestimmten neuralen Systems abhängt. Ein anderes System muss intakt sein, damit man Wörter für die Farben abrufen kann. Die richtige Verbindung zwischen Wörtern und Begriffen hängt offenbar von einem dritten System ab. Das Kleinhirn ist in dieser Zeichnung nicht dargestellt« (adaptiert nach Damasio & Damasio, 1992: 61).

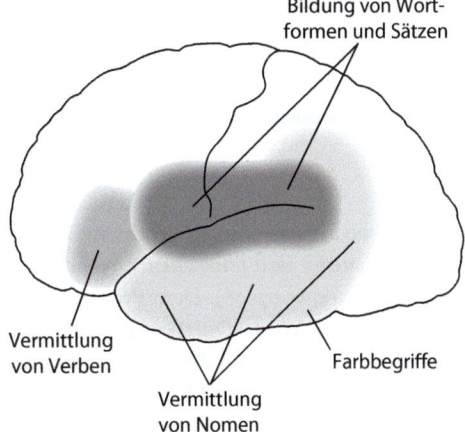

Abb. 12.21 Strukturen von Wort- und Satzformen. »Für die Sprache zuständige neurale Strukturen von Wort-und Satzformen sowie Vermittlungsstrukturen für verschiedene Arten lexikalischer Einträge und für Grammatik. Neurale Begriffsstrukturen verteilen sich über das ganze Gehirn« (adaptiert nach Damasio & Damasio, 1992: 63).

andere spezialisierte Gehirnregionen, um unvollständige Sachverhalte zu komplettieren. So ist ein Zusammenbau von Informationen aus verschiedenen Regionen möglich. Ein Beispiel wäre eine Kaffeetasse mit ihren Komponenten des dampfenden Kaffees, der braunen Farbe des Kaffees und der Form der Tasse. Das heißt, die gesamte Situation wird mit all ihren Komponenten, wie sie wahrgenommen wird, in unterschiedliche Repräsentationsebenen eingegliedert und kann auch auf diese Weise reaktiviert werden.

12.5.1 Worterkennung

Hier geben wir noch einmal ein Beispiel für die Aktivität von Hirnregionen. Es handelt sich um den Unterschied von *bewusstem* und *unbewusstem* Wahrnehmen eines Wortes.

Ein Beispiel experimenteller Natur zu diesem theoretischen Rahmen neuronaler Sprachverarbeitung, das auch die Problematik des Ansatzes sichtbar machen soll, sei mit einer Dar-

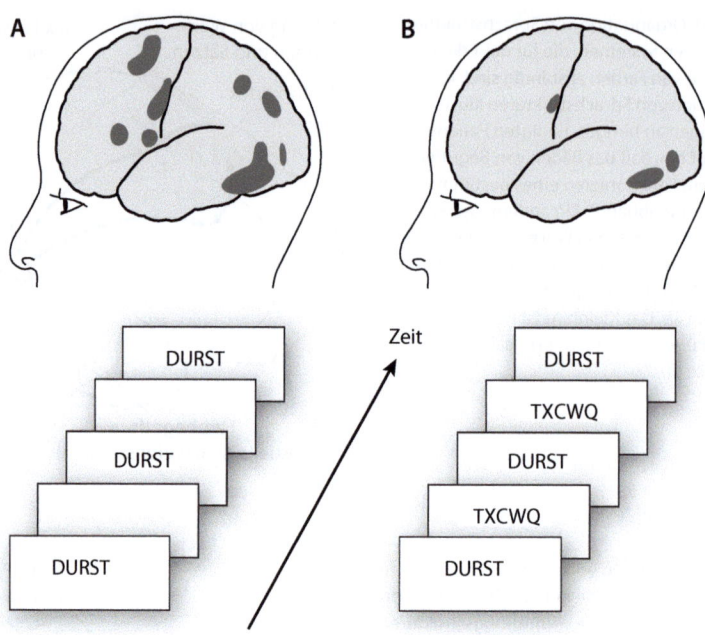

☐ **Abb. 12.22** Bewusstes und unbewusstes Wahrnehmen eines Wortes (adaptiert nach Schuster, 2007: 38).

stellung von Heinz Schuster in seinem Buch *Bewußt oder unbewußt?* gegeben, der den Unterschied *bewusster* und *unbewusster* Wahrnehmung eines Wortes mittels einer PET-Studie aufzeigt (Schuster, 2007: 38). Dem Probanden wurde zunächst in Abständen von 50 ms jeweils 20 ms lang das Wort »Durst« gezeigt. Er sollte das Wort aussprechen, sobald er es *bewusst* erkannt hatte. Im Verlauf des Versuchs wurde die Änderung der Durchblutung seines Gehirns mittels der bildgebenden PET gemessen und aufgezeichnet. Die höhere Durchblutung wird als erhöhte Aktivität der Neuronen gedeutet. ☐ Abb. 12.22A zeigt, dass mehrere Hirnregionen wie die Sprachzentren, das Sehzentrum und Teile des Frontalhirns bei bewusstem Erkennen aktiviert werden.

Dann wurde das Experiments wiederholt, mit dem entscheidenden Unterschied, dass diesmal sinnlose Buchstabenfolgen in die »Durst«-Folge eingestreut wurden, das heißt, das Wort »Durst« wurde wie vorher präsentiert, aber anstatt der leeren 50-ms-Intervalle zwischen den Darbietungen waren dort nun Nonsense-Wörter zu sehen. Die Versuchspersonen waren nicht in der Lage, irgendein bekanntes Wort zu entdecken. Im PET-Scan sieht man, wo das Wort »Durst« auf der Strecke geblieben ist. Das Sehzentrum wurde genauso wie bei leerem Intervall aktiviert, aber alle übrigen Hirnregionen im Wesentlichen nicht (☐ Abb. 12.22B). Vor allem ist wichtig, dass die Sprachzentren *nicht* aktiviert wurden. Dies ist ein schönes Beispiel dafür, wie die Aktivität verschiedener Neuronengruppen gemessen werden kann. Es zeigt uns aber auch, wie mehrere zusätzliche funktionale Module gleichzeitig angesprochen werden, die zu einer vollständigen Erfassung und Speicherung beziehungsweise Änderung des Wortes offenbar benötigt werden. So lässt sich leicht denken, dass bei einer Schilderung eines Textes, eines Sachverhalts oder der visuellen Präsentation einer Tasse Kaffee ebenso solche zusätzlichen funktionalen Module mit aktiviert werden. Denkbar ist auch, dass eines Tages das Modul der semantischen Registrierung von Wörtern isoliert werden kann, sodass man vorhersagen könnte, ob unterschwellige Wahrnehmung stattgefunden hat.

12.6 Bewusstsein

Eine allgemeine Definition von Bewusstsein (vom lateinischen *conscientia* für »Mitwissen«) ist aufgrund höchst unterschiedlichen Gebrauchs des Begriffs mit verschiedenen Bedeutungen (beispielsweise in Medizin und Philosophie) nur schwer möglich. Bewusstsein gilt in der Regel als ein erlebbarer, »mentaler« Zustand. Es gibt auch bisher noch keine befriedigende naturwissenschaftlich-neurobiologische Erklärung für diesen mentalen Zustand dieses Phänomens. Man könnte aber allgemein sagen, dass das Bewusstsein einen *Zustand* repräsentiert, den ein Individuum haben kann, ist also mit dem Ich-Begriff verbunden. Und vor allem: Es gibt nicht *das* Bewusstsein. Schon David Hume ging in seinem Kapitel *Von der persönlichen Identität* von einem »Bündel des Selbst« aus (Hume, 1989: 327). Er stellt also das *Ich* als ein Bündel unterschiedlicher *Zustände* dar, so, wie es die neuesten Erkenntnisse aus der Neurologie und Neurophysiologie vermuten lassen (Roth, 2001: 325). In der Tat hat man sich auf bestimmte Arten des Erlebens, auf Repräsentationsweisen von Bewusstseinszuständen, geeinigt. Diese Art des Erlebens wird zum größten Teil durch *Wahrnehmung*, *Wachheit*, *Selbstbewusstsein*, *Intentionalität* und *Handlungsfähigkeit* bestimmt. Dies äußert sich in Merkmalen, wie *Erkennen*, *Vorstellen*, *Erinnern*, *Handeln* und in den *Gefühlen*, die wir individuell empfinden.

Dabei stellt sich die Frage: »Wer bin ich?« Diese Frage kann man mit einer »äußerlichen Identität« beantworten, indem ich mich vor anderen identifiziere, beispielsweise mit der Nummer meines Personalausweises. Die »innere Identität« dagegen wird mir durch meine eigene Gewissheit, »Ich bin ich«, vermittelt. Dieses *Ich-Bewusstsein* gibt mir das Gefühl, dass *ich* es bin, der etwas tut und erlebt. Ich bin wach und »bei Bewusstsein«. Ich bin eins mit meinem Körper.

Kant unterschied zwischen dem *psychologischen/empirischen Ich* als Gegenstand des inneren Sinnes und dem *transzendentalen Ich* als erkenntnis- und gegenstandskonstituierende Einheit des Bewusstseins (*Apperzeption*), wobei ersteres ein

» Vermögen des Verstandes, klare Vorstellungen aus der sinnlichen Wahrnehmung zu bilden und die mannigfaltigen Anschauungen durch die Tätigkeit des inneren Sinnes zu einer einheitlichen Vorstellung zusammenzufassen. (Hoffmeister, 1955: 71) «

ist und letzteres ein

» Vermögen des Bewusstseins überhaupt, das Verstand und Vernunft umschließt und aus dem die allgemeingültige und notwendige Einheit aller Verstandes- und Vernunfterkenntnisse entspringt ... (Hoffmeister, 1955: 71) «

Dies entspricht den Bedingungen der Möglichkeit, eine Beziehung zu den zu erkennenden Gegenständen überhaupt erst herstellen zu können.

Auch Leibniz äußert sich in seiner Auffassung der Apperzeption (vom neulateinischen *adpercipere* für »hinzu wahrnehmen«) ganz ähnlich und zwar folgendermaßen: Der Begriff »Apperzeption« wird

> …gebraucht für den seelischen Vorgang, durch den sinnlich Gegebenes mittels Aufmerksamkeit und Gedächtnis aufgefaßt, angeeignet, ins Bewußtsein erhoben, in den Bewusstseinszusammenhang eingeordnet wird. (Hoffmeister, 1955: 70) «

Für den Begründer der experimentellen Psychologie, Wilhelm Wundt, war Leibniz' Sicht der Apperzeption der Ausgangspunkt der Wahrnehmung und der auf ihr basierenden seelischen Prozesse. Obwohl Wundts Apperzeptionsbegriff lange ganz zentral für die akademische Psychologie war, ist er mit dem Behaviorismus verschwunden und verwunderlicherweise auch mit der kognitiven Wende nicht wieder aufgetaucht. Bewusstsein war in der zweiten Hälfte des 20. Jahrhunderts tabu. Erst die moderne Neuropsychologie lässt uns wiedererkennen, dass sie ohne solch einen Begriff nicht auskommt.

Grundsätzlich muss man zwischen Zuständen des *Aktualbewusstseins* und des *Hintergrundbewusstseins* unterscheiden. Das Aktualbewusstsein zeichnet sich durch ständig wechselnde Inhalte aus, wie das *Erlebnisbewusstsein*, das wir in unserer sinnlichen Welt erfahren. Dazu gehört eine *aktive* und *reaktive Aufmerksamkeit*. Sie verstärkt Wahrnehmungen, Gefühle und Schmerzen sowie geistige Tätigkeiten. Den *Rahmen* für das Aktualbewusstsein stellt das Hintergrundbewusstsein dar, das sich durch länger anhaltende Bewusstseinszustände auszeichnet. Das betrifft beispielsweise das Erleben einer körperlichen und psychischen Identität, also die Feststellung, dass ich es bin und kein anderer.

Man unterscheidet diese verschiedenen Bewusstseinszustände, um Zustandsstörungen des Bewusstseins besser einordnen zu können, versteht sie aber auch als getrennte Prozesse. Diese *Modularität* der Bewusstseinszustände wurde durch Befunde der Neurologie und Neurobiologie unterstützt, in denen man die Aktivität unterschiedlicher Teile des Gehirns mit unterschiedlichen Bewusstseinszuständen verbunden hat.

Es gibt verschiedene Verwendungen des Bewusstseinsbegriffs. So ist eine besonders wichtige Verwendung für die Psychologie die des *phänomenalen* Bewusstseins, das bekannt geworden ist anhand des *Qualiaproblems*. Dies ist ein berühmtes Problem und Streitthema in der Philosophie des Geistes. Danach werden nicht nur Reize aus der Umwelt aufgenommen, sondern auch *erlebt*. Bewusstsein, als *gedankliches* Bewusstsein, hat *Inhalte*, die von etwas handeln oder auf irgendwelche Objekte *gerichtet* sind. Das ist das Feld der *Intentionalität*. Es ist ebenfalls ein spannendes Forschungsgebiet, insbesondere eines der Philosophie des Geistes. In der Psychologie befassen wir uns mit Bewusstseinszuständen, indem wir die Frage stellen, welche Reize in welchen Umgebungen was auslösen. Oder: In welchem Verhältnis stehen unterschiedliche Bewusstseinszustände untereinander, und welches Verhalten resultiert daraus?

Wir sehen schon, dass das Phänomen *Bewusstsein* als Forschungsobjekt sehr vielfältig ist und eigentlich nur *ganzheitlich* angegangen und behandelt werden kann.

Wie wir anhand von Lernen und Sprache gesehen haben, kann die Neuropsychologie relativ komplexe psychische Prozesse erklären, wenn diese auf Nervenaktivität zurückgeführt werden können. Es scheint dann bis zum Bewusstsein nur noch ein kleiner Schritt zu sein, so möchte man zumindest meinen. Genau hierin scheint die Hoffnung all derjenigen Hirnforscher zu liegen, die glauben, dass letztendlich alle psychischen Phänomene auf hirnphysiologische reduziert werden können, dass also nichts Mentales mehr übrig bleibt, wenn man diesen Weg nur entschlossen weiterverfolgt.

Hirnforscher, die mehr an den neurobiologischen Erklärungen orientiert sind, wie der namhafte Bremer Hirnforscher Hans Flohr, vertreten die Position einer Selbstreferenzialität der Repräsentation des Gehirns, das heißt, dass das Gehirn nicht nur die Gegebenheiten seiner Außenwelt repräsentiert, sondern auch über sich selbst und den eigenen aktuellen Zustand

12.6 · Bewusstsein

rekursiv Repräsentationen bildet und nachdenkt (Roth & Prinz, 1996: 435 f.). Dabei wollen wir hier die Frage, ob es sinnvoll ist, davon zu sprechen, dass das Gehirn denkt, oder ob nur das Ich dies kann, erst einmal dahingestellt sein lassen.

Einige Zitate von Hans Flohr geben uns eine Vorstellung davon, wie die Position des sich selbst repräsentierenden Gehirns vertreten wird:

» Informationsverarbeitende Systeme, die repräsentationale Zustände bilden können, können unter bestimmten Bedingungen nicht nur externe Gegebenheiten (d. h. Gegenstände und Ereignisse der Außenwelt) repräsentieren, sondern ebenso ihre eigenen internen Zustände. Sie können ein *Selbstmodell* (Metzinger, 1993) entwickeln, d. h. eine Repräsentation, die ein abstraktes Konstrukt des Subjekts instantiiert – einer Instanz, die das Medium des Erfahrens und der Ausgangspunkt des Handelns ist. Solche Systeme können selbstreferentielle Repräsentationen ausbilden, d. h. Repräsentationen, die Aussagen über den Zustand des fiktiven Ich enthalten. Sie können daher propositionale Einstellungen, wie Meinungen und Überzeugungen über ihren eigenen Zustand realisieren… «

» … Solche selbstreferentiellen Systeme entwickeln *Subjektivität* in einem gewissen Sinn: Sie haben *Vorstellungen* über ihren eigenen Zustand. Diese Form von Subjektivität entspricht aber nicht oder nur zum Teil unseren Intuitionen von dem, was Bewusstseinszustände eigentlich sind; ich möchte diese Form von Subjektivität daher zunächst als schwache Subjektivität bezeichnen. Starke Subjektivität im Sinne unserer Intuitionen haben Systeme nur dann, wenn sie etwas »erleben«, »fühlen«, »empfinden« … «

» … Und das scheint intuitiv mehr zu sein als nur ein *Wissen* über sich selbst, mehr als nur ein selbstreferentielles kognitives Ereignis. Unsere Intuition dazu, was diese Zustände genau sind, ist allerdings begrifflich merkwürdig unscharf. «

» Die Analyse von Zuständen von Bewusstlosigkeit wie Anästhesie, Schlaf oder Koma führt zu der Annahme, dass Bewusstlosigkeit nicht durch eine globale Störung der Hirntätigkeit bedingt ist, sondern durch den Ausfall bestimmter Informationsverarbeitungsprozesse. Diese sind identifizierbar und können physiologisch charakterisiert werden. (Flohr, 1991, 1992, 1994a und b) «

Im letzten Zitat stützt sich Flohr auf die Hypothese Hebbs und der speziellen glutamatgesteuerten NMDA-Synapsen (N-Methyl-D-Aspartat), die ein Hebb'sches Verhalten zeigen. Das nachfolgend angesprochene NMDA-System ist somit das uns schon bekannte *cell assembly* :

» Ein funktionierendes NMDA-System ist *notwendige Bedingung* für das Vorhandensein von Bewusstseinszuständen. Alle diejenigen neurophysiologischen Prozesse, die nach einer selektiven Inaktivierung des NMDA-Systems im Zentralnervensystem noch ablaufen können, sind zusammengenommen *nicht hinreichend* für das Vorhandensein von Bewusstsein. Wird das pharmakologisch ausgeschaltete NMDA-System durch selektive NMDA-Agonisten reaktiviert, so wird der anästhetische Zustand aufgehoben. Durch die Wiederzuschaltung der NMDA-Synapsen entsteht ein physiologischer Zustand, der hinreichend für das Vorhandensein von Bewusstsein ist. Das NMDA-System und die von ihm vermittelten Informationsverarbeitungsprozesse sind daher *konstitutiv* für Bewusstsein. (Flohr, 1996: 447) «

Diese Position ist inzwischen durchaus Mainstream unter den Hirnforschern. Etwas überspitzt könnte man sagen, dass es sich um einen krassen Reduktionismus handelt, dessen Forschungsprogramm darin besteht, alle mentalen Konzepte als Epiphänomene zu entlarven und durch neuronale Erklärungen zu ersetzen. Die Problematik dieser Ansicht steht unseres Erachtens ihrer Beliebtheit und zunehmenden Bedeutung in nichts nach. Letztendlich ist die Position eine, aber eben auch nur eine Lösung des klassischen Leib-Seele-Problems, nämlich diejenige, die eine Identität von mentalen und materiell-physiologischen Prozessen postuliert. Wir können weder der Komplexität dieser Position noch den anderen Ansichten zum Leib-Seele-Problem hier gerecht werden, wollen es aber dennoch kurz behandeln, da Ihnen die historische Beschäftigung mit ihm sehr dabei helfen wird, Ihre eigene Position innerhalb des vorherrschenden Paradigmas der Neuropsychologie zu finden, oder Sie gegebenenfalls dazu veranlasst, sich einem anderen Paradigma zuzuwenden.

12.7   Das Leib-Seele-Problem

In diesem Abschnitt haben wir nicht die Absicht, Ihnen die ganze Geschichte des Leib-Seele-Problems oder einzelne Positionen der Philosophie des Geistes zu schildern. Nein, wir wollen Ihnen den Blick dafür schärfen, das fundamentale Leib-Seele-Problem kritisch zu betrachten. Deshalb behandeln wir nicht alles, sondern nur einen kleinen Ausschnitt dessen, was uns die Philosophie des Geistes darüber aussagt. Die vielen -ismen und zum großen Teil verwirrenden Positionen trüben nur unnötig das Auge.

Wir halten intuitiv unsere Bewusstseinszustände, Ideen, Gedanken usw. für etwas völlig Immaterielles, Nichtkörperliches. Die unmittelbare Evidenz für ein Reich des Mentalen ist groß. Gleichzeitig und mit nicht minderer Evidenz sehen wir, dass alles Materielle den Naturgesetzen und dem Prinzip der Kausalität unterliegt. Die beiden Welten des Mentalen und des Materiellen, des Geistigen und des Körperlichen, müssen aber irgendwie zusammengebracht werden, und genau darin liegt das Problem. Mentales und Materielles passen eigentlich nicht zusammen.

Betrachten wir zunächst zwei Hauptrichtungen des Leib-Seele-Problems: den sogenannten *Dualismus* und den *Monismus*.

Wir haben am Anfang dieses Kapitels in ▶ Abschn. 12.1.2 hinreichend seine Position zu diesem Problem dargestellt. Diese Position nennt man *interaktionistischer Substanz-Dualismus* oder *interaktionistischer Substanzdualismus*, weil Descartes einen Dualismus (*res cogitans – res extensa*) vertritt, also das Mentale als gegenüber dem Physischen Abzugrenzendes versteht. Dies bezieht sich auf die Substanz, die als das selbstständige oder wesentliche Seiende angesehen wird – bei Descartes das *konkrete Objekt*. Der Begriff »Interaktionismus« bezeichnet die Wechselwirkung zwischen diesen zwei Substanzarten, nämlich eine kausale Wechselwirkung zwischen Geist (synonym zur Seele) und Körper. Diese Theorie besagt, dass das Mentale und Physische zwei exklusiv voneinander getrennte Bereiche der Wirklichkeit sind, die in eben dieser Wechselwirkung miteinander stehen. Das ist die *klassische* Form des Dualismus. Die grundlegende Idee ist also kurz gesagt diejenige, dass Geist und Materie *verschiedene* Substanzen sind und aufeinander einwirken. Dazu wird aber ein Ort des Zusammentreffens benötigt. Descartes hoffte, dass mit der *Zirbeldrüse* der Interaktionsort für eine Wechselwirkung der Substanzen gegeben sei. Diese Vorstellung wurde jedoch bald widerlegt. Wir haben diesen Sachverhalt bereits geschildert.

12.7 · Das Leib-Seele-Problem

Eine Erweiterung des interaktionistischen Dualismus vertreten Karl Popper und John Eccles mit ihrer berühmt gewordenen *Drei-Welten-Theorie*, einer *Schichtentheorie* der Wirklichkeit. Sie teilen die Welt gedanklich in drei Bereiche ein:
1. Welt 1 ist die physische Welt,
2. Welt 2 ist die Welt der individuellen Wahrnehmung und des Bewusstseins,
3. Welt 3 ist die Welt der geistigen Produkte des Menschen, das sogenannte *objektivierte Wissen* wie Bücher, Theorien und Ideen.

Die Beschreibungsebene der Welt 3 ist die oben genannte Erweiterung zum Dualismus Descartes'. Sie besitzt einen hohen Grad an Anschaulichkeit wegen des lebensweltlichen Hintergrunds und der historisch-evolutionären Zusammenhänge. Man kann Welt 2 und Welt 3 beispielsweise als Emergenzschichten verstehen, die sich biologisch und kulturell aus Welt 1 weiterentwickelt haben. Dabei steht Welt 3 mit Welt 1 in Wechselwirkung. Welt 2 vermittelt zwischen ihnen.

Beide interaktionistischen Modelle können allerdings keine genaue Beschreibung der kausalen Wechselwirkung zwischen Mentalem und Physischem bieten.

Den Gegensatz zum Dualismus bildet der sogenannte *Monismus*. Dies ist eine Position, die alle Vorgänge und Phänomene der Welt auf ein einziges Grundprinzip zurückführt, auf eine einzige Substanz. Auch hier gibt es wieder verschiedene Richtungen, von denen der *Materialismus* oder *Physikalismus* die wichtigsten sind. Danach gibt es nur Materie und nur *physikalische* Objekte, die real sind. Es gilt das Prinzip des Reduktionismus, das heißt vollständige Zurückführbarkeit von Theorien auf Beobachtungssätze, von Begriffen auf Dinge und von gesetzmäßigen Zusammenhängen auf kausal-deterministische Ereignisse.

Eine der wichtigsten monistischen Positionen der Philosophie des Geistes bildet die *Identitätstheorie*. Ihre zentrale These ist, dass mentale Zustände mit neuronalen Zuständen identisch sind.

Als wichtige spezielle Form des Monismus gilt der *Funktionalismus*, der grundsätzlich ein physikalischer Monismus ist und eine *materialistische* Position einnimmt, da funktionale Zustände von materialistischen Systemen erzeugt werden. Geistige Phänomene sind auf einen funktionalen Mechanismus reduziert, der unabhängig von dem ihm zugrunde liegenden Material ist. So können nichtbiologische Systeme mentale Zustände haben (Computer). Der Funktionalismus wurde so zur gängigen Philosophie der künstlichen Intelligenz und der Kognitionswissenschaft in den 1960er und 1970er Jahren.

Im Lichte der modernen Hirnforschung und der Neurowissenschaften müssen wir auch den *psychophysischen Parallelismus* erwähnen. Er ist eine Art *Eigenschaftsdualismus*, dessen Urheber im 19. Jahrhundert Theodor Fechner war. Die zentrale These des *Eigenschaftsdualismus* ist die, dass eine Person (Objekt) nicht aus zwei Substanzen (Geist und Körper) zusammengesetzt ist, sondern die *Person* beide Substanzen enthält. Nach Fechner, dem Schöpfer der *Psychophysik*, kommt es auf die *Perspektive* an, wie man die Dinge sieht. Man kann die eine oder die andere Substanz in den Vordergrund rücken. Leibniz hatte für den Parallelismus ein Gleichnis angeführt, nach dem Leib und Seele *zwei* Uhren darstellen, die von Gott eingestellt ohne kausalen Einfluss aufeinander parallel gehen. Fechner sieht in Leib und Seele dagegen eine *einzige* Uhr, die zum einen aus der *äußeren* Sicht auf die Uhr und zum anderen mit Blick auf die *innere* Uhr selbst betrachtet werden kann. So kann man davon ausgehen, dass es zu jedem *psychischen* Ereignis ein *neuronales* Korrelat gibt.

Es gibt auch *phänomenalistische* Lösungen. Sie bestehen darin, dass allen Phänomenen als solchen ein ontologischer Status zugeschrieben wird, der es verbietet, sie wegzudiskutieren oder auf andere, womöglich materielle Dinge zu reduzieren, denn die sind wiederum ja auch nur Phänomene und besitzen daher keinen übergeordneten Status. Hier lässt sich auch Wolfgang Metzgers minutiös ausgearbeitete gestaltpsychologische Position zum Leib-Seele-Problem einordnen. Er beginnt übrigens seine allgemeine Einführung in die *Psychologie* (1941) mit einem Kapitel zum »Problem des seelisch Wirklichen«, und zum seelisch Wirklichen gehört seiner Auffassung nach die eigene Seele genauso wie die anderen mondäneren Wahrnehmungsdinge. Statt eines Parallelismus zwischen Wahrnehmungen von äußerer Verursachung und inneren Willensregungen bringt er sie in Form ihrer Gestaltverwandtschaft zusammen.

Das Leib-Seele-Problem wird übrigens in der Psychologie seit dem Behaviorismus nicht mehr besonders diskutiert. Man überlässt dies den Philosophen, die sich sehr viele Daten für ihre Argumente ihrerseits bei den Neuropsychologen borgen. Das mit dem Leib-Seele-Problem direkt zusammenhängende Problem der Willensfreiheit wurde hingegen kürzlich Gegenstand einer Debatte in der Psychologie, vermutlich ausgelöst durch die extreme, aber populäre Position von Hans Flohr. Während das Thema Willensfreiheit in der Psychologie lange tabu war, ist es jetzt wieder in den Blick gerückt. Es nimmt eine zentrale Rolle in der Debatte um die Standortbestimmung der Psychologie ein, die erfreulicherweise insbesondere in Deutschland geführt wird. Auf den Versuch von Hans Markowitsch (2004) und anderen, aus einer reduktionistischen Grundhaltung heraus die Willensfreiheit schlichtweg abzuschaffen, gab es eine ganze Reihe von Protesten dahingehend, dass man mit solch einer Position das entfernt, was die Psychologie ausmacht. Bemerkenswert ist in diesem Zusammenhang auch die Position von Wolfgang Prinz (2004), die erklären soll, wie man als Reduktionist damit umgehen kann, dass Menschen angesichts bestimmter Freiheitsüberzeugungen anders handeln, als sie es ohne dieselben täten: Es gebe zwar durchaus eine Freiheitsintuition, aber in der wissenschaftlichen Psychologie sei für den freien Willen als theoretisches Konstrukt kein Platz. Freiheitsintuitionen seien lediglich soziale Institutionen im Dienste der kollektiven Regulierung individuellen Handelns und als solche allerdings auch psychologisch wirksam, so wie Aberglaube oder bestimmte Kontrollüberzeugungen auch wirksam sind, aber als theoretisches Konstrukt keine Rolle spielen.

Die Kenntnis und Evaluierung des Leib-Seele-Problems ist auch von großem Vorteil in der neuerlichen Weiterführung der Debatte, ob die Psychologie zu einer biologischen oder Neuropsychologie werden kann und soll. Die Erfolge bildgebender Verfahren gepaart mit einem Reduktionismus verleiten dazu, alle anderen Positionen innerhalb der Psychologie nicht gelten zu lassen und die Zukunft in einer ausschließlich neurobiologisch ausgerichteten Psychologie zu sehen. Rainer Mausfeld (2010) zeigt sehr überzeugend, dass hier Vorsicht geboten ist und neurophysiologische Analysen vielleicht zu Unrecht eine privilegierte Stellung genießen, weil sie den Vorteil haben, anschaulicher und leichter kommunizierbar zu sein als konkurrierende Analysen.

Hier ist es noch einmal wichtig darauf hinzuweisen, dass wir mit einem reinen *Reduktionismus* nichts anfangen können. Die Psychologie benötigt deshalb eine Reihe *kombinierter* Verfahren, die sowohl auf der phänomenalen Ebene wie auf der neurowissenschaftlichen Ebene ihre jeweiligen Resultate zusammenführen. Wir werden sozusagen als Psychologen dazu gezwungen, mehr als eine Position zu berücksichtigen. Nur auf diese Weise sind wir in der Lage, Missverständnissen aus dem Weg zu gehen und die Kernfragen unseres Faches befriedigend zu beantworten.

12.8 Zusammenfassung

Wir haben gesehen, dass mit den Erfolgen der Neuropsychologie plötzlich eine neue Sicht der Seele entsteht. Durch die physiologischen Einsichten ins Gehirn, in die einzelne Nervenzelle bis hin zum Aktionspotenzial entsteht ein Wissen über die Bausteine, die schnell als Bausteine der Seele angesehen werden, vorausgesetzt natürlich, man glaubt daran, dass sich mentale Dinge auf Materielles reduzieren lassen. Wir haben daher ganz bewusst von der Gehirnhypothese, der Neuronenhypothese und der Ionenhypothese gesprochen, obwohl diese Hypothesen, ausgenommen von ein paar Skeptikern, heute allgemein akzeptiert sind. Durch die historisch detaillierte Darstellung dieser Entwicklung ist hoffentlich ein Gespür dafür entstanden, wie rasant sich das neurophysiologische Wissen im 19. Jahrhundert entwickelt hat und wie dieser Fortschritt zu einer reduktionistischen Grundhaltung führen konnte. Die modernen bildgebenden Verfahren sind der zeitgenössische Versuch, direkt ins Gehirn zu schauen, ja diesem bei der Arbeit zuzuschauen. Damit sind wir im 21. Jahrhundert angekommen. Die alten Probleme um den Bewusstseinsbegriff verschwinden durch die neuen Methoden allerdings nicht, zumindest in unseren Augen nicht. Im Gegenteil, nach einem guten Jahrhundert Hirnforschung können wir beschämend wenige seelische Prozesse neuronal erklären. Diese Tatsache führt zu zwei Reaktionen. Zum einen versucht man, den Weg weiterzugehen und die Physiologie in noch kleinerer Korngröße zu untersuchen. Zum anderen versucht man, die neuralen Prozesse, die wir bisher kennen, zu modellieren, um sie abstrakt verstehen zu können. Genau dies versucht der Konnektionismus.

Konnektionismus

13.1 Neuronale Informationsverarbeitung – 186
13.1.1 Symbolorientierter Ansatz – 188
13.1.2 Konnektionistischer Ansatz – 189

13.2 Neuronale Netze – 190
13.2.1 Nervenschichten und Informationsmodule – 190

13.3 Hopfield-Netze – 197

13.4 Selbstorganisierte Kohonennetze – 198
13.4.1 Assoziationspsychologie und semantische Netze – 200

13.5 Selbstorganisierende semantische Netzwerke – 202

13.6 Beispiel zweier selbstorganisierender Netze – 206

13.7 Zusammenfassung – 206

> Denn sobald wir ins Gebiet der organischen Natur übertreten, hört für uns alle mechanische Verknüpfung von Ursache und Wirkung auf. (Schelling, 1978)

Der letzte Ansatz, mit dem wir uns beschäftigen wollen, ist der Konnektionismus. Er hat sich parallel zu und gespeist aus Einsichten der Neuropsychologie entwickelt, ist aber der Versuch, einen ganz anderen, vielleicht vielversprechenderen Weg zu gehen. Wir hatten die These aufgestellt, dass wir forschungsgeschichtlich ein System immer erst dann verstanden haben, wenn es uns gelungen war, etwas zu bauen, das ähnliche Funktionen erfüllen konnte. In diesem Sinne ist unser Modell des Gehirns als paralleler Computer inzwischen veraltet, denn wir können durch Computersimulationen virtuelle Maschinen herstellen. Der Konnektionismus stellt ein Modell des Gehirns vor, das nicht mehr an eine bestimmte Hardware gebunden ist, sondern, inspiriert durch Ergebnisse aus Neurophysiologie und Computersimulation, sozusagen in der Lage ist, ein virtuelles Modell zu bauen. Dieses Modell hat, wie wir sehen werden, Elemente aus der Neuronenhypothese aufgenommen, sich aber in vielerlei Hinsicht auch von ihr befreit. Auf diese Weise konzipierte intelligente Netzwerke können, so die Hoffnung, adäquatere Modelle der Seele abgeben als die hardwareorientierten Modelle des vorhergehenden Kapitels. Wichtig ist für Sie, im Auge zu behalten, dass es dem Konnektionismus nicht darum geht, das Gehirn zu simulieren, sondern eine virtuelle Maschine zu bauen, die intelligente Leistungen vollbringt und dadurch erklären kann, wie im Prinzip mentale Prozesse zustande kommen könnten. Obwohl das Herz nicht arbeitet wie eine Turbinenpumpe, können wir es als Pumpe verstehen; ein virtuelles Netzwerk mag nicht so arbeiten wie das Gehirn, aber wenn es ähnliche Leistungen vollbringt, haben wir eine Handhabe, mentale Leistungen zu verstehen.

13.1 Neuronale Informationsverarbeitung

Wissenschaften benötigen Modelle, damit komplexe Informationsprozesse leichter zu erklären sind. Das gilt auch für die Modellierung kognitiver Prozesse innerhalb der Kognitionswissenschaft, die darauf im Zeitalter der Informationsverarbeitung nicht verzichten kann. Insbesondere durch das Aufkommen der elektronischen Datenverarbeitung in den 1950er Jahren sah man plötzlich die Möglichkeit, neurowissenschaftliche Prozesse mittels einer Modellierung untersuchen zu können, die auf einer logischen Basis beruht. Diese logische Basis ergab sich als Konsequenz der Entwicklungen des Logikers George Bool (1815–1864), der mit seiner inzwischen sogenannten Bool'schen Algebra die Grundlage dafür lieferte, logische Argumente oder Operationen in Form von Programmen zu realisieren, die inzwischen im Computer implementiert werden können. Mithilfe dieser Programme war es möglich, biologische Prozesse, insbesondere biologische Nervenprozesse, abzubilden. Die grundlegende Frage nämlich, wie Organismen komplexe Prozesse der Informationsverarbeitung organisieren, ausführen und kontrollieren, konnte nun mit Computermodellen, die von verschiedenen psychologischen und neurowissenschaftlichen Erklärungsansätzen inspiriert waren, untersucht werden. Es entstanden die neuronalen Netze.

Die Kognitionswissenschaft, die sich im Kontext der beschriebenen Entwicklungen konstituierte, basierte zunächst auf einer zentralen Annahme, die das »Computermodell des Geistes« genannt wurde. Damit ist die These gemeint, dass das Gehirn ein informationsverarbeitendes System sei und prinzipiell wie ein Computer arbeite. Das alte Geist-Körper-System wird neu erklärt: Die Unterscheidung zwischen Geist und Gehirn lasse sich analog zu der Unterscheidung zwischen Software und Hardware verstehen. So wie die Software durch Datenstrukturen und Algorithmen bestimmt sei, sei der Geist durch mentale Repräsentationen und Rechenprozesse bestimmt. So wie die abstrakte Beschreibung der Software möglich sei, ohne direkt die Hardware zu untersuchen, sollte eine abstrakte Beschreibung der geistigen Fähigkeiten möglich sein, ohne direkt das Gehirn zu untersuchen. Und so, wie die Existenz einer Softwareebene problemlos mit dem Materialismus zu vereinbaren sei, sollte auch die mentale Ebene in eine materialistische Interpretation eingebettet sein.

Das Computermodell des Geistes ist in den letzten Jahrzehnten einer scharfen Kritik unterzogen worden. Diese Kritik hat im Wesentlichen zwei Quellen: Zum einen hat sich die Beschreibung des Gehirns durch die Kognitive Neurowissenschaft rasant entwickelt. Dies zeigt sich etwa in der zunehmenden Bedeutung der bildgebenden Verfahren, die anschaulich suggerieren, dass man ins Gehirn schauen kann. Zum anderen haben sich andere erfolgreiche Ansätze entwickelt, die von der Computeranalogie abrücken und sie durch Simulation ersetzen, wie eben der Konnektionismus und die Modellierung neuronaler Netze. Künstliche neuronale Netze werden unter anderem programmiert, um die Aktivitäten von Neuronenverbänden (vgl. Hebb'sche *cell assemblies*) zu simulieren. Es ist zweifelhaft, inwieweit hier noch eine Unterscheidung von Software- und Hardwareebene möglich ist. Da wir Menschen über verschiedene kognitive Fähigkeiten verfügen, zum Beispiel Gedächtnis, Sprache und Wahrnehmung, ist es das Ziel einer konnektionistisch aufgefassten Kognitionspsychologie, das Wesentliche dieser Fähigkeiten zu erforschen und so weit wie möglich mit formalen Modellen zu beschreiben. Diese Modelle können dann als kognitive Architektur auf einem Computer realisiert werden.

In der Kognitionswissenschaft hat die Entwicklung des Konnektionismus zu starken Veränderungen geführt. Während in der klassischen künstlichen Intelligenz (KI) – dem Computermodell des Geistes entsprechend – kognitive Fähigkeiten mit einer symbolischen Programmiersprache simuliert wurden, wird im Konnektionismus mit künstlichen neuronalen Netzen gearbeitet. Ein künstliches neuronales Netz ist eine Verschaltung einfacher Einheiten, der sogenannten künstlichen Neurone (Units) auf der Basis der binären Zustände »1« und »0«. Dies entspricht dem Zustand des »Feuerns« der Neurone, repräsentiert in Form eines Alles-oder-nichts-Zustands. Dabei können die Neurone ihre Aktivitäten an die benachbarten Neurone weitergeben, je nachdem wie das Neuron gestaltet ist. Dadurch können bei einem gegebenen Input komplizierte Erregungsmuster entstehen, die selbst wiederum einen Output erzeugen. Wir werden später dafür ein Beispiel geben.

Das Konzept der neuronalen Netze wurde schon 1943 von Warren McCulloch (1898–1969) und Walter Pitts (1923–1969) entwickelt, es kam aber erst durch die Integration der Hebb'schen Lernregel, die 1949 entstand (▶ Kap. 12), in Fahrt. Nach Hebb lässt sich das Lernen dadurch beschreiben, dass man die einzelnen Verbindungen (Synapsen) zwischen den Neuronen gewichtet. Ein Lernen findet statt, indem die *Gewichtungen* (Stärkungen der Synapsen) zwischen den Neuronen verändert werden. Trotz dieser frühen und bahnbrechenden Entwicklung hin zu einem Modell lernender neuronaler Netze blieb die Kognitionswissenschaft lange Zeit auf den sogenannten *symbolverarbeitenden* Ansatz beschränkt. Dieser hatte die Computeranalogie noch nicht überwunden und sieht das Gehirn als symbolverarbeitende Maschine (z. B. GOFAI, Good Old-Fashioned Artificial Intelligence). Er blieb der dominierende Ansatz der KI-Forschung von der Mitte der 1950er bis in die späten 1980er Jahre. So entstanden das Symbolsystem SOAR (State, Operator Apply Result), einer kognitiven Architektur, mit der sich alle primitiven Mechanismen und Strukturen der menschlichen Kognition repräsentieren lassen, oder das sich noch heute im Gebrauch befindliche, kognitive Architekturen liefernde ACT-R (Adaptive Control of Thought-Rational) von John R. Anderson (1983) und Christian Lebière (1998). Letzteres war ein erstes theoretisches Gedächtnismodell auf der Grundlage *propositionaler* Netzwerke. Beide wurden allerdings nach und nach weitgehend durch *konnektionistische* Verfahren ersetzt, da letztere wesentlich genauere und detaillierte Untersuchungen ermöglichten.

Erst seit den 1980er Jahren wird in der Kognitionswissenschaft wieder vermehrt auf neuronale Netze zurückgegriffen. Dies liegt insbesondere daran, dass neuronale Netze dazu in der Lage sind, Aufgaben zu erledigen, bei denen der symbolverarbeitende Ansatz recht erfolglos geblieben ist. Zu solchen Aufgaben gehört etwa die Mustererkennung. Dennoch lohnt es sich, auf beide Ansätze etwas näher einzugehen.

13.1.1 Symbolorientierter Ansatz

Die in diesem Zusammenhang vertretene These, dass nicht die physikalische Grundlage des Gehirns für die Erklärung der Kognition relevant sei, sondern die Art und Weise seiner Verarbeitung, führt zu einem funktionalistischen Bild. Dieser in der kognitiven Wissenschaft vorherrschende Funktionalismus beruft sich auf Descartes und die ihm folgende philosophische Tradition des Dualismus, geistige und körperliche Phänomene voneinander abzugrenzen und Denken als eine rein geistige Funktion aufzufassen. Die »Sprache des Geistes« besteht aus mentalen Symbolstrukturen in einem abstrakten Modus der Repräsentation und ist unabhängig von den physikalischen Eigenschaften der neuronalen Ebene des Gehirns zu beschreiben und zu erklären (Fodor, 1975). Psychologische Beschreibungen kognitiver Strukturen und Prozesse sind nicht reduziert auf physikalische Gesetzmäßigkeiten. Mentale Zustände sind unabhängig von ihrer physikalischen Grundlage. Die Repräsentationen werden aus Symbolen gebildet. Intelligentes Handeln ist damit das Resultat einer Symbolmanipulation.

Hauptvertreter des symbolischen Ansatzes waren vor allem in den 1980er Jahren Jerry A. Fodor (geb. 1935) und Zenon Pylyshyn (geb. 1937). Nach ihnen wird die Notwendigkeit von physikalischen Symbolsystemen vor allem mit drei Argumenten zu einer *language auf thought* untermauert:

» Die Gesamtbedeutung einer Symbolstruktur liegt in seiner *Kompositionsrealität,* die eine Funktion der Bedeutung ihrer *konstituenten* und der zwischen ihnen definierten syntaktischen Relationen darstellt ... Bezogen auf das Phänomen »Sprache« bedeutet dies zum Beispiel, dass die Gesamtbedeutung eines Satzes aus den Bedeutungen seiner Teile und deren Zusammensetzung resultiert.

Ein weiteres Merkmal ist die *Produktivität* von Symbolstrukturen, eine potenziell unbegrenzte Menge von Ausdrücken generieren zu können. Obwohl nur eine begrenzte Menge von Symbolen zur Verfügung steht, lassen sich durch Verkettung unendlich viele Symbolstrukturen beliebiger Komplexität generieren. Bei Sprachen wird dabei von einem Lexikon endlich vieler Grundausdrücke ausgegangen, aus denen sich unter Verwendung syntaktischer Regeln komplexere Ausdrücke (Phrasen, Sätze) bilden lassen.

Mit der *Systematizität* wird auf die Eigenschaft der Abstraktion von Symbolstrukturen referiert, einen systematischen Zusammenhang von Ausdrücken untereinander herzustellen. Wenn beispielsweise ein Symbolsystem (eine Sprache oder ein denkendes System) den Sachverhalt »A liebt B« repräsentieren kann, so ist prinzipiell die Repräsentation auch jener Sachverhalte möglich, welche die gleichen konzeptuellen Komponenten beinhaltet, wie zum Beispiel »B liebt A« (Pospeschill, 2004: 19 ff.). **«**

Es lohnt sich, die Position von Jerry Fodor etwas genauer zu betrachten. Fodor ist ein Vertreter der Philosophie des Geistes und der Kognitionswissenschaften und hat eine eigene Theorie des Geistes entwickelt, die er selbst »repräsentational« nennt. Darin vertritt er die Analogie zum Computer. Fodors These ist, dass sich Geist und Gehirn zueinander verhalten wie Software und Hardware. Der Geist lässt sich deshalb durch die Kognitionswissenschaften auf einer abstrakten Ebene beschreiben, ohne dass dabei eine Beschreibung des Gehirns nötig wäre. In seiner Theorie der Sprache des Geistes (*language of thought*) vertritt er die Ansicht, dass der Geist mit mentalen Repräsentationen arbeite, einer mentalen Syntax, mit der man Gedanken zusammensetzen könne. Fodor nannte die Sprache des Geistes auch »mentalesisch (*mentalese*)«. Er geht von einer modularen Struktur des Geistes aus, worunter er die Zuordnung von geistigen Fähigkeiten zu abgrenzbaren neuronalen Strukturen versteht. Er sieht sich bemerkenswerterweise in der Tradition der Phrenologie Galls, indem er annimmt, dass Module als autonome Systeme arbeiten und auch unabhängig voneinander gestört werden können. Wie wir in ▶ Kap. 12 gesehen haben, ist diese Vorstellung mit Einschränkungen durchaus salonfähig.

13.1.2 Konnektionistischer Ansatz

Die Anfänge des Konnektionismus in den frühen 1950er Jahren waren geprägt von der Theorie endlicher Automaten, die untrennbar mit dem Namen Turing verbunden ist. Alan Turing (1912–1954) war ein britischer Logiker, Mathematiker und Kryptoanalytiker und einer der einflussreichsten Theoretiker der frühen Computerentwicklung und Informatik. Er formulierte 1936 seine Ideen einer Maschine, die prinzipiell jede explizit ausgearbeitete Rechenaufgabe lösen kann, sofern sich diese Aufgabe mit einem Algorithmus lösen lässt – die berühmte Turing-Maschine. Ein wesentlicher Verdienst, diese Theorie der Rechenmaschine perfektioniert zu haben, kommt schließlich John von Neumann (1903–1957) zu, der zeigt, wie die Operationen eines Computers mittels gespeicherter Programme gesteuert werden können. In den 1960er Jahren knüpft Marvin Minsky (geb. 1927) dort an und spielt eine wichtige Rolle, indem er mit seinen Mitarbeitern in den 1960er Jahren am Massachusetts Institute of Technology (MIT) erste Programme vorstellt, die Rechenaufgaben, wie sie Schüler in Mathematiklehrbüchern vorfinden, lösen können. In *Mentopolis* rückte er von der Annahme eines zentralen Prozessors oder einheitlichen Geistes ab, indem er geistige Prozesse stattdessen auf viele Agenten für einfache Arbeiten verteilt. In Agenturen zusammengefasst bringen sie »echte Intelligenz« hervor (Minsky, 1990: 17).

Parallel dazu beziehungsweise am Anfang dieser Entwicklung hatten McCulloch und Pitts (1943) ihr Neuronenmodell entworfen, das von Hebb als allgemeines Lernkonzept individueller Neurone gefasst wurde und in das erste vollständige künstliche Neuronenmodell mündete, das Perzeptron von Frank Rosenblatt (1959), das sich für das Mustererkennungsproblem einsetzen ließ. Minsky und Seymour Papert (geb. 1928), schon zu dieser Zeit Vertreter des Symbolverarbeitungsansatzes, kommen zu dem Schluss, dass das Perzeptron viele wichtige Probleme nicht repräsentieren kann, da es einfache logische Probleme nicht lösen kann. Die Zukunft für das Neuronenmodell war damit infrage gestellt. Forscher wie Geoffrey E. Hinton und James A. Anderson (1981) forderten die Ablösung des seriellen Von-Neumann-Digitalrechners. Sie forderten Parallelcomputer, deren Funktionsweise analog zum Nervensystem parallele Informationsverarbeitungsprozesse zulässt. Nicht zuletzt muss man auch John R. Searle (1986) erwähnen, der durch seine Philosophie des Geistes und seine Überlegungen zur Intentionalität von informationsverarbeitenden Systemen viel Kritik und Diskussionen bezüglich neurophysiologischer Erklärungen neuronaler Prozesse entfachte.

Die grobe Skizze der Entwicklung des Konnektionismus sei durch einige Stellungnahmen im Originalton ergänzt:

> Die Klasse informationsverarbeitender Modelle, die wir besonders betrachten wollen, sind konnektionistische Netzwerke. Gegenstand des Konnektionismus ist die Erforschung und Konstruktion adaptiver informationsverarbeitender Systeme, die sich aus einer großen Zahl uniformer Verarbeitungseinheiten (units) zusammensetzen und deren wesentliches Verarbeitungsprinzip in der Übertragung von Signalen in Form von Aktivierungen über gerichtete Verbindungen (connections) besteht. (Kemke, 1988: 144) «

> Motiviert wird dieser Ansatz zunächst durch eine grobe Analogie zum biologischen Nervensystem, bei dem Informationsverarbeitung durch einen Verbund aktiver Nervenzellen realisiert wird, die im Verhältnis zum Gesamtsystem einfache Funktionen ausführen, in ihrer parallelen Zusammenarbeit aber komplexe kognitive Funktionen erfüllen können und den Grad ihres Erregungszustandes über Nervenfasern (Axone) an andere Nervenzellen weiterleiten. (Rojas, 1993: 3) «

> Entscheidend für die Charakteristik konnektionistischer Netzwerke ist, dass die Informationen parallel durch die gleichzeitige Aktivität vieler Units verarbeitet werden. Ebenso ist entscheidend, dass die Netzwerke nicht explizit programmiert werden, sondern die relevanten Informationen aus Beispielen eigenständig erlernen. (Pospeschill, 2004: 26) «

Die 1970er Jahre brachten einen gewissen Durchbruch. Maßgeblichen Einfluss auf die Entwicklung hatten dabei vor allen Dingen die beiden Bände *Parallel Distributed Processing* von David Everett Rumelhart, James McClelland und der PDP Ressource Group (1986). Sie galten als die Bibel des Konnektionismus. Die Attraktivität der Netzwerkidee ist dort durch verschiedene Besonderheiten begründet. Obwohl die künstlichen Neurone und die anderen Elemente in einem konnektionistischen Netzwerk eher abstrakten Charakter besitzen, halten sie doch immer noch eine Verbindung zur Physiologie biologischer Neurone aufrecht (vgl. Anderson, 1995: 35–61). Zudem eröffnen Netzwerkmodelle die Möglichkeit, verschiedene Lernmechanismen zu nutzen, die in Form kontinuierlicher Veränderungen in der Aktivierung der Elemente und in der Stärke der Verbindungen auftritt. Es ist daher auch nicht verwunderlich, dass viele der Aufgaben, die mit Netzwerkmodellen angegangen werden, konzeptuelle Lernaufgaben der einen oder anderen Art sind. Ein weiterer Vorteil der Netzwerkmodelle besteht in der direkten Verbindung zu Modellen paralleler Prozesse, wie sie in den Sinnesorganen und weiten Teilen des Gehirns ablaufen. Dieser Umstand wird in konnektionistischen Modellen auch dadurch berücksichtigt, dass sich die Stärke der Verbindungen und der Aktivitätsgrad der Knoten gleichzeitig während des Mustervergleichs verändern, der die Systemziele definiert und nach einem Gleichgewicht sucht. Mit Symbolen wird in konnektionistischen Modellen nur implizit auf der Ebene der Aktivierungsmuster der *Units* gearbeitet; der besondere Typus der verteilten Repräsentation ist auf der mikrostrukturellen Ebene der Kognition *subsymbolisch*.

13.2 Neuronale Netze

13.2.1 Nervenschichten und Informationsmodule

Nach diesem Ausflug in die Geschichte des Konnektionismus wenden wir uns wieder der Neurobiologie zu, um ein paar weitere Grundlagen der neueren neuronalen Netze verstehen

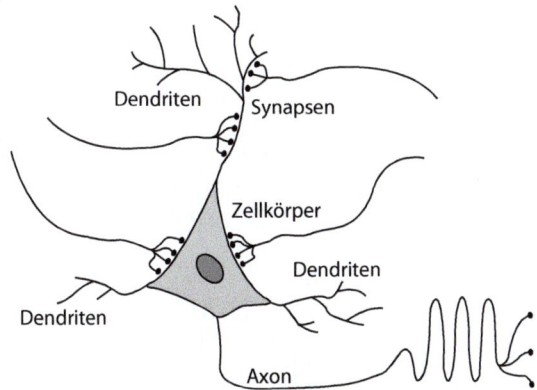

Abb. 13.1 Pyramidenzelle (© M. Spitzer).

zu können, und betrachten einige technische Verfahren, mit deren Hilfe man insbesondere das neuronale Lernen beschreiben will. Die Großhirnrinde enthält sowohl erregende als auch hemmende Neurone. Diejenigen erregenden Zellen, die in der Großhirnrinde für die Informationsverarbeitung zur Verfügung stehen, sind sogenannte Pyramidenzellen (Abb. 13.1), die einen Anteil von etwa 70 % aller kortikalen Neurone ausmachen. Sie verwenden den Neurotransmitter Glutamat. 20–30 % der verfügbaren Zellen sind hemmende (inhibitorische) Neurone, die den Neurotransmitter Gamma-Amino-Buttersäure (GABA) verwenden. Es sind *inhibitorische Interneurone*.

Pyramidenzellen besitzen spezifische topografische Verbindungen zu anderen Zellen, die sogenannten Projektionen, die der raschen Verarbeitung von Informationen dienen. Abb. 13.2 zeigt eine sechsschichtige horizontale und vertikale Gliederung des menschlichen Kortex, in der man eine ausgeprägte Vernetzung der Neurone erkennen kann. Sie stellt eingefärbte Neurone nach der sogenannten Nissl-Methode dar, die man unter dem Mikroskop betrachten kann. Sie macht nicht nur den Zellkörper, sondern auch die Fortsätze (Axone und Dendriten) sichtbar.

Der Neokortex, eine zu über 90 % bemerkenswert gleichförmige Struktur des Kortex, besteht funktionell aus vertikal angeordneten Säulen (Abb. 13.3). Diese Säulen sind als kortikale Informationsmodule die kleinsten Verarbeitungseinheiten.

Im rechten Teil der Abb. 13.3, die eine lokale Verschaltung kortikaler Neuronen darstellt, sieht man deutlich, wie ein Neuron mit seinen unmittelbaren Nachbarn eine funktionelle Einheit (schwarz) bildet. Die grauen Zellen sind leicht miterregt, und die weiß markierten Zellen sind gehemmte, weiter entfernte Zellverbände. Erregte und miterregte Neurone sind auch die Grundlage für die Bildung von Abstraktionen und Kategorien. Denken Sie an die Neuronenverbände von Hebb.

Wie wir wissen, sind Neurone Schaltelemente, die viele Eingangssignale von anderen Neuronen in ein Ausgangssignal umwandeln. Das einlaufende Signal wird als Input und oft im einfachsten Fall als 1 oder 0 bezeichnet. Die Stärke der synaptischen Übertragung kann mathematisch durch eine Zahl zwischen –1 und 1 symbolisiert werden, mit der der Input multipliziert wird. Der Input wird also durch die *Synapsenverbindungsstärke* gewichtet, weshalb man auch von *Synapsengewicht* spricht. Entspricht das Synapsengewicht einer 1, wird der Input vollständig auf das Neuron übertragen. Ein Wert zwischen 0 und 1 liefert eine Schwächung der Übertragung, und der Wert 0 bedeutet keine Übertragung. Ein negativer Wert signali-

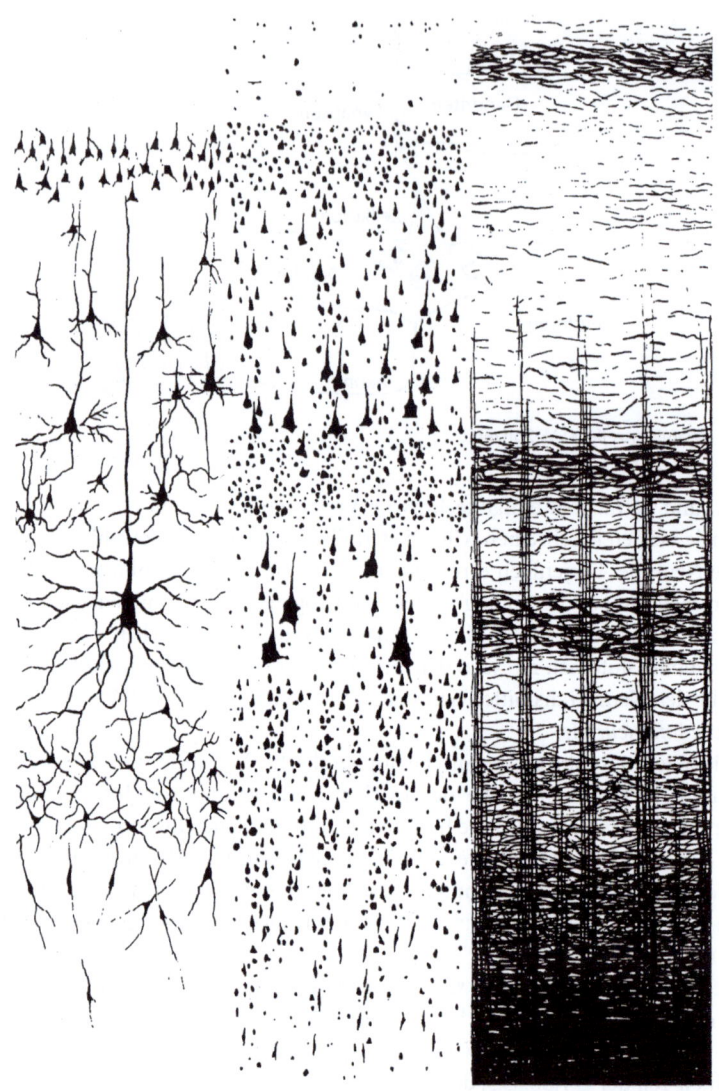

Abb. 13.2 Nissl-Methode (© M. Spitzer).

siert eine Hemmung. Die Summe der gewichteten Inputsignale wird vom Neuron mit einem Schwellenwert verglichen. Das Neuron feuert, sobald dieser Schwellenwert überschritten ist (Abb. 13.4).

Manfred Spitzer hat ein sehr schönes Beispiel eines einfachen Netzes zur Mustererkennung in seinem Buch *Geist im Netz* beschrieben (Spitzer, 2000: 25).

Beispiel 1: Eine einfache Mustererkennung

Wir betrachten eine Netzhaut, die nur aus drei Sinneszellen besteht. Sie bilden den Input des Netzwerks (Abb. 13.5). In der Umgebung kommen drei unterschiedliche Muster vor, auf

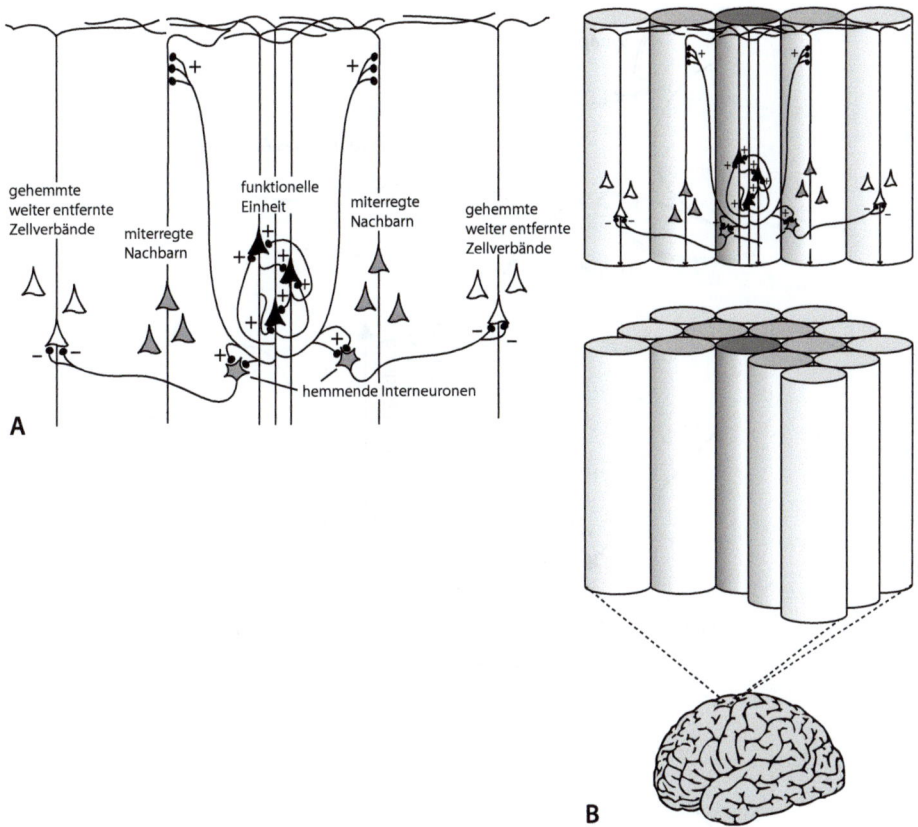

Abb. 13.3 Informationsmodule (© M. Spitzer).

die der Organismus jeweils anders reagieren muss. Beim Sehen werden die Sinneszellen nun aktiviert und senden ein Aktionspotenzial aus. Nehmen wir an, es gibt drei unterschiedliche Reaktionen des Organismus auf den Input. Das Nervensystem muss in der Lage sein, eine Umsetzung der Eingangsmuster in ein Ausgangsmuster vorzunehmen (Abb. 13.6).

Diese Muster aus den schwarzen und weißen Bildpunkten kann man auch als Vektoren schreiben: Das Inputmuster A entspricht dem Vektor (1, 0, 1), B = (1, 1, 1) und C = (0, 1, 0).

Zur Berechnung der beim obersten Outputneuron eintreffenden Erregungsstärke wird der Vektor (1, 0, 1) mit dem zugehörigen Vektor der Synapsengewichte (0,5; −0,5; 0,5) multipliziert. Die Rechnung

$$1 \times (0,5) + 0 \times (-0,5) + 1 \times (0,5) = 1$$

führt mit dem Ergebnis 1 > 0,8 (Schwellenwert) zur Aktivierung des obersten Neurons der Outputschicht. Nach dem gleichen Prinzip wird die Erregungsstärke des mittleren Neurons aus der Multiplikation der Vektoren (1, 0, 1) und den Synapsengewichten (0,3; 0,3; 0,3) errechnet:

$$1 \times (0,3) + 0 \times (0,3) + 1 \times (0,3) = 0,6.$$

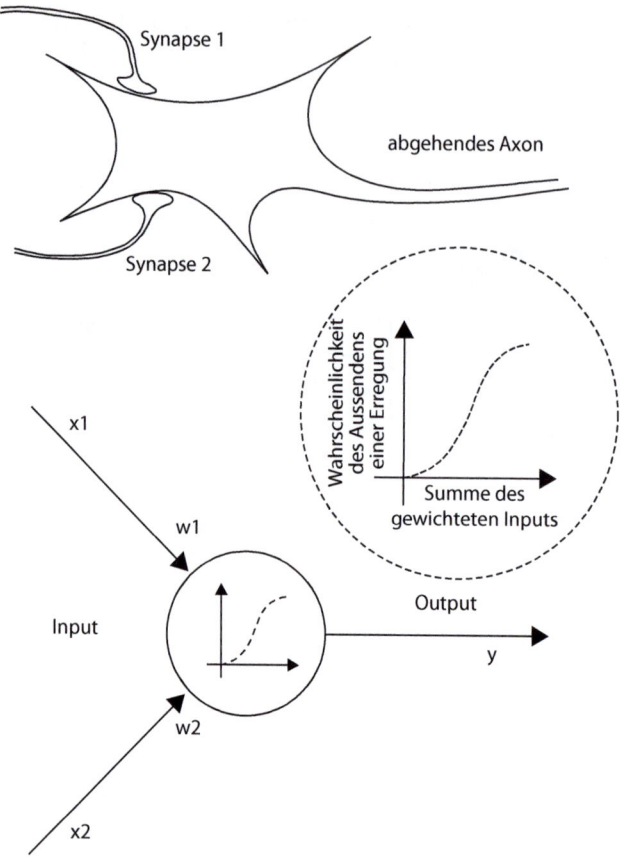

Abb. 13.4 Das Neuron als Informationseinheit (© M. Spitzer).

Da gilt 0,6 < 0,8, wird der Schwellwert nicht erreicht, das mittlere Neuron bleibt inaktiv. Für das letzte Neuron der Outputschicht ergibt sich mit den Vektoren (1, 0, 1) und (−0,3; 1; −0,3)

$$1 \times (-0,3) + 0 \times 1 + 1 \times (-0,3) = -0,6.$$

Es bleibt ebenfalls inaktiv. Der gesamte Outputvektor ist (1, 0, 0) und repräsentiert tatsächlich das gewünschte Outputmuster A (schwarz, weiß, weiß).

Das heißt die beiden letzten Neurone sind nicht aktiv. Besteht der Input aus dem Muster aller Neurone in der Inputschicht, ist somit in der Outputschicht nur das obere Neuron aktiv. Damit ist die geforderte Beziehung zwischen Input und Output realisiert. Nun könnte man die Muster B und C analog berechnen.

Dadurch, dass das Netzwerk die biologischen Verhältnisse extrem abstrakt abbildet, ja auf ein Minimum reduziert, macht es jedoch gerade dadurch die Prinzipien der Verarbeitung deutlich. Das gesamte Muster wird von drei Neuronen verteilt verarbeitet. Zu bemerken ist, dass alle drei Outputneurone gleichzeitig, also parallel, arbeiten. Daher spricht man von einem *parallel distributed processing* (PDP) (McClelland, Rumelhart & PDP Research Group 1986).

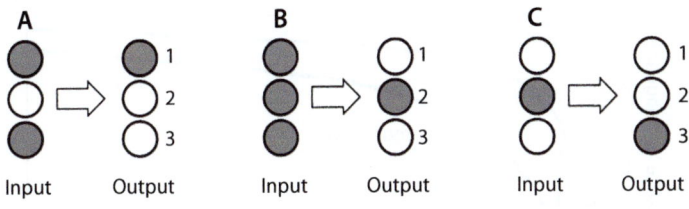

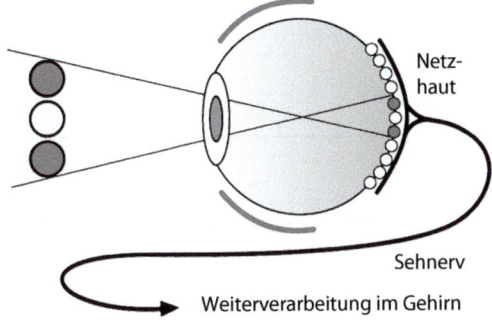

■ **Abb. 13.5** Mustererkennung (© M. Spitzer).

■ **Abb. 13.6** Ein sehr einfaches neuronales Netzwerk (© M. Spitzer).

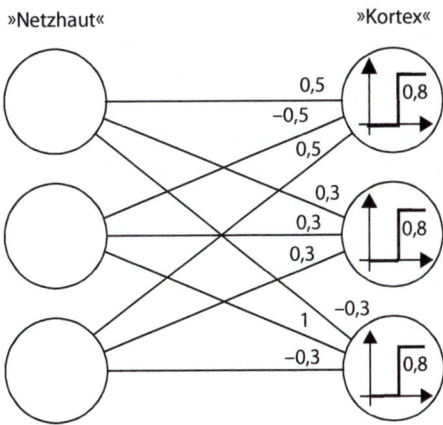

Beispiel 2: Bildung der Vergangenheit (Netzmodell)

Ein weiteres Beispiel zeigt den Spracherwerb durch Kinder im Netzwerk. Dabei werden die Gewichte der Verknüpfungen so lange korrigiert, bis das Netz ein bestimmtes Verhalten zeigt. Man spricht dabei auch von überwachtem Lernen oder Lernen unter Aufsicht. Demonstriert wurde es in den 1980er Jahren von Rumelhardt, McClelland und der PDP Research Group (1986), die sich die Frage stellten, ob man mithilfe eines neuronalen Netzes das Lernen der Vergangenheitsform von regelmäßigen beziehungsweise unregelmäßigen Verben zeigen kann, ohne eine Regel anzuwenden. »Bei so genannten schwachen, d. h. regelmäßigen Verben wird zur Bildung der Vergangenheit die Endung,-en´ durch die Endung,-te´ ersetzt« (Spitzer, 2000: 30) (z. B. lernen – lernte, machen – machte). Diese Regel trifft auf die starken beziehungsweise unregelmäßigen Verben bei der Vergangenheitsbildung nicht zu (z. B. laufen – lief, sitzen –

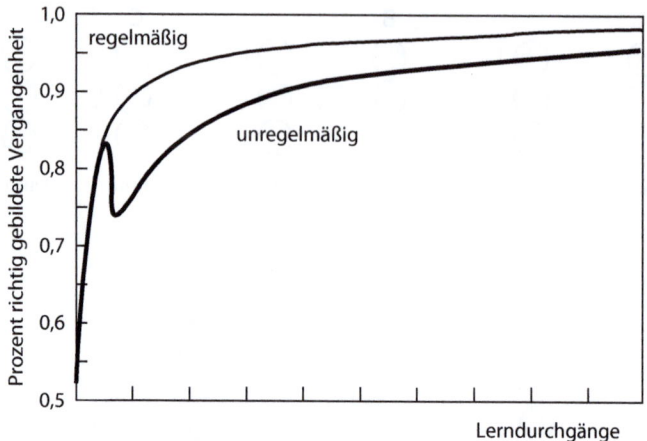

Abb. 13.7 Ergebnis einer Netzwerksimulation (adaptiert nach McClelland, Rumelhart & PDP Research Group, 1986, in Spitzer, 2000).

saß) und muss im Einzelfall gelernt werden. Kinder lernen zunächst durch Imitation. Später wenden sie die Regel für die schwachen Verben an und versuchen dann, sie auf alle Verben zu übertragen. Dadurch entstehen Fehler, die sich in der Form »laufte« und »singte« zeigen. Nach Überwindung dieser Stufe beherrschen die Kinder die regelmäßige und die unregelmäßige Bildung der Vergangenheit. Zum Vorgang des Experiments:

Es wurde ein Netzwerk mit 460 Input- und 460 Outputneuronen programmiert, wobei jedes Inputneuron mit jedem Outputneuron verbunden war. Man musste nun den Wortstämmen die entsprechenden Vergangenheitsformen zuordnen und beide *klanglich* den Inputneuronen anbieten. Durch Aktivierung des Netzwerks entstand zunächst ein zufälliges Resultat der Outputneurone: fehlerbehaftete Outputschicht. Dieses Aktivierungsmuster der Outputschicht wurde mit dem gewünschten phonologischen Output der Vergangenheitsform verglichen, und die entstandenen Fehler wurden durch Neueinstellung der Synapsengewichtung korrigiert. Nach 79 900 Durchgängen hatte das Netzwerk die korrekte Zuordnung gelernt. Es sollte also möglich sein, dass in der Outputschicht der phonetische Code der Vergangenheitsform des Wortstammes dieses Wortes korrekt erscheint. Selbst neue regelmäßige Verben wurden mit einer Genauigkeit von 92 % und unregelmäßige von 84 % erzeugt.

Das Modell in **Abb. 13.7** zeigt, wie Kinder und Netzwerke die Bildung der Vergangenheit bewerkstelligen. Man sieht deutlich den »Knick« bei den unregelmäßigen Verben, der auch bei Kindern nachgewiesen ist.

» Die Tatsache, dass das Modell nicht nur in ähnlicher Weise wie Kleinkinder seine Leistung über die Zeit verbessert, also lernt, sondern sogar in einer bestimmten Phase die gleichen Fehler macht wie die Kinder, kann als starkes Argument dafür gewertet werden, dass Kinder und Netzwerke in ähnlicher Weise lernen. In beiden Fällen sollte ein ähnlicher Mechanismus am Werke sein, anders sind die verblüffenden Gemeinsamkeiten nicht zu erklären. (Spitzer, 2000: 31 ff.) «

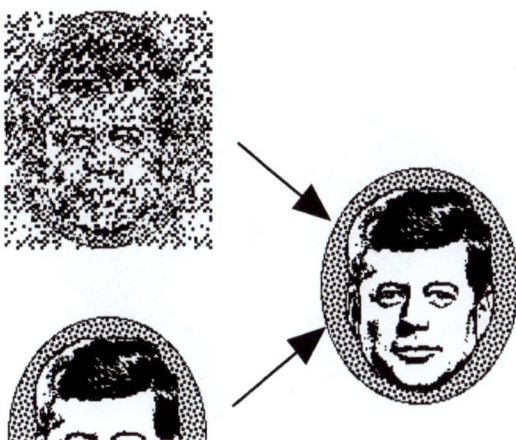

Abb. 13.8 Verrauschtes Muster (© M. Spitzer).

Das Resultat: Das Netzwerk benötigt keine Regeln; es konnte diese Aufgabe aufgrund der optimal eingestellten Synapsengewichte bewältigen. Man nennt ein solches Netzwerk *selbstorganisiert*.

Das war ein Schlag gegen die Auffassung des Linguisten Noam Chomsky und seiner Schule, dass *sprachliche Regeln* im Gehirn repräsentiert sein *müssen*. Später erfolgte Kritik an diesem Modell (Marcus, 1995; Pinker & Prince, 1988; Plunkett, 1995), doch die ersten Ergebnisse konnten durch weitere Simulationsexperimente bestätigt werden (Hoeffner, 1992).

13.3 Hopfield-Netze

Netze mit sogenannter Vorwärtsausbreitung werden auch als *Assoziationsnetze* bezeichnet, denn sie assoziieren Eingabemuster mit fest zugeordneten Ausgabemustern. Assoziierungsvermögen spielt ja bei menschlichen Denkprozessen eine wichtige Rolle, erinnern wir uns an den Behaviorismus. Eine *spezielle* Form des Assoziators ist nun der *Autoassoziator*. Hierbei sind die Trainingsmuster identisch mit den Eingabemustern. Solche Netze finden Anwendung bei der Erkennung verrauschter, undeutlicher Muster oder bei der Mustervervollständigung, indem man sich ihre Fehlertoleranz zunutze macht. Als Muster kommen hier zum Beispiel die Pixelmuster von Bildern oder kodierte Texte infrage (Abb. 13.8).

Sogenannte *autoassoziative* Netzwerke, bei denen ein Neuron mit allen anderen Neuronen verbunden ist, wurden erstmals von dem Physiker John Hopfield (geb. 1933) beschrieben und werden deshalb auch Hopfield-Netzwerke genannt. Sie bestehen aus einer einzigen Schicht.

In Verbindung mit der Hebb'schen Regel besitzt das Hopfield-Netzwerk folgende Eigenschaften:

1. *Attraktoreigenschaften*: Eingangssignale werden als ein räumlich verteiltes Aktivitätsmuster im Netzwerk gespeichert. Dadurch, dass das Netzwerk lediglich aus *einer* Schicht besteht, beeinflussen nachfolgende Eingangssignale alle anderen Neurone im Rückkopplungsverfahren. Das Netzwerk verändert sich also insgesamt und strebt einen stabilen Zustand an, der *Attraktor* genannt wird. Diesen Attraktor stellt man sich als *Gedächtnisspur* vor. Es sind mehrere Attraktoren möglich. In Abb. 13.9 bedeuten die Berge instabile und die Täler stabile Zustände, wobei letztere lokale Attraktoren darstellen.

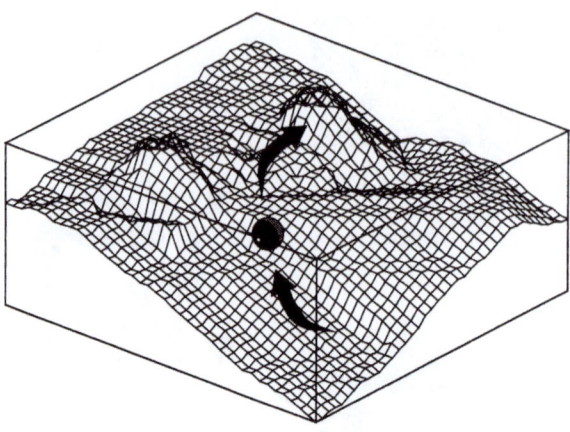

■ Abb. 13.9 Attraktor als lokales stabiles Minimum (© M. Spitzer).

2. *Musterergänzung:* Wird dem Netzwerk ein Teilmuster angeboten, ist es in der Lage, durch die Verbindungen der Neuronengruppen der Hebb'schen Art, den Input zu vervollständigen. Voraussetzung dafür ist es, dass eine hinreichende Menge an Informationen im Eingangsteilmuster besteht, um das gespeicherte Aktivitätsmuster im Netzwerk erreichen zu können. Hopfield schreibt:
Der Rückkopplungsmechanismus erlaubt daher den Abruf des vollen Musters anhand eines unvollständigen Eingabefragments. Eine solche Fähigkeit zu sinnvollem Ergänzen ist eine wichtige Voraussetzung für eine leistungsfähige Informationsverarbeitung und ein hervorstechende Merkmal biologischer Nervensysteme, die auf die Verarbeitung unvollständiger Informationen aus natürlicher Umwelt optimiert sind. Durch die Rückkopplung wirkt jedes Neuron auf die Eingänge aller übrigen Neuronen zurück. (Hopfield, 1982) in (Ritter, Martinetz & Schulten, 1991)
3. *Konvergenz:* Besteht eine Ähnlichkeit des Inputs mit dem gespeicherten Muster, so konvergiert der Aktivierungszustand des Netzwerks zu diesem Muster hin, selbst dann, wenn der Input unvollständig oder fehlerhaft ist. Man könnte fast meinen, dass das Verfahren oder die Aktivität des Netzwerks nach einer gewissen Wahrscheinlichkeitsroutine ausgeführt wird.

13.4 Selbstorganisierte Kohonennetze

Wir haben oben Netze mit Vorwärtsausbreitung (*forward propagation*) skizziert, die lernen konnten. Dabei handelte es sich um sogenannte beaufsichtigte Lernprozesse, die in ihrer Flexibilität recht limitiert sind. Wir wollen uns jetzt einem Netz zuwenden, für das *unbeaufsichtigte* Lernalgorithmen existieren. Das unbeaufsichtigte Lernen führt zu einer Selbstorganisation der Gewichte in Abhängigkeit von der Häufigkeitsverteilung der angebotenen Eingabemuster und deren Nachbarschaftseigenschaften. Derartige Netze sind detailliert von dem finnischen Forscher Teuvo Kohonen (geb. 1934) untersucht worden. Manfred Spitzer beschreibt den Kohonenmechanismus wie folgt:

13.4 · Selbstorganisierte Kohonennetze

> In einem Kohonen-Netzwerk ist *jedes* Neuron der Inputschicht mit *jedem* Neuron der Kohonen-Schicht verbunden. Jedes Neuron erregt andere Neuronen innerhalb einer bestimmten Umgebung und hemmt weiter entfernt liegende Neuronen (*laterale Hemmung*). Allein aufgrund dieser Architektur können die Neuronen der Kohonen-Schicht ihre Synapsengewichte durch Selbstorganisation so einstellen, dass bestimmte Merkmale des Input in gesetzmäßiger Weise auf einen bestimmten Ort des Netzwerks abgebildet werden. Die Kohonen-Schicht bildet damit eine topographische Merkmalskarte der Input-Muster. (Spitzer, 2000: 103 ff.) «

Es ist eine Eigenschaft des Kohonennetzes, dass es ein sogenanntes *Gewinnerneuron* gibt, das besonders stark aktiviert ist und in dessen weiter entfernte Umgebung die Neurone weniger aktiviert, ja sogar gehemmt werden. Ganz analog der Rezeption von Licht auf der Netzhaut bezeichnet man diese Gewichtung als *Center-Surround-Prinzip*. Durch viele solche Gewinnerneurone entsteht ein Muster. Es gibt einen Wettbewerb unter den Neuronen der Kohonenschicht, sobald in der Inputschicht ein Muster repräsentiert ist. Dieses Muster wird zu *jedem* Neuron der Kohonenschicht hin geleitet, ähnlich wie in unserem Beispiel der Mustererkennung. Das heißt, *jedes* Neuron der Kohonenschicht erhält eine vollständige Kopie des Eingangsmusters.

Ähnlich wie in unserem Beispiel für das Musternetzwerk oben, finden an jedem Neuron der Kohonenschicht des Beispielnetzwerks $5 \times 7 = 35$ Multiplikationen statt, deren Ergebnis aufsummiert wird.

> Sofern bei irgendeinem Neuron der gewichtete Input größer als die Schwelle ist, sofern also der Input ausreicht, um das Neuron zu erregen, wird es über seine Verbindungen zu allen anderen Neuronen in der Kohonen-Schicht dafür sorgen, dass unmittelbare Nachbarn leichter aktiviert werden und dass alle anderen Neuronen gehemmt werden. Man bezeichnet das aktive Neuron auch als *gewinnendes Neuron*. Über seine hemmenden Verbindungen zu fast allen anderen Neuronen der Kohonen-Schicht sorgt das gewinnende Neuron vor allem dafür, dass *nur es selbst aktiv wird* und somit bei gegebenem Input »gewinnt« (Spitzer, 2000: 105) «, ◘ Abb. 13.10, ◘ Abb. 13.11.

> Damit ein Kohonen-Netzwerk lernt, muss für die Verbindungen zwischen Inputschicht und Kohonen-Schicht die *Hebbsche Lernregel* gelten. In diesem Fall geschieht folgendes: Diejenigen Neuronen der Inputschicht, deren Aktivität gleichsam das zu lernende Muster repräsentiert, sind *zugleich* aktiv mit dem gewinnenden Neuron. Es kommt zu einer Verstärkung der Verbindungen zwischen den aktiven Eingangsneuronen und dem gewinnenden Neuron. Dadurch stellen sich die Synapsengewichte des gewinnenden Neurons also etwas in die Richtung des Eingangsmusters um, d. h. Verbindungen des gewinnenden Neurons zu aktiven Neuronen der Inputschicht nehmen zu, wohingegen Verbindungen zu inaktiven Neuronen der Inputschicht unverändert gering bleiben. (Spitzer, 2000: 103 ff.) «

Nun könnte man fragen, wovon es abhängt, welches Neuron gewinnt.

Offensichtlich gewinnt ein Neuron dann, wenn der Input gut zu seinen Synapsengewichten passt, d. h. die Gewichte so an den einzelnen Synapsen verteilt sind, dass über eine einzelne Verbindung einlaufende Aktivität jeweils nicht geschwächt wird …

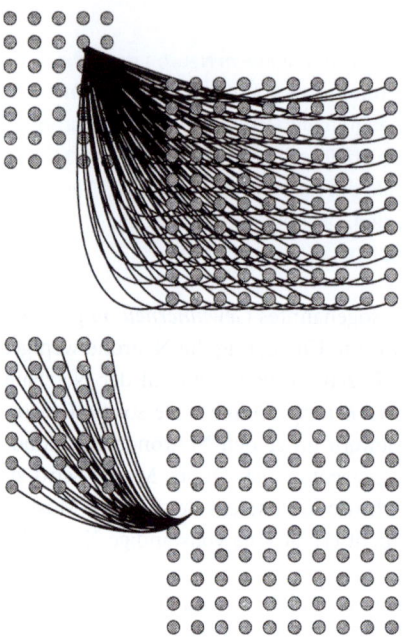

Abb. 13.10 Ein einfaches Kohonennetzwerk mit 5×7-Input- und 10×10-Outputschicht (© M. Spitzer).

> … *Es wird dasjenige Neuron gewinnen, dessen* Synapsengewichtsvektor mit dem Inputvektor am besten übereinstimmt. (Spitzer, 2000: 108) «

Gelernt wird im Kohonennetz nach den Prinzipien *Ähnlichkeit*, Häufigkeit und *Relevanz*. So werden *ähnliche* Inputs auf der Karte *nahe beieinander* repräsentiert, unähnliche Inputs befinden sich weiter voneinander entfernt. Biologisch gesehen sind auch auf dem somatosensorischen Homunkulus im Kortex die Areale nach Relevanz und Ähnlichkeit angeordnet, wobei die Ähnlichkeit dort in der topologischen Nachbarschaft zu sehen ist. Das Kohonennetzwerk hat die Eigenschaft, dass es *häufigen* Input stärker gewichtet als seltenen und dass dessen Auftrittshäufigkeit ein Maß für seine Relevanz, das heißt Wichtigkeit, ist. Streng genommen ist also das Prinzip der Relevanz ein nachgeordnetes, das sich aus der Lerngeschichte des Netzwerks ergibt.

13.4.1 Assoziationspsychologie und semantische Netze

Wir speichern Tag für Tag eine Vielzahl von Wörtern nebst ihrer Schreibweise, ihrem Klang, ihren grammatischen Eigenarten sowie kategorialen und kontextuellen Zuordnungen. Wir benutzen ähnliche Wörter und Eselsbrücken, um an das Gemeinte durch andere Wörter und Sachverhalte heranzukommen. Wissenschaftler so unterschiedlicher Provenienz wie John Locke, David Hume, Francis Galton, William James (1842–1910), Gustav Aschaffenburg (1866–1944) und Carl-Gustav Jung (1875–1961) versuchten alle, wenn auch auf unterschiedliche Weise, im 19. Jahrhundert *Assoziationsgesetze* zu finden. Das Konzept, die daraus entstandene *Assoziationspsychologie*, hat bereits die meisten Prinzipien neuronaler Netze benutzt, nur eben nicht simulieren können. Nach den assoziationspsychologischen Prinzipien liegt Ähnliches

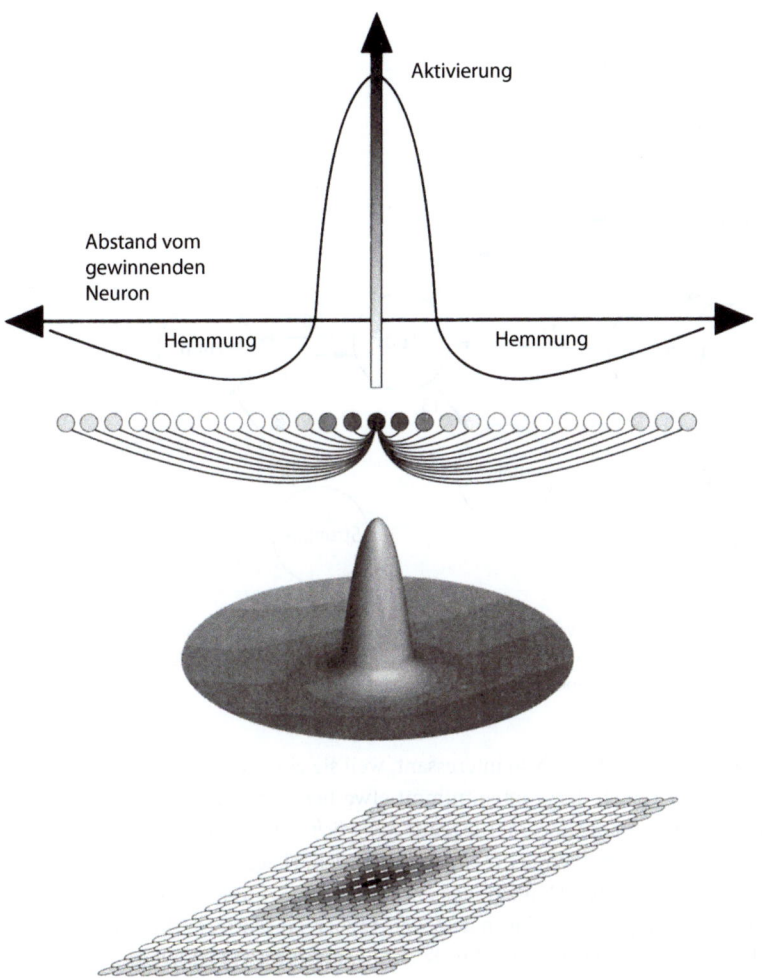

Abb. 13.11 Center-Surround-Architektur innerhalb der Kohonenschicht (© M. Spitzer).

und raumzeitlich Zusammenhängendes im Bedeutungsspeicher näher beieinander. Erste *empirisch-experimentelle* Untersuchungen dieses Merkmals von Assoziationen hat Galton durchgeführt. Dazu kamen analytische Untersuchungen der Einflussnahme auf gespeicherte Assoziationen. Jung zeigte, dass die Verminderung der *zielgerichteten Aufmerksamkeit* dazu führte, dass begriffliche Assoziationen geschwächt wurden, im Gegensatz zu Aschaffenburg, der dies der Ermüdung zuschrieb. Klangliche Assoziationen wurden übrigens eher gestärkt, wenn die gerichtete Aufmerksamkeit fehlte. Galton benutzte hier bereits eine experimentelle Technik, die erst viel später wiederentdeckt wurde, die *Dual-Task-Methode*. Sie besteht beispielsweise aus der Verrichtung einer handwerklichen Tätigkeit des Probanden einerseits, der zusätzlich ihm zugerufene Wörter verarbeiten musste und gleichzeitig alle Wörter laut ausrufen sollte, die ihm gerade in den Sinn kamen. Diese Form der freien Assoziation schreiben wir heute oft zu Unrecht Sigmund Freud zu. Galton maß so den Einfluss der Ablenkung der Aufmerksamkeit auf das assoziative Denken.

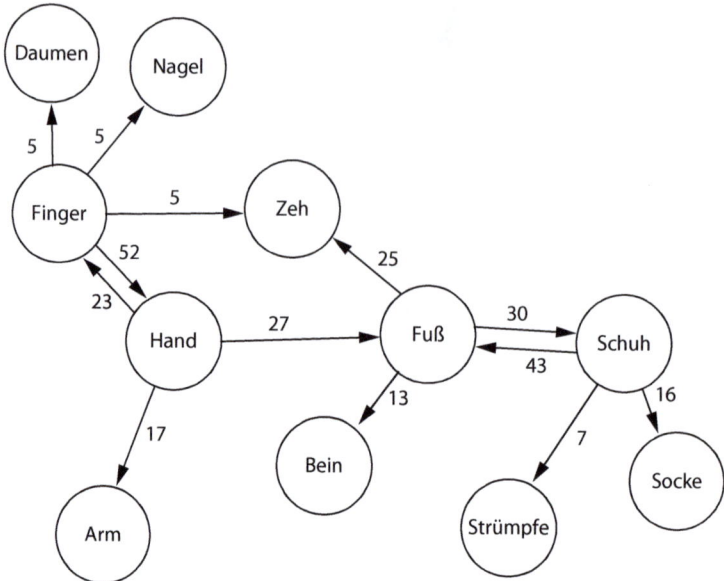

Abb. 13.12 Semantisches Netzwerk, gewonnen aus den von Palermo und Jenkins (1963) publizierten Assoziationsnormen. Die Zahlen geben die relative Häufigkeit von Assoziationen in Prozent an, die an insgesamt 1 000 Studenten und Studentinnen gewonnen wurden (© M. Spitzer).

Diese Untersuchungen sind deshalb so interessant, weil sie eine *interaktive Hierarchie* aufzeigen. Werden Wörter klanglich dargeboten, nimmt etwa bei Ermüdung die Häufigkeit *begrifflicher* Assoziationen ab und die darunterliegende *klangliche* Assoziation zu. Das bedeutet, dass bei klarem Denken strukturbildende Prozesse in größeren, vieles umspannenden Arealen tätig sind als beim eingeschränkten Denken, das entweder von Ermüdung oder mangelnder Aufmerksamkeit beeinträchtigt wird. Man hat in den 1970er Jahren weiterhin erkannt und durch zahlreiche Untersuchungen belegt (Collins & Loftus, 1975; Neely, 1977), dass Wörter und die mit ihnen assoziierten Bedeutungen im *mentalen* Lexikon nicht etwa streng alphabetisch oder gar völlig unorganisiert, sondern ganz anders, eben netzwerkartig gespeichert sind. Diese Netzwerkstruktur ist ein allgemeines Organisationsprinzip des semantischen Gedächtnisses. Sie gehört zur Klasse der *assoziativen* Netzwerke, in denen die Bedeutung eines Wortes durch Knoten repräsentiert ist. Man nennt solche Netzwerke *semantische Netzwerke*. Ein Beispiel ist in ◘ Abb. 13.12 zu sehen: Zusammengehöriges wird assoziativ zugeordnet und in einer semantischen Beziehung als Netzwerk zusammengestellt.

13.5 Selbstorganisierende semantische Netzwerke

In folgendem Beispiel organisiert ein Kohonennetzwerk die Repräsentation abstrakter semantischer und grammatischer Eigenschaften, die von Ritter und Kohonen publiziert wurden (Ritter & Kohonen, 1989). Dabei handelt es sich um Wörter, deren semantische Beziehungen in den Daten durch ihre relativen Verhältnisse zueinander in der Karte widergespiegelt werden. Dieses Verfahren stützt sich auf ein Nervennetzmodell, das einen Algorithmus selbstorganisierender Eigenschaftskarten durchführt. Jedes Symbol erscheint bereits in den Eingangsdaten,

13.5 · Selbstorganisierende semantische Netzwerke

		Taube	Henne	Ente	Gans	Eule	Falke	Adler	Fuchs	Hund	Wolf	Katze	Tiger	Löwe	Pferd	Zebra	Kuh
ist	klein	1	1	1	1	1	1	0	0	0	0	1	0	0	0	0	0
	mittel	0	0	0	0	0	0	1	1	1	1	0	0	0	0	0	0
	groß	0	0	0	0	0	0	0	0	0	0	0	1	1	1	1	1
hat	2 Beine	1	1	1	1	1	1	1	0	0	0	0	0	0	0	0	0
	4 Beine	0	0	0	0	0	0	0	1	1	1	1	1	1	1	1	1
	Haare	0	0	0	0	0	0	0	1	1	1	1	1	1	1	1	1
	Hufe	0	0	0	0	0	0	0	0	0	0	0	0	0	1	1	1
	Mähne	0	0	0	0	0	0	0	0	1	0	0	1	1	1	0	0
	Federn	1	1	1	1	1	1	1	0	0	0	0	0	0	0	0	0
kann	jagen	0	0	0	0	1	1	1	1	0	1	1	1	1	0	0	0
	rennen	0	0	0	0	0	0	0	1	1	0	1	1	1	1	1	0
	fliegen	1	0	0	1	1	1	1	0	0	0	0	0	0	0	0	0
	schwimmen	0	0	1	1	0	0	0	0	0	0	0	0	0	0	0	0

Abb. 13.13 Eigenschaftsmatrix (adaptiert nach Ritter & Kohonen, 1989: 247; Übersetzung durch Spitzer, 2000: 248).

was es dem Netz ermöglicht, die »logische Ähnlichkeit« zwischen Wörtern aus der Statistik ihrer Zusammenhänge zu entdecken. In dieser Demonstration besteht der Zusammenhang einfach aus einer Reihe von *Attributwerten*, die in Verbindung mit den Wörtern vorkommen. Kurz, es wird eine Kategorisierung der Tiernamen nach ihren Eigenschaften durchgeführt. In Abb. 13.13 sehen wir eine Matrix, die 16 Namen von Tieren und deren Eigenschaften in Form von Nullen und Einsen darstellt. Eine Eins sagt aus, dass das Tier über die entsprechende Eigenschaft verfügt, und eine Null, dass das nicht der Fall ist. Man kann die drei Eigenschaftsklassen auf der linken Seite als Vektor dem jeweiligen Tier zuordnen, zum Beispiel »taubenartig« dem Zeilenvektor (1, 0, 0, 1, 0, 0, 0, 0, 1, 0, 0, 1, 0). Dies sind in der Abbildung die Ziffern von oben nach unten gelesen. Auf diese Weise wird jeder Tiername durch einen Zeilenvektor, den sogenannten Inputvektor, dargestellt.

Viele solcher Inputvektoren wurden einer 10 × 10 Neurone umfassenden selbstorganisierten Eigenschaftskarte als Input dargeboten. Das Netzwerk bildet daraus eine Karte der Inputmuster nach den Prinzipien der Ähnlichkeit und Häufigkeit. Im Ergebnis eines Simulationslaufs dieses Netzes von Ritter und Kohonen war dies nach 2000 Lernschritten erfolgt (Abb. 13.14).

Hier kann man deutlich die Klassifikation der Tiere nach ihren Eigenschaften erkennen. Die Punkte zeigen die Neurone an, die eine schwächere Aktivierung gezeigt haben, während die Tiernamen die Gewinner sind, also die stärkste Aktivierung zeigen. Ähnliche Tiere sind auf der Karte nahe beieinander repräsentiert. Dieses Ergebnis entstand ohne ein Zutun von außen, das heißt ohne Regel. Deutlicher lässt sich mit Abb. 13.15 zeigen, dass kleine Kortexläsionen nicht tragisch sind. Die Karte funktioniert selbst dann noch, wenn einzelne Neurone der entsprechenden Neuronengruppe (nicht alle!) zerstört sind. Es sind immer noch Neurone der

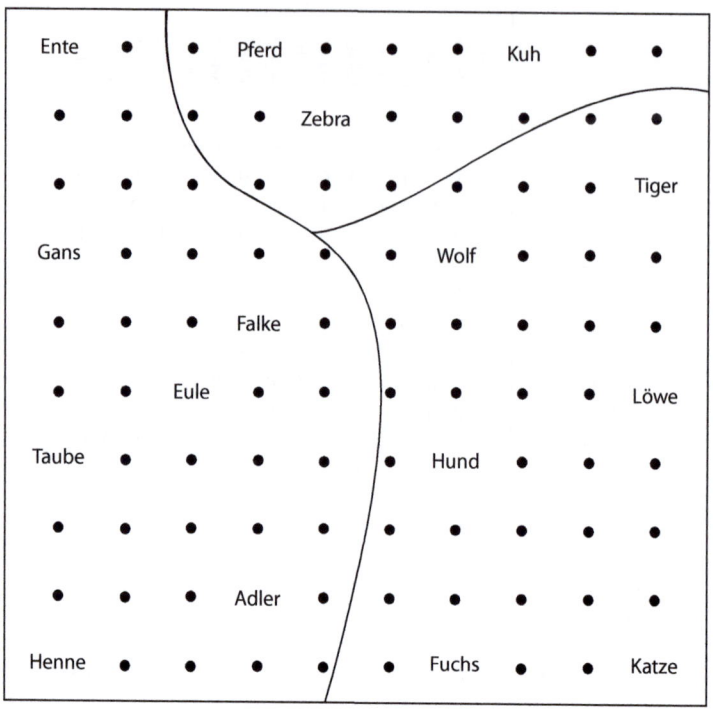

Abb. 13.14 Klassifikation der Tiere nach Eigenschaften (adaptiert nach Ritter & Kohonen, 1989: 248; Übersetzung durch Spitzer, 2000: 249).

gleichen Klasse *redundant* vorhanden. Diese Computersimulation – als Kortexmodell – führt zu einer sinnvollen räumlichen Verteilung von *Gedächtnisspuren* (Abb. 13.3).

Ritter und Kohonen interpretieren diesen Erfolg folgendermaßen:

» Obgleich stark abstrahiert, legt dieses Ergebnis nahe, daß ein selbst organisierendes System das räumlich organisierte Anlegen von Gedächtnisspuren haben kann, so daß das physikalische Layout der Karte ein direktes Abbild der Hierarchie der wichtigsten, begrifflichen Beziehungen darstellt. (Ritter & Kohonen, 1989: 248; Übersetzung durch Spitzer, 2000: 250) «

Es ist der Vollständigkeit halber erwähnenswert, dass Ritter und Kohonen in ihrem Papier eine zweite Computersimulation durchgeführt haben, in der semantische und sogar grammatische Eigenschaften des Inputs in einer selbstorganisierenden Eigenschaftskarte repräsentiert wurden. So wurde den Inputwörtern eine Satzkonstruktion, zum Beispiel »Jim spricht gut« oder »Mary mag Fleisch«, in Bedeutungsklassen eingeteilt und ihnen Nummern zugeordnet, die es erlaubten, die Möglichkeit einer Satzbildung vorzuschreiben. Dadurch entstand eine Art Minigrammatik. Alle Wörter waren, wie oben, durch Vektoren kodiert. Nach etwa 2 000 Präsentationen von Wörtern mit Kontext zeigte das Resultat die durch die Einzelwörter am stärksten aktivierten Neurone. Danach war deutlich zu sehen, dass das Netzwerk die Wörter nach semantischer Verwandtschaft und grammatischer Kategorie geordnet repräsentiert hat. Dadurch wurden hochdimensionale Begrifflichkeiten und grammatische Zusammenhänge räumlich zweidimensional abgebildet.

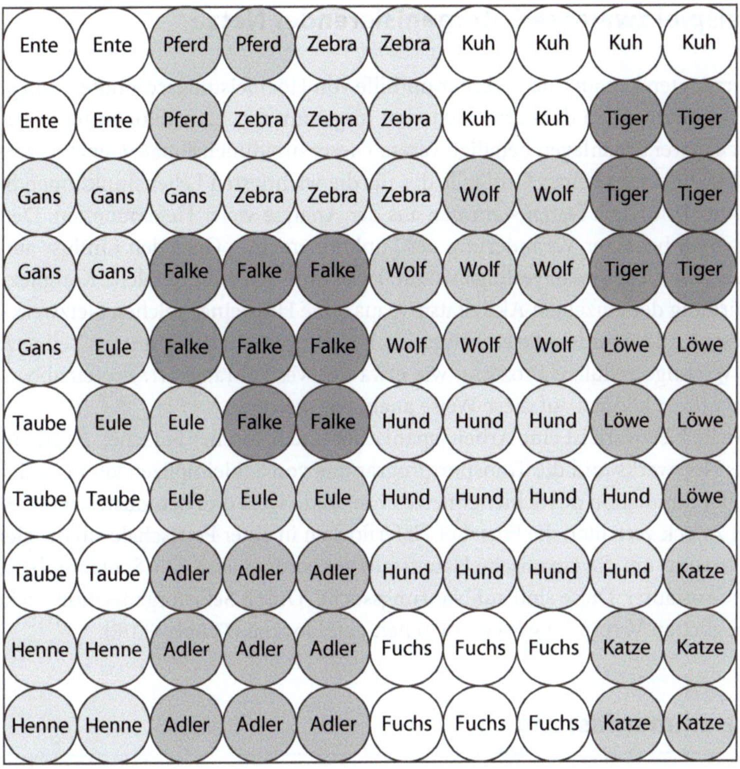

13.5 · Selbstorganisierende semantische Netzwerke

Ente	Ente	Pferd	Pferd	Zebra	Zebra	Kuh	Kuh	Kuh	Kuh
Ente	Ente	Pferd	Zebra	Zebra	Zebra	Kuh	Kuh	Tiger	Tiger
Gans	Gans	Gans	Zebra	Zebra	Zebra	Wolf	Wolf	Tiger	Tiger
Gans	Gans	Falke	Falke	Falke	Wolf	Wolf	Wolf	Tiger	Tiger
Gans	Eule	Falke	Falke	Falke	Wolf	Wolf	Wolf	Löwe	Löwe
Taube	Eule	Eule	Falke	Falke	Hund	Hund	Hund	Löwe	Löwe
Taube	Taube	Eule	Eule	Eule	Hund	Hund	Hund	Hund	Löwe
Taube	Taube	Adler	Adler	Adler	Hund	Hund	Hund	Hund	Katze
Henne	Henne	Adler	Adler	Adler	Fuchs	Fuchs	Fuchs	Katze	Katze
Henne	Henne	Adler	Adler	Adler	Fuchs	Fuchs	Fuchs	Katze	Katze

Abb. 13.15 Gleiche Computersimulation wie oben. Jedes Neuron ist mit dem Namen bezeichnet, dessen zugehöriger Input das Neuron am stärksten aktiviert (adaptiert nach Ritter & Kohonen, 1989: 248; Übersetzung durch Spitzer, 2000: 250).

Jetzt können wir nachvollziehen, wie Sprache erlernt werden kann, ohne eine sogenannte angeborene Universalgrammatik, wie sie Chomsky postuliert hat, voraussetzen zu müssen. Dieses Beispiel mit Wörtern kann man nämlich genauso gut auf Satzteile beziehungsweise ganze Sätze anwenden, wenn diese mit einer Situation gekoppelt sind, in deren Kontext sie gebraucht wurden. Wenn das Gehirn so funktioniert wie ein Kohonennetz, dann kann man sich vorstellen, dass im Laufe des Lebens immer mehr Informationen in das Netz gelangen, welche die bestehenden Neuronengruppen erweitern und auf diese Weise Ähnlichkeiten und Zusammenhänge repräsentieren. Wörter, die bereits existieren, bilden so den Kontext für weiteres Lernen. »Wir lernen Wörter gleichsam auf dem Rücken bereits gelernter Wörter« (Spitzer, 2000: 251). Durch komplexere Varianten dieses Netzwerks können im Prinzip auch sehr komplexe Entwicklungen erklärt werden, die weit über die Sprachfähigkeiten eines Individuums hinausgehen, wie etwa der Sprachwandel einer Sprachgemeinschaft (Desnizza, 2001).

Da konnektionistische Netze ohne einen entsprechenden mathematischen Background nur schwer zu durchdringen sind, seien zur weiteren Veranschaulichung noch zwei Beispiele angeführt.

13.6 Beispiel zweier selbstorganisierender Netze

Kürzlich erzeugten kanadische Forscher mithilfe von Hochleistungscomputern ein *genetisches Netzwerk* der Bierhefe, in dem 1 712 Gene mit insgesamt fast 5,4 Millionen *Interaktionen* zwischen jeweils zwei Erbanlagen beteiligt waren. Dieser dreidimensionale Genatlas zeigt quantitativ die Wirkungsweise eines Großteils der für die wichtigsten Lebensfunktionen benötigten Gene (◘ Abb. 13.16). Die Daten stammen aus der Analyse vieler Hefemutanten. Der Atlas erlaubt, dass man bei einer Veränderung der Funktionen eines Gens den Einfluss auf viele mit ihm verbundene Gene genau verfolgen kann. Es ist unmöglich, eine solche Komplexität dieser Wechselwirkung der einzelnen Aktivitätsniveaus ohne Hilfe eines solchen Netzwerks zu erfassen. In diesem Atlas wurden die einzelnen nach Genfunktionen geordneten Teilnetze farblich markiert. Wichtige zelluläre Prozesse, wie etwa der Vesikeltransport, Proteinabbau oder die Zellwandsynthese können auf diese Weise analysiert werden.

Das zweite Netzwerk ist eine Arbeit japanischer und britischer Forscher. Es erlaubt, die Bildung eines Netzwerks und die Transportprogramme von Schleimpilzen kennenzulernen. Am Beispiel einer Simulation des Schienennetzes von Tokio wird dies demonstriert (◘ Abb. 13.17B). Zu diesem Zweck verteilten die Forscher Haferflocken in einer Petrischale auf die gleiche Weise, wie Orte rund um die japanische Hauptstadt angeordnet sind. Die Schleimpilze teilen sich und bilden Ausläufer. Diese sind auf Nahrungssuche. Durch Selbstorganisation suchen sie die kürzest möglichen Verbindungswege zwischen den Flocken (◘ Abb. 13.17E).

13.7 Zusammenfassung

Wir haben versucht, das zweite große zeitgenössische Paradigma, den Konnektionismus, zu vermitteln, ohne dabei auf die formalisierte Darstellungsweise zurückzugreifen. Es ist sehr viel weniger anschaulich als seine Schwester, die Neuropsychologie reduktionistischer Couleur, was im Wesentlichen daran liegen mag, dass neuronale Netze nicht bildgebend dargestellt werden. Man kann sie natürlich – wie gesehen – illustrieren, aber das ist eben nicht das Gleiche wie der vermeintliche Blick ins Gehirn. Die konnektionistischen neuronalen Netze sind in ihren Bausteinen von der Neuropsychologie und in der Verknüpfung der Bausteine vom Assoziationismus inspiriert. Durch die Möglichkeit, rekursive Netzwerke schwindelerregend vieler Bausteine per Computersimulation zu erstellen, bilden die Netzwerke erstmals die Möglichkeit, die Arbeitsweise kognitiver Prozesse zu imitieren. Ja, die Imitation steht meistens nicht im Vordergrund, sondern es geht darum, Prozesse in dem Netzwerk zu implementieren, die zu Wahrnehmungsleistungen, Spracherwerb und Ähnlichem in der Lage sind. Dabei werden allgemeine Prinzipien aus der klassischen Kognitionspsychologie verwendet und mit abstrakten, gewaltig vereinfachten simulierten Neuronen nachgebildet. Es besteht in der Regel nicht der Anspruch, dass der menschliche Kortex auch so arbeiten muss, sondern lediglich der Anspruch, eine bestimmte kognitive Leistung zu simulieren. Auch wenn der Konnektionismus sich viele Einsichten der Neuropsychologie zunutze gemacht hat, so ist er alles andere als ein reduktionistisches Paradigma. Man kann ihn eher als den Versuch auffassen, ein artifizielles Gehirn zu schaffen, das weder dem menschlichen Nervensystem noch der Computerhardware gleichen muss. Es wird lediglich auf Computern simuliert. Durch die Rekursivität und Selbstreferenzialität der konnektionistischen Netze können kognitive Leistungen wie Bewusstsein durchaus in ihnen hervortreten, gewissermaßen als emergente Eigenschaften des Netzes, ohne dass sie explizit implementiert werden müssten.

13.7 · Zusammenfassung

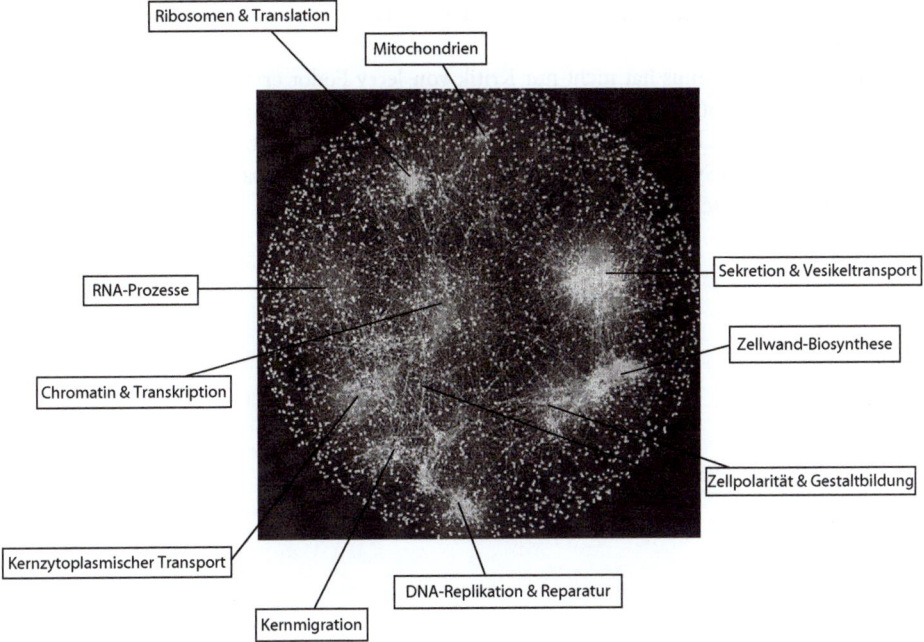

● **Abb. 13.16** Der genetische Atlas einer Zelle, ein korrelationsbasiertes Netzwerk (adaptiert nach Costanzo et al., 2010: 425).

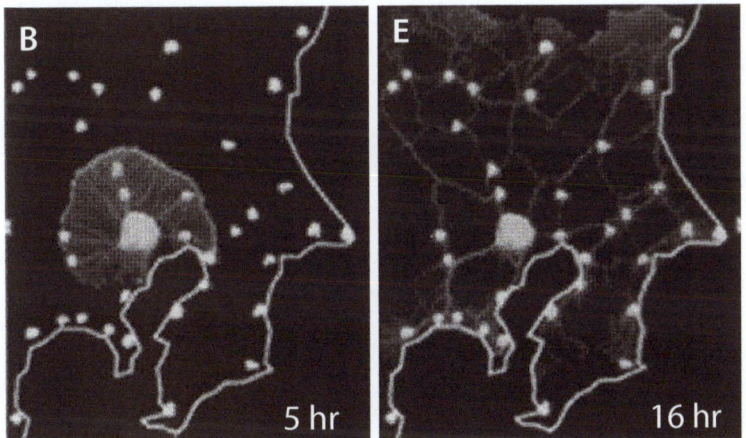

● **Abb. 13.17** B) Haferflocken und Hefepilze. E) Wegoptimales Auffinden der Nahrung (adaptiert nach Costanzo et al., 2010: 439).

Kritisch könnte man anmerken, dass konnektionistische Modelle in der Regel mathematisch einfach konstruiert, aber, im Falle des Kohonennetzes, relativ schwer in ihrer Wirkungsweise zu verstehen sind. Sie enthalten, wie alle Modelle, den Fehler, unvollständig zu sein und dadurch stark vereinfacht und einseitig den jeweiligen Sachverhalt zu betrachten. Der große

Vorteil konnektionistischer Modelle besteht darin, dass sie sozusagen automatisch Kategorisierungen vornehmen.

Der Konnektionismus hat nicht nur Kritik von Jerry Fodor erfahren, was angesichts der mangelnden Lokalisationsfestlegung ja nicht verwunderlich ist. Er ist anderen nicht weitreichend genug, da er sich zu nahe an neuronalen Strukturen orientiert. Dies finden etwa Vertreter der dynamischen Systemtheorie, die sich in der Wahl der Modellparameter eines kognitiven Systems nicht so einschränken wollen.

Ausblick

14.1 Das wissenschaftstheoretische Rüstzeug – 210

14.2 Die historischen Strömungen und Ansätze – 211

14.3 Wie lassen sich die beschriebenen Ansätze nutzbar machen? – 212

14.4 Wo geht die Reise hin? – 213

14.1 Das wissenschaftstheoretische Rüstzeug

Wir haben versucht, Ihren Blick für die Grundlagen unseres Faches ein wenig zu schärfen. Die Wissenschaft von der Seele hat zwar thematisch eine lange Vorgeschichte, hat sich aber erst vor einem guten Jahrhundert als eigenständige Disziplin entwickelt. Seit dem ausgehenden 19. Jahrhundert nimmt die Psychologie – heute meist als Wissenschaft vom Erleben und Verhalten definiert – eine Stellung zwischen Natur- und Geisteswissenschaft ein, die besondere Herausforderungen mit sich bringt. Nicht nur gibt es eine Methodenvielfalt, die sich aus den oft sehr unterschiedlich arbeitenden natur- und geisteswissenschaftlichen Kerndisziplinen speist, die für die Psychologie gleichermaßen wichtig sind. Auch die Überzeugung, dass psychologisches Wissen empirisch fundiert sein soll, zwingt uns heute, strenge erfahrungswissenschaftliche Standards an den Zugang zur Seele anzulegen, der traditionell eher rein geisteswissenschaftlich war. Viele der großen Fragestellungen, sei es das Molyneux-Problem oder die Leib-Seele Frage, stehen nach wie vor – oder besser gesagt wieder – im Zentrum der Psychologie, haben sich aber bisher sehr hartnäckig der empirischen Durchdringung widersetzt. Diese einzigartige Position der Psychologie, ihr Credo, mit naturwissenschaftlichen Methoden an die Seele heranzukommen, macht es erforderlich, die Bedingungen des Wissenserwerbs in unserem Fach besonders klar vor Augen zu haben.

In unserer Zeit, da sie so durchgehend von Rationalität, Wissenschaft und Technik geprägt ist, wird immer wieder die Aufgabe an die Psychologie herangetragen, Ähnliches für unser geistiges Wohlbefinden zu tun, wie es die Technik für unser materielles Wohl getan hat. Psychologen haben ja auch immer wieder Psychotechniken mit entsprechendem Anspruch angepriesen, wenn auch nicht immer mit dem erhofften Erfolg. In dem Maße, in dem Religion, Mythos und Lebensphilosophie an Wert für uns verlieren, gewinnen die Wissenschaften und besonders die Psychologie an Bedeutung. Max Weber spricht deshalb schon im Jahre 1922 in seinem Vortrag *Wissenschaft als Beruf* von der »Entzauberung der Welt« (Weber, 1995: 19). Auch Edmund Husserl bringt es auf den Punkt, wenn er in seiner Schrift *Die Krisis der europäischen Wissenschaften* den »Verlust ihrer Lebensbedeutsamkeit« anmahnt, weil die Wissenschaften die Frage nach dem »Sinn und Sinnlosigkeit dieses ganzen menschlichen Daseins« nicht beantworten (Husserl, 1982: 4). Die Psychologie ist hier ganz besonders angesprochen, da diese Fragen ja auch Teil ihres Gegenstands sind. Dies heißt für uns Psychologen, dass wir uns in besonderem Maße kritisch besinnen und vor Augen halten müssen, wie wir Wissenschaft betreiben wollen. Deshalb ist auch ein großer Abschnitt in unserem Buch der Wissenschaftstheorie gewidmet.

Als Grundlage zum Verständnis der verschiedenen wissenschaftstheoretischen Positionen war es nötig, mit einigen Bemerkungen zur Logik anzufangen. Sie haben hoffentlich im weiteren Verlauf der Lektüre gemerkt, dass es sich gelohnt hat, diese Fingerübung durchzuführen. Sowohl bei der Darstellung der Aussagen- und Prädikatenlogik als auch bei der Auswahl der wissenschaftstheoretischen Positionen sind wir weder vollständig noch objektiv gewesen. Vollständigkeit ist im Sinne einer übersichtlichen Einführung in unserem Fach nicht zu leisten und Objektivität weder möglich noch wünschenswert. Wir haben die Positionen für dieses Buch nach zwei Kriterien ausgewählt: Sie sollten ohne große Vorkenntnisse nachvollziehbar sein, weswegen wir oft verkürzt und vereinfachend dargestellt haben. Insbesondere die Autoren mögen uns nachsehen, wenn wir sie allzu sehr in eine Schublade gepresst haben. Wir sehen aber keinen anderen Weg, Ordnung in ein so großes Terrain zu bringen. Das andere Kriterium bestand in der historischen Bedeutung der Positionen, die natürlich auch nicht von jedermann gleich bewertet wird. Wir hoffen, die Positionen einigermaßen fair nebeneinander gestellt zu haben, wenn es auch oft schwerfällt oder gar unmöglich ist, dies theorielos zu tun. Wir haben vielleicht den Paradigmenbegriff im Kuhn'schen Sinne etwas überstrapaziert, dies soll aber nicht unsere Voreingenommenheit für seine Position widerspiegeln, sondern lediglich indizieren, dass die Sprache seiner Metatheorie besonders leicht von der Hand geht.

14.2 Die historischen Strömungen und Ansätze

Man muss kein Historiker sein, um festzustellen, dass es mit zunehmendem historischen Abstand immer leichter fällt, eine Theorie zu beurteilen. Wir lachen heute über Aristoteles' Theorie der Flugbahn von unbelebten Körpern, obwohl sein Intelligenzquotient vielleicht weit über unserem gelegen hat. Die momentan vorherrschenden Theorien sind daher in ihrer historischen Bedeutung am schlechtesten zu bewerten. Wir haben uns dennoch ausführlich mit dem zeitgenössischen Paradigma der *Neuropsychologie* beschäftigt, da ohne dieses die rasante Entwicklung der Psychologie heute nicht nachvollziehbar wäre. Ob sie rasant in die falsche Richtung geht, können wir natürlich allesamt noch nicht wissen.

Wir haben gezeigt, welche Möglichkeiten es für den Psychologen gibt, mittels moderner Bildverarbeitungsverfahren in die Mikrowelt des Gehirns einzutauchen und entsprechende Voraussagen zu treffen. Damit ist es möglich, Hirnschädigungen und ihre Folgen sichtbar zu machen, Chancen der Heilung abzuwägen und medizinische Tests durchzuführen. Durch Aufnahmen mit dem Elektronenmikroskop kann man feinste Veränderungen an den Synapsen feststellen, die für das Lernen verantwortlich sind. Diese technischen Fortschritte konfrontieren uns gleichzeitig erneut beziehungsweise verstärkt mit der Frage, wie sich der Körper zur Seele verhält und umgekehrt. Können die Erkenntnisse aus der Mikrowelt Aufschluss darüber geben, wie wir Sprache erwerben und wie unser Bewusstsein entsteht, also die Makrowelt erschließen? Dies ist der ernsthafte Glaube vieler Neuropsychologen. Sie verweisen auf Gemeinsamkeiten zwischen Neuropsychologie und Psychoanalyse, Kunst und Gehirn, Bewusstsein und Aktivität im orbitofrontalen Kortex und glauben oft, dass letztendlich alles Seelische auf physiologische Prozesse reduziert werden kann. Vertreter des *Konnektionismus* schauen auch auf das Gehirn, aber nicht unbedingt reduktionistisch, sondern als Inspiration für künstliche, den biologischen Gehirnzellen nachempfundene Berechnungseinheiten eines virtuellen neuronalen Netzes.

Unserer Meinung nach benötigt die Psychologie zwei Welten, zwei Ebenen, auf denen sie Erklärungen formuliert: die *Mikro-* und die *Makroebene*. Auf der Makroebene haben wir psychische Phänomene, die wir mit unserer psychologischen Fachsprache beschreiben, wie etwa das Persönlichkeitsmerkmal extrovertiert, die Farbe Braun oder die Einsicht, wie ein Problem zu lösen sei. Auf der Mikroebene benutzen wir eine andere Sprache, die der *Neurobiologie*, indem wir von »feuernden Zellen« oder »lateraler Hemmung« sprechen. Ähnlich verhält es sich übrigens in der Physik. Deren Mikrowelt enthält Begriffe wie »Welle«, »Korpuskel« oder »Quark«, während die Makrowelt der Physik all die Gegenstände, die wir mit unseren Sinnen erfassen können, anders beschreibt und mit anderen Gesetzen behandelt. Die Tatsache, dass sich unterschiedliche Sprachen für die Mikro- und Makrowelt herausgebildet haben, erscheint uns weder besorgniserregend noch vermeidbar, sie stiftet aber in der Psychologie besonders viel Verwirrung. Durch unsere Darstellung der Phänomenologie haben wir der Makrowelt Platz eingeräumt, durch die Ausführungen zur Neuropsychologie der Mikrowelt. Die Diskussion des Leib-Seele-Problems hatte zum Ziel zu zeigen, dass es ganz unterschiedliche Vorstellungen davon gibt, wie die beiden Welten zusammengebracht werden können. Dies muss in der Physik nur selten geschehen; die Psychologie besteht aber in ihrem Kern aus genau dem Feld, wo die beiden Welten sich überschneiden. Wir haben Sie hoffentlich davon überzeugen können, dass die Reduktion der Makrowelt auf Mikrowelt-Begriffe nur eine von vielen Lösungsvorschlägen für die Psychologie darstellt. Im Moment jedenfalls können wir auf psychologische Begriffe und Theorien der Makrowelt nicht verzichten und halten solch einen Verzicht auch für fatal und letztendlich unmöglich. Die psychologische Forschung wird weiterhin die psychischen Phänomene unserer Welt beschreiben.

Selbst wenn Sie, wie viele Neuropsychologen, diese Meinung nicht teilen, dürfen wir als Psychologen nicht den Fehler machen, die Gesetze der einen Welt in die der anderen übersetzen zu wollen, ohne ein Gespür für die grundsätzliche Problematik zu haben. Viele Missverständnisse und Falschinterpretationen könnten so vermieden werden. Wir sollten subjektive Erlebnisgehalte mentaler Zustände, die sogenannten Qualia, nicht ohne größere theoretische und philosophische Anstrengung mit einer biologischen Fachsprache zu erklären versuchen, weil sie sich auf der *psychischen* Ebene befinden und nicht auf der neurobiologischen. Der Konnektionismus hat in gewisser Weise eine Sprache einzuführen versucht, die für beide Welten zulässig sein könnte, nur eben mit dem Problem, dass die konnektionistische Sprache für uns nicht mehr verständlich ist. Wir können nicht mehr nachvollziehen, was im Simulationslauf eines Kohonennetzes vor sich geht. Die Psychologie hat bis heute jedenfalls mit den beschriebenen wissenschaftstheoretischen Problemen zu leben, weswegen wir uns die Mühe machen sollten, sie zu verstehen und historisch nachzuvollziehen.

14.3 Wie lassen sich die beschriebenen Ansätze nutzbar machen?

Die verschiedenen Positionen, die wir mit historischem Blick dargestellt haben, zeugen von Denkstilen – mit Flecks Worten gesprochen –, die relativ klar voneinander abgegrenzt werden können. Sie finden sich in allen modernen Teildisziplinen der Psychologie wieder, deren Ansätze Sie jetzt viel besser einordnen können. Schauen wir uns als Beispiel die Persönlichkeitspsychologie an. Wir können die historischen Ansätze allesamt dort wiederfinden. Nehmen Sie eine beliebige Persönlichkeitstheorie, die Ihnen unterkommt, und Sie werden erkennen, aus welchem theoretischen »Stall« sie stammt. Diese Information wird in der Regel nicht mitgeliefert. Wir haben die Vier-Elemente-Lehre von Hippokrates kennengelernt als Versuch, Menschen in Charaktertypen einzuteilen. Typenlehren gibt es bis heute. Die sogenannten Big Five, die fünf Persönlichkeitsdimensionen, auf denen alle Menschen eingestuft werden können, sind moderne Typen, allerdings als Baukastensystem verstanden. Statt Verhaltensbeobachtungen anzuwenden, wird zum Fragebogen gegriffen und werden Selbstauskünfte eingeholt, das geht natürlich viel schneller. Die einfache Auswertung ermittelt Punktwerte für die Dimensionen Neurotizismus, Extraversion, Offenheit für Erfahrungen, Verträglichkeit und Gewissenhaftigkeit. Es gibt im Unterschied zu Hippokrates aber nicht nur fünf reine Typen von Menschen, sondern auch Kombinationen. Jemand kann hoch neurotisch und sehr gewissenhaft sein. Man spricht daher nicht mehr von Typ, sondern von Persönlichkeitsprofil. Aber im Prinzip ist es nichts anderes als eine methodisch perfektionierte Typenlehre.

Daneben gibt es heute immer noch Anhänger psychodynamischer Persönlichkeitstheorien, wie wir sie bei Plato und Freud kennengelernt haben. Sie versuchen, Charakter und Verhalten aus einer dreigegliederten Struktur der Persönlichkeit zu erklären, deren Teile miteinander feilschen. Behavioristische Persönlichkeitsmodelle liegen der Verhaltenstherapie zugrunde, welche die Assoziationsgefüge, die bestimmtes Verhalten begünstigen, durch einen Prozess des

Konditionierens verändern will. Es gibt kognitivistische Persönlichkeitstheorien wie George A. Kellys (1905–1967) Theorie der persönlichen Konstrukte, der zufolge der Mensch wie ein Wissenschaftler Ansichten über die Welt zusammenfügt und zu Persönlichkeitsstörungen neigt, wenn diese Konstrukte zu starr oder zu flexibel ausfallen. Eine neuropsychologische Persönlichkeitstheorie ist etwa die von Hans Jürgen Eysenck (1916–1997), für den der Grad der physiologischen Erregbarkeit eines entsprechenden Gehirnareals den Grad der Ausprägung der zugeordneten Persönlichkeitseigenschaft determiniert. So konnte er zeigen, dass das aufsteigende retikuläre Aktivierungssystem bei Extravertierten eine erhöhte Erregungsschwelle aufweist.

Wir konnten den einzelnen Teilgebieten der Psychologie nicht gerecht werden, sie haben natürlich alle ihre Besonderheiten und wohl auch Vorlieben für bestimmte Paradigmen. Die kurze, eben für die Persönlichkeitspsychologie angestellte Übung lässt sich aber unseres Erachtens für alle Teildisziplinen der Psychologie durchführen. Sie werden stets finden, dass sich eine gegebene Theorie in einen der großen theoretischen Ansätze einordnen lässt oder aus mehreren Ansätzen gleichzeitig inspiriert ist. Je anwendungsnäher die Teilbereiche sind, desto eher lässt sich ein eklektizistisches Vorgehen ausmachen. Dies funktioniert natürlich nur so lange, bis die nächste bahnbrechende Theorie vorgestellt wird, die einen ganz neuen Denkstil mit sich bringt. Im Moment zeichnet sich solch ein Ansatz jedoch nicht ab.

14.4 Wo geht die Reise hin?

Wir können natürlich auch nicht vorhersagen, ob aus der sich entwickelnden Neurowissenschaft eine reduktionistische Neuropsychologie entstehen und diese dann ein ausgewachsenes Paradigma werden wird oder vielleicht, mit Flecks Worten geprochen, ein neuer kollektiver Denkstil. Ein paar Entwicklungen zeichnen sich aber allenthalben ab, die hier zumindest eine gewisse Skepsis angebracht erscheinen lassen. Es formiert sich beispielsweise – wenn auch recht zaghaft – die Kritik an einer reduktionistischen Neuropsychologie. William Uttal (2001) hat die Ideen, Ansprüche und Hoffnungen der Phrenologie (▶ Abschn. 8.4 und ▶ Kap. 12) im 19. Jahrhundert mit denen der Psychologie des 21. Jahrhunderts verglichen und kommt zu einem sehr ernüchternden Ergebnis. So weist er all denen nach, die versuchen, kognitive Prozesse im Gehirn zu lokalisieren, dass sie im Prinzip genau die gleichen Fehler begehen wie die von uns heute so belächelten Phrenologen. Mit modernen bildgebenden Verfahren machen wir im Grunde genau das Gleiche: Wir versuchen Mentales im Kopf zu orten, diesmal nur nicht als Beule am Schädel, sondern als Hot Spot in einer dreidimensionalen Karte des Schädelinneren. Der Versuch, mentale Prozesse zu orten, die noch nicht einmal auf der mentalen Ebene verstanden sind, scheint ihm ein aussichtsloses Unterfangen zu sein. Allerdings muss man dazu bemerken, dass wir eine phänomenale *und* eine neurobiologische Ebene haben und dass die bildgebenden Verfahren neben Strukturbildungen beispielsweise funktionale Veränderungsprozesse darstellen, die einen Hinweis geben, wie Phänomene von außen neuronal in bestimmten Hirnregionen wirken. Das Ergebnis ist nicht vergleichbar mit den Regionen der Phrenologie Franz Galls aus dem 19. Jahrhundert! Man will ja erst durch diese Verfahren zu einer Erklärung mentaler Phänomene kommen! Insofern hinkt dieser Vergleich.

Man beachte im Übrigen, dass der Versuch der Lokalisierung eine bestimmte Lösung des Leib-Seele-Problems unterstellt, die nicht dualistisch im Sinne eines Descart'schen Interaktionismus sein kann. Letzterer würde ja die Interaktion von Seele und Leib erst ansetzen, wenn der Gedanke oder die Idee schon fertig ist und jetzt nur noch motorisch wirken soll. Jemand, der nach dem Ort einer kognitiven Leistung sucht, muss natürlich davon ausgehen, dass unterschiedliche Ideen an unterschiedlichen Orten mit dem Gehirn interagieren, oder reduktionistisch annehmen, dass die Ideen nichts anderes sind als Gehirnprozesse. Allerdings ist das mit Sicherheit physisch der Fall, da man bei einer Ausschaltung bestimmter spezieller Bewusstsein stiftender Neuronenverbände (der sogenannten N-Methyl-D-Aspartat-Synapsen; NMDA) keine Ideen mehr hat. Es ist ihnen gewissermaßen der Träger verlorengegangen. Ein Beispiel wäre im sprachlichen Bereich in Form eines Begriffs gegeben, dessen Träger das ihn bezeichnende Wort ist. Dies ist vermutlich die implizite Position der meisten Neuropsychologen. Wenn diese Vermutung richtig ist, dann ist es umso merkwürdiger, dass die klassischen Leib-Seele-Themen, wie die Qualia, gerade im Zusammenhang mit bildgebenden Verfahren so populär geworden sind. Eigentlich sollte man sich doch bei Beschreibung und Erklärung auf die Substratseite beschränken. Dies scheint aber gerade nicht der Fall zu sein.

Uttal fordert in diesem Zusammenhang übrigens genau dies, den Bezug zu mentalistischen Begriffen auf das notwendige Minimum zu beschränken und im Wesentlichen verhaltensorientiert zu arbeiten. Er fordert uns – als empirische Psychologen – dazu auf, einen neuen Behaviorismus zu verfechten, der sich dadurch auszeichnet, dass er sich auf die Psychophysik stützt, also den Reiz in der Sprache der Physik beschreibbar halten und Konzepte operational definieren will. Gleichzeitig soll der neue Behaviorismus weder reduktionistisch (Uttal, 2001: 218 ff.) sein noch ausschließlich empiristisch oder ausschließlich rationalistisch. Uttal sieht also die Zukunft der empirischen Psychologie in einer nichtreduktionistischen Synthese der großen klassischen Positionen, mit der die mentalen Begriffe reduziert werden. Es wird sich zeigen, ob die Zunft diesen Rat befolgen wird.

Sowohl William James vor über hundert Jahren als auch Ulric Neisser während der kognitiven Wende konstatierten, dass die Psychologie eine besondere Rolle unter den Wissenschaften einnimmt. Anders als die normalen Wissenschaften – gemeint sind hier die Naturwissenschaften – wächst das Wissen in der Psychologie nicht in Form einer Pyramide, sie wird nicht breiter in ihrer Wissensbasis und tiefer in der theoretischen Durchdringung der Materie. Die Psychologie wächst lediglich in die Breite: Neue Ansätze erklären nicht besser oder tiefer als andere, sondern reihen sich praktisch auf gleicher Ebene neben ihnen ein (Uttal, 2001: xii f.). Dies mag eine überaus pessimistische Sichtweise sein, aber es sollte hinreichend deutlich geworden sein, dass viele Theorien in unserer Wissenschaft entstanden sind, die, ohne zu den großen metatheoretischen Fragen Stellung genommen zu haben, relativ unbedarft vorgegangen sind. Einige von ihnen hatten eine recht kurze Lebensspanne, etwa die Idee der *feature demons* beim Erkennen von Objekten, also dem Abgleich von Dingen in der Wahrnehmung mit Dingen im Gedächtnis. *Feature demons* gab es nur zu Beginn der kognitiven Wende. Andere Theorien halten sich hartnäckig seit dem Beginn der akademischen Psychologie. Dazu gehört beispielsweise die Theorie der unbewussten Schlüsse von Herman Ludwig Ferdinand von Helmholtz, nämlich die Vorstellung, dass unsere Sinne die eingehenden Informationen vergleichbar mit der Natur bewusster Schlussfolgerungen beurteilen. Ein Blick für diese Fragen, eine Kenntnis der maßgeblichen wissenschaftstheoretischen Positionen sowie einen Überblick über die historisch relevanten Ansätze sollte dieses Buch vermitteln. Wir hoffen, dass es uns gelungen ist.

Literatur

Albert, H. (2000). *Kritischer Rationalismus.* Tübingen: Mohr Siebeck.
Anderson, J. A. (1995). *An Introduction to Neural Networks.* Cambridge: MA: MIT Press/Bradford Book.
Anderson, J. R. & Lebière, C. (1998). *The Atomic Components of Thought.* Mahwah: NJ: Lawrence Erlbaum.
Aristoteles (1984). *Aristoteles' Metaphysik. Bücher VII (Z)-XIV (N)* (2. Aufl., Bd. 2. Halbband). (H. Seidl, W. Christ, Hrsg. & H. Bonitz, Übers.) Hamburg: Meiner.
Aristoteles (1995). *Philosophische Schriften in sechs Bänden. Über die Seele* (Bd. 6: Physik:). (H. G. Zekl, Hrsg.) Hamburg: Meiner.
Aristoteles (1995a). *Über die Seele.* (H. Seidl, Hrsg., W. Biehl & O. Apelt, Übers.) Hamburg: Meiner.
Bachelard, G. (1940). *La philosophie du non, essai d'une philosophie du nouvel esprit scientifique.* Paris: Presses universitaires de France.
Bacon, F. (1990). *Neues Organon* ([Originalausgabe: *Novum Organum*, 1620], Bd. 400a und 400b). (W. Krohn, Hrsg.) Hamburg: Meiner.
Bandura, A. & Walters, R. H. (1963). *Social Learning and Personality Development.* New York: Holt, Rinehart & Winston.
Beach, F. A., Hebb, D. O., Morgan, C. T. & Nissen, H. W. (1960). *Neuropsychology of Lashley.* New York/Toronto/London: McGraw Hill.
Bear, M. F., Connors, B. W. & Paradiso, M. A. (2009). *Neurowissenschaften* (3. Aufl.). (A. K. Engel, Hrsg.) Heidelberg: Spektrum Akademischer Verlag.
Becker-Carus, C. (2004). *Allgemeine Psychologie. Eine Einführung.* Heidelberg: Spektrum Akademischer Verlag.
Benjamin, L. T. & Nielsen-Gammon, E. (1999). B. F. Skinner and psychotechnology: The case of the heir conditioner. *Review of General Psychology, 3* (3), 155–167.
Bennett, M. & Hacker, P. (2010). *Die philosophischen Grundlagen der Neurowissenschaften.* Darmstadt: WBG.
Bilz, F. E. (1898). *Das Neue Naturheilverfahren. Lehr- und Nachschlagebuch der naturgemäßen Heilweise und Gesundheitspflege.* (75. Aufl.). Leipzig: Bilz, F. E.
Blech, J. (2010). *Gene sind kein Schicksal.* Frankfurt a. M.: S. Fischer.
Bliss, T. V. & Lomo, T. (1973). Long-lasting Potentiation of synaptic Transmission in the dentate Area of the anaesthesized Rabbit following Stimulation of the perforant Path. *Journal of Physiology, 232*, 331–356.
Bochenski, I. M. (1975). *Die zeitgenössischen Denkmethoden* (7. Aufl.). München: Francke.
Bogner, H. (1939). *Der Seelenbegriff der griechischen Frühzeit.* Hamburg: Hanseatische Verlagsanstalt.
Bollnow, O. F. (1933). *Besprechungsaufsatz: Franz Brentano. Gesammelte Philosophische Schriften.* (O. Kraus & A. Kastil, Hrsg.) Leipzig: Meiner.
BonJour, L. (1985). *The Structure of Empirical Knowledge.* Cambridge, Mass./London: Harvard University Press.
Boring, E. G. (1950). *A History of Experimental Psychology* (2. Aufl.). New York: Appleton-Century-Crofts.
Brentano, F. C. (1874). *Psychologie vom empirischen Standpunkt.* Leipzig: Duncker & Humbolt.
Bridgman, P. W. (1927). *The logic of modern physics* [Originalausgabe: University of California]. New York: Macmillan.
Brodmann, K. (1909). *Vergleichende Lokalisationslehre der Grosshirnrinde: In ihren Principien dargestellt auf Grund des Zellenbaues* (2. Aufl.). Leipzig: Barth.
Bruce, D. (1985). On the origin of the term „neuropsychology". *Neuropsychologia, 23*, 813 f.
Brugger, W. I. (1976). *Philosophisches Wörterbuch.* Freiburg i. Brg.: Herder.
Bruns, H. (23. 06. 2002). Wie begreiflich ist das Unbegreifliche? *Heise/Telepolis*, (http://www.heise.de/tp/r4/artikel/12/12766/1.html).
Bunge, M. (1967). *Foundations of Physics.* Berlin, Heidelberg, New York: Springer.
Cabeza, R. & Nyberg, L. (1997). Imaging cognition: An empirical review of PET studies with normal subjects. *Journal of Cognitive Neuroscience*, 1–26.
Cajal, S. R. (1909). *Histologie du système nerveux de l'homme & des vertebrés* (Édition français revue & mise à jour par l'auteur). (Translated by L. Azoulay. Paris) Paris.
Cambell, D. & Stanley, J. (1966). *Experimental and Quasi-Experimental Designs for Research.* Chicago: Rand-McNally.
Carrier, M. & Mittelstraß, J. (1989). *Geist, Gehirn, Verhalten. Das Leib-Seele-Problem und die Philosophie der Psychologie.* Berlin, New York: de Gruyter.
Chomsky, N. (1988). *Language and Problems of Knowledge. Managua Lectures Lecture, 5.*
Collins, A. M. & Loftus, E. (1975). A Spreading Activation Theory of Semantic Processing. *Psychological Review, 82*, 407–428.
Comte, A. (1830). *Cours de philosophie positive,1830–1842 Leçon I, Abschn. 6 und Leçon II, Abschn. 11.* Paris: Librairie Larousse.

Corbetta, M., Miezin, F., Dobmeyer, S., Shulman, G. & Petersen, S. (1991). Selective and divided attention during visual discriminations of shape, color, and speed: Functional anatomy by positron emission tomography. *The Journal of Neuroscience, 11*, 2383–2402.
Costanzo, M. E. (2010). *Science, 327,* 425.
Damasio, A. & Damasio, H. (1992). *Sprache und Gehirn in Gehirn und Bewußtsein.* Heidelberg: Spektrum der Wissenschaft.
Desnizza, W. (2001). *Neurowissenschaftliche Theorie des Sprachwandels* (Bd. 7). (R. Hoberg, Hrsg.) Frankfurt a. M.: Peter Lang, Europäischer Verlag der Wissenschaften.
Detel, W. (2007). *Grundkurs Philosophie* (Bd. 1: Logik). Stuttgart: Reclam.
Duval, S. & Wicklund, R. A. (1972). *A Theory of Objective Self Awareness.* New York: Academic Press.
Empedokles. (1989). Fragment 105: Über die Natur. In W. Kranz, H. Diels & W. Kranz (Hrsg.), *Die Fragmente der Vorsokratiker* (H. Diels, Übers., Bd. 1, S. 308ff.). Zürich: Weidmann.
Evans, J. S. (1989). *Bias in Human Reasoning: Causes and Consequences.* Brighton: Erlbaum.
Evans, J. S., Newstead, S. E. & Byrne, R. M. (1993). *Human Reasoning: The Psychology of Deduction.* East Sussex: Erlbaum.
Festinger, L. (1957). *A Theory of Cognitive Dissonance.* Evanston, Ill.: Row Peterson.
Feyerabend, P. K. (1983). *Wider den Methodenzwang* [Originalausgabe: *Against method: Outline of an Anarchistic Theory of Knowledge* 1975 New Left Books]. (H. Vetter, Übers.) Frankfurt a. M.: Suhrkamp.
Flechsig, P. (1920). *Anatomie des menschlichen Gehirns und Rückenmarks auf myelogenetischer Grundlage.* Leipzig: Thieme.
Fleck, L. (1980). *Entstehung und Entwicklung einer wissenschaftlichen Tatsache* [Originalausgabe: 1935 bei Benne Schwabe & Co.]. (L. Schäfer & T. Schnelle, Hrsg.) Frankfurt a. M.: Suhrkamp.
Fleck, L. (1983). *Erfahrung und Tatsache: Gesammelte Aufsätze.* (L. Schäfer & T. Schnelle, Hrsg.) Frankfurt a. M.: Suhrkamp.
Flohr, H. (1991). Brain Processes and Phenomenal Consciousness. A New and Specific Hypothesis. *Theory and Psychology 1,* 245–262.
Flohr, H. (1992). Qualia and Brain Processes. In A. Beckermann, H. Flohr, J. Kim, A. Beckermann, H. Flohr & J. Kim (Hrsg.), *Emergence or Reduction?* (S. 220–238). Berlin: de Gruyter.
Flohr, H. (1994a). Denken und Bewußtsein. In J. Fedrowitz, D. Matejovski, G. Kaiser, J. Fedrowitz, D. Matejovski & G. Kaiser (Hrsg.), *Neuroworlds* (S. 335–352). Frankfurt a. M.; New York: Campus.
Flohr, H. (1994b). Die physiologischen Bedingungen des Bewußtseins. In H. Lenk & H. Poser, *Neue Realitäten – Herausforderungen der Philosophie* (S. 222–235). Berlin: Akademie-Verlag.
Florey, E. (1996). Geist-Seele-Gehirn: Eine kurze Ideengeschichte. In G. Roth & W. Prinz (Hrsg.), *Kopf-Arbeit* (S. 46). Heidelberg: Spektrum Akademischer Verlag.
Fodor, J. A. (1975). *The Language of Thought.* New York: Crowell.
Fodor, J. A. (1988). Connectionism and Cognitive Architecture: A Critical Analysis. *Cognition, 28,* 3–71.
Freud, S. (1986). *Briefe an Wilhelm Fließ 1887–1904* [Originalausgabe: 1896]. Frankfurt a. M.: S. Fischer.
Friman, P. C., Allen, K. D., Kerwin, M. L. & Larzelere, R. (1993). Changes in Modern Psychology: A Citation Analysis of the Kuhnian Displacement Thesis. *American Psychologist 48* (6), 658–664.
Gadenne, V. (1984). *Theorie und Erfahrung in der psychologischen Forschung.* Tübingen: Mohr.
Galen, C. (1854a). *Utilité des parties du corps humain.* [Originalausgabe Galen: um 1580 Daremberg, C. (C. Daremberg, Hrsg. & C. Daremberg, Übers.) Paris: Ballière.
Galen, C. (1854b). *Du movement des muscles in oeuvres anatomiques, physiologiques de Galen* ([Originalausgabe Galen: um 1580 Daremberg, C. (C. Daremberg, Hrsg.) Paris: Ballière.
Gerrig, R. & Zimbardo, P. (2008). *Psychologie* (18. Aufl.). München: Pearson.
Gibson, J. J. (1979). *The Ecological Approach to Visual Perception.* Boston: Houghton Mifflin.
Goethe, J. W. (1981). *Schriften zur Kunst, Maximen und Reflexionen.* (H.-G. Dewitz & F. Apel, Hrsg.) Darmstadt: WBG.
Goethe, J. W. (1998). *Goethe Werke in 6 Bänden.* (A. Schöne & W. Wiethölter, Hrsg.) Darmstadt: WBG.
Groeben, N. & Westmeyer, H. (1975). *Kriterien psychologischer Forschung* (2. Aufl.). München: Juventa.
Habermas, J. (1983). *Moralbewusstsein und kommunikatives Handeln.* Frankfurt: Suhrkamp.
Hartje, W. & Poeck, K. (1997). *Klinische Neuropsychologie* (3. Aufl.). Stuttgart: Thieme.
Hebb, D. O. (1949). *The Organization of Behavior: A Neuropsychological Theory.* New York: Wiley.
Hecht, H. & Bertamini, M. (2000). Understanding Projectile Acceleration. *Journal Experimental Psychology: Human Perception and Performance 26,* 730–746.
Hecht, H., Vogt, S. & Prinz, W. (2001). Motor learning enhances Perceptual Judgement: A case for action-perception transfer. *Psychological Research/Psychologische Forschung 65 (1),* 3–14.

Held, R., Ostrovsky, Y., de Gelder, B., Gandhi, T., Ganesh, S. & Mathur, U. (04. 05. 2011). The Newly Sighted Fail to Match Seen with Felt. *Nature Neuroscience 14 (5)*, 551–553.
Helmholtz, H. v. (1867). *Handbuch der physiologischen Optik*. Leipzig: Voss.
Henle, M. (1962). On the relation between logic and thinking. *Psychological Review, 69 (4)*, 366–378.
Hinton, G. E. & Anderson, J. (1981). *Parallel Models of Associative Memory*. Hillsdale, NJ: Erlbaum.
Hoeffner, J. (1992). Are Rules a Thing of the Past? The Acquisition of verbal Morphology an a Attractor Network. *Proceedings of the Fourteenth Annual Conference of the Cognitive Science Society*, 861–866.
Hoffmeister, J. (1955). *Wörterbuch der philosophischen Begriffe*. Hamburg: Meiner.
Holzkamp, K. (1973). *Sinnliche Erkenntnis : Historischer Ursprung und gesellschaftliche Funktion der Wahrnehmung*. Frankfurt a. M.: Athenäum.
Hopfield, J. J. (1982). Neural Networks and physical Systems with emergent Collective computational Abilities. *Proc Natl Acad Sci USA*, 2554–2558.
Hume, D. (1748). *An Enquiry Concerning Human understanding* [Originalausgabe Hume: 1748], Section IV, Part 1). (H. C. Kirk 1909–1914, Hrsg.)
Hume, D. (1989). *Ein Traktat über die menschliche Natur* [Originalausgabe: *A Treatise of Human Nature*]. (T. Lipps, Übers.) Hamburg: Meiner.
Husserl, E. (1980). *Logische Untersuchungen* [Originalausgabe Husserl: 1913]. Halle a. d. S.: Niemeyer.
Husserl, E. (1982). *Die Krisis der europäischen Wissenschaften und die transzendentale Phänomenologie* [Originalausgabe Husserl: 1934]. Hamburg: Meiner.
Huxley, A. (1932). *Brave New World*. London: HarperCollins, first Perennial Modern Classics edition.
James, W. (1950). *The Principles of Psychology* [Originalausgabe: Holt 1890]. New York: Dover Publications Inc.
Joachim, H. H. (1906). *The Nature of Truth; An Essay*. Oxford: Clarendon Press.
Johnson-Laird, P. N. (2011). *Mental models: Towards a cognitive science of language, inference, and consciousness* [Originalausgabe: 1983]. Cambridge: MA: Harvard University Press.
Kahneman, D. S. (1982). *Judgment under Uncertainty: Heuristics and Biases*. (P. Slovic & A. Tversky, Hrsg.) Cambridge: Cambridge University Press.
Kandel, E. (2007). *Auf der Suche nach dem Gedächtnis*. München: Siedler.
Kemke, C. (1988). Der neuere Konnektionismus. *Informatik-Spektrum, 11*, 143–162.
Klein, D. B. (1970). *A History of Scientific Psychology; its Origins and Philosophical Backgrounds*. New York: Basic Books.
Klüver, H. (1957). *Behavior Mechanisms in Monkeys* [Originalausgabe: 1933]. Chicago: University of Chicago Press.
Kohlberg, L. (1996). *Die Psychologie der Moralentwicklung* [Originalausgabe: *From Is to Ought: How to Commit the Naturalistic Fallacy and Get Away with It in the Study of Moral Development*, 1971, Academic Press]. (W. Althof, G. Noam & F. Oser, Hrsg.) Frankfurt a. M.: Suhrkamp.
Kolb, B. & Whishaw, Q. (1993). *Neuropsychologie*. Heidelberg: Spektrum Akademischer Verlag.
Kuhn, T. S. (1976). *Die Struktur wissenschaftlicher Revolutionen* (2. Aufl., [Originalausgabe: *The Structure of Scientific Revolutions*, 1962, University of Chicago]). Frankfurt a. M.: Suhrkamp.
Limanowski, J. & Hecht, H. (2011). Where do We Stand on Locating the Self? *Psychology, 2 (4)*.
Lindworsky, J. (1931). *Theoretische Psychologie im Umriss* (bei Barth: 1932; 4. Aufl.). Leipzig: Barth.
Lipton, B. H. (2010). *Intelligente Zellen. Wie Erfahrungen unsere Gene steuern*. (9. Aufl. Burgrain: Koha).
Locke, J. (1824). *New commented edition*. New York: Seaman.
Locke, J. (1981). *Versuch über den menschlichen Verstand* ([Originalausgabe Locke: 1689], 1981: Philosophische Bibliothek Bd. 75). (C. Winckler, Hrsg.) Hamburg: Meiner.
Lück, H. E. (2009). *Geschichte der Psychologie,* (4. Aufl.) Stuttgart: Kohlhammer.
Mach, E. (1878f.). *Analyse der Bewegungsempfindungen*.
Mach, E. (1985). *Beiträge zur Analyse der Empfindungen* (9. Aufl.). Darmstadt: WBG.
Maderthaner, R. (2008). *Psychologie*. Wien: Facultas.
Marcus, G. F. (1995). The Acquisition of the English Past Tense in Children an multilayerd Connectionist Networks. *Cognition, 56*, 271–279.
Markowitsch, H. J. (2004). Warum wir keinen freien Willen haben: Der sogenannte freie Wille aus Sicht der Hirnforschung. *Psychologische Rundschau, 55*, 163–168.
Matthews, R. (2001). Storks deliver babies. *Teaching Statistics, 22*, 36–38.
Mausfeld, R. (2010). Psychologie, Biologie, kognitive Neurowissenschaften: Zur gegenwärtigen Dominanz neuroreduktionistischer Positionen und zu ihren stillschweigenden Grundannahmen. *Psychologische Rundschau 61 (4)*, 180–190.
McClelland, J. L., Rumelhart, D. E. & Group, T. P. (1986). Parallel Distributed Pocessing. *PDP Research Group*, 2 Bde.

McCulloch, W. S. & Pitts, W. (1943). A logical Calculus of the Ideas immanent in nervous acrivity. *Bulletin of Mathematical Biophysics (9)*, 127–147.
Merleau-Ponty, M. (1966). *Phänomenologie der Wahrnehmung* (6. Aufl. [Originalausgabe Merleau-Ponty: *Phénoménologiede la Perception*, Gallimard, 1945], Bd. 7). (C. F. Graumann, J. Linschoten, Hrsg. & R. Boehm, Übers.) Berlin: de Gruyter.
Metzger, W. (1975). *Gesetze des Sehens*. Frankfurt a. M.: Kramer.
Metzger, W. (1941). *Psychologie: Die Entwicklung ihrer Grundannahmen seit der Einführung des Experiments*. Darmstadt: Steinkopf.
Metzinger, T. (1993). *Subjekt und Selbstmodell*. Paderborn: Schöningh.
Mill, J. S. (1843). Of the Four Methods of Experimental Inquiry. In J. S. Mill (Hrsg.), *System of Logic* (Bd. 1). London: University of Toronto Libraries.
Miller, G. A. (1956). The magical number seven plus or minus two: Some limitations on our ability to process Information. *Psychological Review, 63*, 81–97.
Miller, G. A., Galanter, E. & Pribram, K. H. (1960). *Plans and Structure of Behavior*. New York: Holt.
Minsky, M. (1985). *Society of Mind*. (M. S. Klett-Cotta, Hrsg.) New York: Simon & Schuster.
Molyneux, W. (1978). Letter to John Locke, 7 July 1688. In J. Locke & E. d. Beer (Hrsg.), *The Correspondence of John Locke* (No. 1064 [Originalausgabe in Bibliothèque Universelle & Historique 1688], Bd. 3). Oxford Clarendon Press.
Neely, J. (1977). Semantic Priming and Retrieval from Lexical Memory: Roles of Inhibitioless Spreading Activation and Limited Capacity Attention. *Journal of Experimental Psychology* (General 106), 226–254.
Neisser, U. (1967). *Cognitive Psychology*. New York: Appleton-Century-Crofts.
Nietzsche, F. (2002). *Menschliches, Allzumenschliches I* (2. Aufl., Sämtliche Werke, Kritische Studienausgabe 2002 [Originalausgabe: 1876], Bd. 2). (G. Colli & Montinari, Hrsg.) Frankfurt a. M.: dtv/de Gruyter.
Nisbett, R. E. & Ross, L. D. (1980). *Human Inference: Strategies and Shortcomings of Social Judgment*. Englewood Cliffs, NJ: Prentice-Hall.
Palermo, D. & Jenkins, J. (1964). *Word Association Norms*. Minneapolis: University of Minnesotapress.
Pawlow, I. P. (1906). Scientific Study of Socalled Psychical Processes in the Higher Animals. In I. P. Pawlow & D. Wayne (Hrsg.), *Readings in the History of Psychology, Century Psychology Series* (S. 425–438). East Norwalk: Conn: Appleton-Century-Crofts.
Peirce, C. S. (1934). *Collected Papers of Charles Sanders Peirce*. (C. H. Weiss, Hrsg.) Cambridge/Mass.: University Press, Harvard.
Peirce, C. S. (1991). *Schriften zum Pragmatismus und Pragmatizismus* [Originalausgabe:1868]. (K.-O. Apel, Hrsg.) Frankfurt a. M.: Suhrkamp.
Peirce, C. S., Hartshorne, C., Weiss, P. & Bourke, W. (1934/1958). *Collected Papers* (Bd. 5). (C. Hartshorne, P. Weiss & W. Bourke, Hrsg.) Harvard University Press.
Penfield, W. & Rasmussen, T. (1950). *The Cerebral Cortex of Man: A Clinical Study of Localization and Function*. New York: Macmillan.
Penzlin, H. (2005). *Lehrbuch der Tierphysiologie*. (7. Aufl.), Heidelberg: Spektrum Akademischer Verlag.
Piaget, J. (1937). *La construction du réel chez l'enfant*. Neuchâtel, Paris: Delachaux et Niestlé.
Piaget, J. & Inhelder, B. (1962). *The Psychology of the Child*. New York: Basic Books.
Pinel, P. J. & Pauli, P. (2007). *Biopsychologie* (6. Aufl.). (P. Pauli, Hrsg. & P. Pauli, Übers.) München: Pearson.
Pinker, S. & Prince, A. (1988). On Language and Connectionism: An Analysis of a Parallel Distributed Processing Model of Language Acquisition. *Cognition, 28*, 73–193.
Platon (1986). *Platons Sämtliche Werke* (Bde. 1–6). (W. F. Otto, E. Grassi, G. Plamböck, Hrsg. & F. Schleiermacher, Übers.) Hamburg: Rowohlt.
Plunkett, K. (1995). Connectionism Approaches to Language Acquisition. In P. Fletcher & B. MacWhinney, *The Handbook of Child Language* (S. 36–72). Oxford: Blackwell.
Poeck, K. (2006). Die Entwicklung der modernen Neuropsychologie. In H.-O. Karnath & P. Thier (Hrsg.), *Neuropsychologie* (2. Aufl.). Berlin: Springer.
Pongratz, L. J. (1984). *Problemgeschichte der Psychologie*. München: Francke.
Popper, K. (1979). Falsche Propheten, Hegel, Marx und die Folgen. In K. Popper, *Die offene Gesellschaft und ihre Feinde* (5. Aufl., Bd. 2). München: Francke.
Popper, K. R. (1994). Zur Erkenntnistheorie der modernen Naturwissenschaft. In K. R. Popper, *Logik der Forschung* (10. Aufl; [Originalausgabe: 1934]). Tübingen: Mohr Siebeck.
Popper, K. R. & Eccles, J. C. (1989). *Das Ich und sein Gehirn* [Originalausgabe: 1977 *The Self and its Brain*]. Berlin: Springer.

Posner, M. I. & Raichle, M. (1996). *Bilder des Geistes*. Heidelberg: Spektrum Akademischer Verlag.
Pospeschill, M. (2004). *Konnektionismus und Kognition*. Stuttgart: Kohlhammer.
Prinz, W. (2004). Kritik des freien Willens: Bemerkungen über eine soziale Institution. *Psychologische Rundschau, 55,* 198–206.
Rescher, N. (1973). *The Coherence Theory of Truth*. Oxford: Clarendon Press.
Ritter, H. & Kohonen, T. (1989). Self-organizing semantic maps. *Biological Cyberneticsm, 61,* 241–254.
Ritter, H., Martinetz, T. & Schulten, K. (1991). *Neuronale Netze: Eine Einführung in die Neuroinformatik selbstorganisierender Netzwerke* (2. Aufl.). Bonn; München: Addison-Wesley.
Rochas, R. (1993). *Theorie der neuronalen Netze*. Berlin: Springer.
Rock, I. (1983). *The Logic of Perception*. Cambridge, Mass.: MIT Press.
Rosenblatt, F. (1959). The Perceptron: A probabilistic Model for Information Storage and Organization of the brain. *Psychological Review, 65,* 368–408.
Roth, G. (2001). *Fühlen, Denken, Handeln. Wie das Gehirn unser Verhalten steuert*. Frankfurt a. M.: Suhrkamp.
Roth, G. & Prinz, W. (1996). *Kopf-Arbeit, Gehirnfunktionen und kognitive Leistungen*. Heidelberg: Spektrum Akademischer Verlag.
Saporiti, K. (1996). Kompositionalität. In G. Strube & G. Strube (Hrsg.), *Wörterbuch der Kognitionswissenschaft* (S. 326). Stuttgart: Klett-Cotta.
Sarris, V. & Reiß, S. (2005). *Kurzer Leitfaden der Experimentalpsychologie*. München: Pearson.
Schandry, R. (2006). *Biologische Psychologie* (2. Aufl.). Weinheim: Beltz, PVU.
Schelling, F. W. (1978). Ideen zu einer Philosophie der Natur. In R. Bubner & R. Bubner (Hrsg.), *Geschichte der Philosophie, Deutscher Idealismus, Schelling* (1797 Ausg., S. 263). Stuttgart: Reclam Verlag.
Schuster, H. G. (2007). *Bewusst oder unbewusst?* Weinheim: Wiley-VCH.
Searle, J. R. (1986). *Geist, Hirn und Wissenschaft*. Frankfurt a. M.: Suhrkamp.
Servos, P., Engel, S. A., Gati, J. & Menon, R. (1999). fMRI Evidence for an inverted Face Representation in human somatosensory Cortex. *Neuroreport,* 1393–1395.
Shannon, C. E. (1948). *A Mathematical Theorie of Communication*.
Shannon, C. E. & Weaver, W. (1976). *Mathematische Grundlagen der Informationstheorie* [Originalausgabe: *A Mathematical Theorie of Communication* 1948/1949]. München, Wien: Oldenburg.
Shatz, C. (1992). Das sich entwickelnde Gehirn in Gehirn und Bewußtsein. *Spektrum der Wissenschaft, 11,* 44–52.
Simmel, G. (1892). *Die Probleme der Geschichtsphilosophie*. Leipzig: Duncker & Humblot.
Simmel, G. (1918). *Vom Wesen des historischen Verstehens*. Berlin: Mittler & Sohn.
Skinner, B. F. (1938). *The Behavior of Organisms: An Experimental Analysis*. Oxford, England: Appleton-Century.
Skinner, B. F. (1948). *Walden Two*. New York: Macmillan.
Skinner, B. F. (1957). *Verbal Behavior*. East Norwalk: Conn:Appleton-Century-Crofts.
Skinner, B. F. (1972). *Beyond Freedom and Dignity*. New York: Vintage Books.
Sneed, J. D. (1971). *The Logical Structure of Mathematical Physics*. Dordrecht: Reidel.
Spitzer, M. (2000). *Geist im Netz,* (2. Aufl.) Heidelberg: Spektrum.
Stegmüller, W. (1986). *Die Entwicklung des neuen Strukturalismus seit 1973*. Heidelberg, Berlin: Springer.
Stegmüller, W. (1987). *Hauptströmungen der Gegenwartsphilosophie* (8. Aufl. [Originalausgabe: Stuttgart 1975]). Stuttgart: Kröner.
Stegmüller, W. (1973). Normale Wissenschaft und wissenschaftliche Revolutionen: Kritische Betrachtungen zur Kontroverse zwischen Karl Popper und Thomas S. Kuhn. *Wissenschaft und Weltbild, 3(4),* 169–180.
Stegmüller, W. (1979b). *Rationale Rekonstruktion von Wissenschaft und ihrem Wandel: Mit einer autobiographischen Einleitung*. Stuttgart: Reclam.
Uttal, W. R. (2001). *The New Phrenology: The Limits of Localizing Cognitive Processes in the Brain*. Cambridge: MA: MIT Press.
Vesalius, A. (1543). *De humani corporis fabrica* (Bd. VII (1)). Basel.
Wason, P. C. (1966). Reasoning. In P. C. Wason & B. M. Foss (Hrsg.), *Reasoning in New Horizons in Psychology*. Baltimore: Penguin Books.
Watson, J. B. (1919). *Psychology from the Standpoint of a Behaviorist*. Philadelphia: Lippincott.
Watson, J. B. (1930). *Behaviorism*. Chicago: University of Chicago Press.
Watson, J. B. & Rayner, R. (1920). Conditioned emotional reactions. *Journal of Experimental Psychology, 3(1),* 1–14.
Weber, M. (1995). *Wissenschaft als Beruf* [Originalausgabe: 1917]. Stuttgart: Reclam.
Whitehead, A. (1929). *Process and Reality: An Essay in Cosmology*. New York: Macmillan.

Wikipedia. (2010). *Wikipedia: Psychologie.* Abgerufen im Dezember 2010 von http://de.wikipedia.org/wiki/Psychologie

Wikipedia. (2010). *Wikipedia: Rationalismus.* Abgerufen im Dezember 2010 von http://www.psychology48.com/

Willis, T. (1664). *Cerebri anatome: Cui accessit nervorum descriptio et usus.* London: Flesher, J.; Martyn, J.; Allestry, J.

Wright, G. H. (1984). *Erklären und Verstehen* (2. Aufl.). Königstein/i. Ts.: Athenäum.

Wundt, W. (1903). *Grundzüge der physiologischen Psychologie* [Originalausgabe: 1874 Harvard University]. Engelmann, E.

Abbildungsnachweis

Abb. 1.1: Holzschnitt von Jörg Nadler aus Nürnberg aus dem Jahr 1520.

Abb. 8.1: Abdruck mit freundlicher Genehmigung des Staatlichen Mathematisch-Physikalischen Salons, Staatliche Kunstsammlungen Dresden).

Abb. 11.1: Adaptiert nach Miller, G. A., Galanter, E., & Pribram, K. H. (1960). *Plans and Structure of Behavior*. New York: Holt.

Abb. 11.2: Adaptiert nach Johnson-Laird, P. N. (2011). *Mental models: Towards a cognitive science of language, inference, and consciousness* [Originalausgabe: 1983]. Cambridge: MA: Harvard University Press.

Abb. 12.1: Descartes' Tractatus. Nach Louis de la Forge entworfen, in der 1469 erschienenen französischen Fassung *Descartes' Tractatus de homine et de formatione foetus*, in Amsterdam am 1642 veröffentlicht.

Abb. 12.2: Nach Friedrich Eduard Bilz (1842–1922): *Das neue Naturheilverfahren* (75. Jubiläumsausgabe).

Abb. 12.3: Adaptiert nach Popper, K. R., & Eccles, J. C. (1989). *Das Ich und sein Gehirn* [Originalausgabe: 1977 *The Self and its Brain*], S. 285.

Abb. 12.4: Adaptiert nach Flechsig, P. (1920). *Anatomie des menschlichen Gehirns und Rückenmarks auf myelogenetischer Grundlage*. Leipzig: Thieme.

Abb. 12.5 A und B: nach Brodmann, K. (1909). *Vergleichende Lokalisationslehre der Grosshirnrinde : in ihren Principien dargestellt auf Grund des Zellenbaues* (2. Aufl. Ausg.). Leipzig: Barth.

Abb. 12.6: Adaptiert nach Cajal, S. R. (1909). *Histologie du système nerveux de l´homme & des vertebrés* (Édition français revue & mise à jour par l'auteur Ausg.). (E. A. Translated by L. Azoulay. Paris, Übers.) Paris.

Abb. 12.7 und 12.8: Adaptiert nach Kandel (2007). *Auf der Suche nach dem Gedächtnis*. München: Siedler, S. 94, 98.

Abb. 12.9, 12.10 und 12.11: Aus Becker-Carus, C (2004). *Allgemeine Psychologie*. Heidelberg: Spektrum Akademischer Verlag, S. 39, 42, und 45.

Abb. 12.12: Adaptiert nach Schandry, R. (2006). *Biologische Psychologie* (2. Aufl.). Weinheim: Beltz, PVU, S. 72.

Abb. 12.13 A und B: Micrograph provided by Dr. Heuser of Kyoto University. Heuser & Reese (1977) on p. 278 in the article »Structure of the synapse« on pp. 261–294. In: *Handbook of Physiology -The Nervous System Section1. Cellular Biology of Neurons*, eds: Brookhart & Mountcastle American Physiological Society Bethesda, MD.

Abb. 12.14: Aus Spitzer, M. (2000). *Geist im Netz*. Heidelberg: Spektrum Akademischer Verlag, S. 46.

Abb. 12.15: Aus Penzlin, H. (2005). *Lehrbuch der Tierphysiologie*, 7. A. Heidelberg: Spektrum Akademischer Verlag, S. 556.

Abb. 12.16: Aus Spitzer, M. (2000). *Geist im Netz*. Heidelberg: Spektrum Akademischer Verlag, S. 154.

Abb. 12.17: Adaptiert nach Bear et al. (2009). *Neurowissenschaften - Ein grundlegendes Lehrbuch für Biologie, Medizin und Psychologie*. Heidelberg: Spektrum Akademischer Verlag.

Abb. 12.18: Adaptiert nach Becker-Carus, C (2004). *Allgemeine Psychologie*. Heidelberg: Spektrum Akademischer Verlag, S. 69.

Abb. 12.19: Adaptiert nach Posner, M. I., & Raichle, M. (1996). *Bilder des Geistes*. Heidelberg: Spektrum Akademischer Verlag, S. 115.

Abb. 12.20 und 12.21: Adaptiert nach Damasio, A., & Damasio, H. (1992). *Sprache und Gehirn in Gehirn und Bewußtsein*. Heidelberg: Spektrum der Wissenschaft, S. 61, S. 63.

Abb. 12.22: Adaptiert nach Schuster, H. G. (2007). *Bewusst oder unbewusst?* Weinheim: Wiley-VCH, S. 38.

Abb. 13.1 bis 13.15: Nachdruck mit freundlicher Genehmigung aus Spitzer, M. (2000). *Geist im Netz*. Heidelberg: Spektrum Akademischer Verlag, S. 19, 98, 101–102, 22, 25, 27, 32, 186, 187, 104, 106, 244, 248, 249, 250.

Abb. 13.16 und 13.17: Adaptiert nach Costanzo et al. (2010). *Science*, Bd. 327, S. 425, S. 439.

Stichwortverzeichnis

A

Abbildung 27, 106, 172, 191
Abduktion 45, 49, 56 f.
Adenin 157
Adrian, E. D. Lord 159
Ähnlichkeit 198, 200, 203
Aktionspotenzial 158–160, 166
Aktivation 174
Aktivator 157
Aktivierungsmuster 190, 196
Aktualbewusstsein 178
Algorithmus 189, 202
Allquantor 35
analytischer Satz 32
Anderson, J. A. 189 f.
Anderson, J. R. 187
Anfangsaussage 25
Angeborenes 44
Antimaterie 164
Apfelaroma 20 f.
Apfelgeruch 20 f.
Aplysia 168
Apperzeption 177
Äquipotenzialtheorie 152–154
äquivalent 26, 34
Äquivalenz 26
Argument 23, 25, 30–32, 37, 44, 50, 64 f., 80, 136
Argumentformen 31
Aschaffenburg, G. 200
Assoziationismus 206
Assoziationsgesetze 200
Assoziationsnetze 197
Assoziationspsychologie 200
assoziative Netzwerke 202
Attraktoreigenschaften 197
Auflösung 23, 47, 73
ausgeschlossenes Drittes 34
Aussagen 20 f., 23, 25, 28, 31, 34–36, 38, 45 f., 50, 54, 74, 76, 104
Aussagenlogik 34, 36 f., 56
Außenwelt 148 f., 158, 178 f.
autoassoziative Netzwerke 197
Autorität 20
Axon 153, 157, 159, 165 f., 169

B

Bayes-Theorem 45
Bedeutung 26, 32, 44, 76, 78, 89, 92, 94, 112, 116, 149, 157, 168
Bedingungen 20, 57, 59, 62, 67, 75, 85

Begriff 41 f., 45, 50, 55 f., 72, 78, 94, 99, 104, 116, 118–120, 141, 143, 146–148, 151
Begründung 22, 25, 53, 61, 68, 76, 105, 127
Begründungssystem 30
Behauptung 22, 52
Berkeley, G. 45, 76
Bernstein, J. 159 f.
Bestätigung 33 f., 37, 64
beste Erklärung 32, 37, 59
Bewusstsein 146, 149, 172, 177–180, 206, 211
Bewusstseinszustände 177–180
bildgebende Verfahren 163, 173
Biologie 74, 146, 157
Blutfluss 163
Bool, G. 186
Bool'sche Algebra 186
Broca, P. 151, 172, 174
Bündel 177

C

Carnap, R. 45, 53, 59, 94
cell assembly 165, 169, 179 f.
ceteris paribus 16, 67
Chaos 31
Chomsky, N. 197, 205
Chromosomen 156
Computermodell 186 f.
Computersimulation 186, 204, 206
Computertomografie 163
Counter-Factual 37
Cytosin 157

D

dann und nur dann 26
Datenverarbeitung 186
Deduktion 42 f., 49, 50, 53, 55–57, 69
Deduktionsschluss 45, 56, 69
Dendriten 157, 165, 191
Denkpsychologie 27, 45, 53, 59, 110, 141 f.
Descartes, R. 42–44, 46, 96, 110, 149–151, 181, 188
deskriptiv 21, 25
Detel, W. 21, 33
Differenzierung 157
DNA 156 f., 162
Drei-Welten-Theorie 181

Drohung 37
Dualismus 42 f., 150 f., 180 f., 188
Dual-Task-Methode 201

E

Eccles, J. 182
Eigenschaft 22, 51, 54, 105, 155
Eigenschaftsdualismus 181
Einführung 3, 19, 77, 127, 129, 157
Einleuchtendes 24
Einsicht 42, 75 f., 92
Eiweiße 156
Elektroenzephalografie 165
Elementaraussage 22
Emergenzschichten 181
empirisch 20, 25, 33 f., 40, 47, 53, 58, 60, 93, 95, 117 f., 120
empirisches Wissen 32, 61
Empirismus 39–41, 44–48, 54 f., 60, 69, 72, 110 f., 128
Empiristen 41, 44, 46, 49
Energie 163 f.
Epigenetik 157
Erfahrung 42–48, 53 f., 60 f., 68, 73, 75, 110, 117, 120 f., 136
Erfahrungswissenschaften 33, 59
Erkenntnistheorie 46, 53, 120
Erklären 14
Evidenz 24, 42, 50, 54, 117 f., 120, 121, 143
evokativ 23
Existenzquantor 35
expressiv 23
Eysenck, H. J. 213

F

factum brutum 20
Faktum 20, 24, 95
feature demons 214
Fechner, T. 181
Fehler 27, 72
Flohr, H. 178–180, 182
Florey, E. 148
Flourens, M.-J.-P. 152, 154, 172
Fodor, J. A. 188 f., 208
formale Analyse 32
formale Richtigkeit 33
Forscher 27, 49, 77, 79 f., 85, 94 f., 141, 172, 174
Freud, S. 201, 212
Fritsch, G. 152

Stichwortverzeichnis

Funktionalismus 181, 188
Funktionsbilder 165
Fuzzylogik 36

G

GABA 191
Galenus 148
Gall, F. J. 151, 172
Galton, F. 200
Galvani, L. 158
Gedächtnis 178, 187, 214
Gedächtnismodell 187
Gedächtnisspur 169, 197
Gefühl 25, 151, 177
Gegenstände 21 f., 35, 69, 120, 142
Gegenstandsvariable 35
Gehirn 146–149, 151, 156 f., 163, 165, 172–174, 178, 183, 186 f., 189, 197, 205 f., 211, 213 f.
Gehirnareale 152, 165
Geist 42–45, 72, 105, 149, 151, 180 f., 186, 189, 192
Gen 156 f.
genetisches Netzwerk 206
Genschalter 157
Genveränderung 157
geozentrisch 25, 79
Gesetz 26, 56–59, 61, 63, 78
Gewichtungen 187
Golgi, C. 156 f.
Gott 20, 31, 33, 43 f., 106
Gottesbeweis 31
Großhirn 154
Großhirnrinde 153 f., 170, 191
Großmutterzellentheorie 169
Grundlagen 20, 42, 46, 77, 80, 118, 147
Grundverständnis 27
Guanin 157

H

Handlung 21, 49, 137
Häufigkeit 159, 167, 200, 202 f.
Hebb, D. O. 146, 165, 169 f., 179, 187, 189, 191, 197 f.
Helmholtz, H. von 158 f., 214
Herophilos von Chalkedon 148

hinreichend 26, 51, 57, 111 f.
Hintergrundbewusstsein 178
Hinton, G. E. 189
Hippocampus 168
Hirnforschung 156, 172, 181, 183
Hitzig, E. 152
Hodgkin, A. 160
Hodgkin-Huxley-Modell 160
Homunkulus 170, 200
Hopfield, J. 197 f.
Hopfield-Netze 197
Human Genome Project 156
Hume, D. 44–46, 49, 52, 80, 104, 177, 200
Husserl, E. 210
Huxley, A. 160

I

Ich 25, 42 f., 93, 108 f., 111, 113
Ideen 41–43, 45 f., 74, 79, 121
Identität 177 f., 180
Implikation 26–28, 30, 32–35, 38, 63, 65
Implikationsregel 26, 30, 42
Implikationsschluss 26
impliziert 31, 34, 37, 50, 58
Induktion 42, 46, 49–54, 56 f., 61, 69
Induktionsschluss 44, 51–54, 60 f., 69, 117
induktiv 37
Informatik 189
Informationsmodule 190 f.
Informationsverarbeitung 135, 156, 169, 171, 186, 190 f., 198
Inputmuster 203
Intelligenz 44, 55
Intentionalität 177 f., 189
Interaktionismus 180, 213
Intuition 42 f., 47, 78
Ionentheorie 155, 158, 162

J

Jackson, H. 153
James, W. 104, 167, 200, 214
Jung, C.-G. 200
Junktoren 34 f., 37

K

Kaliumionen 159, 161
Kandel, E. 159–163, 168
Kant, I. 20, 110, 120, 177
Karte 170, 200, 202–204, 213
Kategorisierung 22
kausal 37
KI-Forschung 187
Klammersetzungen 34
Klassifizierung 22
Klassiker 23
Kognitionspsychologie 187, 206
Kognitionswissenschaft 181, 186–188
kognitive Architektur 187
Kohärenztheorie 25, 95 f., 98
Kohonen, T. 198 f., 202–204
Kohonenschicht 199
Kommissuren 151
Konformation 156
Konklusion 25 f., 30, 33
Konnektionismus 153, 183, 186 f., 189 f., 206, 208, 211 f.
Konsens 24
Konsenstheorie 95
Kontext 27, 63, 97
Kontingenz 37, 127
kopernikanisch 25
Korrespondenztheorie 95
korrespondierend 24
Kortex 149, 151–154, 169, 172, 174, 191, 200, 206
Kreter 23

L

Langzeitpotenzierung 168 f.
Lebière, C. 187
Leibniz, G. W. 44, 177, 181
Leib-Seele-Problem 180, 182
Lernen 165 f., 169, 173, 178, 187, 191, 195, 198, 205, 211
Locke, J. 40 f., 44 f., 47 f.
Logik 19 f., 23, 27, 29, 34, 36–38, 40, 42, 46, 50, 53, 55, 60 f., 65, 73, 85, 95, 104, 120
logische Wahrheit 33
Logischer Empirismus 45, 48 f.
Lokalisationslehre 154
Lügnerparadox 23

M

Magnetfeld 164
Magnetoenzephalografie 165
Magnetresonanztomografie 164
Makroebene 211
Markowitsch, H. 182
Materialismus 181, 187
Materie 42–44, 72, 147, 164, 180 f., 214
McClelland, J. 190, 194 f.
McCulloch, W. 187, 189
Membrantheorie 159
Mengenlehre 37
mentale Repräsentation 165
mentale Zustände 181
mentales Lexikon 202
Metasprache 23, 28
Methoden
– quantitative 6, 50–52, 54, 56, 72, 74, 77, 79, 123, 147, 159
Methylgruppen 157
Methylierung 157
Mikroebene 211
Minsky, M. 189
Modallogik 36
Modus ponens 30
Molyneux, W. 40 f., 47 f.
Monismus 180 f.
Morpheme 169
MRT 164
Multiple Sklerose 153
Myelinisierung 153

N

Nervenaktivität 163, 178
Nervenfasern 150, 153, 164, 168, 190
Nervensystem 168, 189 f., 193, 206
Nervenzelle 153, 155, 158 f., 163, 165, 183
Netzwerk 157, 172
Netzwerkmodell 190
Neumann, J. von 189
Neuriten 157
Neurobiologie 178, 190, 211
Neuron 147, 155, 158–160, 165–169, 187, 191, 197–199
neuronale Netze 186 f., 190, 206
Neuronengruppe 165, 203
Neuronenhypothese 146 f., 155–157, 183, 186
Neuropsychologie 47, 145–147, 151, 172, 178, 180, 182 f., 206, 211, 213
Neurotransmitter 155, 162, 166, 191

Neurowissenschaften 146, 173, 181
NMDA-System 179
N-Methyl-D-Aspartat 179, 214
notwendig 23 f., 26 f., 40, 42, 47, 74 f., 96 f., 105, 118, 129, 138, 157, 169

O

Objektsprache 23, 28
Organismus 174, 193
Outputmuster 194
Outputneuron 193, 196

P

Paradigmenwechsel 151, 157
Paradox 23
Parallelcomputer 189
Parallelismus 181 f.
PDP 190, 194 f.
Performationstheorie 95
Persönlichkeitsmodelle 212
Persönlichkeitstest 24
Persönlichkeitstheorien 212
PET 164 f., 173, 176
Phänomen 177 f., 188
Phänomenologie 115–118, 120, 122 f., 132
Phantomschmerzen 24
Philosophie 40–42, 46, 53, 59, 96, 118, 120, 148 f.
Philosophie des Geistes 178, 180 f., 189
Phrenologie 151 f., 189, 213
Pitts, W. 187, 189
plastisch 165, 170
Platon 43, 108
Pneuma 148
Popper, K. 181
Positronenemissionstomografie 164
Prädikatenlogik 34–36, 38, 56
Prädikation 21 f.
Prädikatoren 21, 34 f.
Prädikatorvariable 35
Präferenz 25
Pragmatismus 25, 112
Prämisse 25 f., 30, 35 f.
Prinz, W. 150, 171, 179, 182
Probanden 27, 67
Propädeutik 1
Proposition 20
propositionaler Netzwerke 188
Propositionen 42
Proteinabbau 206

Proteine 156 f., 160 f.
Prozesse 146 f., 149, 151, 155, 157, 163, 169, 171, 178 f., 183, 186, 188–190, 202, 206, 211, 213
Psychologe 24, 55, 110, 130, 139, 143, 146
Psychologie 4, 20, 25, 28, 33, 41, 46, 53, 59, 62, 65, 68 f., 85, 93, 104, 107, 109–113, 117 f., 120, 123, 127 f., 132, 136, 138 f., 141 f., 146 f., 156, 167
– empirische 48
Psychophysik 181, 214
Psychosomatik 154, 171
Psychotherapie 171
ptolemäisch 25
Pylyshyn, Z. 188
Pyramidenzellen 191

Q

Qualiaproblem 178

R

Ramón y Cajal, S. 153, 156 f.
Rationalismus 39–47, 59 f., 65, 67–69, 72, 76 f., 80, 89, 92, 94 f., 99, 149
Ratschlag 37
Realität 20, 65, 68 f., 76, 119, 123
reductio ad absurdum 22
Reduktionismus 180–182
Regel 157, 169, 195, 197, 203, 206 f., 212
Regeln 20, 28, 42, 53, 55, 61, 72, 74, 78, 142, 174
Rekursivität 206
Relevanz 200
Repräsentation 169, 172, 174, 178–180, 188, 190, 202
Repressor 157
res cogitans 149, 180
res extensa 149, 180
retinotopische 171
Rezeptoren 163
Ritter, H. 198, 202–204
Röntgenkontrastuntersuchung 163
Roth, G. 150, 171, 177, 179
Ruhemembranpotenzial 159, 160
Rumelhart, D. E. 190, 194

S

Satz 21–25, 28, 32–34, 37, 42, 53, 75, 95–97, 119, 136
Satz vom Widerspruch 22 f., 28, 34, 42
Sauerstoffgehalt 163
Schichtentheorie 181
Schleiden, M. J. 156
Schluss 25, 33, 49–51, 54–57, 154
Schnittbilder 165
Schwann, T. 156
Searle, J. R. 189
Seele 42 f., 53, 104 f., 107–111, 113, 119, 123, 129, 133, 145, 147–151, 171
Seelisches 20, 111, 113
Sehzentrum 176
Selbst 149, 177, 180, 196
selbstorganisierende semantische Netzwerke 202
selbstorganisierte Kohonennetze 198
Selbstreferenzialität 178
Sensualismus 44, 49
Signale 155 f., 158 f., 163, 165, 169, 180, 192
Signalübertragung 159, 162
Silberchromat 156
Silberfärbung 156
Sinneseindrücke 43, 45
Sinneserfahrung 44, 47
Sinneszellen 192
Software 186 f., 189
Spitzer, M. 167–169, 192, 195 f., 198–200, 204 f.
Sprache 20, 22, 28 f., 37, 42, 131, 136, 141, 146, 151, 157, 165, 169, 172–174, 178, 187–189, 205, 211 f., 214
Spracherwerb 195, 206
Sprachsignale 174
Sprachzentrum 174
Spurzheim, J. C. 151
Stoffwechsel 163 f.
Strahlungsquelle 164
Subjektivität 179
subsymbolisch 190
Syllogismen 36
Symbole 188, 190
symbolorientierter Ansatz 188
Synapsen 158, 165 f., 169, 173, 179, 187, 199, 211, 214
Synapsengewicht 169, 191, 199
Synapsenverbindungsstärke 191
synthetischer Satz 33

T

Teilchenbeschleuniger 164
Theoriebildung 45, 50, 68, 123, 139
Thymin 157
tonotopische 171
Transkriptionsfaktoren 157
Turing, A. 189

U

Übereinstimmung 24, 50 f., 95, 120
Umgangssprache 26, 35, 38
Unabdingbarkeit 42, 44
unbeaufsichtigte Lernalgorithmen 198
Units 187, 190
universal kontingent 37
Universum 24
Unsterblichkeit 42, 149

V

Vektoren 193, 204
Vene 164
Ventrikel 149 f.
Vergangenheit 195 f.
Vergangenheitsbildung 195
Verhalten 5 f., 49, 52, 66 f., 127–130, 137, 147, 156 f., 195
Vernunft 42, 44, 84, 107
Versprechen 37
Versuchsperson 27, 47, 64 f., 142
Vesalius, A. 149 f.
Vesikeltransport 206
Vogel 22, 51
Vorwärtsausbreitung 197 f.

W

Wahrheit 21, 23, 25 f., 30, 32 f., 37, 42, 54, 60, 62, 67, 69, 72 f., 77, 84 f., 89, 95–97, 99, 118, 120
Wahrheitstheorien 24, 95
Wahrheitswert 20, 25, 32–34, 36, 49
Wahrnehmung 24, 40, 105, 117, 119, 120, 122, 148, 165, 169, 174
Wahrnehmungen 45, 75, 119
Wahrnehmungsleistungen 206
Warnung 37
Wason, P. C. 27
Welt 22, 24, 42, 44 f., 56, 75, 78, 95, 97 f., 106, 109, 122 f., 142, 151
Welt 2 181
Welt 3 181
Wenn-dann-Aussage 38
Wenn-dann-Formulierung 26
Wernicke, C. 153, 172, 174
Wichtigkeit 200
Widerlegung 30, 33 f., 66, 131
Widerspruch 22 f., 28, 34, 42, 61
Wiener Kreis 45, 48, 60, 96
Willensfreiheit 182
Willis, T. 149 f.
Wirklichkeit 147, 180 f.
Wissenschaft 25 f., 34, 46, 49, 51, 57, 60, 67–69, 72–74, 76–78, 80, 84, 92, 95, 104, 110, 120, 127, 157
wissenschaftliche Methode 5, 95
Wortformen 169, 174

Z

Zellmembran 155 f., 159 f.
Zellpopulationen 169
Zirbeldrüse 150, 180
Zirkel 23, 94, 96
Zuordnung 23, 38, 110, 121, 137
Zustand 156, 163 f., 166, 177–179, 187, 197
Zytoplasma 156 f.

MIX
Papier aus verantwortungsvollen Quellen
Paper from responsible sources
FSC® C105338

If you have any concerns about our products,
you can contact us on
ProductSafety@springernature.com

In case Publisher is established outside the EU,
the EU authorized representative is:
**Springer Nature Customer Service Center GmbH
Europaplatz 3, 69115 Heidelberg, Germany**

Printed by Libri Plureos GmbH
in Hamburg, Germany